Wolf-Dieter Ahlborn · Wanderer auf vielen Straßen

Wolf-Dieter Ahlborn

Wanderer auf vielen Straßen

Mit dem Fahrrad
in vier Jahren um die Welt

273 Abbildungen, davon 68 in Farbe
16 Karten und Skizzen

„Wanderer auf vielen Straßen" erschien ursprünglich als broschürter Band. Da die Nachfrage groß ist, kommt diese erweiterte Neuausgabe heraus. Sie ist sowohl im Text- als auch im Bildteil viermal so umfangreich wie das frühere Buch. Die Farbbilder kamen ganz neu hinzu. Das Kartenmaterial wurde wesentlich erweitert. Von der gleichen hervorragenden Qualität wie dieser Band sind auch die beiden anderen Bücher über Weltreisen durch Südeuropa, Asien, Nord- und Südamerika, Afrika und Australien, „Weit über Land und Meere" und „Heimweh nach der Ferne". Hierzu weitere Informationen am Ende dieses Buches.

– Printed in Western Germany – Bildquellennachweis: 2 Aufnahmen Horst Wendt, 271 Aufnahmen sowie Karten vom Verfasser – Offsetfilme: Lächler Repro, Heilbronn – Satz, Druck und Bindearbeiten: Wilhelm Röck, Weinsberg

ISBN 3-926594-06-3

INHALT

Kapitel

Reisekarten

Einmal die Welt sehen . . .

Es kam uns so vor, als ob sich an diesem Tage alles gegen uns verschworen hätte. Die Sonne brannte vom wolkenlosen Himmel, der sich über der viertausend Meter hoch gelegenen Salzsteppe im Grenzland von Bolivien und Chile wölbte. Es wehte ein heftiger Sturm, dessen Böen uns beinahe von den Fahrrädern fegten. Das Gelände bestand abwechselnd aus weichen, mit einer Salzkruste bedeckten, von Lachen brackigen Wassers unterbrochenen Sandflächen, die uns doppelte Kraftanstrengungen abverlangten, und aus Geröll, weshalb wir fürchterlich durchgerüttelt wurden. Undeutlich war zu erkennen, daß hier einmal Lastwagen gefahren sein mußten, aber gewöhnlich war unsere eigene Spur die einzige weit und breit. Versuche, die von Bolivien kommende, kaum befahrene Bahnstrecke zu benutzen, scheiterten an dem nach tagelangem Regen aufgeweichten, glitschigen Boden, auf dem die Schwellen verlegt waren. Von der Grenze bis zur chilenischen Station Ascotán waren es uns endlos scheinende zweiundsiebzig Kilometer.

Aus dem gelben Schlund des Vulkans Ollagüe südlich von uns quollen dicke Schwefelwolken. Dieser Koloß mit seinen 5869 Metern – an seiner einen Seite wurde in großen Mengen Schwefel abgebaut – schien uns das Symbol der Wildheit dieses Hochlandes, obwohl es außer ihm noch eine ganze Reihe weiterer solcher Berge in Sichtweite gab, kaum niedriger als er. In der Ferne sahen wir hin und wieder kleine Gruppen von Menschen, die sich aus unerfindlichen Gründen hierher verirrt haben mußten, denn nirgends wuchs etwas. Einige verlassene, verfallende Gehöfte mochten einmal Bergleuten als Unterschlupf gedient haben.

Nach fünf Stunden – wir hatten noch nicht die Hälfte der Tagesetappe geschafft – ließen wir den Salzsee von Carcote hinter uns. Danach kamen wir zum Salar de Ascotán. Südlich von ihm lag die gleichnamige Bahnstation. Gelegentlich gab es für uns Grund zu ungetrübter Freude: Am zweiten Salzsee sahen wir große Schwärme von Flamingos, jener eleganten, weißrosa Vögel, und am Abend ein wundervolles Andenglühen.

Die Nacht fiel, das Ziel lag noch weit. Die Sterne waren unsere einzigen Wegzeichen, als wir uns im tosenden Sturm vorwärtstasteten. Es begann eine Steigung, die nur aus Felsbrocken bestand. Wie lang sie war, ließ sich nicht erkennen. Die Kälte kroch uns bis in die Knochen, hier, über tausend Meter höher als die Zugspitze, trotz der gewaltigen Mühe, die uns das Schieben auf dem steilen, holprigen Pfad verursachte! Schließlich verloren wir beinahe die Nerven.

Wilma gab auf, auch ich war fast am Ende meiner Kräfte. Aber es half nichts, an dem sturmgepeitschten Berghang konnten wir nicht bleiben. Ich schob einige hundert Meter weiter, kehrte dann zurück, um Wilmas Fahrrad abzuholen, ging so an meinem Vehikel vorüber ein großes Stück bergan, machte wieder kehrt, um dieses weiterzuschaffen, und so einige Male. Damit vergingen drei Stunden. Endlich spürten wir flacheres Gelände unter den Schuhen, aber unsere Hoffnung sank auf einen erneuten Tiefpunkt, als wir nur in unendlicher Ferne ein schwaches Licht sahen. Hatten wir uns so in den Entfernungen getäuscht, waren wir trotz aller Mühsal nur so wenig vorwärtsgekommen? Es war einer der (wenigen) Anlässe, bei denen wir den Tag verwünschten, an dem wir diese Reise beschlossen hatten.

Es dauerte lange, bis wir uns aufraffen konnten, auch nur noch schrittweise ein Stück weiterzugehen. Der Pfad neigte sich dann talwärts, doch wir saßen natürlich nicht auf, denn wir wären mit Sicherheit schon nach wenigen Metern gestürzt, wegen der Felsen und wegen unserer Erschöpfung. Irgendwann würde es zu Ende sein, so oder so ... Aber es geschah ein „Wunder". Unser Schwächezustand hatte eine Sinnestäuschung bewirkt, als wir das Licht erstmals bemerkt hatten. Plötzlich erkannten wir nämlich, daß wir nur fünfzig Meter von einer Hütte waren, in deren Fenster eine einsame Kerze flackerte. Etwas ungläubig näherten wir uns. Beim Blick in den Raum dahinter erkannten wir zwei schlafende Gestalten, die sich auf unser Klopfen aufrappelten und hinter dem Fensterglas erschienen. Es war nach Mitternacht, aber Evaristo Carmen Castillo und seine Frau Concepción, beide Eisenbahnarbeiter, ließen uns ohne jede Bedenken sofort ein, versorgten uns mit einem stärkenden Getränk und machten ein Stück Boden für unser Nachtlager frei. Wir waren in Ascotán, das aus drei Hütten bestand (Bilder Seiten 327 und 328). –

Herzliche Aufnahme

Wir waren kaum fünf Tage zuvor in Japan angekommen, wie üblich in einem für uns neuen Land mit gemischten Gefühlen. Meine Güte, was hatten wir nicht alles darüber gehört, ehe wir mit dem Schiff in Yokohama eingetroffen waren! Die Japaner seien recht nett, hatte es unter anderem geheißen, aber ihr ganzes Verhalten sei so unerträglich kompliziert, daß Europäer aus ihnen nicht schlau würden. Und die Preise seien geradezu erschreckend hoch. Sicher, Japan war sehr teuer, und vieles war für uns ungewohnt. Aber eigentlich war bisher doch alles ganz gut gelaufen. Wenn nur der irrsinnige Verkehr auf den Straßen nicht gewesen wäre! Zwischen Yokohama und Nagoya riß der Strom der Laster und Lieferwagen, der Busse und Autos kaum einmal ab, und wir fürchteten so manches Mal um unsere Unversehrtheit. Für unsere Fahrradreifen lag die Gefahr auf der Straße selbst: Die Fahrbahnen waren von Glasscherben und spitzen Metallsplittern, von Lastwagen heruntergefallen, übersät. Uns machte das ganz verrückt und wir sehnten uns danach, die industrialisierten Zonen der Insel Honschu bald verlassen zu können, was uns in Nagoya dann gelang. Bald radelten wir durch lieblichere, ruhigere Landschaften.

Zuvor machten wir eine Rast, um den Tokaido-Expreß, den schnellsten Zug der Welt, zu fotografieren. Da saßen wir auf einer Mauer in Nagoya und aßen etwas, während um uns der Verkehr brauste und die Werkssirenen heulten. Es war Mittagspause. So mancher Arbeiter, der an uns vorbeihuschte, musterte uns kurz mit neugierigem Blick, grüßte dann. Einer von ihnen schien es aber nicht sehr eilig zu haben. Er stieg von seinem Fahrrad und kam zu uns herüber. Englisch radebrechend, erkundigte er sich nach unserem Woher und Wohin. Toschidschi Takahama war in seiner Fabrik für die Werkssicherheit zuständig. Auf dem Kopf trug er einen Schutzhelm, wie es bei den meisten Arbeitern üblich war. Wir gaben ihm, so gut es ging, jede gewünschte Auskunft, denn – soviel hatten wir schon herausgefunden – in Japan konnten wir ohne Bedenken über unsere bisherige Fahrt und über unsere weiteren Pläne plaudern, ohne uns Gefahren auszusetzen, weil man uns für besonders reich hielt. Wir tauschten mit unserem neuen Freund Adressen aus. Schließlich mußte er wieder zu seinem Betrieb zurückgehen.

Ehe er dies tat, griff er in seine Jackentasche und holte ein paar Geldscheine hervor. Diese drückte er mir plötzlich in die Hand, mit der Bemerkung: „Für die Reise!" Ehe wir unsere Fassung wiederfanden, setzte sich Toschidschi auf sein Rad und fuhr, uns noch einmal ermunternd zunickend, davon (Farbbild 33).

Wir konnten kaum glauben, was uns da widerfuhr. Am Vormittag, bei einer ersten Rast auf den Stufen eines Tempels, hatte uns die Frau eines Priesters mit aromatischem grünen Tee bewirtet. Später holte uns ein Radfahrer ein, bat uns anzuhalten, und überreichte uns eine Flasche kaltes Bier. Zwei Tage zuvor hatte uns eine Bäuerin einen Eimer Apfelsinen hingestellt. Wir konnten das ganze Geschenk keinesfalls annehmen, aber die Frau bat uns, wenigstens ein paar der Früchte einzustecken. Als an einer Verkehrsampel das Signal auf „Rot" stand, kam ein Friseur aus seinem Laden gelaufen und drückte Wilma wortlos, aber mit strahlendem Lächeln, eine Schachtel Konfekt in die Hand. Und nun bekamen wir auch noch ein Geldgeschenk!

Freilich wurden wir nicht an jedem Tag in Japan (das uns auch wirklich viel Geld kostete) beschert, aber Freundlichkeiten und tatkräftige Hilfe konnten wir immer erhoffen. Uns zwei Radfahrern aus Deutschland flogen die Herzen der sportbegeisterten Japaner (die Olympiade von Tokyo lag erst vier Jahre zurück) förmlich zu. –

Ja, so war das. Es ging munter auf und ab, was die Bedingungen und unsere Stimmung auf der Reise betraf. Aber die beglückenden oder erfreulichen Begegnungen mit den Menschen, die schönen Naturerlebnisse, das Kennenlernen der unterschiedlichsten Kulturen und das Gefühl am Ende, durch Erfahrungen reifer geworden zu sein, wogen die Mühen bei weitem auf.

Erfahrungen in Europa gesammelt

Eigentlich hatte alles damit begonnen, daß ich schon gerne Reisedarstellungen las, als ich erst zwölf, dreizehn Jahre alt war. Aber ich war nie damit zufrieden gewesen, nur im Geiste auf den Spuren kühner Entdecker und unternehmungslustiger Zeitgenossen zu wandeln. Ich hatte davon geträumt, mich in der Zukunft, wenn ich einmal alt genug dafür sein und ausreichend Geld gespart haben würde, selbst auf den Weg machen zu können, nach Asien ...

Wenn ich dies schreibe, liegt vor mir eine große, selbstgezeichnete Karte dieses Erdteils mit den wichtigsten geografischen Einzelheiten, vor allem aber mit der geplanten Route der langen Reise, die ich einmal unternehmen wollte, bis ins ferne China, mit dem Fahrrad! Und ich blättere in engbeschriebenen Schulheften, in denen ich bereits genau festgelegt hatte, wie die Vorbereitungen anzupacken wären, wie diese Fahrt verlaufen könnte, was über die betreffenden Länder zu wissen wichtig sei. Aber ich sehe an vielen Stellen später hinzugefügte große Fragezeichen. So manches Detail war mir im Laufe der Zeit doch unklar oder fraglich erschienen.

Der Plan entstand 1956, nur drei Monate nachdem ich – aus Mangel an Gelegenheit erst jetzt – Radfahren gelernt hatte. Der Meister in dem Betrieb, wo ich eine Buchdruckerlehre absolvierte, hatte mich Fünfzehnjährigen wegen meiner Unfähigkeit, schnell mal mit dem Fahrrad eine Erledigung machen zu können, zusammengestaucht. Und nun war ich schon Feuer und Flamme für dieses Vehikel! Im Sommer des gleichen Jahres war ich bereits auf einer Auslandstour gewesen, die allerdings gründlich mißlang, denn statt bis nach Italien hatte mir das Geld nur ein Stück nach Frankreich hinein gereicht. Ich schwor mir, fortan weniger leichtsinnig zu sein.

Das plumpe, alte Fahrrad, das mir auf dieser ersten Fahrt gedient hatte, ersetzte ich im Jahr darauf durch ein modernes Sportrad mit Dreigangschaltung, mein ganzer Stolz – bis es mir 1959 gestohlen wurde, ausgerechnet von der Tür des Hauses weg, in dem Wilma wohnte. (Keine Frage, ich kaufte mir sofort ein neues, obwohl es meine wirtschaftlichen Verhältnisse kaum erlaubten.)

Wir hatten uns ein paar Monate zuvor kennengelernt, als sie fünfzehn war. Im folgenden Jahr brachte ich ihr das Radfahren bei und schenkte ihr ein funkelndneues „Stahlroß". Inzwischen lagen schon viele Fahrten hinter mir, durch ganz Baden-Württemberg, nach Norddeutschland, Dänemark, Holland und England, aber von nun an unternahmen wir gemeinsam zahlreiche Touren durch die weitere Heimat.

Wilma ahnte noch nichts von meinem Wunsch, sie auf meine schon so lange geplante ganz große Reise mitnehmen zu können. Unterdessen galt es, Erfahrungen zu sammeln, so 1961 auf einem zweieinhalbmonatigen „Ausflug" allein durch Südosteuropa und die Türkei nach Israel. Damit erfüllte sich ein großer Traum, und damals schrieb ich die ersten umfangreichen Zeitungsberichte über Reisen. Dies ebnete mir Ende 1962, nach einer weiteren Fahrt – zu zweit – bis Ankara, den Weg zum Journalismus.

Bei diesem Aufenthalt in der Türkei sprachen wir zum ersten Mal ernsthaft über den Gedanken, nach unserer Heirat eine Weltreise auf Fahrrädern zu unternehmen. Die „Erleuchtung" kam uns, als wir bemerkten, daß die Türkei schon fast auf halbem Wege nach Indien lag. Dann sagten wir uns, wenn man einmal Indien erreicht habe, würde es sich lohnen, auch noch weiter bis Japan zu gehen. Dort endlich angelangt, wäre es etwas töricht, meinten wir, gewissermaßen den ganzen Weg wieder zurückzufahren. Man könnte ja auch über die andere Hälfte der Erdkugel nach Europa heimkehren. Familiäre und weitere berufliche Veränderungen kamen dazwischen, aber dann peilten wir das Jahr 1966 für den Start an. Die Zeit bis dahin nutzten wir weiterhin, Erfahrungen zu sammeln. 1964 besuchten wir gemeinsam Israel, 1965 Jugoslawien. Beide Länder durchfuhren wir kreuz und quer mit Fahrrädern. Insgesamt vier Jahre sollte die intensive Vorbereitungszeit für das größte aller unserer Unternehmungen dauern.

Die Freude am Erleben

Wir waren 1396 Tage „auf Achse", „um mit dem Fahrrad die Welt zu erobern", wie eine württembergische Zeitung schrieb. Der Leser soll nicht meinen, daß uns Rekordsucht hinaustrieb. Wir wollten nicht angeben, nicht „etwas ganz Einmaliges" machen, keine Abenteuer suchen, auch wenn die Reise doch sehr abenteuerlich wurde. Es war schlicht die Freude am Erleben, die uns veranlaßte, 47500 Kilometer auf zwei ganz gewöhnlichen Sporträdern, und noch einmal über 60000 Kilometer mit anderen Verkehrsmitteln (vor allem mit Schiffen über die Weltmeere; Flugzeuge benutzten wir fast nicht) zurückzulegen. Wir waren von großem Fernweh erfüllt, das uns vorwärts trieb, und von dem Wunsch, den unsere Privatphilosophie beinhaltete: wenigstens einmal diesen Planeten, auf dem wir geboren waren, in seiner ganzen Größe und Schönheit kennenzulernen, ehe wir das Zeitliche segnen würden. Wir wollten den Pulsschlag der Welt fühlen.

Der Leser hat schon festgestellt, daß wir uns nicht einfach kurzentschlossen auf ein riskantes Wagnis einließen. Wir nützten die Zeit auch, um uns ein finanzielles Polster zu schaffen. Aber schließlich hielt es uns nicht mehr zu Hause. Zudem drohte Wilma: „Wenn du den Start noch weiter verschiebst, dann mach' ich nicht mehr mit!" Derart in die Enge getrieben, hielt ich es gleichfalls für angebracht, nun zur Tat zu schreiten.

Aber auch von großem Mut, den man uns häufig nachsagte, konnte zunächst kaum die Rede sein. Im Gegenteil, wir fühlten jenen seltsamen hohlen Druck in der Magengrube, der einen immer befällt, wenn man die Zelte abbricht, etwas Gewohntes hinter sich läßt und Ungewissem

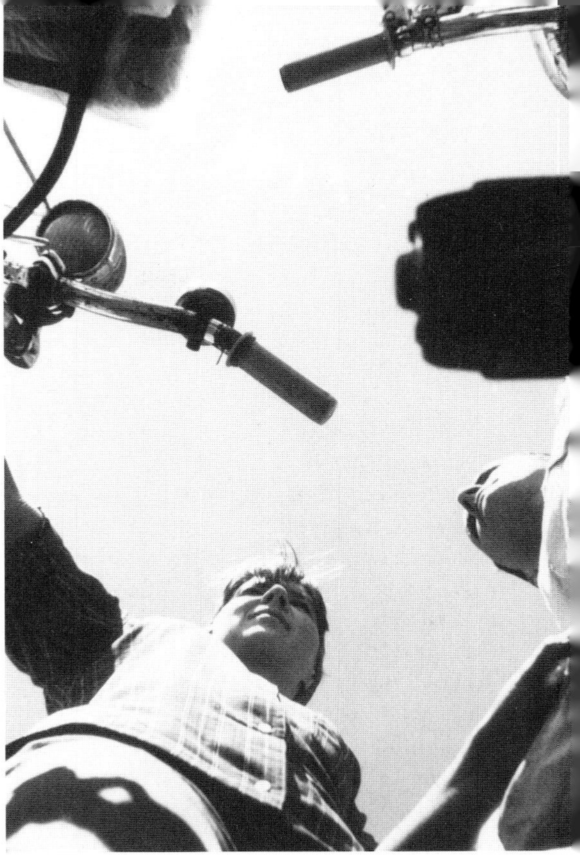

Zahlreiche Reisen mit dem Fahrrad, so 1958 nach Dänemark. – Ab 1962 nur noch zu zweit

Reiseberichte und der Wechsel in den Journalismus (1962). – Abschied von der Heimat (1966)

entgegengeht. Wir waren selbst gar nicht so überzeugt, daß wir dieses gewaltige Vorhaben wirklich würden durchstehen können. Außer in Heilbronn, wo in der Zeitung am Tage der Abfahrt ein großer Artikel erschien, und im Südfunk-Fernsehen, erzählten wir zunächst jedem, der nach unserem Reiseziel fragte, daß wir mit unseren Fahrrädern zum Bodensee wollten. Später, schon etwas mutiger geworden, räumten wir nach und nach ein, daß am Ende dieser „Urlaubsfahrt" Venedig, Rom und Istanbul liegen würden. Wahrscheinlich hätte sich mancher vor Lachen ausgeschüttet, wenn wir ihm auf die Nase gebunden hätten, daß wir eigentlich nach Japan und noch viel weiter wollten. Geplant hatten wir eine dreijährige Fahrt. Sie sollte dann noch zehn Monate länger dauern. Dabei besuchten wir achtunddreißig Länder.

Das Gelingen unseres Planes wurde viermal ernstlich in Frage gestellt: acht Monate nach dem Start, als wir im kriegswütigen Ägypten am Suezkanal verhaftet wurden; nur wenige Wochen danach in der Türkei, als wir beide krank wurden; zu Beginn des dritten Reisejahres, als uns in den USA das Geld auszugehen drohte; sechs Monate später, in Guatemala, als Wilma sich ständig unwohl fühlte, ihren Rucksack packte und ihr Fahrrad im Stich lassen wollte, weil sie einfach „die Nase voll" hatte. Wer hätte es ihr verübeln können? Und wer hätte an ihrer Stelle sein mögen? Wie die anderen Male zuvor rappelten wir uns aber wieder auf. Wilma ließ sich umstimmen, und sorgte so dafür, daß unsere „kleine Spritztour" doch noch glücklich enden konnte.

Mit falschem „Blutpaß" um die Welt

Wir hatten uns vor der Reise gegen etliche Seuchen impfen lassen, und wir wiederholten die Prozedur bei Bedarf unterwegs. Von Krankheiten verschiedenster Art blieben wir aber dennoch nicht verschont. Die schwerste war eine Leberentzündung, die ich mir im Raum Indien holte. Manchmal scheiterten unsere Bemühungen um größtmögliche Hygiene an den miserablen Umständen. Aber wir überstanden alles und kamen gesund zurück. Wilma startete allerdings mit einem Handikap, das erst sechs Jahre später durch Zufall entdeckt wurde. Bei der Blutuntersuchung in einem medizinischen Labor der Heimatstadt war ihr Rhesusfaktor als „positiv" in ihre Unfallschutzkarte eingetragen worden. Damit fuhr sie um die ganze Welt. Eine erneute Untersuchung ergab, daß ihr Rhesusfaktor tatsächlich „negativ" war. Als die Presse darüber berichtete, war die medizinische Fachwelt voller Bedauern. Mindestens zwei schwere Gefahren hätten Wilma bei einer eiligen Bluttransfusion gedroht, wenn sich ein Arzt oder ein anderer Helfer in, sagen wir mal Indien oder Peru, allein auf die Eintragung in der Unfallschutzkarte gestützt hätte, wie das dort schon gelegentlich vorkommt. So viel zum Thema „deutsche Zuverlässigkeit" . . .

Wetter und Straßenzustand, die großen Sorgen

An Strapazen mangelte es nicht. Die zu Beginn des Kapitels geschilderte Episode gab dem Leser einen Vorgeschmack dessen, was er bei der weiteren Lektüre noch mit uns erleben wird. Den Naturgewalten waren wir relativ hilflos ausgeliefert, Hitze, Schwüle und Kälte, Sturm, Regen, Schnee und Dürre. Über die Hälfte der Zeit verbrachten wir in den Tropen. Die durchschnittliche Höhe über dem Meer war tausend Meter. Vor allem in Mittel- und Südamerika befanden wir uns in Gebirgen. Die Höhensonne verbrannte unsere Gesichter derart, daß die Haut aufsprang. Im Schnitt hatten wir zwanzig Grad Celsius, was etwas nach „ewigem Frühling" klingt, aber die

Erschwerende Bedingungen einer Fahrradweltreise: Schlamm (Türkei), spitze Steine (Peru)...

Extreme lagen weit auseinander. Vierzig Grad und mehr erlebten wir in Südostanatolien, in der Wüste im Süden von Afghanistan, in Mittelamerikas Küstenstrichen und in der chilenischen Atacama-Wüste. In Zentralanatolien, im Himalaja, in den USA und in den Anden Südamerikas litten wir am meisten unter Kälte. In Arizona starteten wir eines Morgens bei minus zehn Grad.

Die heftigsten Niederschläge machten uns während der ersten acht Monate zu schaffen, in Südeuropa und im Nahen Osten, sowie später während der Regenzeit in Südostasien, in den Bergen Zentralamerikas und in den peruanischen und bolivianischen Anden. Die stürmischsten Zeiten erlebten wir ebenfalls zu Beginn, dann in Kalifornien und Arizona, in Südmexiko und in der peruanischen Wüste. In Syrien wehte einmal ein so starker Sturm, daß wir an einem Tage, die Fahrräder schiebend, nur zehn Kilometer vorwärtskamen. Einen Orkan im Rücken, konnten wir in der jordanischen Wüste bei einer Gelegenheit über zwanzig Kilometer fahren, ohne ein einziges Mal in die Pedale zu treten. Sandstürme erlebten wir an verschiedenen Plätzen. Manchmal kamen mehrere Unbilden zusammen. Im letzten Reisejahr erlebten wir zwei Sommer: zuerst in Chile auf der Südhalbkugel der Erde, dann nach der Rückkehr in Deutschland.

Selbstverständlich änderte sich der Zustand der Straßen und Wege recht häufig, und die durchschnittliche Qualität war von Land zu Land sehr verschieden. Während wir im Iran überwiegend Schotter- und Erdstraßen befahren mußten, hatten wir in Afghanistan ausschließlich feste Fahrbahnen unter den Reifen. In Japan waren die Landstraßen oft in einem haarsträubenden Zustand. Wir mußten dort wieder viel Staub schlucken. In den USA gab es für uns nur

Asphalt- und Betonstraßen, in Bolivien aber lediglich auf sechzig Kilometern. Vor allem die Straßen waren schuld daran, daß wir manchmal mit uns selbst haderten, denn die Millionen Püffe und Stöße, der „Reifenfraß" und der in alles eindringende Staub zermürbten unsere Willenskraft. Kam dann noch Regen hinzu, und lagen die aufgeweichten Wege wie ein Meer von Schlamm vor uns, dann beschimpften wir schon so manches Mal die Regierungen, die Straßenbauer, aber auch die rücksichtslosen Autofahrer. Nur ein Drittel der Straßen war gut zu nennen. Jeder fünfte Kilometer war nur Erde, Sand oder Steine. An der Westküste Malayas gab es teilweise auch asphaltierte Radwege – ein Paradies! Die schlechteste Straße überhaupt hatten wir in Ecuador: hundertfünfzig Kilometer gräßliches Kopfsteinpflaster. Die längste Tagesetappe maß 165 Kilometer. In den Städten und auf den Landstraßen in dichtbevölkerten Gebieten war das Verkehrsgetümmel zuweilen unbeschreiblich. Dort waren wir hin und wieder an Karambolagen beteiligt, und wir stürzten auch einige Male, aber schwere Unfälle blieben uns erspart.

Auf unsere Fahrräder war Verlaß

Welches Fortbewegungsmittel wäre geeigneter gewesen als gerade das auf manche Leute anachronistisch wirkende Fahrrad?! Vieles, das uns entgangen wäre, hätten wir einen schnellen Wagen benutzt, prägte sich tief in unser Bewußtsein ein. Wir sahen, hörten, rochen und fühlten viel mehr, als wir es als Autofahrer vermocht hätten. Vor allem waren wir, nicht getrennt von ihnen durch eine Blechwand oder durch Fenster, in viel engerem Kontakt mit Menschen aller Rassen, Kulturen und Schichten. Weil wir uns bei ungünstiger Witterung nicht einfach in das „Schneckenhaus" Auto zurückziehen konnten, gerieten wir in Situationen, die wir sonst wohl niemals angetroffen hätten. Wenn die Nacht kam, mußten wir uns notgedrungen ein Plätzchen suchen. Vermutlich sahen wir oft sehr hilfsbedürftig aus. So erhielten wir auch immer wieder Einblicke in Lebensverhältnisse der untersten Bevölkerungsschichten, weil es uns nicht „zum nächsten Hotel" gereicht hatte.

Wir hatten Sporträder von einer deutschen Firma, die zum Zeitpunkt unseres Starts schon gar nicht mehr existierte. Ob dies wohl daran lag, daß sie *zu gute* Fahrräder gebaut hatte? Diese Frage diskutierten wir unterwegs gelegentlich, wenn wir uns über die Stabilität unserer „Pferdchen" wunderten und natürlich freuten. Der Leser hat erfahren, daß sie schon ein paar Jahre alt waren, als wir Deutschland den Rücken kehrten. Sie trugen uns unermüdlich etwa 60 000 Kilometer weit. Obwohl wir sie stets gut pflegten, waren wir doch erstaunt, daß kaum ein Schaden an ihnen entstand. Bedenken Sie: trotz einer Gesamtbelastung von etwa 95 Kilogramm und trotz der oft miserablen Wege kein Rahmen-, Gabel-, Felgen- oder Achsenbruch! In der ganzen Zeit brach nur eine einzige Speiche.

Beim Start hatten wir nur hinten Gepäckträger, danach montierten wir vorn zweite. An den hinteren brachen immer wieder die Streben, bis schließlich Mechaniker in Mexiko sie fachmännisch verstärkten. Die Halterung der Schutzbleche riß aus und wir mußten diese abnehmen und andersherum wieder einsetzen. Die Dreigang-Nabenschaltung bewährte sich sehr gut. Sie war vor äußeren Einwirkungen (zum Beispiel durch Steine, Sand, Staub, Schlamm und Wasser) weitgehend geschützt. Die an meinem Rad verursachte uns gegen Ende der Reise allerdings erhebliches Kopfzerbrechen – Verschleiß machte sich bemerkbar. Manches Teil unserer Räder mußten wir ersetzen. Dafür hatten wir vorgesorgt. Den größten Kummer bereitete uns die Bereifung. Als wir schließlich nachrechneten, stellten wir fest, daß wir rund fünfhundert Schlauchpannen zu beheben gehabt hatten. Bei vierzig Grad und mehr lösten sich die Flicken durch die Hitze oft von den Klebestellen, oder ein Schlauch platzte einfach, dann, wenn wir es am wenigsten brauchen konnten. Wir hatten ziemliche Probleme, für unsere 26-Zoll-Reifen Ersatz zu finden, nicht nur wegen der Größe, sondern auch wegen unserer deutschen Felgen. Nirgendwo gab es Fahrräder aus deutscher Produktion. Übrigens verbrauchten wir insgesamt sechsundzwanzig Reifen. Einer aus Israel und einer aus Holland sowie mehrere US-amerikanische (diese mit grobem Stollenprofil) hielten je etwa elftausend Kilometer durch, ehe sie den weiteren Dienst versagten. Sie liefen mitgebrachten deutschen Erzeugnissen den Rang ab. Manchmal mußten wir zu große Reifen verkleinern. Wie wir das machten und welche Kniffe, technische Mängel zu beheben wir sonst noch anwendeten, werden wir bei passender Gelegenheit beschreiben.

Im Zeitalter der Zahlen und Daten kommt man auch in einem Buch über eine Fahrradweltreise nicht darum herum, zur Veranschaulichung genaue Einzelheiten anzuführen. Deshalb sei vorneweg noch erwähnt, daß wir sozusagen dreißig Tage zu je acht Stunden für die Pflege und Instandsetzung der Räder aufwenden mußten, das Schlauch- und Reifenflicken nicht eingerechnet. Dies beanspruchte noch einmal dreißig solcher Tage. Das tägliche Aufpumpen der Reifen kostete uns alles in allem rund zweihundert Stunden, statistisch gesehen . . .

Wir begannen unsere Reise, als Radfahren denkbar unbeliebt war. Jeder wollte motorisiert sein. Das Fahrrad wurde von vielen als das Fortbewegungsmittel von weniger Begüterten (was in unserem Falle zutraf) oder gar als Kinderspielzeug betrachtet. Die Fahrradindustrie lag am Boden. „Eine Reise mit dem Rad . . . ?" fragte mancher ungläubig und dachte wohl, wir seien übergeschnappt. Radfahrer wurden als Außenseiter belächelt. Eine Fitneßwelle gab es noch lange nicht.

. . . mit Salzkrusten bedeckte Sandwege (Bolivien/Chile), Schnee (Libanon)

„Rauf aufs Rad – rein ins Vergnügen", „Hauptsache, Sie bringen sich selbst in Fahrt" – solche Slogans von Krankenkassen 1988 hätten wohl einige Zeitgenossen damals veranlaßt, sich an die Stirn zu tippen. (Und doch gab es die Unentwegten, die sich nicht einschüchtern ließen.)

Die Entwicklung, die das Fahrrad technisch und nach Verkaufszahlen in den letzten Jahren durch das neue Bewegungsbedürfnis der Menschen und in geringerem Maße durch die Sorge für die Umwelt bei uns genommen hat, ist atemberaubend. Millionen strampeln wieder, eine Aktivität, die zumindest ein Teil von ihnen früher beinahe als ehrenrührig angesehen hatte. Die Frage ist freilich, wie lange diese Mode – anders kann man es kaum bezeichnen – aktuell sein wird. Die Bedeutung des Autos wird dadurch ja ohnehin nicht geschmälert, leider.

„... man muß sich auf das Reisen verstehen"

Fortbewegung mit eigener Kraft – das macht die Radfahrer, wie die Wanderer, eigentlich zu Individualisten. Doch nicht alle fühlen sich in dieser Rolle sicher, suchen daher Anschluß. Aufmerksam beäugten ganze Wirtschaftszweige diese Zielgruppe und fanden „Lösungen" auf ihre Art. „Radeln ohne Gepäck" ist eine davon. Die Lasten werden bei solch mehrtägigen Fahrten willkürlich zusammengesetzter organisierter Gruppen per Auto am jeweiligen Zielhotel angeliefert. Ein Service-Fahrzeug für die Behebung von Pannen und für den Weitertransport von Erschöpften zuckelt hinter den Stramplern her. In den USA gab's das vor zwanzig Jahren schon, und damals wohl kaum einen Deutschen, der deshalb über die „spleenigen Amis" nicht gelächelt hätte.

Fahrrad war Mittel zum Zweck, Sinn der Reise Begegnung mit Menschen: Kinder in Bolivien

Natürlich muß man sich das auch etwas kosten lassen. Ob in der Holsteinischen Schweiz, von der Mosel zur Donau, durch den Schwarzwald oder auf Alpenhöhen, überall stehen Fremdenverkehrsvereine und Wirte bereit, die Radlerherden zu umsorgen. Auch international darf's sein, bitte schön: Frankreich, Italien, Polen, die USA und sogar Indien – nur einige der Angebote. Um beim letzten Beispiel zu bleiben, hier ein Auszug aus dem entsprechenden Werbetext des Reiseveranstalters: „Drei Wochen lang geht es durch Rajasthan und Goa. Für den Preis von 5900 Mark steht dem Teilnehmer ein persönlicher Reiseleiter mit Service-Bus zur Verfügung. Übernachtet wird in Luxushotels und Wüstencamps. Ein ausführliches Besichtigungsprogramm ..." Zweimal 5900 Mark – das war annähernd die Summe, die wir in vier Jahren ausgaben, ohne viel Luxus freilich.

Es wird nicht nur viel mehr gereist als zuvor, es wird auch anders gereist. „Tourismus" war früher der Begriff für das raffinierte Reisen einer privilegierten Minderheit, heute ist es eine abschätzige Bezeichnung für die Massenwanderung der Mehrheit, wie eine Zeitung 1988 schrieb. Aber man ist auch nicht einfach nur neugierig auf die Ferne (Studienreisen steigen in der Gunst, sind jedoch nur ein Bruchteil aller Pauschalreisen), man will vor allem dem eigenen Alltag, der üblichen Umgebung, kurz, unserer Zivilisation entfliehen, zumeist in „billige", „unverdorbene" Länder. Wer's auf eigene Faust versucht, sieht sich nicht selten als Individualist. Daraus ist längst eine Massenbewegung geworden. Es gibt „alternative" Reiseführer mit beträchtlichen Auflagen, und „Geheimtips" werden offen gehandelt. Auch hier wird kräftig abgesahnt.

Die Urlauber haben immer höhere Erlebniserwartungen. Immer häufiger verlangen Teilnehmer an Pauschalreisen, alles „hautnah" erleben zu können, was sich in den bereisten Ländern abspielt, aber immer mit einem Höchstmaß an Sicherheit für die eigene Person. Sonst könnten sie zu Hause möglicherweise nichts mehr von ihren Abenteuern erzählen, zum Beispiel von einer neuntägigen Rundreise „Südamerika-Höhepunkte" ...

„Es genügt nicht, die Länder zu durcheilen ..., man muß sich auf das Reisen verstehen", sagte der französisch-schweizerische Schriftsteller, Philosoph und Pädagoge Jean-Jacques Rousseau schon im achtzehnten Jahrhundert.

Die Reiselust treibt oft seltsame Blüten. Wieviele möchten gerne Entdecker spielen! Eine Reise in die Türkei mit einwöchigem Badeaufenthalt in einem neuerbauten Feriendorf (vier Sterne) und einer Woche „Kleinasien-Rundreise" (Anatolien ist dreimal so groß wie die Bundesrepublik) unter deutschsprachiger Reiseleitung wurde unter dem Titel „Türkei für Entdecker" angeboten. *Wer* sollte dabei *wann was* entdecken? Eine Inflation der Begriffe.

Gab man sich bisher mit Bergtouren zu Fuß zufrieden, so werden der Schwarzwald und die Alpen seit ein paar Jahren auch mit sogenannten Mountain-Bikes, geländegängigen Fahrrädern, erklommen, nicht ohne Schaden für die Ökologie dieser Landschaften, wie Naturfreunde und -schützer lamentieren. Zwei Deutsche flogen gar bis in die Nähe des Mount Everest, um von der nepalesischen Seite her mit Mountain-Bikes einen 5600 Meter hohen Vorberg des höchsten Gipfels der Erde zu „besteigen". Worin mochte wohl der Sinn dieser Unternehmung gelegen haben?

Im Herbst 1988 sollten von Paris achtmal Concordes starten, um Reisegruppen in siebzehn Tagen zu einigen bevorzugten Touristenzielen rund um die Welt zu bringen. Der Preis, alles inklusive, sollte sich auf 44000 Mark pro Passagier belaufen, auf soviel, wie ein einfacher indischer Arbeiter in Jahrzehnten verdient. Was wird die Zukunft auf dem Gebiet des Reisens *noch* bringen? Wissenschaftler verkünden, daß noch vor dem Jahre 2000 Großraumflugzeuge mit einer Kapazität von tausend und mehr Passagieren in fünf Stunden von Mitteleuropa nach Fernost fliegen würden. An dem Projekt werde bereits gearbeitet. Dem „Wochenendtourismus" nach Bangkok, Hongkong und Tokyo etwa würde damit Tür und Tor geöffnet. Ob der eine oder andere Fluggast dann gar sein Mountain-Bike für eine Blitztour am den Japanern heiligen Berge Fudschi dabeihaben wird?

Der ganze „Haushalt" in zwei Rucksäcken

Im nachhinein scheint es uns fast unwahrscheinlich, daß wir vier Jahre lang nur mit den Dingen zurechtkamen, die wir in zwei Rucksäcke und zwei Plastiktücher packen konnten. Schon bald nach dem Start trennten wir uns von einigen Sachen, die uns nur belasteten, und wir schickten sie ebenso nach Hause wie Gegenstände, die wir unterwegs erwarben oder geschenkt bekamen und für die Reise nicht benötigten. Dennoch hatten wir allerhand zu schleppen. Jeder von uns hatte etwa dreißig Kilogramm Gepäck. Die Tauern-Rucksäcke schnallten wir auf dem hinteren Gepäckträger und am Sattel fest, die Schlafsäcke und ein Leichtbergzelt vorn. Hier eine Liste der weiteren Gegenstände, die wir mit uns führten:
Wilmas Rucksack: 1 Anorak, 1 Blue jeans, 1 Kleid, 2 Shorts, 2 Röcke, 4 Blusen, 2 Hemden, 1 Pulli, 3 Pullover, 1 Bikini, 1 Badekappe, 2 Wollschals, 1 Kopftuch, 2 Paar Handschuhe, 1 Regenschutz, Socken, Unterwäsche und Strumpfhose, 1 Paar Badeschlappen, 1 Paar Slipper, 1 Paar Sandalen, 1 Paar flache Schuhe, 1 Paar Wanderschuhe, 1 Kleiderbügel, 1 Beutel Waschpulver, 1 Wäscheleine, 1 Beutel Wäscheklammern, Schuhputzzeug, Nähzeug, Toilettenpapier, Taschentücher, 2 Hand-

Wilmas Fahrrad ist seit 1971 im Deutschen Zweiradmuseum Neckarsulm bei Heilbronn

tücher, 1 Waschbeutel, 3 Küchenhandtücher, 2 Leinenschlafsäcke, 1 Handtasche, 1 Einkaufsnetz, 1 Erste-Hilfe-Tasche, 1 Beutel Medikamente, 1 Sonnenbrille, 1 Beutel mit „kleinen Helfern" (wie Streichhölzer, Kerze usw.), 1 Wasserflasche, 1 Kochtopf, 1 Dose mit Zucker, 1 Teedose, 1 Dose mit Salz, Suppenbeutel usw., Putzlappen, 2 Reservereifen.

Mein Rucksack: 1 Anorak, 1 Blue jeans, 1 kurze Hose, 1 Hemd, 1 Pullover, 1 Badehose, 1 Mütze, 1 Regenschutz, Socken und Unterwäsche, 1 Paar Badeschlappen, 1 Paar Halbschuhe, 1 Paar Wanderschuhe, 1 Kleiderbürste, Taschentücher, 2 Handtücher, 1 Waschbeutel, 1 Einkaufstasche, 1 Sonnenbrille, 3 Fotoapparate mit Zubehör, 1 Dose mit Filmen, 1 Kartentasche, Informationsmaterial, 1 Jugendherbergs-Verzeichnis, 1 Mappe Schreibutensilien, 4 Notizbücher, 1 Tauchsieder, 1 Kochtopf, 1 Trinkglas, Lebensmittel, 1 Gummihammer, 1 Luftpumpe, 1 Dose Öl, Werkzeug, Flickzeug, 1 Dose mit kleineren Ersatzteilen, 1 Ersatzpedal, 1 Ersatzkette, 4 Reserveschläuche, 2 Reservereifen.

So jedenfalls sah unser Gepäck zur „Halbzeit", im Sommer 1968, in Japan aus. Wilma hatte einen Teil meiner Bekleidung übernommen. Bei mir wogen die Fotoausrüstung und die Fahrradersatzteile besonders schwer. Die Reservereifen schlangen wir um die Rucksäcke.

Fünf Mark pro Tag und Person

Kein Zweifel, auch das Reisen auf die einfachste Art kostet Geld. Zu etwas anderem als der Tour auf Fahrrädern hätten unsere Ersparnisse gar nicht gereicht. Wir gehören nicht zu jenen Finanzgenies, die mit fast nichts in der Tasche eine Fahrt in ferne Länder unternehmen, um dann mit mehr Geld zurückzukommen, als sie beim Start besessen hatten. Wir jedenfalls gaben in knapp vier Jahren rund 13800 Mark aus, pro Tag und Person etwa fünf Mark, alles inbegriffen. Dabei hielten wir unsere Sachen immer in einem tadellosen Zustand.

Häufig wurde uns die Frage nach dem „Geheimnis" unseres billigen Auskommens gestellt. Wir aßen, tranken und schliefen wie die Menschen des jeweiligen Landes und waren weder „schleckig" noch empfindlich. Landesfremder Komfort ist immer teuer. Je mehr wir uns den Lebensgewohnheiten anpaßten, um so voller blieb unsere Reisekasse. Andere Kniffe, die sich auf Dauer auswirken: nur das Preiswerteste kaufen; wenn möglich ein paar Vorräte anlegen; von billigen in teurere Länder unbedingt Notwendiges mitnehmen; nur so leben, daß keine Trinkgelder bezahlt werden müssen, auch keine anderen zu bezahlenden Dienstleistungen, so vermeidbar, in Anspruch nehmen. Von „Geheimnis" also keine Spur. Wir hatten immer nur so viel Geld dabei, wie wir in den nächsten Monaten brauchen würden. Rechtzeitig ließen wir uns neue Mittel nachsenden, und zwar über die deutschen Botschaften und Konsulate.

Vielleicht fünfmal soviel wie die erwähnte Summe hätten wir anlegen müssen, um mit einem Volkswagenbus eine derart ausgedehnte Reise unternehmen zu können. Wir trafen unterwegs einige junge Leute, die es mit weniger versucht hatten. Nun wären sie froh gewesen, wenn sie ihr Auto hätten verscheuern können: sie waren pleite. Nach zwei Jahren wäre es uns beinahe auch nicht anders ergangen, weil die Kosten für Schiffsreisen (die billigste Möglichkeit) ungeheuerlich waren. Die Fahrten auf zwei Pötten – von Bangkok nach Yokohama, und von dort nach Los Angeles – verschlangen ein Viertel unserer Mittel, man bedenke: für fünfundzwanzig Tage! Unsere schwindsüchtige Bordkasse hätte die starke Beanspruchung beinahe nicht überlebt. Von zu Hause kam schon die Warnung: „Ihr seid finanziell am Ende, kehrt heim!" Da nahmen wir all unseren Mut zusammen, schränkten uns noch mehr ein. Wir bürdeten uns keine Schuldenlast auf, aber wir nagten auch nicht am Hungertuch. Wir hatten wirklich Glück. Die Heimreise von Buenos Aires nach Europa – eineinhalb Jahre später! – arbeiteten wir auf einem deutschen Frachter ab.

Und ich schrieb noch mehr Zeitungsartikel. Während der ganzen Zeit war ich Reisekorrespondent der Tageszeitung Heilbronner Stimme. In 120 umfangreichen, illustrierten Berichten ließen wir die Leser wissen, wohin uns das Schicksal trieb, was wir erlebten, wie wir die Dinge sahen, wen wir trafen, wie uns zumute war und welche Fehler wir begingen. Viele „begleiteten" uns treu über die Jahre hinweg. Dies entnahmen wir vielen Briefen – manchmal empfingen wir auf den deutschen Botschaften ein ganzes Kilo Schreiben –, aber dies sahen wir auch an dem stürmischen Empfang, der uns bei der Rückkehr bereitet wurde.

Zahlreiche Zeitungen, Illustrierte, Rundfunk- und Fernsehstationen in den von uns besuchten Ländern brachten Berichte über oder Interviews mit uns (siehe Seiten 259 bis 262). Die japanische Zeitschrift „Asahi Graphic Weekly", die zu dem Verlag gehörte, in dem auch die damals größte Zeitung der Welt, die „Asahi Shimbun", erschien, kaufte eine Zwischenbilanz von mir mit zahlreichen Bildern. Durch all diese Veröffentlichungen stieg unser Bekanntheitsgrad enorm. Das war uns häufig eine wertvolle Hilfe. Unter anderem erhielten wir viele Einladungen und – aus Sympathie, als sie von unserer schlichten Art des Reisens erfuhren – von Lesern nord- und lateinamerikanischer Zeitungen sogar hin und wieder Geldgeschenke. Wenn wir im Bedarfsfalle die Artikel zur Lektüre für unsere Gastgeber hervorholten, waren diejenigen unter ihnen, die von uns noch nicht gehört hatten, rascher von unserer „Echtheit" überzeugt.

„Wie man sich bettet . . ." – oft ein Problem

Besonders auf die Übernachtungsfrage gab es nicht immer eine rasche Antwort. Wir mußten uns häufig mit Provisorien begnügen. Damit sich der Leser ein Bild machen kann, wo wir die Nächte verbrachten, folgt hier eine detaillierte Aufstellung. „Privatwohnungen" konnte bedeuten, daß wir uns in einer sehr einfachen Hütte auf dem Erd- oder Zementboden ausstrecken mußten, oder aber auch, daß wir im herrschaftlichen Haus im Gästezimmer untergebracht waren. Meist aber waren dies einfache, ordentliche und sichere Unterkünfte bei Familien.

Gegen Bezahlung: Hotels, Gasthöfe, private Fremdenzimmer, Restaurants mit Schlafgelegenheit (insgesamt 318 Übernachungen); Jugendherbergen (56); Rasthäuser (vor allem in Indien, 45); auf Schiffen (74).

Ohne Bezahlung: Hotels, Gasthöfe, Restaurants mit Schlafgelegenheit (insgesamt 47 Übernachtungen); Privatwohnungen (603); eigenes Zelt (17); Sonstiges (235).

„Sonstiges" gliedert sich folgendermaßen auf: Gästehäuser in Dörfern (8); Kibbuz (Israel, 1); Gästehäuser von Firmen (2); Angestelltenunterkünfte (33); Studentenheime (10); Jugendheime (2); Vereinsheim (1); Deutscher Klub (San José/Costa Rica, 2); Hauszelt (5); Tempelherbergen (26); Kirchen (11); Pfarrhäuser (16); Klöster (13); Gemeindehäuser (4); „Rettungsmission" für Obdachlose (1); Schulen (21); Kindergärten (2); Bibliothek (1); Krankenstationen (3); Büro (1); Postamt (1); Hof eines Amtsgebäudes (1); Forsthaus (1); Zelt eines Geologen (1); Fernsehverstärkerstation (2); Funkstation (1); Straßenbauhöfe (3); Kaserne (1); Lagerraum (1); Garagen (3); Tankstellen (3); Bahnhöfe (3); Grenzstationen (3); Polizeistationen (22); Gefängnis (1); Arrestzelle (1); Hütten (4); leerstehende Häuser bzw. Zimmer (8); Ziegenstall (1); historische Ruine (1); altes Auto (1); Lastwagen (2); Park (1); freie Landschaft (6).

Die „Operation Freundschaft"

Obwohl das Fahrrad ein bemerkenswertes Vehikel für eine Weltumrundung ist, bildete es keinesfalls den Inhalt unserer Reise. Es war Mittel zum Zweck. Wir zogen hinaus, um Völker und Länder kennenzulernen. Dieses Vorhaben gelang uns. Trotz aller Verschiedenheit im Aussehen, im Denken und im täglichen Umgang stellten wir viele weltweite Gemeinsamkeiten im Verhalten der Menschen fest. Obwohl es an einigen Plätzen Leute gab, die uns nicht wohlgesinnt waren, fanden wir doch, daß überall Warmherzigkeit und Verständnis bei weitem überwogen. Was wäre andernfalls aus uns geworden . . .? In jedem Land trafen wir aufgeschlossene Menschen, die sich uns Fremden gegenüber nicht nur nicht abweisend oder gar feindselig verhielten, sondern umgekehrt großes Interesse am Kennenlernen von uns Andersartigen zeigten. So mancher wertete die Begegnung mit uns als Glücksfall. Mit vielen schlossen wir dauerhafte Freundschaft. Sogar ein Wiedersehen gab es gelegentlich, zum Beispiel in der Türkei, im Iran, in Nepal, in Japan, in den USA und in Südamerika. „Sie verließen ihre Stadt im Vertrauen auf das Verständnis und die Freundschaft der Menschen", schrieb die Zeitung „El Litoral" in Santa Fé (Argentinien) über uns, und das Blatt „El Pais" in Cali (Kolumbien) wußte: „Sie nehmen keinerlei fremde finanzielle Hilfe in Anspruch, aber mit ihnen arbeitet die ‚Operation Freundschaft'." In der Tat, so war es. In den USA wurden wir siebenmal von Freunden „weitergereicht", in Mexiko bestand eine solche „Kette" sogar aus zehn Gliedern. Die Freude daran beruhte auf Gegenseitigkeit.

In Nord-, Mittel- und Südamerika suchten und fanden wir eine sehr große Anzahl von ehemaligen Heilbronnern und Bewohnern der Umgebung dieser Stadt. Die einen machten wir mit

Einige Seiten unseres großen Berichts in der Zeitschrift „Asahi Graphic Weekly" (Japan)

Hilfe eines Verzeichnisses der Ausgewanderten, vom Bürgermeisteramt unserer Heimatstadt angelegt, ausfindig, auf andere stießen wir als Ergebnis langer Nachforschungen oder rein zufällig. Auch hier war die beidseitige Freude meist groß. Unsere Zeitungsartikel über das Schicksal der Landsleute wurden hüben wie drüben als Lebenszeichen und interessante Lektüre willkommen geheißen, schufen oft neue Kontakte zwischen Angehörigen und Freunden, die sich aus den Augen verloren hatten. Viele Male waren die früheren Bewohner des württembergischen Unterlandes auch unsere Gastgeber. Dafür konnten wir uns in Deutschland später häufig revanchieren. Manche sahen wir auf unserer zweiten Weltreise wieder. Über diese Begegnungen zu berichten, wird mir allerdings im Rahmen dieses Buches nur hin und wieder möglich sein.

Dank für alle Hilfe

In die Tausende geht die Zahl derer, die uns im Laufe von vier Jahren auf die unterschiedlichste Weise geholfen haben, und denen wir daher sehr dankbar sind. Ohne diese Unterstützung wären wir so manches Mal „mit unserem Latein am Ende" gewesen. Mit großzügiger Gastfreundschaft wurde uns Unterkunft gewährt, wenn wir schon am Verzweifeln waren. Wie oft wurden wir beschenkt, bewirtet, wie oft wurde uns guter Rat gewährt! Einheimische, Einwanderer und vorübergehend Ansässige aus vielen Ländern waren die Helfer. Aus der Vielzahl wollen wir – als bescheidenes Zeichen der Anerkennung – die folgenden Freunde hervorheben (in der Reihenfolge unserer Begegnung mit ihnen):

Sabri Yılmaz, Familie Ismail Balcı, Sultan und Hanna Kurban, Ismail und Hamdiye Karasuoğlu, Mehmet Bolat, Mohammed Abdallah Nasra, Familie Saleh Ammareen, Ernst Mandowsky, Benjamin Jeremias, Hassan Irfan, Orhan Cepheci, Sacit Samlı, Ulli und Porviz Etemadi, Dr. Heinrich Holtmann, Gunhild Göres, Dr. Werner Westerburg, Artur Bös, R. K. Joshi, Robert E. Pratt, Dr. Wehnert, Rudolf Hehenberger, Yasuo und Eiko Nakaya, Toschiro Taketschi, Manfred und Hildegard Mueller, Grant E. Brown, Bernd und Brigitte Tischer, Jean Visalli, Herbert und Eleanor Foerster, Phil und Jan McComb, Lisa und Richard Nabors, José Alberto Zazueta, Andrés und Lucila Rice, Miguel Portales, Salvador Zapién, Carmen Malo, Martin Jacobsen, Familie Augusto Bauer Arzu, Dr. Michael und Marlene Schmidt-Thomé, Albert Vogl, Ali und Vilma Escobar Chaves, Gustavo Häberle, Rodolfo Bendig, Familie Antonio Retana, Diznarda M. de Castrellón, Federico Andree, Alvaro und Maria Lucia Gonzalez, Wolfram und Gisela Burk, Heinz und Erna Kaiser, Dr. Fausto Bustamante, Rolph Schneider, Karl und Margot Hopp, Ernesto und Alberto Mueller, Antonio Dettling, Fernando Perez, Franziska Mayer, Julius und Odette Hamberger, Walter Freudenthal, Ernst und Mechthild Füll, Luis „Lucho" Pesce, die Familien Hermann Krämer, Inge Ott, Max Möller-Holtkamp, Oswaldo Siebert, Carlos Adolfo Udovicich, A. Goldschmidt, Rudi Diem und Erich Sommer. –

Auf der letzten Seite dieses Buches befindet sich eine Erläuterung der Schreibweise von geografischen Namen. Auf die Farbbilder wird im Text hingewiesen. Diese Bilder haben Nummern. Auf den Reisekarten werden in erster Linie die von uns besuchten Orte erwähnt. Für ihre Herstellung fanden unterschiedliche Projektionen Verwendung.

Zum Bosporus und zum Roten Meer

Nun waren wir also unterwegs, und der Bodensee war tatsächlich unser erstes Ziel. Da wir aber keine Freunde von hektischem Reisen sind, ließen wir uns bis dorthin fünf volle Tage Zeit. Es sollte ja kein Wettrennen, sondern ein „gemütliches Wandern" sein. Auch wollten wir unsere etwas eingerosteten Gelenke schonen, schließlich hatten wir vor dem Start ein Jahr lang kaum Gelegenheit gehabt, die Fahrräder zu benutzen. Wir wollten uns außerdem an das neue Leben noch in eher vertrauter Umgebung gewöhnen, unsere Vehikel, wenn nötig, technisch verbessern, und sehen, wie wir mit unserer übrigen Ausrüstung zurechtkamen. So zuckelten wir durch den Schwäbischen Wald, über die Schwäbische Alb und durch Oberschwaben. Wir fragten uns gelegentlich, ob wir das alles einmal wiedersehen würden . . .

Klimatisch standen die ersten Wochen unter einem sehr günstigen Stern: an fünfzehn Tagen nacheinander schien die Sonne. Wir kletterten aus dem Montafontal in Vorarlberg über die Silvretta-Hochalpenstraße bis auf mehr als zweitausend Meter zur „Bieler Höhe". Auf unserem Wege durch die vierzig Serpentinen blickten uns Hunderte von Autofahrern und ihre Angehörigen ungläubig an. Später, in anderen Ländern, wenn wir von einer neugierigen Menschenmenge umlagert sein würden, sollten wir uns manchmal dieser Blicke erinnern. Radreisende waren in den Alpen wirklich eine Seltenheit, jedenfalls jetzt im Spätjahr. Auch bis Bologna in Italien begegneten wir keinem einzigen „Kollegen". Dort trafen wir ein junges deutsches Paar, das bereits einige Tage mit dem Rad durch Norditalien unterwegs gewesen war, wegen des Regens dann aber aufgab.

Über Landeck kamen wir nach Innsbruck. Schon dort erfuhren wir von schweren Zwischenfällen und von der politischen Nervosität in dem nun zu Italien gehörenden Südtirol. Deutschstämmige Tiroler, die für eine Rückkehr der Region zu Österreich waren, und italienische Polizei und Soldaten griffen immer wieder zu den Waffen. Es hatte mehrere Tote gegeben. Am Brenner kündeten seit langem riesige Parolen – mit weißer Farbe auf Mauern und Felsen gepinselt – von der Unruhe jenseits des Passes. Dennoch ging das Leben der meisten Einwohner seinen gewohnten Gang. In Bruneck (oder Brunico) jedenfalls mutete uns die Atmosphäre ziemlich friedlich an. Aber wir sahen vielerorts auch Verbotsschilder, den Aufenthalt oder das Fotografieren an der jeweiligen Stelle betreffend, sowie bewachte Straßen und Eisenbahnen, Soldaten hinter Sandsackwällen. Wir kamen unbehelligt durch das Gebiet.

Ein zweites Mal überschritten wir die österreichische Grenze, um zu dem netten Städtchen Lienz in Osttirol zu gelangen, wo wir einen Tag der Rast einlegten. Wir freuten uns über die herbstliche Schönheit der Alpen und erstmals spürten wir wieder deutlich dieses Gefühl des Freiseins, der Unabhängigkeit bei Fahrradreisen, der Zufriedenheit mit der eigenen Leistung. Aber es gab auch etwas Unerfreuliches. Im ganzen Pustertal waren Räumkolonnen damit beschäftigt, die Folgen schwerer Hochwasser zu beseitigen, die Wochen zuvor das Land heimgesucht hatten. Häuser mußten aus den Geröllmassen geschaufelt, neue Straßen und Brücken gebaut werden. Dabei waren die Schäden von Unwettern des Vorjahres noch nicht einmal behoben. Mit den Rädern kamen wir noch am ehesten durch. Etwas bange dachten wir jedoch an die uns bevorstehenden winterlichen Regenzeiten im Mittelmeerraum.

Und wirklich, kaum hatten wir den Plöckenpaß mit 1360 m überschritten, ließen wir mit dieser letzten Hürde in den Alpen nicht nur das deutsche Sprachgebiet, sondern auch das Schönwetter hinter uns. Wie kürzlich überflüssige Ausrüstungsstücke, blieben nun unsere Illusionen zurück. Wir holten uns die ersten Schrammen und Beulen, vorwiegend seelischer Art. Jeder, der einmal im Regen radfahrend „bis auf die Knochen durchgeweicht" wurde, kann uns das nachfühlen.

Unsere Reise weiter südwärts, nach Venedig, Bologna, Florenz, Pisa, Rom, Neapel, Foggia, Bari und Brindisi (am „Absatz" des italienischen „Stiefels") glich einer Flucht vor dem Winter. Die Tage waren schon kurz und in Italien auch sehr feucht, wo es im Oktober besonders häufig regnet und stürmt. Die Felder wurden immer kahler. Die Traubenlese war bereits abgeschlossen, aber den „Weinfabriken" entströmte verlockender Duft. Millionen von silbrig schimmernden Olivenbäumen, sowie Pinien, Zypressen und Orangenhaine erfreuten unser Auge. Wir kamen durch endlos scheinende, beinahe eintönige Ebenen im Norden, durch die pittoreske Bergwelt der Toskana, und wir fuhren dann entlang des Tyrrhenischen Meeres, wo sich Palmen im Winde wiegten.

Nach unserer Ansicht wurde das Land von herrlichen Straßen durchzogen, aber wegen des starken Verkehrs waren wir für Hunderte Kilometer Radwege sehr dankbar. Gegenüber Radfahrern gab es kein Pardon. Mit der Betätigung der Hupe schienen die Autofahrer ihre Sportlichkeit noch unterstreichen zu wollen. Wir versuchten, uns auch an die schrillsten Fanfarenhupen zu gewöhnen. An den Händen und an anderen Körperteilen wuchs uns inzwischen eine Hornhaut, an den Trommelfellen aber nicht. Nach den ersten zweitausend Kilometern gönnten wir unseren Fahrrädern in Rom eine erste Generalüberholung. Regen und Sand hatten viel geschadet.

In italienischen Städten

Aber die Jahreszeit hatte auch ihre besseren Seiten. Wir hatten das ausgesprochene Glück, in Italiens berühmtesten Städten zu sein, wenn man dort, nachdem die meisten Touristen verschwunden waren, auf Schritt und Tritt wieder Italiener treffen konnte (Farbbild 1). So war es auch in Pisa, Sie wissen schon, die Stadt mit dem „Schiefen". Der Rummel um ihn ging aber noch kaum vermindert weiter. Dabei tat uns der Turm beinahe ein wenig leid, denn er kam uns wie ein Findelkind vor, wußten doch die gelehrten Ansichtskartenhersteller recht wenig Genaues über ihn. Zum Beispiel herrschte Uneinigkeit darüber, wie lange an ihm gebaut worden war (die Angaben schwankten zwischen neunzig und neunundneunzig Jahren), wieviele Stufen in seinem Innern hinaufführten (im Durchschnitt 293) und wie tief seine Fundamente seien („unbekannt" bis „drei Meter"). Bei der Neigung gab es Differenzen von dreißig Zentimetern. Sei's drum, vermarkten ließ er sich auf jeden Fall. In Kupfer und Messing, in Silber, Marmor, Holz, Porzellan, Kunststoff, auf Postkarten und Tellern, auf Schalen, Gläsern und Wandbehängen konnte man Pisas Hauptattraktion bewundern, sehr zum Nachteil des herrlichen Domes, dessen Glockenturm der „Schiefe" doch nur ist. Wer nach dem Erwerb solcher „Kostbarkeiten" noch Wünsche offen hatte, konnte sich vertrauensvoll zu anderen der rund siebzig Andenkenstände begeben, um „billig" etwa noch eine kleine Nachbildung venezianischer Gondeln mit elektrischer Beleuchtung und eingebautem Glockenspiel, oder einen Plüschteppich mit dem Porträt des ermordeten Präsidenten Kennedy zu erwerben. Wenn man schon mal in Italien war...

Noch 178 km bis Rom. Soeben ging ein Gewitter über den Weinfeldern und Obstgärten nieder

Natürlich durften wir uns nicht das Erlebnis Rom entgehen lassen. (Wir blieben an allen wichtigen Plätzen ein paar Tage.) Dabei machten wir auch einige Erfahrungen. „Zur Jugendherberge ist es nicht mehr weit, ein Kilometer geradeaus und dann links", gab uns ein fließend Deutsch sprechender älterer Römer Auskunft. Nach zwei Stunden waren wir dann schon am Ziel. Man verschätzt sich wohl leicht in dem Durcheinander. An die hundert Male schwebten wir im unvorstellbar dichten Verkehr der Hauptstadt in Lebensgefahr. Einmal flog ich in hohem Bogen von meinem „Untersatz", weil es ein Autofahrer allzu eilig gehabt hatte.

Doch dies war viel schneller überwunden als der Verlust unseres Feldstechers, der uns in der Jugendherberge aus dem Rucksack gestohlen wurde. Einem anderen Deutschen wurden Bargeld und Reiseschecks entwendet, in diesem Falle von der Kriminalpolizei beim Dieb (es war kein Italiener!) gefunden. Dieses Glück hatten wir mit unserem Fernglas nicht. Zudem kamen auch noch die Luftpumpen von unseren Fahrrädern abhanden. Wir schliefen in Österreich und Italien übrigens meist in Jugendherbergen, einige Male in Gasthöfen, sonst in Privathäusern. Wir verpflegten uns weitgehend selbst und fuhren ganz gut damit.

Im Süden beispiellose Gastfreundschaft

Höflich und freundlich fanden wir die Menschen des nördlichen und mittleren Italien uns gegenüber, doch vermißten wir etwas die ungezwungene Freude am Kontakt, die wir bei südlichen

Völkern schon so oft angetroffen hatten. Was wir im Süden des Landes, der Heimat der „Gastarbeiter", danach aber an Aufgeschlossenheit, Hilfsbereitschaft und Gastfreundschaft erfuhren, war beispiellos. Hier erlebten wir die schönsten Tage. Dazu gleich ein paar Beispiele.

Kurz will ich unsere abenteuerliche Fußwanderung (es gab außer der Straße auch eine Seilbahn) zum Krater des Vesuv beschreiben. Von Neapel aus hatten wir den Gipfel klar vor uns gesehen, doch gegen Mittag waren Wolken aufgezogen. Auf halber Höhe wurden wir von ihnen umfangen. Nun wollten wir allerdings ehrgeizig sein, wennschon – dennschon! Es wurde feucht und stürmisch, aber wir standen schließlich mutterseelenallein zwölfhundert Meter hoch am Schlund des Vulkans. Obwohl wir nicht sehr weit sehen konnten, waren wir zufrieden. Wir hatten das Beste aus der Situation gemacht.

Ziemlich „verwässert" kamen wir später wieder bei den Lavafeldern an, wo wir unsere Fahrräder an einem Haus abgestellt hatten. Unser Gepäck lag schon seit dem Mittag bei der Familie von Luigi Raiolo in der Ortschaft Boscotrecase am Fuß des Vesuv. Luigi besaß eine „osteria", ein Wirtshaus, und hatte die Sachen freundlicherweise für uns in Verwahrung genommen, um uns den Aufstieg zu erleichtern. Als wir nun zurückkehrten, war es bereits zu spät, um weiterzugehen. Luigi hatte keine Fremdenzimmer, aber er stellte im Gastraum ein paar Tische zusammen, auf denen wir unsere Schlafsäcke ausbreiten konnten. Zunächst waren wir mit seiner ganzen großen Familie zusammen bei Brot, Wein und Früchten, um die sie unsere mitgebrachte Verpflegung bereicherte. Eigentlich hatten wir dort unser Zelt aufstellen wollen, aber ein abendliches Gewitter vereitelte diese Absicht.

Meist führte schlechtes Wetter dazu, daß wir eingeladen wurden. Bei Pompeji dauerte ein Wolkenbruch drei Stunden. Er richtete in der Umgebung starke Verwüstungen an. Wir kamen an diesem Tage nicht mehr sehr weit. Nach fünfunddreißig Kilometern erreichten wir die Ortschaft Castel San Giorgio in der Nähe von Salerno. Ein „albergo", ein Hotel? Nein, das gäbe es hier nicht, meinte der Mann, der gerade die Tür seines Ladens für elektrische Haushaltsgeräte verriegelte. Aber, und er kratzte sich am Kopf, wir könnten bei ihm schlafen, sagte er zu uns, als er gehört hatte, daß wir Deutsche seien. Das hatte eine besondere Bewandtnis. In seinem Haus, in der freudigen Aufregung seiner Frau, seiner drei Söhne und seiner Tochter, die ausgerechnet Wilma hieß, erzählte uns Mario Fortunato, daß er im Kriege als Fallschirmjäger über Kreta von Engländern beschossen und verwundet, und dann von deutschen Soldaten gerettet worden sei. Uns ließ er an diesem Abend seine Dankbarkeit darüber spüren.

Am nächsten Morgen wurden wir von unseren neuen Freunden ebenso herzlich verabschiedet. Es regnete fast den ganzen Tag, aber wir wollten nun etwas rascher weiter, denn uns beschlich die Furcht, in Griechenland und in der Türkei in zu viel Kälte und Schnee zu geraten. Wir schafften achtzig Kilometer und kamen auf über achthundert Meter Höhe, bis zu dem Bergstädtchen Ariano Irpino. Während ich dort vergeblich eine Herberge für uns suchte, wurde Wilma von zwei freundlichen jungen Männern, Studenten, angesprochen. Zum Aufwärmen boten sie ihr Cognac an. Sie hörten von unserem Problem, und als ich zurückkam, hatten sie einen Entschluß gefaßt. Sie befestigten unsere Fahrräder auf dem Dach ihrer „macchina", ihres Autos, und fuhren uns in die rund sechzig Kilometer entfernt gelegene Großstadt Foggia. Dort suchten sie für uns ein sehr preiswertes Zimmer und bewirteten uns trotz unseres Widerstrebens köstlich. Sie dürften ihren Heimatort gegen zwei Uhr morgens wieder erreicht haben. Wir versprachen Vito und Gaetano, ihnen als Dank von unterwegs ab und zu Postkarten zu schicken, was wir dann auch nicht vergaßen.

In einem Städtchen bei Salerno nahm uns die Familie Fortunato freundlich auf

Erste Erfahrungen in Griechenland

Am sechsundvierzigsten Tage der Reise betraten wir auf der ionischen Insel Korfu erstmals wieder griechischen Boden. Wir waren auf einer Nachtfahrt von Brindisi in Italien mit dem Fährschiff herübergekommen. Sie war nicht sehr angenehm gewesen, nicht etwa wegen der Deckklasse, in der wir fuhren, also nur Bänke gewissermaßen im Freien zum Ausruhen hatten, sondern wegen des Seegangs, und auch wegen einiger Mitfahrer, die offenbar nur unerfreuliche Gesprächsthemen auf Lager hatten. Innerhalb weniger Stunden wurden jede Menge Vorurteile vor uns ausgeplaudert. Ein griechischer Offizier zog über die Türken her („Zigeuner!"), einem Israeli hatten die Italiener nicht gefallen („Zigeuner!"), und ein Araber schimpfte über die Israelis („Räuber!"). Ein Nordamerikaner schließlich ließ sich über das miese Wetter aus. Er war der einzige, dem wir beipflichten konnten. Als unser Boot in Korfu – es heißt auf griechisch Kerkyra, so auch der wichtigste Ort auf der Insel – festmachte, regnete es in Strömen. Wir blieben guten Mutes, mieteten uns bei einer Familie ein, trösteten uns mit Wein aus der benachbarten Taverne, aber die Hoffnung, ganz Korfu kennenlernen zu können, mußten wir aufgeben. Den Ort zu sehen, bot sich indes gute Gelegenheit. Dann nahmen wir ein weiteres Fährschiff, das uns zur Küste von Epirus brachte (der Name dieser Landschaft bedeutet „Festland"). Linker Hand, nur zehn Kilometer entfernt, war der Küstensaum Albaniens zu erkennen.

Von dem kleinen Hafen Igumenitsa drangen wir auf einer wunderbaren Asphaltstraße ins Landesinnere ein. Wir überwanden einen neunhundert Meter hohen Paß, schliefen in einem

Bergdorf beim Wirt des einzigen Restaurants. Anderntags kamen wir, immer mit Sicht auf die schneebedeckten Gipfel des Pindosgebirges, zur wichtigsten Stadt des Gebiets, Ioannina, die erst seit dem Mittelalter besteht. Epirus, eine fast baumlose Gebirgslandschaft, war ab 1943 sechs Jahre lang Schauplatz des griechischen Bürgerkrieges gewesen. Lange Stunden mit Nebel wurden von strahlendem Sonnenschein abgelöst. Die Stadt Patras, die drittgrößte Griechenlands, auf dem Peloponnes gelegen, visierten wir für eine Rast an Wilmas Geburtstag an, aber daraus wurde nichts.

Schwere Unwetter

Wir blieben in Arta am großen Fluß Arachthos hängen. Es hatte schon in der Antike unter dem Namen Ambrakia bestanden. Wir sahen noch einige alte Ruinen. Arta hatte rund zwanzigtausend Einwohner und war eigentlich nur ein größeres Dorf mit seinen ein- und zweistöckigen Häusern und einer langen Straße, an der die Geschäfte aufgereiht waren und die Leute bei unserem Auftauchen zusammenliefen. Die Besitzer eines Tuchhandels, zwei Brüder, nahmen in ihrem Laden unsere Fahrräder auf, denn im Gasthof war kein Platz dafür. Da sie etwas Deutsch konnten, versprachen wir, sie auf einen Plausch zu besuchen, wenn wir uns in Arta eine Weile umgesehen hätten.

Zu einer Unterhaltung sollten wir dann reichlich Gelegenheit erhalten. Es goß vierundzwanzig Stunden ununterbrochen. Als es aufklarte und wir weiterfahren konnten, sahen wir die Bescherung: Sonst recht sanfte Flüsse gebärdeten sich nun wie verrückt. Dämme und Brücken waren zerbrochen, Straßen übel zugerichtet, oder sie hatten sich in Schlammwüsten verwandelt. Unser Weg führte eigentlich durch einen See auf einem Damm, der nun zerstört und für den Verkehr gesperrt war. Eine Umleitung ging über viele Kilometer Erdstraßen. Es half also nichts: Wir mußten die Rollen vertauschen und unsere Fahrräder tragen. Nach einer halben Stunde hatten wir auch unser Gepäck über die Trümmer des Deiches hinweg auf die andere Seite geschafft. Wir erfuhren nun auch, daß am gleichen Tage wie hier, am 4. November, über Österreich und Norditalien noch fürchterlichere Unwetter gerast waren. Ganz Venedig war dabei überflutet worden. Von da an herrschte größte Gefahr für den Weiterbestand seiner herrlichen Bauwerke.

Es gab auch erfreulichere Zeiten. So verweilten wir in lichtdurchfluteten Tälern mit blauen Seen und freundlichen Dörfern. Die Luft war schwanger vom Duft ausgedehnter Orangenhaine. Auch die Zitronen wurden schon geerntet, in Kisten verpackt und in teilweise grünem Zustand unter anderem nach Deutschland verschickt. Dafür importierte Griechenland ja auch viel. In diesem Land der Seefahrer und Fischer, wo der Reichtum dreier Meere ausgebeutet und auf Märkten und Straßen durch Händler frisch angeboten wurde, überraschte es uns, daß Fischkonserven griechischer Herkunft als Reiseproviant für uns praktisch unauffindbar waren. Aus aller Herren Länder aber trafen Schiffsladungen solcher Konserven ein. Die Wirtschaftsverhältnisse Griechenlands lagen eben sehr im argen. Fast vier Fünftel aller Fahrzeuge, Maschinen und Geräte kamen aus dem Ausland. Westdeutschland nahm unter den Handelspartnern einen führenden Platz ein. Besonders bei den Autos – neuen und gebrauchten und manchmal auch fast schrottreifen – sahen wir das, denn weit mehr als die Hälfte aller Kraftfahrzeuge kam von dort. Ein gut Teil trugen dazu die Hunderttausende von „Gastarbeitern" bei. Deutsche Fahrradreifen suchten wir allerdings vergeblich.

Hektisches Athen und eine Wanderung am Olymp

Athen und Piräus gehören zusammen, auch wenn es sich um zwei getrennte Gemeinwesen handelt. Immerhin liegen die Zentren der beiden Städte aber rund zehn Kilometer auseinander. Bei aller Freude an der eigenen Bewegung wollten wir diese Distanz jedoch per Bus überwinden. Den richtigen Wagen erwischten wir auch, doch mit dem Ein- und Aussteigen haperte es etwas. Als wir an der drittnächsten Haltestelle anlangten, gab mich der Schaffner endlich aus der Klapptüre frei. Systematisch wurden wir dann von neuen Fahrgästen ins Wageninnere gepreßt. Die Menschenmenge schob und drängte, und einige Zeit danach waren wir auch schon an der Aussteigetür angelangt. Wir stiegen aus. Das war an der zwölften Haltestelle. Die richtige wäre die achtundvierzigste gewesen. Ja, das Tempo unserer Zeit hatte auch vor Griechenland nicht haltgemacht!

Reizvoll schien uns ein Aufstieg am Olymp, dem Götterberg der alten Griechen. Im Norden des Landes gelegen, ist ihm das nette Dorf Lithochoron benachbart. Dort befand sich eine Jugendherberge des griechischen „Alpenvereins". Er hatte auch die Wege, die zur Gipfelzone des 2911 m hohen Eisriesen hinaufführten, hervorragend markiert. In Lithochoron quartierten wir uns ein, um den Angriff zu wagen. Bei sonnigem Wetter starteten wir, doch bei strömendem Regen langten wir abends wieder im Dorf an. Es war uns nur vergönnt gewesen, die halbe Höhe zu erklimmen. Die einzigen Weggenossen waren Hirten und Holzfäller gewesen. Wir waren wirklich enttäuscht, denn wir hatten zur Hütte des Gebirgsvereins auf 2100 m Höhe gewollt, die von einem Deutsch sprechenden Bergführer bewirtschaftet wurde. Auch am nächsten Tag war das Wetter schlecht. Wir kamen mit einer leichten Erkältung davon (Farbbild 2).

Erlebnisse mit Dorfbewohnern

Ein rechtes Abenteuer war für uns die Fahrt durch Dörfer und Städtchen. Jeder griechische Junge schwärmte von einem Fahrrad – „podilado" hieß es hier –, doch Mädchen sahen wir nie auf einem dieser „stählernen Esel". War daran etwas Unanständiges? Die Jungen schmückten sie mit Wimpeln, Fransen, Ketten und Windrädern. Die unseren sahen im Vergleich dazu sehr nüchtern aus. Wohltönende riesige Klingeln kündigten ihr Kommen an. So empfingen sie aber auch uns und brachten zugleich der Einwohnerschaft unser Erscheinen zur Kenntnis. Die Spindel hatte sich eben noch in der Hand der Bäuerin gedreht, nun stand sie still. Man lehnte im Fenster, der Kaufmann eilte vor sein Geschäft, der Kellner des Kaffeehauses, das immer gut besetzt war, verschüttete beinahe den Inhalt seiner Mokkatassen, die kaum größer als Fingerhüte waren. Man staunte uns an und wollte wissen woher, wohin und warum überhaupt.

Wir müssen sagen, daß sich die ohnehin schon freundlichen Mienen der Dörfler noch mehr aufhellten, wenn sie den Namen unserer Heimat, „Germania", hörten. Das war für uns sehr tröstlich, wußten wir doch um die gemeinsame Geschichte Griechenlands und Deutschlands. Manchmal aber ging uns die Fragerei auch etwas auf die Nerven, doch woher sollten die Leute wissen, daß wir dieselben Fragen heute wohl schon hundertmal gehört hatten?

Eines Tages: Die Nacht brach herein, die nächste Stadt, Larissa in der Landschaft Thessalien, lag noch weit. Durch den Regen und durch Traktoren, die die Felder gepflügt hatten, war die Straße sehr mit Erde verschmutzt. Wir mußten für heute Schluß machen. Das Dorf Zappion hatte freilich kein Hotel oder eine ähnliche Herberge. Da fragten wir im Kaffeehaus an der Hauptstraße um Rat.

Mit Georgios und seinen Angehörigen in dem griechischen Dorf Zappion hatten wir viel Spaß

„Hallo, wie geht's?!" rief uns aus dem Hintergrund jemand auf deutsch zu. Es war ein etwa vierzig Jahre alter Mann. Deutschland sei „extra prima", wußte er noch, denn er sei einmal dort gewesen. In seinem Haus sei „natürlich" Platz, versicherte er, obwohl das nicht stimmte, denn eigentlich reichte es gerade nur für seine vierköpfige Familie. Aber „Alexis Sorbas", wie wir ihn seiner Bartstoppeln und seines Temperaments wegen nannten, obwohl er Georgios hieß, was er mit einem schallenden Lachen quittierte, machte Platz. Seine Frau, seine Tochter und sein Junge rückten zusammen, und da ging's dann wirklich. Auf dem Wege zu seiner Bleibe versanken wir bis an die Knöchel im Schlamm. Brot, Schafkäse, Tomaten und Anisschnaps standen gleich danach auf dem Tisch, und die ganze Familie freute sich über die Abwechslung. Wir hatten an dem Abend auch wirklich viel Spaß mit den Leuten, doch die Unterhaltung ging vorwiegend in der Zeichensprache vor sich. Um Deutsch richtig zu lernen, hatte „Alexis" nicht die Zeit oder Lust gehabt. Dann schliefen wir beide – auf nur einem Bett zusammengekuschelt, Heizung gab es nicht – recht gut.

Der nächste Morgen war in dichten Nebel gehüllt. Vor dem Abschied wurden wir noch einmal bewirtet. „Alexis" schlug dann den Weg zum Kaffeehaus ein, wo er wiederum den ganzen Tag verbringen würde. Eine Arbeit hatte er schon lange nicht mehr. Wir kratzten den schlimmsten Schlamm von unseren Rädern und starteten. Es regnete schon wieder. Es war eben Winter in Griechenland.

Als ein Reservoir von „Gastarbeitern" bescherte uns „Ellas" manche nette Begegnung am

Straßenrand, in Geschäften und Gasthäusern. Viele Griechen kannten sogar unsere Heimatstadt, die meisten hatten ihren Namen gehört. Fast alle, die in der Bundesrepublik gewesen waren, sprachen gerne über ihre Zeit dort. Manche der Gespräche konnten wir amüsanterweise auf schwäbisch führen. Einer erzählte uns, er habe während zweiundzwanzig Jahren in Deutschland viel Schwarzhandel getrieben und sei fünfmal verheiratet gewesen. Er lachte dabei so auffällig, daß wir nicht wußten, was wir davon zu halten hatten. Vielleicht wollte er nur aufschneiden?

Ich verkaufe einen Teil meines Blutes

Ein wunderliches Erlebnis hatte ich in einem Krankenhaus der makedonischen Stadt Saloniki. Viele Menschen im Mittelmeergebiet leiden, wie wir hörten, an einer hier verbreiteten Blutkrankheit. Blut ist ein kostbarer Saft, heißt es allgemein, doch in Saloniki wurde er schon fast mit Gold aufgewogen. Ein junger Holländer, der mit seiner Freundin im Auto hierhergefahren und auf dem Wege nach Israel war, erzählte uns, daß er einen Teil seines Blutes verkauft habe. Ich hatte in Deutschland unentgeltlich Blut abgegeben, warum also nicht auch hier, wo es zudem noch eine „Bezahlung" gab? So ging ich zu der Annahmestelle. An sich war daran nichts Außergewöhnliches, die Umstände aber waren bemerkenswert. Der „Käufer", einer der Kranken, ein gewisser Paolos, etwa fünfundvierzig Jahre alt, bärtig und mit Schiebermütze, stand neben mir im Hospital, als sich die sterilisierte Flasche langsam füllte. So lag ich da, während über mir an der Wand mit viel Geschäftigkeit eine Stromleitung repariert wurde. Die Schwestern machten zudem einen sagenhaften Lärm. Ich konnte mir nicht helfen, ich mußte laut lachen.

Als alles vorbei war, nahm Paolos die Flasche in Empfang und ich bekam von ihm mein Geld dafür, über fünfzig Mark für dreihundert Kubikzentimeter. Das war die Regel. Ich freute mich über die Einnahme, wir hatten sie nötig. Natürlich fühlte ich auch für Paolos: Nach einem Monat oder so würde er, durch dessen Adern nun auch mein Blut rann, wieder zum Hospital pilgern, um sich „Saft" zu kaufen, nur weil er krank war. Ich hatte – durch den Aderlaß – ein solches Gefühl der Leichtigkeit, daß ich mir erst später ernsthaft Gedanken über die Ungerechtigkeit dieses Systems machte. Es war genau an meinem sechsundzwanzigsten Geburtstag. Abends saßen wir in der Jugendherberge von Saloniki – hier galten andere Regeln als in Deutschland – mit den Holländern, zwei Nordamerikanern und einem Japaner gemütlich beim griechischen Wein zusammen, den ich spendiert hatte . . .

Auf dem Weiterweg nach Osten, Richtung Türkei, genossen wir die heiteren Landschaften des südlichen Makedonien und des westlichen Thrakien. Gleich hinter Saloniki zogen der Lankada- und der Vólvisee zu unserer Linken vorüber. Am Vólvisee verbrachten wir einen Nachmittag und eine Nacht. Gelegentlich kamen wir durch herbstlich gefärbte Wälder und Alleen entlang der Landstraße, aber in einigen Gärten standen Birnbäume in voller junger Blüte, von Schmetterlingen umgaukelt, von Bienen umsummt – im November! Wir überquerten mehrere aus Bulgarien kommende Flüsse, doch manches Wiesental mit einem murmelnden Bach erinnerte uns an heimatliche Bilder. Kavala und Xanthi waren zwei der Städte an der Route, die eine uralte Geschichte haben. Für unsere Bildung hatten wir in Griechenland auch schon etwas getan: Patras, Korinth, Mykene, Athen, Saloniki waren einige der Plätze, wo wir „Nachhilfeunterricht" erhalten hatten.

Unsere Gedanken gingen zurück zu früheren Reisen in diesem Land, ein paar Jahre zuvor. Als ich 1961 allein eine Tour durch Griechenland – auf dem Weg nach Israel – unternahm, brachte ich die fünfhundert Kilometer von Saloniki nach Edirne in drei Tagen hinter mich, was ich nachträglich nun für sehr unvernünftig hielt. Diesmal nahmen wir beide uns sechs Tage Zeit dafür, und einen siebenten Tag, als wir wieder einmal nicht weiterkamen – die alte Leier: es regnete. In dem Städtchen Suflion am Flusse Ebros, der die Grenze zwischen „Ellas" und „Türkiye" bildet, mußten in den Straßen hölzerne Stege verlegt werden, so hoch stand das Wasser. In unserem Hotelzimmer tropfte es durch die Decke. Auch hier wurden ganze Landstriche überschwemmt, kilometerweit. Es war ein verflixtes Jahr, 1966! Ehrgeiz hatten wir schon bewiesen, nun zeigten wir auch Standhaftigkeit. Mehr als einmal lehnten wir die Einladung von Lastwagenfahrern ab, einzusteigen.

Konflikt Griechen – Türken

Leider war das Verhältnis zwischen Griechen und Türken problematisch. Thrakien, das teils zu Griechenland, teils zur Türkei gehört, glich auf beiden Seiten einem Heerlager. Ihre Mitgliedschaft im nordatlantischen Bündnis gegen den kommunistischen Block war der Hauptgrund dafür, obwohl von Bulgarien keine aktuelle Gefahr auszugehen drohte. Die beiden „Alliierten" waren aber bereit, die Waffen auch gegeneinander zu richten, wenn ihr Konflikt sich verschärfte. Anlaß waren vor allem die Spannungen auf der Mittelmeerinsel Zypern, wo sich Griechen und eine türkische Minderheit immer wieder in die Haare gerieten. Wir würden Zypern ein paar Monate später besuchen und diesen Konflikt hautnah miterleben.

Stavros, ein junger griechischer Soldat, der vier Jahre in Deutschland zugebracht hatte, war in Suflion ein paar Stunden mit uns zusammen. Leider hörten wir von ihm viel Unvernünftiges: „Wenn es mit der Türkei Krieg gibt", meinte er, „dann sind wir in einer Stunde in Istanbul!" Auf die Frage, ob er nicht meine, die Türken würden genau dasselbe hinsichtlich Athen sagen (wir hörten so etwas später tatsächlich), blieb er uns eine Antwort schuldig. Wir hofften indes, daß es genug kühle Köpfe gäbe, ein solches Unheil zu verhindern.

Das erste Minarett, den Turm einer Moschee, sahen wir nicht erst in der Türkei, sondern schon in Griechisch-Thrakien, denn hier wohnten viele Türken. Sie waren aus einer Zeit zurückgeblieben, als der Balkan noch von Istanbul aus beherrscht wurde. Man bedenke: Saloniki war erst 1912 wieder griechisch geworden, nachdem es allein fast fünfhundert Jahre zum Osmanischen Reich gehört hatte. Die ersten eindrucksvollen Moscheen waren für uns aber die von Edirne, der kleinen türkischen Grenzstadt, das alte Adrianopel. Hier hatte der große türkische Architekt Sinan gewirkt, dem außerdem in Istanbul und noch an anderen Plätzen viele der schönsten islamischen Gotteshäuser zu verdanken sind.

In Griechenland hatte es uns gefallen und mit dem Verhältnis zwischen uns und den Menschen dort waren wir sehr zufrieden gewesen. Nun freuten wir uns auf die Türkei, wo wir etwa zehn Wochen bleiben wollten. Wir waren voller Erwartungen. Nur die Preise gefielen uns hier nicht so sehr. Die Teuerung der letzten Jahre traf vor allem die armen Türken hart.

Wiedersehen mit Istanbul

Das wellige, windgeplagte Thrakien auf türkischer Seite konnte uns in dieser Jahreszeit nicht sehr reizen. So strebten wir rasch Istanbul entgegen, und nach zwei Tagen erreichten wir diese erste ganz wichtige Station. Wir hatten es also geschafft! Am Bosporus angelangt, setzten wir uns als

Der Vólvisee östlich von Saloniki in der Herbstsonne. Die Berge sind rund 600 m hoch

Im Grenzgebiet von Griechenland und Türkei, wie hier bei Edirne, gab es Überschwemmungen

nächstes großes Ziel das Rote Meer. Wieviel hatten wir nun schon erlebt und gesehen! Was stand uns wohl in den nächsten Monaten bevor?

Zum vierten Male in Istanbul zu sein, das bedeutete für uns, unsere große Liebe zu dieser Stadt zu erneuern, zu allem, was sie so liebenswert macht und sie unter den Städten des Weltkreises hervorhebt (Farbbild 3). Dieses Istanbul mit seiner unvergleichlichen Lage am Marmarameer und am Schwarzen Meer, am Bosporus und am Goldenen Horn, mit seinen herrlichen Bauwerken aus vielen Epochen und seinen schrecklichen Armenvierteln vor allem der Leute vom Lande, die von der Metropole angelockt worden waren, mit seinen Genüssen fürs Auge und für den Gaumen, mit seinem Lärm, Schmutz und Gestank, mit seiner eifrigen Betriebsamkeit.

Unser billiges, daher nicht sehr komfortables, auch ungepflegtes Hotel stand im Herzen des alten Istanbul, im Stadtteil Sirkeci, dort, wo die Fährschiffe von den Vororten und vom asiatischen Ufer der Stadt anlegten, wo die städtischen und die über Land fahrenden Busse täglich zu Hunderten und die Taxis zu Tausenden verkehrten, wo die Expreßzüge aus dem mittleren Europa eintrafen, kurz, wo die Altstadt am lautesten war und am dichtesten bebaut. Dort war es am interessantesten. Welche Nachteile das aber auch haben kann, erlebten wir schon in der ersten Nacht: Nur achtzig Meter von unserer Unterkunft brach ein großer Brand aus; die Funken blies es bis zu uns herüber. Vorsichtshalber wollten wir unsere Sachen zusammenpacken, denn Feuersbrünste waren in dem mit viel Holz erbauten Istanbul kein seltenes Vorkommnis – ganze Stadtteile wurden wiederholt eingeäschert –, aber dann hatten die Feuerwehrleute die Flammen endlich unter Kontrolle.

In der Metropole am Bosporus wurden die meisten Geschäfte der Türkei abgewickelt. Aber hier

Das prächtige Eingangstor zur Universität Istanbul, ein geistiges Zentrum der neuen Türkei

trieb auch der Schwarzmarkt üppige Blüten. Die Straßen waren der Handelsplatz für alle Dinge. Die große Arbeitslosigkeit zwang viele dazu, dort manchen illegalen Handel abzuschließen. Auch die aus Deutschland zurückkehrenden oder sich auf Urlaub befindlichen „Gastarbeiter" fanden hier ein weites Betätigungsfeld. Selbst wir gerieten binnen kurzem in dieses Räderwerk. Die Schwarzhändler sprachen fremde Besucher vor allem an, um von ihnen ausländisches Geld für Türkische Lira zu erhalten. Die Banken gaben den Touristen weit weniger Türkpfunde für ihre Dollars, Mark oder Franken. Halunken, oft in Verkleidung als Bettler, arbeiteten eng mit den anderen Geschäftemachern zusammen.

Der Wunsch nach Geld, das ihnen niemand geben wollte, trieb damals einige Männer im Osten des Landes zu Wahnsinnstaten bis hin zu Morden. Die Polizei suchte angeblich fieberhaft nach sechs Banditen, die Autobusse und Überlandtaxen hinterhältig überfallen und ausgeplündert hatten. Die Zeitungen waren voll davon. Man warnte uns davor, mit unseren Fahrrädern dieses Gebiet zu bereisen. Einige Monate später waren wir dann aber doch dort.

In Istanbul jedenfalls blieben unsere treuen Gefährten, die Fahrräder, im „Stall". Wir machten Ausflüge durch das ganze Stadtgebiet, wo wir uns schon gut auskannten, auf die asiatische Seite, nach Üsküdar, und ans Schwarze Meer – die öffentlichen Verkehrsmittel waren dafür bestens geeignet. Nachts wurde es empfindlich kühl, aber am Tage hatten wir fast immer zwanzig Grad.

Es blieb auch Zeit für Blicke hinter die Kulissen und Schranken. Als Journalist interessiert man sich natürlich dafür, was die Kollegen überall auf der Welt so treiben. Daher besuchten wir die größte türkische Zeitung, „Hürriyet" (das heißt „Freiheit"), die in Istanbul, Ankara, Izmir und Adana siebenmal die Woche mit einer Auflage von rund einer halben Million Exemplaren erschien. Die Deutsch und Englisch sprechenden Redakteure waren sehr aufgeschlossen und zeigten uns alle Einrichtungen des hochmodernen Zeitungsgebäudes in Istanbul. Das Blatt wurde auf deutschen Rotationsmaschinen vierfarbig gedruckt.

Eine Woche in einer solchen Stadt, was war das schon? Aber wir wollten noch einiges aufsparen für weitere Besuche hier, denn, da waren wir ganz sicher, wir würden einmal wiederkommen. Wir behielten recht: Fünf Jahre danach sollten wir einen ganzen Monat hier weilen, unter anderem, um einen Film über die Menschen Istanbuls zu drehen. Und danach kamen wir noch mehrmals zurück.

Im Fastenmonat durch Westanatolien

Von Istanbul nahmen wir das Fährboot nach Yalova, einer kleinen Stadt an der anatolischen Küste, dann bestiegen wir wieder unsere Fahrräder und kamen nach Bursa, der einstigen Hauptstadt des Osmanischen Reiches. Aber die Geschichte der Stadt ist viel, viel länger. Etwas bequemer als am Vesuv und am Olymp wollten wir auf den Hausberg von Bursa, den zweieinhalbtausend Meter hohen Uludağ, gelangen, der in der Antike „Olymp von Mysien" hieß (Mysien war damals der Name der Landschaft gewesen). Eine Seilbahn brachte uns auf 1640 m. Dort oben lag herrlicher, knirschender Pulverschnee, und zusammen mit vielen Nadelbäumen sah es wie zu Hause um Weihnachten aus.

Wir machten dann Abstecher zu wichtigen historischen Stätten. Aber ich will in diesem Buch auf eine Beschreibung vieler solcher Plätze verzichten. In anderen Werken ist sie sicherlich besser aufgehoben. Wenn man bedenkt, daß die bekannten geschichtsträchtigen Orte allein in der Türkei in die Tausende gehen!

Auf dem Weg nach Izmir: Am Sındırgı-Paß (725 m) herrschte Frost, auf den Bergen lag Schnee

Bald hätten wir eigentlich jenen Leuten recht geben müssen, die meinten, daß man aufhören solle, mit dem Fahrrad weiterzureisen, wenn einmal die Finger an der Lenkstange anzufrieren drohten und der Schweiß fast zu Eis werde. Wir schlugen diese Überlegung aber in den kalten Wind und zogen weiter durch den nordwestlichen Teil Anatoliens. Wir kamen durch schöne Landschaften, und in den Bergen hörten wir tagelang das Rauschen der Kiefern. Manchmal schneite es. Wir meinten dazu: „Dann lieber dreißig Grad Hitze!" (Später, wenn es dann wirklich heiß war, waren wir uns nicht mehr so ganz sicher.)

Besonders kalt war es in der Umgebung des Sındırgı-Passes, 725 m hoch. Dennoch sahen wir Hirten mit ihren Schafen auf den Feldern. In den Bergdörfern wurde duftendes Kiefernholz am Straßenrand verkauft. Dort trafen wir Ozan, einen Architekten, der gerade seinen Opel-Kapitän mit deutschem Nummernschild Richtung „Almanya" lenkte. Wir sollten ihn nach seiner Rückkehr in Denizli, seiner Heimatstadt, besuchen. Wir versprachen es. Aber noch waren es fünfhundert Kilometer bis dorthin. Inzwischen lernten wir viele andere interessante oder nette Leute kennen (Farbbild 4).

Einen Abend verbrachten wir mit einem Erblindeten, der in Frankfurt noch behandelt worden war, dafür fünftausend Mark aus eigener Tasche bezahlen mußte, dem aber sein Schicksal dennoch nicht erspart blieb. Ein „Nürnberger" Türke, der eine BMW 600 fuhr, sprach trotz eines nur einjährigen Aufenthaltes in Franken ein ausgezeichnetes Deutsch. Er war Mechaniker und hatte hier nun seine eigene Werkstatt eröffnet. Ein Hotelportier beherrschte unsere Sprache ebenfalls sehr gut, aber seine Kenntnisse waren noch erstaunlicher. Der Mann, ein kluger Kopf, hatte von 1916 bis 1919 in Mülheim an der Ruhr als Schlosser gearbeitet, zusammen mit dreihundertfünfzig anderen Türken. „Gastarbeiter" im Ersten Weltkrieg . . .

Durch den islamischen Fastenmonat, in der Türkei „Ramazan" genannt, hatten wir auch einige interessante Erlebnisse. Vom frühen Morgen bis zum Sonnenuntergang ist dabei den Nachfolgern Mohammeds jedes Essen, Trinken, Rauchen, sind Wohlgerüche und ist der intime Verkehr mit Frauen oder Männern untersagt. Wir zwei aßen zwar auch am Tage in der Öffentlichkeit, aber gelegentlich folgten wir doch den strengen Regeln des Propheten, gezwungenermaßen. Jeden Morgen gegen drei Uhr erwachten wir vom dumpfen Schlag einer Trommel, die von einem Mann in den dunklen Straßen gerührt wurde. Die Gläubigen erhoben sich, um ein kräftiges Mahl einzunehmen. Bald danach wurde von der Moschee zum Gebet gerufen. Bei all dem Lärm war natürlich an Schlaf kaum noch zu denken. Am Nachmittag, so gegen fünf, waren die Minarette illuminiert, und ein Böllerschuß zeigte das Ende des Fastentages an, worauf überall ein fröhliches Schmausen begann, von Gebeten begleitet.

Streng nach den Regeln wurde in einem Dorf verfahren, wo wir einen Tag blieben. Wir waren im Hause eines Freundes, Sabri Yılmaz. Notgedrungen mußten wir mit unseren Gastgebern von unserer Ankunft am Vormittag an bis zum Abendessen fasten. Dann waren wir – auch Wilma – eingeladen: Der „muhtar" (Gemeindevorsteher) und seine beiden „bekçi" (etwa Dorfpolizisten vergleichbar) sowie der „hoca" (der Geistliche) saßen mit uns um einen niedrigen Tisch am Boden. Nacheinander wurden vier Schüsseln aufgetragen, aus denen jeder mit einem bemalten hölzernen Löffel aß. Dazu gab es frisches dunkles Brot. Es kamen Suppe, dann Bohnen, anschließend Gemüse mit Fleisch und endlich süßer Reisbrei auf den Tisch. Nach jedem Bissen wurde der Löffel mit der gewölbten Seite nach oben hingelegt. Das Mahl wurde mit einem Gebet beendet. Wir schätzten die Toleranz unserer islamischen Gastgeber sehr.

Dauerhafte Freundschaften

Zwei Jahre als Schlosser in Stuttgart gearbeitet hatte Yıldırım Yılmaz, „um Deutschland kennenzulernen", wie er uns sagte. Nun war er wieder Dorflehrer, und als wir einer Schulstunde beiwohnten, standen gerade die Verdienste des „alman doktor" Robert Koch auf seinem Lehrplan. „Was man gegen die Tuberkulose tun kann . . ." war das Leitthema. Nachher strömten die Kinder lärmend hinaus. Die meisten lebten zu Hause unter Bedingungen, die einer Ansteckung geradezu förderlich waren. Yıldırım hob auf unsere Frage nach dem Sinn der Schulstunde die Schultern: „Ich tue, was ich kann. Eine Garantie dafür, daß die Kinder verstanden haben, was ich ihnen erzählt habe, gibt es nicht!"

In Izmir waren wir bei der Familie eines türkischen Freundes in Heilbronn zu Gast. Die Mutter war streng religiös, aber bei uns ließ sie es gelten, daß wir auch im Fastenmonat tagsüber essen mußten. Sie war sogar eine besonders gute Köchin und ließ uns allerlei Köstlichkeiten probieren. Und das ging acht Tage so, auch noch, als wir von einem dreitägigen Abstecher zum hundertzehn Kilometer entfernten Bergama (das alte Pergamon) zurückkehrten. Heiligabend und Silvester waren besonders schön, weil wir sie auch zusammen mit Nachbarn, Hanna (eine Deutsche, die seit 1949 in der Türkei lebte) und ihrem Mann Sultan, der beim deutschen Konsulat arbeitete, feiern konnten. Die Gastfreundschaft der beiden Familien Balcı und Kurban waren überwältigend. Mit Hanna und Sultan hielten wir immer Kontakt, und sieben Jahre danach sahen wir uns in Izmir wieder. Als wir nun im Beisein der ganzen Nachbarschaft unsere Fahrräder wieder bestiegen, schüttete Hanna in weitem Bogen eine Schüssel Wasser hinter uns her. Das sollte nach türkischer Überzeugung Glück bringen. Wir konnten es brauchen.

Am vierten Tage im neuen Jahr 1967 fuhren wir bereits durch das weite Tal des Büyük Menderes (Großer Mäanderfluß), der einer der wichtigsten Flußläufe der Türkei ist. In der Stadt Nazilli trafen wir, kaum daß wir ein Hotelzimmer bezogen hatten, Ismail Karasuoğlu, der hier als selbständiger Taxifahrer arbeitete. Früher war er bei einer Stuttgarter Transportfirma beschäftigt gewesen. Er hatte dann ein Auto mitgebracht. Er liebte Deutschland und die Deutschen. Anderntags mußten wir unbedingt in seine Wohnung umziehen. Ismail und seine Frau Hamdiye umsorgten uns, als ob sie unsere Geschwister wären. Unser Freund ließ sogar Taxi Taxi sein und widmete sich ganz uns unerwarteten Besuchern. Durch ihn lernten wir noch einige andere Leute kennen. Die Männer waren oft „Gastarbeiter" auf Urlaub. Neben der herzlichen menschlichen Beziehung hatte unser Aufenthalt in Nazilli *noch* etwas Gutes: Wir hatten eine Bleibe, während es draußen nur so goß. (In Izmir hatte es einmal sechsunddreißig Stunden geregnet, soviel wie seit dreißig Jahren nicht mehr.) Wir hatten schon großes Pech – und dann auch wieder Glück! Ismail und Hamdiye sind unsere treuen Freunde bis auf den heutigen Tag. Auch sie besuchten wir später wieder, und einmal war Ismail bei uns in Deutschland.

Dann kamen wir nach Denizli und sahen den Architekten Ozan wieder, der uns – wie sich der Leser erinnert – schon am eiskalten Sındırgı-Paß begegnet war. Für eine Fahrt zu einem der schönsten Naturschauspiele der Türkei, den Sinterterrassen von Pamukkale, wollte uns Ozan nun seinen Opel-Kapitän leihen, einfach so! Wir nahmen gerne an. Zehntausende Touristen besuchen jährlich Pamukkale, aber jetzt im Januar waren wir ganz allein dort. Wir ließen uns viel Zeit. Gegen Abend fuhren wir nach Denizli zurück. Es gab mit dem Wagen keinerlei Komplikationen. Als wir ihn bei Ozan ablieferten, war lediglich das Wasser aus dem lecken Kühler davongelaufen, dann schlurfte noch der Auspuff über die Fahrbahn, und die rechte vordere Beleuchtung fehlte ganz. Doch wir waren unschuldig: Architekt Ozan war erst an diesem Tage von seiner Deutschlandreise zurück-, hundert Kilometer vor Denizli aber von der Straße abgekommen. Der schwere Wagen war fünfzehn Meter durch die Luft geflogen, was nicht ohne Folgen geblieben war. Der „Kapitän" lief jedoch noch ganz gut. Wir haben es ausprobiert.

Ozan sahen wir ebenfalls sieben Jahre danach wieder, dann nämlich, als wir uns in Denizli für fast ein Jahr niederließen, um eine türkische Stadt und ihr Umland ganz intensiv kennenzulernen, worüber ich in dem Buch „Weit über Land und Meere" ausführlich schrieb. Ozan besorgte uns dann sogar unsere Wohnung und war überhaupt unser bester Helfer. So können Freundschaften, auf einer Fahrradweltreise geschlossen, die Zeiten überdauern!

Sturm im Gebirge, mörderische Fahrer, bissige Hunde

Es war ein bitterer Kelch, den wir bis zur Neige leeren mußten. Wir erlebten schwere Tage und fragten uns manchmal, ob wir das alles auf uns genommen hätten, würde man uns vorher davon erzählt haben, was uns bevorstand. Wir zogen über einsames Hochland und überquerten sturm- und regengepeitschte Pässe des Taurusgebirges, umgeben von Bergen, die in einen dicken Eispanzer gehüllt waren. In Antalya dann, der oft als „paradiesisch" bezeichneten Stadt am Mittelmeer, gab es Wärme und Erholung. Nach ein paar Tagen war die Zeit, in der wir auf ebener Strecke unsere Räder geschoben hatten, in über tausend Meter Höhe, weil ein Fahren gegen den

Orkan einfach nicht möglich war, fast wieder vergessen. Schon versank in der Vergangenheit die Erinnerung an Kälte und Nässe am Leib, der Gedanke an Schmerzen und Fieberqualen. Ohne freundliche Menschen, bei denen wir zu Gast sein durften oder andere Hilfe erhielten, hätten wir es nicht geschafft. Wenn sie erfuhren, woher wir stammten, war die Reaktion oft: „Kardeş!" – was soviel wie „Brüder!" bedeutet. Für uns schlugen in der Türkei viele gute Herzen.

Aber auch Deutsche konnten bei einer Reise durch dieses Land nicht immer nur eitel Freude empfinden. Wir zwei auf dem Fahrrad bekamen es häufig auf andere Weise zu spüren, was es heißt, in Asien unterwegs zu sein. Manche Gebiete von der Größe Württembergs hatten noch nie eine Straße gesehen, geschweige denn Asphalt. Und die ausgebauten Straßen glichen Rennbahnen. Eine grausige Bilanz: im Jahr rund vierzehntausend Verkehrstote, obwohl es nur etwa 200000 Kraftfahrzeuge gab. Die Landstraßen waren von zermalmten Haustieren – bis hin zu Eseln und Pferden – gesäumt. Auch hier hatte man keine Zeit mehr. Außerdem meinten die Fahrer vor allem der Lastwagen und Omnibusse, die Besitzer sollten auf ihr Viehzeug besser aufpassen.

Der Anblick selbst der lieblichsten oder aufregendsten Landschaft wurde uns vergällt, wenn wir eine Schafherde auftauchen sahen, denn bald danach würden wir von den begleitenden halbwilden Wolfshunden entdeckt und verfolgt werden. Schneller fahren half manchmal, aber die aus vier bis sechs Bestien bestehende Meute war auch nicht faul. Mit wütendem Gekläff jagte sie mit uns dahin, immer wieder nach unseren Beinen schnappend. Mit Gebrüll, Geklingel und Steinwürfen konnten wir die Tiere dann doch verjagen. So seltsame Gestalten wie wir waren in dieser Gegend selbst den Hunden unbekannt. Sie waren unsere schlimmsten Feinde. An ein solches Problem hatten wir früher nicht einmal gedacht.

Ein einfacher ländlicher Gasthof in der Westtürkei. – Ismail und Hamdiye Karasuoğlu in Nazilli

Reiseweg (Strichlinie) durch Süddeutschland, Österreich, Italien, per Schiff nach Griechenland, durch die Türkei, Syrien, den Libanon, Jordanien, Israel, per Schiff nach Zypern und Ägypten, zurück zum Libanon,

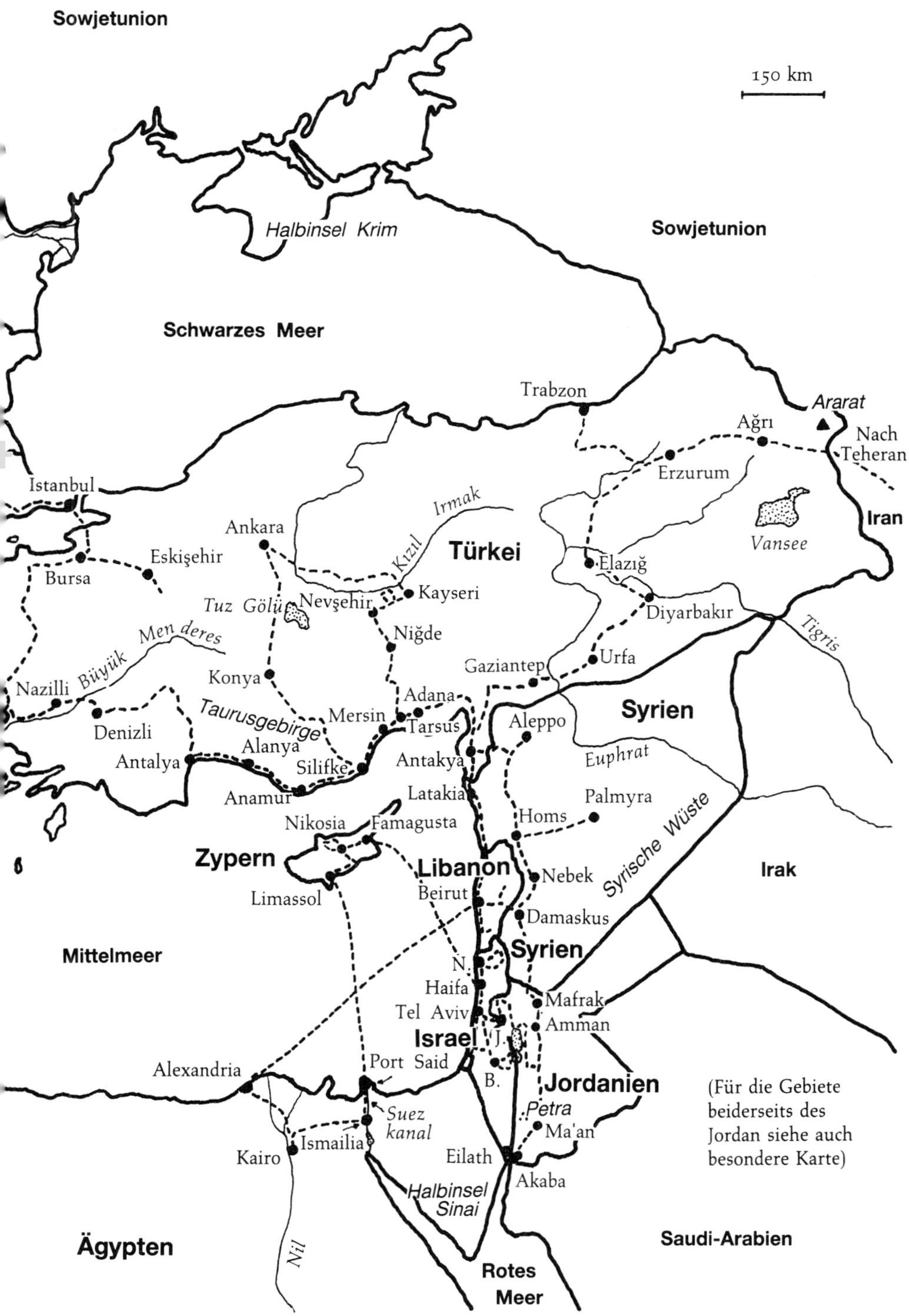

dann durch Syrien und die Türkei in Richtung Iran. Erklärung der Abkürzungen: J. = Jerusalem, N. = Nahariya, B. = Beerscheba

Zur Abwechslung gebe ich nachfolgend den Ablauf einer Woche, die wir auf dem Wege entlang des Mittelmeeres verbrachten, in Tagebuchform wieder.

Samstag, 14. Januar 1967
Ein gewaltiger Donnerschlag läßt uns hochfahren. Der Morgen begrüßt uns mit einem Gewitter. Doch das ist bald vorüber. Wir radeln entlang der „türkischen Riviera", wo uns ein herrlicher Gegenwind das Leben schwer macht. In geringen Abständen tauchen ruinierte Städte, Theater, Kirchen, Burgen, Festungen aus griechischer, römischer, byzantinischer Zeit am Horizont auf. Unmöglich, alles sehen zu wollen. Die Landschaft ist lieblich, doch im Norden wird sie von der Fels- und Eisbarriere des Taurus überragt. Am Abend und in der Nacht sind wir bei dem Motorradhändler Mehmet Tatar in Manavgat zu Gast, der uns schon in Istanbul in sein Haus eingeladen hat. Er ist reich, aber an seiner Aufrichtigkeit zweifeln wir etwas, denn er bietet uns Essen nicht einmal an. Das keineswegs harte Nachtlager auf dem Boden hingegen ist echt türkisch. Mevlat, zwanzig Jahre, der in der Mittelschule Deutsch hatte, leistet uns fast die ganze Zeit Gesellschaft, auch als wir in einer „lokanta", einem Wirtshaus, essen.

Sonntag, 15. Januar 1967
Eine Überraschung: Bisher war uns nicht bekannt, daß in der Türkei so viele Bananen wachsen. An der ganzen Küste sehen wir die Plantagen. Dazwischen leuchten Orangen, Mandarinen und Zitronen hervor. Es gibt nur wenige Ortschaften an diesem Abschnitt. Wir sonnen uns an einer der vielen einsamen Buchten, sehen einen Wasserfall und besuchen hübsche Tropfsteinhöhlen.

Kaufleute mit Kamelkarawane in der Südtürkei. Die Straße besteht aus Steinen und Teer

Diesen Abend sind wir in Alanya im Hotel. Wir gehen früh zu Bett, da wir uns nicht wohlfühlen. Die Grippe, die wir uns bei der Taurusüberquerung geholt haben, läßt sich nicht so leicht vertreiben.

Montag, 16. Januar 1967
Ich erwache mit wahnsinnigen Kopfschmerzen, die den ganzen Tag anhalten. Wir sehen wieder einmal eine Kamelkarawane von reisenden Kaufleuten. Sie reiten aber auf Eseln. Nur noch vierzig Kilometer hält die asphaltierte Freude an, dann haben wir Schotter unter den Rädern. Schon nach zwei Kilometern eine Reifenpanne. Auf den Landkarten ist die Straße als „in der Trockenzeit befahrbar" eingezeichnet. Wir sehen nur drei Autos. Wir übernachten bei Bauern an der Steilküste. Sie geben uns einen Platz am Kaminfeuer, wo wir unsere Schlafsäcke ausrollen können. Sie wundern sich über unsere Türkischkenntnisse. Doch sieben Wochen hinterlassen auch hierin ihre Spuren.

Dienstag, 17. Januar 1967
Wir befinden uns jetzt dort, wo Kleinasien beinahe den 36. Breitengrad berührt. Das Taurusgebirge drängt sich bis zum Meer vor, wo es sehr tief und steil abfällt. Viele hundert Kurven gilt es zu überwinden, denn immer wieder klettert die Straße auf ein neues Felsmassiv. Mit dem Weg wird es schlimmer als wir dachten. Zwanzig Kilometer müssen wir durch den Schlamm schieben. Zu allem hin schneit es leicht. Ein Trost ist der Duft der Kiefern, und auch die Aussicht entschädigt einigermaßen: Unter uns tost das – trotz grauem Himmel – tiefblaue Meer, das die Türken „Akdeniz" (Weißes Meer) nennen, im Gegensatz zum „Karadeniz" (Schwarzes Meer). Wir kommen heute bis Anamur, das uns sehr schmutzig erscheint. Im „Akdeniz Palas Oteli" bezahlen wir für unser Zimmer umgerechnet etwa drei Mark, zehn Türkische Lira.

Mittwoch, 18. Januar 1967
Es bleibt uns nichts erspart. Heute haben wir schrecklichen Gegenwind. Viele Steigungen, wieder zwanzig Kilometer zu Fuß. Wenn die Straße gut ist, besteht sie aus Teer und Steinen, die von den gelegentlich vorbeikommenden Autos „gewalzt" wurden. Wir machen deutlich die Insel Zypern aus, von hier nur achtzig Kilometer entfernt. Beim Dunkelwerden sind wir so hoch, daß wir vereiste Bäche sehen können; die Kälte hält uns in ihren Klauen. Der nächste Ort ist noch dreißig Kilometer weit. Wo die Nacht verbringen? Wir treffen einen Hirten mit Frau und kleinen Kindern, der in einer Hütte aus Feldsteinen haust. Für uns ist darin kein Platz mehr, aber wir dürfen im Ziegenstall schlafen. Die Tiere werden herausgetrieben. Der Hirte entfacht ein qualmendes Feuer. Dennoch frieren wir wie die Schneider, denn der Wind pfeift durch das löcherige Mauerwerk. Wir bekommen sogar noch Linsensuppe und ein Stück Brot als Nachtmahl. Dann liegen wir im Stroh, das voller Ziegenmist ist.

Donnerstag, 19. Januar 1967
Heute morgen lachen wir uns halb tot. Beim ersten Licht sind wir auf, und sehen, daß unsere Gesichter von dem Feuer völlig rußgeschwärzt sind. Als die Sonne über die Berge lugt, sind wir schon unterwegs. Unglaublich, was man alles überstehen kann. Niemand hat uns zuvor berichtet, daß es hier so kalt sein kann. Alle Türken träumen immer vom „warmen Süden", der Küste. Leider verliere ich noch einen Handschuh. Der Wind weht so stark von Norden, daß es

streckenweise unmöglich ist, sich auf dem Fahrrad zu halten. Also fünfzehn Kilometer schieben! Zum Mittagessen „köpfen" wir eine Flasche Rakı, Anisschnaps. Schließlich nur noch eine „rampa" (Steigung), dann sehen wir flacheres Hügelland am Meer. Nach einer letzten Anstrengung kommen wir in die Kreisstadt Silifke. Die paar tausend Einwohner zittern in der Kälte. Dennoch herrscht gute Stimmung, es gibt ja Rakı, auch Weinbrand, und der Fastenmonat ist vorüber. Seit Antalya haben wir 420 km zurückgelegt.

Wir als „Moslems" und ein Gelage

Der Leser mag sich schon manchmal gedacht haben, wie es wäre, wenn er bei uns hätte Mäuschen sein können. Da wir uns vorgenommen haben, einen ehrlichen Bericht zu geben, laden wir Sie einfach ein, noch von ein paar unserer besonderen Erlebnisse zu hören.

In Antalya unterhielten wir uns mit einem neunzehnjährigen, ordentliches Deutsch sprechenden Mann, der trotz seiner Jugend schon Inhaber eines gutgehenden Reisebüros war. Das Gespräch drehte sich zunächst um den zunehmenden Fremdenverkehr – der im Vergleich zu heute allerdings noch recht kümmerlich war – in Stadt und Provinz Antalya. Aber wie das so ist: Wir kamen vom Hundertsten ins Tausendste und landeten bei Religionsfragen. Die Diskussion wurde hitzig, denn wir hatten einige Vorbehalte gegen einen Glauben, bei dem die Frauen eine derart untergeordnete Rolle spielen wie im Islam. Andererseits hatten wir schon manchmal den Wunsch gehabt, auf unserem Wege durch die islamischen Länder auch Saudi-Arabien, und dort Mekka und Medina, den Städten des Propheten, einen Besuch abzustatten, wenn dies „Ungläubigen" wie uns nur erlaubt gewesen wäre. Wir wußten, daß jeder Gedanke daran reine Verschwendung war.

Als aber unser junger Freund von unserem vage geäußerten Wunsch hörte, und zudem bemerkte, wie viele Einzelheiten wir über den Islam und den Koran wußten, redete er sich immer mehr in Begeisterung über seine Idee, daß wir wie gemacht dafür wären, Moslems zu werden. (Schließlich gab es einige Deutsche solchen Glaubens ja schon.) Nun hatten wir eigentlich nichts dagegen, von ihm zu einem „hoca" geleitet zu werden, da wir uns von diesem mit der Hilfe eines Dolmetschers Aufklärung in einigen schwierigen Fragen versprachen. Aber bald roch es bei dem Geistlichen nach Verschwörung. Er und unser Freund legten sich ins Zeug. Es sei doch so einfach: Man müsse nur ein Glaubensbekenntnis auswendig lernen und es vor dem „hoca" wiederholen. Aber wir wußten, daß es doch noch einige andere Bedingungen gab. Da wir zudem in der Türkei keine größeren Schwierigkeiten hatten, weil wir „Ungläubige" waren, entwanden wir uns dem Zugriff der beiden, indem wir Bedenkzeit forderten. Später hatten wir andere Sorgen. So geschah es, daß wir nie nach Mekka und Medina kamen. –

Beim Einkaufen in Silifke lernten wir einige Leute kennen, die in feuchtfröhlicher Stimmung waren. Ich erwähnte ja schon, daß die Einwohner Mittel gegen die herrschende Kälte hatten. Noch beim Lebensmittelhändler Doğan, der eine Pudelmütze über beide Ohren gezogen hatte, erhoben zwei Feldwebel der türkischen Luftwaffe, ein Lastwagenfahrer, ein dicker, schnauzbärtiger Bäckermeister und wir das Glas, um auf die deutsch-türkische Freundschaft zu trinken. Der eine Soldat, Izmet Türeci, sprach gutes Englisch. Da es im Wirtshaus „Toni" des gleichnamigen Besitzers aber gemütlicher sein sollte, wurden wir eingeladen, mit ihnen dorthin überzusiedeln. Wir kosteten einige leckere türkische Gerichte, und auch an Getränken mangelte es nicht.

Am anderen Morgen begaben wir uns auf eine elftägige Rundfahrt durch Zentralanatolien. (Unsere Fahrräder und unser Gepäck blieben in Silifke wohlverwahrt im Hotel zurück.) Kurz nach unserer Rückkehr kauften wir wieder bei Doğan ein, und wir waren noch nicht damit fertig, als der Chauffeur erschien. Dann kam auch Izmet, der Feldwebel, mit seinem Freund, schließlich der Bäcker. Die Runde war komplett, als ob sie sich mit uns verabredet gehabt hätte. Unsere Freunde waren in einer Stimmung wie beim ersten Mal, obwohl es nun schon um etliches wärmer geworden war. Um es kurz zu machen: Zuerst feierten wir bei „Toni" (nie haben wir erfahren, warum er diesen Namen hatte), dann machte er bei sich dicht und wir wechselten in ein Gasthaus am Stadtrand über. Dort ging die Schlemmerei weiter, und auch so manche Flasche wurde geleert. Wir müssen hier anfügen, daß sich die vier Männer Wilma gegenüber stets wie echte Kavaliere betrugen. Meine Frau und ich hielten uns aber auch etwas zurück: Während – lange nach Mitternacht – einer nach dem anderen müde wurde, doch nicht heimgehen wollte, einer rührselige Geschichten zu erzählen begann und dann sogar Tränen um eine verkorkste Liebe vergoß, selbst der Soldat Izmet nicht mehr ganz stramme Haltung annehmen konnte, waren wir zwei noch verhältnismäßig fit. So waren wir es, die bei der Heimfahrt zu sechst im Lastwagenführerhaus darauf achten mußten, daß der Chauffeur nicht in den Straßengraben fuhr. –

Ein Liebesbrief, und ein Auto in Flammen

Eigentlich wurden wir mit Mehmet nur deshalb bekannt, weil er sich mit seiner Frau nicht vertrug. Schließlich hätte sie ja der Grund dafür sein können, daß er aus Bochum auf Urlaub nach Tarsus kam. Aber nein, er war ständig in der Stadt unterwegs, um verschiedene Geschäfte zu regeln. Er besaß Mietwohnungen, und ein großes Baumwollfeld brachte ihm auch einiges ein. Sein Bruder hatte eine Schlachterei, ein Schwager einen Friseursalon, aber auch sie hingen irgendwie von ihm ab. Er war der Boß, der immer im feinen Anzug mit Krawatte, mit Mantel und mit einem Homburg (!) auf dem Kopf mit den wenigen, grauen Haaren umherging, um hier etwas anzuordnen oder zu beeinflussen, dort Eindruck zu schinden. „Der Mann mit dem Hut", wie wir ihn nannten, stellte uns in sechs Tagen seine gesamte Verwandtschaft vor, nicht nur in Tarsus, sondern auch in einem Bergdorf, fünfunddreißig Kilometer entfernt, wo er uns groß herumzeigte, um sein Ansehen noch zu erhöhen. Mit einem Wort, Mehmet war viel zu beschäftigt, um sich um seine Angetraute kümmern zu können, mit der er ohnehin haderte. Oder war *sie* sauer auf *ihn*? Grund dazu hätte sie gehabt, aber kannte sie den? *Wir* kannten ihn.

Fern von Bochum wurde Mehmet plötzlich von heftiger Sehnsucht nach seiner Gertrud (sie war ebenfalls verheiratet, aber nicht mit ihm!) ergriffen, weshalb er ihr einen lieben Brief senden wollte. Trotz seiner Jahre in Deutschland ging ihm das Deutschschreiben aber nicht leicht von der Hand, und da sah er in mir einen Helfer, denn schreiben, das müßte ich doch können! Als ich zum Diktat bereit war, fehlten Mehmet die passenden Worte. Kurz entschlossen wies er mich an: „Schreib', was du willst, nur mußt du sagen, wie sehr ich an sie denke, daß ich sie liebe und ihr treu bin!" Ich versuchte, mir Gertrud vorzustellen und begann. Ich hätte nicht gedacht, daß ich so etwas zuwege brächte, denn im Schreiben phantastischer Geschichten war ich nicht geübt. Ich nehme an, ich machte die Sache dann doch nicht schlecht. Als ich den Kuli niederlegte und Mehmet mein Werk vorlas, glaubte ich in seinen Augen Zähren der Ergriffenheit zu bemerken. Nur gut, daß seine Frau nicht Wind von meinem Geschreibsel bekam, solange wir in Tarsus waren. Sie hätte mich sonst sicher erwürgt. –

Zwischen den zentralanatolischen Städten Nevşehir und Niğde waren wir in einem klapprigen Minibus unterwegs. Nach kurzer Fahrt streikte der Motor der Karre, gebaut in Polen. Dann tuckerte er wieder, doch bald kam die nächste Panne, in freier Landschaft. Der „şoför" und sein Helfer bastelten zwei Stunden herum, während die Fahrgäste furchtbar froren. Wir beide waren auch nicht in bester Laune, als der Fahrer verkündete, daß es kein Vorwärtskommen mehr gäbe, denn es war schon dunkel und es herrschten zehn Grad Kälte. So machte er noch einen Versuch. Die Benzinpumpe war die Ursache der Schwierigkeiten. Der Motor – innen, neben dem Fahrersitz – lag offen da. Bevor wir einen Einwand erheben konnten, träufelte der Helfer mit einem mit Benzin getränkten Putzlappen den Treibstoff direkt in den geöffneten Zylinder, und der Fahrer drehte gleichzeitig den Zündschlüssel. Es gab eine Stichflamme. Der Lappen, ein Benzinbehälter und der ganze Motor brannten, ebenso die Kleider des Chauffeurs. Ehe das Wageninnere völlig in Flammen stand, konnten wir uns mit Mühe und Not in Sicherheit bringen. Mit versengten Haaren und Augenbrauen und aufgeschlagenen Knien kamen wir davon. Auf der Ladefläche eines vorbeikommenden Lastwagens gelangten wir und andere frierende Leute in die nächste Ortschaft.

„Geschäftlich" in Ankara, dann in Kappadokien

Weil Schnee und Kälte das Radfahren auf dem Hochland unmöglich machten, legten wir einen 1500 km langen Weg über Konya, Ankara, Kayseri und Ürgüp (in der Landschaft Kappadokien) und wieder zum Mittelmeer also mit mehr oder weniger sicheren Omnibussen zurück. Einige Strecken waren wir aber auch zu Fuß unterwegs, und wir kamen dabei durch zauberhaft schöne Winterlandschaften (Farbbild 5). Nachdem wir Konya, wo Mevlana Celaleddin Rumi, der große islamische Dichter und Denker (er stammte aus dem Gebiet des heutigen Afghanistan), im dreizehnten Jahrhundert gewirkt hatte, und wo noch heute viele bedeutende intakte Gebäude aus jenen „goldenen Zeiten" (wie man sagt) zu finden sind, besucht hatten, kamen wir nach Ankara, der Hauptstadt der Türkischen Republik. Zum dritten Male weilten wir hier. Diesmal hatte der Aufenthalt überwiegend „geschäftliche" Gründe. Für einige nahöstliche Länder hatten wir Visumangelegenheiten zu regeln. In Ankara erfuhren wir jedoch lediglich, daß wir die notwendigen Stempel zur Einreise nicht schon Wochen vor dem jeweiligen Grenzübertritt bekommen könnten, sondern erst bei der Ankunft am Schlagbaum . . .

Da wir diese Reise in die Landesmitte auch dem Besuch zahlreicher kultur- und naturhistorischer Stätten widmeten, hatten wir den Weg aber nicht umsonst gemacht. In Ankara allerdings, diesem künstlich gezüchteten Monstrum in den menschenarmen Räumen Anatoliens, dessen Einwohnerzahl sich binnen weniger Jahre drastisch erhöht hatte, wollten wir nicht lange bleiben. Mit seinem nervösen Verkehrsgewimmel, seinen pompösen, kalt wirkenden Bank-, Versicherungs- und Regierungspalästen einerseits und seiner Massenarbeitslosigkeit andererseits konnte es uns kaum Sympathien abgewinnen.

Es gab ja noch so viel anderes zu sehen! Erst kurze Zeit vor unserem Besuch war bei dem Dorfe Derinkuyu südlich von Nevşehir eine unterirdische „Stadt" gefunden worden. Ich füge die Anführungsstriche deshalb bei, weil sie von jeder anderen Stadt völlig verschieden ist. Mit Dorfbewohnern, bei denen wir uns aufhielten, stiegen wir in die Tiefe, mit Lampen bewaffnet. Wir kamen durch zahllose „Straßen" und „Gassen", besuchten „Häuser", einen „Friedhof" und eine „Kirche", sahen einen hundert Meter tiefen Brunnen, der vor Feinden am sichersten gewesen war. Zu Zeiten der Hethiter, einem indogermanischen Kulturvolk, das vor rund dreitausend Jahren in Kleinasien aufblühte, soll es sich um eine mächtige Siedlung gehandelt haben, von rund 150000 Menschen bewohnt. Die unterste „Straße" befindet sich siebzig Meter tief. Es gibt bis zu zehn Kilometer lange Tunnels, die eine Flucht ermöglichen sollten. Lüftungskanäle sorgten für Frischluftzufuhr. Den Kirchenraum richteten viel später die Byzantiner ein, die sich das Tunnelsystem gleichfalls nutzbar machten.

Drei Tage verbrachten wir in der Umgebung von Ürgüp östlich von Nevşehir. Wie das Gebiet um Derinkuyu gehört sie zu der fruchtbaren Landschaft Kappadokien, benannt nach einem eingewanderten iranischen Volk. Vor 1900 Jahren wurde Kappadokien eine römische Provinz mit der Hauptstadt Caesarea (heute Kayseri). Ab dem vierten Jahrhundert ließen sich besonders Christen hier nieder. Viele suchten Schutz vor Verfolgung, denn Kappadokien bot einige Schlupfwinkel. Es handelt sich um ein zerklüftetes Plateau. Der Vulkan Erciyes, fast viertausend Meter hoch, und ein anderer Feuerberg schleuderten vor Millionen von Jahren große Mengen von Asche und Schlacken auf das sie umgebende Land. Das Material verfestigte sich. Dieser Tuffstein wurde im Laufe der Zeit durch Wind und Regenwasser zerfurcht und zersplittert. Es entstanden Felsen in der Form von Kegeln, Pfeilern, Türmen, Pyramiden und Nadeln. Der Mensch machte sich die Weichheit des Gesteins zunutze.

Schon im größten Ort der Gegend, in Ürgüp, konnten wir erkennen, wie leicht sich der Tuff bearbeiten läßt. Die Einwohner hatten Vorratsräume und Stallungen durch Aushöhlen der Felsen geschaffen (Farbbild 6). In dem Dorf Ortahisar lagerten Tausende Tonnen Orangen, Zitronen und Äpfel in solchen Depots. Die Früchte hielten sich so über mehrere Monate in bestem Zustand. Wie wir feststellten, herrschte darin auch im Winter eine günstige, übrigens fast immer gleichbleibende Temperatur. Wir wohnten in Ürgüp und in Ortahisar, wo wir den stärksten Schneefall dieses Winters erlebten. Viele Leute lebten dort und in anderen Orten wie eingeigelt: sie bewohnten Höhlen in diesen Felsen. Etwas ganz Besonderes aber waren die vielen Kirchen darin, die teilweise herrliche, aber leider durch gedankenlose Einwohner und rücksichtslose türkische Touristen oft schon schwer beschädigte Wandmalereien aufwiesen. Insgesamt hat man im weiten Umkreis etwa 300 000 Höhlen gefunden. Göröme, wo sich besonders viele Felsenkirchen und -klöster befinden, Üçhisar, Ürgüp und Ortahisar besuchten wir Jahre danach wieder, als wir uns neun Tage in Kappadokien aufhielten.

Vor dem Abschied noch bei einer Hochzeit

Wir näherten uns über das Taurusgebirge und die Stadt Adana der Grenze von Syrien und damit dem Ende unseres Türkeiaufenthaltes. Antakya im Lande Hatay war unsere letzte Station auf türkischem Boden. Wir fanden diese Stadt interessant, sauber und nett, aber wir wollten nun einmal rascher weiter. Wir versäumten dadurch nichts. Weniger als vier Monate später würden wir wieder hier sein, unfreiwillig und doch froh, noch gesund und am Leben zu sein. Doch ich will nicht vorgreifen.

Mit einem lachenden und einem weinenden Auge nahmen wir Abschied. Nach dem vierten Aufenthalt in Thrakien und Anatolien fühlten wir uns nun sehr eng mit deren Menschen verbunden. Wir dachten an die vielen Freundschaften, an die unzähligen Einladungen zum Essen. Wie oft waren wir bei Familien zur Nacht zu Gast gewesen! Trotz der positiven Eindrücke mißfiel uns aber auch manches. Kinderarbeit war nicht verboten, fast alle Polizisten waren bestechlich, Hygiene wurde oft nicht sehr groß geschrieben. Uns sagte man: „Kommen Sie in zwanzig Jahren wieder . . .“

Aber da hätte ich doch beinahe vergessen, unsere Impressionen bei einer türkischen Dorfhochzeit zu schildern. Also, wir waren in den Heimatort von Mehmet, dem „Mann mit dem Hut", im Taurusgebirge eingeladen. Ein Verwandter von ihm war der Bräutigam. Drei Tage dauerte das Fest. Wilma durfte dabei sein, als die Braut geschmückt und geschminkt wurde. Sie machte einen recht verschüchterten Eindruck. Vor dem Hause ihres Vaters tanzten die Männer, von Flöte und Trommel begleitet. Über beiden Elternhäusern wehte die rote Fahne der Republik. Die Spannung der versammelten Dorfbewohner vor dem Brauthaus wuchs. Da fielen zwei Schüsse. Gänzlich in ein Tuch gehüllt, welches das Gesicht, das weiße Brautkleid und die silberüberzogenen Schuhe verdeckte, wurde das junge Mädchen auf einen Schimmel gehoben und zum Haus ihres künftigen Mannes gebracht. Dort wurden bereits Spenden für den neuen Hausstand gesammelt, und die Höhe der Geldbeträge wurde laut ausgerufen. Mehmet gab von allen die höchste Summe, weshalb er enormen Beifall einheimste. Wieder wurde in die Luft geschossen. Der Bräutigam erschien. In seinen Händen hielt er einen Krug mit Öl. Mit dieser Flüssigkeit bespritzte er sein Mädchen, dann zerbrach er das Gefäß. Jetzt wurde die Braut vom Pferd gehoben und in das Haus geleitet. Der „hoca", also der Pfarrer, kam zu einer Zeremonie. Es wurde nur kurz geredet und gebetet. Dann zogen sich die Neuvermählten sehr rasch in ein Zimmer zurück. Die Dörfler draußen waren zu einem Festschmaus eingeladen.

Zur alten Stadt Aleppo

Nun also auf durch Syrien und andere arabische Länder! An der Grenze mußten wir uns das erste Visum ausstellen lassen. Hier wurden wir auch erstmals auf offener Straße angehalten und von Polizisten nach Herkunft, Fahrtziel und dem Zweck unserer Fahrradreise befragt. Unsere Erklärung leuchtete nicht jedem gleich ein. Wir mußten sogar zum Büro der syrischen „Sicherheitspolizei", um uns nach Ablauf der Gültigkeitsdauer unserer Einreisegenehmigung registrieren zu lassen. Den Stacheldrahtverhau und die grimmigen Wachen an der Grenze bemerkten wir wohl. Syrer und Türken stritten sich schon seit längerem um den Besitz der Provinz Hatay, deren Hauptstadt Antakya ist. Seit 1939 gehört sie zur Türkischen Republik, aber nach Auffassung der Syrer ist es ihr Land. Dementsprechend sah die Landkarte aus, die überhaupt sehr phantasievoll war. Der Staat Israel, gegen den Syrien ständig zum Krieg aufrief, existierte darauf gar nicht.

Schon bald fielen uns Dörfer mit Gehöften in eigenartiger Bauweise auf. Die Hütten waren kuppel- oder kegelförmig, oder zumindest das Dach. Mehrere solcher Gebäude gehörten zu einem Anwesen. Manche Ortschaften sahen aus, als ob man dort viele große Bienenkörbe aufgestellt hätte. Sie waren aus Lehmziegeln errichtet, außen mit einer Lehmschicht versehen. Zwischen den fensterlosen Kegeln – Licht kam nur durch die Tür hinein – gab es verschlungene, enge Wege. In diesen Hütten, so wurde uns erzählt, würde es auch in der heißesten Sommerzeit angenehm kühl bleiben. Doch noch war es Winter.

Gleich hinter dem Schlagbaum tauchten die ersten Wegzeichen nach Damaskus auf. Aber nach dreißig Kilometern bogen wir gen Aleppo ab. Dort kamen wir nach einem hundert Kilometer langen Tagespensum im Dunkeln an, und mit Hilfe eines Polizisten fanden wir ein Hotelzimmer, das allerdings sehr feucht war, weshalb wir am anderen Morgen in das „New Cairo Hotel" umzogen, das nur etwa zehn Zimmer hatte. Der Sohn des Besitzers war Joseph, der ziemlich gutes Deutsch sprach, denn er hatte acht Monate am Goethe-Institut unsere Sprache gelernt – bis er bei einer Prüfung durchfiel. In seinem Ärger redete er nun recht wegwerfend über unser Land. Auch sein Freund Antoine sprach Deutsch. Beide erlernten das Handwerk eines Elektrotechnikers an einer Berufsschule, zu der sie uns mitnahmen. Wir waren ein paarmal mit ihnen zusammen. Beide waren orthodoxe Christen, womit die fremdländischen Namen zu erklären sind.

In Aleppo, einer Halbmillionenstadt, waren vier von zehn Einwohnern Christen, zumeist Armenier. Dabei rangiert es gleich hinter Kairo, was sein islamisches Erbe, sowohl in baulicher als auch in geistiger Hinsicht, betrifft. Aus seiner Blütezeit im Mittelalter ist als markantestes Bauwerk die gewaltige Zitadelle, auf einem Berg über der Stadt thronend, erhalten geblieben. Das wichtigste Handelszentrum Syriens, eine der bedeutendsten Städte des Orients, eine der ältesten noch bestehenden in der Welt – da lohnte es sich, ein paar Tage zu bleiben.

In der Tat, schon auf Keilschriftstelen soll ihr Name vor fast fünftausend Jahren aufgetaucht sein. Keine Großmacht des Mittelmeerraumes und des Nahen Ostens in all diesen Zeiten, die sich nicht Aleppos bemächtigte. Haleb, wie die Stadt auf arabisch heißt, war allein vierhundert Jahre türkisch. Die Araber waren zuvor schon einmal hier gewesen. Ihre Vorgänger waren damals die Byzantiner. Die Zitadelle diente der Verteidigung gegen den Ansturm der Araber. Schließlich knackten diese die harte Nuß und bauten die Festung noch größer aus. Ihre Dimensionen sind beeindruckend: Allein der Graben um die Burg ist über zwanzig Meter tief und dreißig Meter breit.

Aber am faszinierendsten war für uns das Marktgebiet. Mehr noch als in der Türkei ist in Syrien der Basar – hier „suk" genannt – Handelsplatz. Kilometerlang sind in Aleppo die überdachten Ladenstraßen, vollgestopft mit Waren aller Art, wovon die Handwerker und Industrien der Stadt und die Landwirtschaft ihrer Umgebung einen großen Teil herstellen. Und anders als in der

Viele Hütten mit Kegeldach in Dörfern bei Aleppo sahen fast wie Bienenkörbe aus

Türkei, wo die europäische Kleidung die landesübliche weitgehend abgelöst hat, sind hier bei den Männern die Dschelabia, ein fast bis zum Boden reichendes Gewand, sowie der Fes und ein weißes oder gemustertes Tuch mit einem schwarzen Ring als Kopfbedeckung wie seit Jahrhunderten unverändert Mode, auch wenn fremde Einflüsse nicht zu übersehen sind. Zugeständnis vor allem während der kälteren Jahreszeit: das Jackett europäischen Zuschnitts.

Straßenterror, bei freundlichen Leuten und bei Mahmud

Bei unseren Begegnungen mit Joseph, Antoine und ein paar anderen jungen Leuten bekamen wir einen Vorgeschmack auf das, was uns in der nächsten Zeit unter Arabern des öfteren erwartete. Selbst Christen wie sie waren aufgehetzt und fanatisch. Sie phantasierten vom Krieg, der Israel „endgültig vernichten" sollte. Obwohl seine Regierung auf diesem Kurs war, war sie Joseph noch nicht draufgängerisch genug. Hitler, ja, den bewunderten nicht nur er und seine Freunde!

Ein paar Tage später, an der Straße nach Damaskus, wurden wir von einer zwanzigköpfigen Horde Halbwüchsiger aus einer Kleinstadt auf Fahrrädern eingeholt und von ihnen über eine Stunde lang terrorisiert. Sie traten nach uns und bombardierten uns mit Steinen und Verwünschungen, sangen antiisraelische Lieder und schrien Parolen – sie begriffen trotz unserer Versuche, zu erklären, wer wir waren und was wir in Syrien wollten, überhaupt nichts. Der Westen unterstütze Israel, hieß es, und da wir Westler waren, waren wir Feinde für sie. Daß nicht alle Syrer so dachten, wußten wir schon. Dennoch müssen wir sagen, daß es gerade in diesem Land war, wo man uns oft das Fürchten lehren wollte. Nirgends sonst in dieser Weltgegend flogen uns

Hassan (links) und „Abu Said" aus Homs fuhren uns besorgt nach Damaskus hinterher

so oft Steine um die Ohren, geschleudert meist von Schuljungen, die in dieser Praxis wohlgeübt waren. Die Disziplin der syrischen Jugend war an einem erschreckend tiefen Punkt angelangt. Wenn der Leser uns nun weiterhin begleiten will, wird er daher den Kopf manchmal einziehen müssen! Die Bande auf Fahrrädern wurden wir erst los, als sie offensichtlich mit unserem Tempo nicht mehr Schritt halten konnte.

Gleich bei der Weiterfahrt erlebten wir die Freundlichkeit vieler einfacher Menschen. Nach hundertzehn Kilometern kamen wir abends in dem Dorf Khan Scheikun an, wo wir, da es keine andere Herberge gab, von dem Schlosser Abdulrahman und seiner großen Familie aufgenommen wurden. Er war ein guter Kerl. Auch ein siebzehnjähriger Schüler, ein Nachbar, der gutes Englisch sprach, war sehr nett. Am nächsten Morgen wurden wir von etwa zweihundert Einwohnern zur Landstraße geleitet!

Wir begegneten wirklich den unterschiedlichsten Typen. Unser mehrtägiger Aufenthalt in Homs, der drittgrößten syrischen Stadt (zwischen Aleppo und Damaskus), zeigte dies deutlich. Bei Besorgungen im „suk" lernten wir Professor Mahmud kennen. Er lehrte arabische Literatur, war schon viel – unter anderem nach Deutschland – gereist, sprach Englisch und Französisch (Kenntnisse in diesen Sprachen waren weitverbreitet in Syrien), war Vorsitzender des heimischen Sportklubs. Er lud uns ein, sich einige Tage bei ihm auszuruhen. Wir kamen seiner Aufforderung nach, denn was konnte lehrreicher sein als Ortsansässige zu Hause zu erleben!

Mahmud war mit seiner Mutter „verheiratet". Jedenfalls hatte er es bis jetzt, obwohl er über vierzig war, noch nicht zu einer Ehefrau gebracht. Die ältere Dame zeigte sich mir nicht, aber Wilma sollte möglichst oft bei ihr in der Küche bleiben, während ich mit unserem Gastgeber in der Stadt umherging. Meine Gefährtin tolerierte dieses Ansinnen zu Recht nur einen Vormittag. Mahmuds Wohnung war ebenso schmutzig und vernachlässigt wie die Schule, wo er unterrichtete. Dort sahen wir erstmals eine Turnhalle, die einen Steinfußboden hatte.

Mit beschwörenden Worten hielt Mahmud uns an, noch nicht weiterzureisen, aber er schien völlig vergessen zu haben, daß wir auch essen, trinken und ordentlich schlafen mußten. Wollten wir uns – da zu Hause kaum gekocht wurde – zum Essen wegschleichen, wurden wir von ihm zurückgehalten und „bis später" vertröstet. Abends hielt er uns lange Vorträge über seine Liebe zur Jugend und über seine eigene Gastfreundschaft. Endlich – es war ein harter Kampf, unseren Professor zu überzeugen, daß wir weiter *mußten* – konnten wir uns auf den Weg machen. Auch vor unserem Start bekamen wir nichts zu essen. Wir hatten wegen dieser unfreiwilligen Hungerkur schon tagelang Magenschmerzen. Wir faßten uns nachher an den Kopf: Wir waren buchstäblich Mahmuds Gefangene gewesen. Doch auch ihm waren wir im Grunde dankbar, denn es schneite in diesen Tagen in Syrien wie seit zwanzig Jahren nicht mehr, und wir konnten uns so wenigstens von den Unbilden der Witterung fernhalten.

Dann war da aber *noch* ein positiver Aspekt: Wir lernten durch Mahmud ein paar nette Leute kennen, so zwei Brüder, die Schneider Hassan und Fahed, die wir mehrfach im „suk", wo sie ihre Werkstatt hatten, und auch einmal bei ihrem Vater zu Hause einen Abend lang besuchten. Ihre Schwestern stellten mit Wilma allerhand Arabisches an. So entführten sie sie – die eigentlich unwillens war, sich von mir ständig absondern zu lassen – für einige Zeit in die Frauenquartiere und veranstalteten mit ihr eine „Modenschau", deren letzten Abschnitt ich immerhin fotografieren durfte (Farbbild 8). Ein anderer angenehmer Kerl war Sohér, den alle „Abu Said" nannten. Er zeigte uns von sich aus einige der Sehenswürdigkeiten von Homs, so die größte Moschee der Stadt. Bei ihm zu Hause waren wir auch einmal zum Essen eingeladen – glücklicherweise. Sie alle waren alte Bekannte von Mahmud, und als wir ihnen von seinem Verhalten erzählten, waren sie sehr erstaunt. Als wir starteten, begleiteten sie uns einige Kilometer auf Fahrrädern, und „Abu Said" und Hassan fuhren uns am übernächsten Tag mit dem Überlandtaxi hundertsechzig Kilometer nach Damaskus hinterher, um sich noch einmal für das Benehmen des Professors zu entschuldigen. Sie seien jetzt „im Krieg" mit ihm, erzählten sie, und sie luden uns zu einem herrlichen Mittagessen ein, ehe sie heimkehrten.

Ein Beduine bietet für Wilma seine ganze Habe

Während unseres Aufenthaltes in Homs rissen wir uns aber einmal los, während fast unser gesamtes Gepäck bei Mahmud zurückblieb. Wir fuhren nach Palmyra, einhundertsechzig Kilometer im Osten, in der Syrischen Wüste, auf dem halben Wege zum Euphrat. Palmyra, manchem auch unter dem Namen Tadmor bekannt, ist eine alte Oasen- und Handelsstadt, von der schon die Assyrer schrieben. Vor über 1700 Jahren war es die Hauptstadt des Palmyrenischen Reiches, das sich bis nach Kleinasien und sogar bis hinunter nach Ägypten erstreckte, vor allem unter der Königin Zenobia. Dann wurde Palmyra von den Römern erobert, die Fürstin gefangengenommen. Aus beiden Epochen gibt es grandiose Bauwerke in Ruinen.

Aber ich möchte eigentlich von einem anderen Erlebnis berichten. Auf der Fahrt nach Palmyra wurden wir durch die Vermittlung zweier Armeeoffiziere in das Zelt eines Beduinen eingeladen. Den Gesprächen entnahmen wir, daß er Oberhaupt eines Stammes war, der vorwiegend im zentralen Teil Syriens umherwanderte. In Homs hatte man uns bereits vor den „Bedus" gewarnt. Ihnen sei nicht zu trauen. Aber wir waren wohl auch ein fremdartiger Anblick für sie. Mancher Araber konnte ohnehin im günstigen Falle nur nachsichtig lächeln, wenn er uns *beide* auf Fahrrädern sah. „Eine Frau in Hosen und auf dem Fahrrad!" bekam ich da schon einmal zu hören. „Frauen gehören ins Haus oder ins Zelt, sie haben Kinder zu kriegen, Wasser zu holen, das Essen zu bereiten! Hast du davon noch nicht gehört, Fremder?"

Dem Beduinen, bei dem wir zu Gast waren, mußte Wilma aber doch sehr gefallen haben. Jedenfalls taxierte er meine Ehefrau (wir hatten wohl vergessen, sie ausdrücklich als solche vorzustellen) mit Kennerblick, und nach einigen Gläsern Tee ließ er mich durch die Offiziere fragen, ob man über die Frau da eventuell handelseinig werden könne, er habe Interesse an ihr. Wir denken nicht, daß die Soldaten ihm gegenüber irgendwelche Anspielungen gemacht hatten. Uns schien die Frage des Beduinen eher spontan. Ohne uns zu konsultieren, fragten sie bei ihm aber zurück, wieviel er denn für Wilma zu bieten gedenke. Nach einigem Überlegen kam er heraus: Er würde seine beiden Weiber (eine saß dabei und kicherte die ganze Zeit), seine vier Kinder, seine Schafe (wie ich später ausmachen konnte, 450 Stück), seine Kamele und sein etwas lumpiges Zelt gegen sie eintauschen.

Ich war wie elektrisiert und stand vor einer wichtigen Entscheidung: Über Nacht hätte ich reich werden können, wäre Herr über eine große Herde und eine mehrköpfige Familie gewesen. Doch als Wilma mir ein Zeichen gab, daß von ihrer Seite kein großes Interesse an dem Geschäft bestand, fiel mir ein, wie unpraktisch es sein müßte, die Reise mit all dem Viehzeug fortzusetzen, denn, das stand fest, um die Welt *wollte* ich. Die Idee von der Weltumradlung mit Wilma gefiel mir da doch weit besser als das Nomadenleben ausgerechnet in einem so trockenen Gebiet. Ich kann wirklich nicht sagen, bis zu welchem Punkt der Beduine die Unterhaltung ganz ernsthaft fortführte, aber zu Witzeleien war er sicher nicht aufgelegt gewesen. So blieb ich seriös und bedankte mich durch die

Der Beduine (links) wollte mir meine Frau abluchsen. Neben ihm zwei Armeeoffiziere

Dolmetscher für das Angebot, aber ich hätte mit der Frau noch einiges vor, das sie unabkömmlich mache. Wir atmeten beide auf, als wir unseren Tee ausgetrunken hatten und das Zelt verlassen konnten.

Ein Mädchen verliebt sich in mich

Der Leser soll nicht glauben, daß in Syrien nur Wilma Chancen hatte. Einige Zeit später gerieten wir abends nach Scheikh Meskin, knapp hundert Kilometer südlich von Damaskus. Ein junger Soldat, der von keinem Hotel in der Ortschaft wußte, brachte uns in das Haus seiner Verwandten. Die Zeit verging bei angeregter Unterhaltung und es wurde viel gelacht. Eines der lauschenden Mädchen der Familie, so etwa fünfzehn Jahre alt, war uns dabei immer mehr auf die Pelle gerückt. Die Kleine himmelte mich an und schließlich bat sie uns inständig, sie doch mitzunehmen. Sie hatte an mir Gefallen gefunden, und so mußte sich Wilma einer Flut von Fragen und Bitten erwehren, die alle darauf hinausliefen, wie schön es doch wäre, wenn *wir drei* gemeinsam unter einem Dache leben würden. Sie hielt Wilmas Arm umklammert und ließ mich nicht aus den Augen.

Das Mädchen trug ein schönes besticktes, knöchellanges Kleid wie die meisten Frauen auf dem Lande in Südsyrien. Um die Augen war es ziemlich geschminkt, und an Stirn und Wangen tätowiert, weshalb das blutjunge Ding, das zudem eine stark hervorspringende Nase hatte, eher einer Hexe als einer Prinzessin aus Tausendundeiner Nacht ähnelte. Hätte ich sie fotografieren können, wäre der Leser beim Betrachten des Bildes sicher einer Meinung mit mir gewesen. Die dicke, im Gesicht über und über tätowierte mögliche Schwiegermama saß dabei und machte eine undefinierbare Miene zum verliebten Spiel ihrer Tochter. Hier war es wie in Palmyra: Solche Leute machen in derlei Angelegenheiten keine Späße. Ein leichthin gesagtes Wort wird leicht als Ernst aufgefaßt. Oft floß am Ende schon Blut. Zu meiner Erleichterung fand Wilma keinen Gefallen an trauter Drittsamkeit. So konnte auch ich ehrlichen Herzens das freundliche Angebot ablehnen. Ich hoffte indes, daß die nächste Fünfzehnjährige, die sich uns mit einem solchen Ansinnen nähern sollte, hübscher sein würde.

Nach dem Sturm in der Wüste zur Hauptstadt

Wer stellt sich Syrien nicht als ein Land der Palmen und einer vor Hitze wabernden Luft vor? Ausgerechnet hier erlebten wir die stärksten Schneefälle unserer bisherigen Reise, von den andauernden Regenfällen gar nicht zu reden. Wir kamen bis auf 1500 m Höhe. Im Westen grüßten die Schneegipfel des Libanongebirges. Siebzig Kilometer nördlich von Damaskus verließen wir an einem Morgen voll kalter Sonne und wattigen Wolken das Städtchen Nebek, obwohl uns ein paar Studenten zum Bleiben eingeladen hatten. Wir sollten unsere Entscheidung bald bereuen.

Es brach ein solcher Sturm los, daß wir Mühe hatten, uns überhaupt noch auf den Beinen zu halten. Nie zuvor hatten wir so etwas erlebt. Trotz des Sonnenscheins trieb der Sturm Eiskörner vor sich her, die uns wie spitze Nadeln in die Haut stachen. Es gab keinen einzigen Baum in dieser Wüstenei, aber in der Ferne sahen wir Häuser. Bis dorthin *mußten* wir es schaffen. Erst nach drei Stunden lagen die zehn Kilometer hinter uns; der winzige Ort Kastal war erreicht. Da kam uns aus dem ersten Haus eine ganze Familie entgegen. Sie hatte uns schon geraume Zeit kommen sehen. Die Männer umarmten mich, die Frauen Wilma. Dann wurden wir in die warme Wohnstube geführt. Der Sturm rüttelte an den Fenstern. Wir konnten den Rest des Tages und die folgende Nacht bei der Familie verbringen, umgeben von einer Kinderschar. Am nächsten Morgen hatte sich das Wetter beruhigt. (Ab hier siehe Reisekarte Seite 71.)

Wie schon erwähnt, waren wir auch in der Hauptstadt Damaskus. Von der wunderbaren alten Stadt waren wir fasziniert. Wir zählen sie bis heute zu den schönsten Orten, die wir je sehen durften. Damaskus ist voll von herrlichen Bauwerken, darunter über fünfundsiebzig Moscheen. Vor dreitausend Jahren war es die Hauptstadt des größten aramäischen Königreiches auf syrischem Boden. Aber seinen Höhepunkt erreichte es unter den islamischen Omajjadenherrschern. Zuvor und danach hatte es viele Herren, zuletzt die Franzosen, ehe die Syrer wieder selbst das Ruder in die Hand nehmen konnten. Während unseres Besuches dort wurde gerade der vierte Jahrestag der Ausrufung des sozialistischen Regimes begangen. Die Straßen waren mit Lichtergirlanden geschmückt, mit Transparenten und Schautafeln, die mutige syrische Kämpfer zeigten, welche die Fackel der Revolution hochhielten. Nirgends sonst im Nahen Osten schien man so viel vom Krieg gegen Israel zu sprechen. Die Buchläden waren übrigens von Literatur aus der Volksrepublik China, aus Nordvietnam, Nordkorea und aus der Sowjetunion überschwemmt. Eine deutsche Zeitung suchten wir vergebens.

Geruhsam ging es in dieser bemerkenswerten orientalischen Stadt aber nicht zu. Die Taxifahrer, die die Könige der Straßen waren, litten offenbar immer unter Zeitnot. Andererseits fuhr die

Straßenbahn so langsam durch Damaskus, daß jeder während der Fahrt auf- und abspringen konnte. Es gab auch breite Boulevards, über die Ziegen- und Schafherden getrieben wurden. Das Radfahren war dort aber verboten . . .

Über die Libanonberge nach Beirut

Wir hatten schon viel über die Schönheit des wohlhabenden Libanon gehört, außerdem sehnten wir uns nach etwas Wärme, und wir hatten ja auch genug Zeit für einen Abstecher. So besuchten wir für eine Woche den kleinen Staat (halb so groß wie Hessen), der da eingezwängt zwischen Syrien und Israel am Mittelmeer liegt. Dazu mußten wir wieder zur syrischen Polizei, um eine Erlaubnis zur Wiedereinreise zu erhalten, denn vom Libanon ging es in kein anderes Land weiter, außer man nahm ein Schiff oder ein Flugzeug. Nach Israel gab es dort keinen Grenzübergang. Der einzige Weg in dieses Land führte durch das zweigeteilte Jerusalem.

Doch nun waren wir erst einmal auf der Straße über den Antilibanon in Richtung Beirut unterwegs. Es ist ein seltsamer Name, den die Europäer diesem Gebirge gegeben haben. Der Grund: Es erstreckt sich gegenüber dem, oder besser, parallel zum Libanongebirge, das höher, länger, breiter und regenreicher als sein „Partner" ist. Den Antilibanon (er liegt auf der Grenze zwischen den beiden Ländern) nennen die Araber passender „Dschebel esch-Scharki", was „Ostberg" bedeutet. Der Libanon heißt bei ihnen ebenso treffend „Weißer Berg", auf arabisch „Dschebel Lubnan". Er liegt weiter westlich und durchzieht das Land, dem er seinen Namen gab, in voller Länge. Zunächst waren wir noch in der Wüste, dann erklommen wir den ersten steilen Paßweg. Auf der anderen Seite begrüßten uns an einem herrlichen Sonnentag grüne Wiesen und klare Bäche. Dort war auch der Grenzposten des Libanon, wo uns das Einreisevisum in den Paß gestempelt wurde. Es war so einfach – und wir waren deswegen nach Ankara gefahren!

Nun waren wir in dem vielbesungenen Land, das auch für seine Friedfertigkeit bekannt war. Bislang hatte es sich noch weitgehend an den Westen angelehnt, verhielt sich aber möglichst neutral. Erst zwei Jahre später würde es sich mehr als bisher in die gemeinsame Front der Araber gegen Israel einreihen. Dem heiteren und lebensfrohen Volk des Libanon, zur Hälfte Christen, der Rest Moslems und kleinere Religionsgruppen, standen noch furchtbare Zeiten bevor.

Unser erstes Ziel war Baalbek im Bekaa-Tal des Flusses Litani. Mit seinen römischen Ruinen gehörte der 1200 m hoch gelegene, rund zwanzigtausend Einwohner zählende Ort zu den beliebtesten Fremdenverkehrszielen. Man muß bedenken, daß die Einnahmen aus dem Tourismus einen wichtigen Teil des Volkseinkommens darstellten. Schon für die erste Nacht wurden wir in Baalbek von einer Familie ins Haus eingeladen. Leider waren sie recht oberflächliche Leute, denen es mehr darum ging, einen Beweis für ihre Gastfreundschaft zu erbringen, etwa nach dem Motto: „Einmal jemand bei dir aufgenommen, und du hast für den Rest des Jahres ein ruhiges Gewissen." Die Unterhaltung glitt bald in politische Gewässer ab, denn die Krisenstimmung im Nahen Osten nahm ständig zu. Natürlich schossen sich auch unsere Gastgeber sofort auf Israel ein, vor allem nachdem sie erfahren hatten, daß wir, wenn möglich, auch dieses Land besuchen wollten. Daß wir schon zweimal zuvor dort gewesen waren, verschwiegen wir fast immer, denn wir wollten uns nicht unnötig verdächtig machen. In Jordanien aber spürten wir bereits ein paar Tage später, daß die Beurteilung der jüdischen Nachbarn dort mäßiger streng war.

Zwei weitere Stationen waren die Luftkurorte Sachle und Schtaura, etwa in der Mitte des Landes. Man darf sich darunter aber keinen Badeort wie in Deutschland vorstellen. Hier standen

Paläste neben den elendesten Hütten. Von der Beliebtheit bei den Besuchern her traf der Begriff eher zu. Die Orte waren vor allem für die Beiruter Sommerfrische, bei über tausend Meter Höhe, doch es gab auch gernbesuchte Wintersportgebiete in der Umgebung. Wir sahen den Schnee meist nur auf den hohen Bergen, aber als wir über den 1487 m hohen Libanonpaß gingen, führte die Straße zwischen zwei und drei Meter hohen Schneewänden hindurch. Hier wie überall im Nahen Osten hatte es in diesem Jahr reichliche Niederschläge gegeben. Über den dichtbesiedelten Westhang mit vielen Gärten und Hainen, wo gerade die Baumblüte einsetzte, kamen wir hinunter nach Beirut am Meer. Der Verkehr dort – nebenbei: fast alle der vielen tausend Taxis kamen aus der Bundesrepublik – und die hohen Preise machten uns schwindeln. Aber wir fanden doch ein ganz einfaches, sehr preisgünstiges Zimmer in einem Hotel, das sonst ausschließlich von Einheimischen bewohnt wurde. Wir bezahlten nur etwa fünf Mark dafür, obwohl es in der Stadtmitte stand und wir sogar einen großen Balkon hatten. Einer der wichtigsten Plätze der Stadt lag unter uns, mit all seinem bunten Treiben am Tage und bei Nacht. Wir wohnten direkt an der Nahtstelle zwischen dem westlichen und östlichen Beirut. Was uns sogleich auffiel war, daß das Warenangebot in den Geschäften und auf den Straßenmärkten wohlsortiert war. An Nahrungsmitteln herrschte nirgends Mangel (Farbbild 9).

Bei der Zimmersuche war uns ein deutschsprechender Touristenführer, der gerade nichts anderes zu tun gehabt hatte, behilflich gewesen. Als „Bezahlung" für seine Unterstützung nahm der Mann nun drei Stunden unserer Zeit in Anspruch, indem er uns in unserem Zimmer seine phantastischen Ansichten über Deutschland, die Araber, die Israelis, über Gott und die Welt erläuterte. Wir hatten uns nun einigermaßen daran gewöhnt, zu hören, daß Präsident Nasser von

Ein hellbeleuchteter Platz im abendlichen Beirut, gesehen von unserem Hotelzimmer

Ägypten einen Krieg gegen die USA gewinnen könne, und daß die Juden ausgerottet gehörten. Unsere Einwände wie „müde" und „duschen" ließ er kaum gelten. Er kam am nächsten Tage noch einmal für eine so lange Zeit, aber schließlich waren wir mit unserer Geduld am Ende. Er ging uns wirklich auf den Wecker, und als er seine Behauptung: „Das deutsche Volk hat Adolf Hitler verraten" mehrfach wiederholte, wiesen wir ihm schlicht die Tür. Er blickte uns beim Weggehen mit einem Gesichtsausdruck an, als wollte er sagen: „Das hat man nun von seiner Hilfsbereitschaft!"

Erlebnisse beim Friseur und im Schnee

In Beirut und im schmalen Küstenstreifen waren unsere Fahrräder von großem Nutzen. Wir kamen damit durch die ganze Stadt. Selbst im modernen Beirut – es wirkte auf uns wirklich ganz „unorientalisch" und war genau das Gegenteil von Aleppo, Homs oder Damaskus – fielen wir mit ihnen sehr auf. Leute, die uns begafften, gab es überall genug. Und Sie hätten erst einmal den Aufruhr miterleben sollen, als Wilma sich ihre Haare bei einem Herrenfriseur schneiden ließ! Wenn man in Beirut nicht gerade zu den Reichen gehörte, ließ man sich als Frau von einer Freundin oder Nachbarin frisieren, das war billiger. Aber Wilma schien die verlangte Summe immer noch zu hoch, als sie sich bei solch gewandten Damen erkundigte. Daher ihre radikale Entscheidung: Da sie einen sehr kurzen Haarschnitt bevorzugte, mußte diese Aufgabe doch auch ein Mann lösen können! Die drei jungen Angestellten lehnten ihr Ansinnen nicht ab, aber sie schienen lange zu knobeln, wer von ihnen die Arbeit tun mußte. Endlich machte sich der jüngste von ihnen über Wilmas Haarschopf her. Die anderen schauten herumalbernd zu. Die Hände des Friseurs zitterten beim Schnippeln. Noch nie hatte er eine Frau – zumindest keine fremde, dazu noch ausländische – unter Schere und Kamm gehabt.

Die diversen Stufen, die er Wilma ins Haar schnitt, mußte sie später selbst korrigieren. Im weiteren Verlauf der Reise eignete sie sich die Fähigkeit an, sich mit Hilfe von zwei Spiegeln eigenhändig die Haare zu schneiden, und das keineswegs schlecht. Übrigens war sie während der ganzen vier Jahre mein Leibfriseur. Wir sparten dadurch allein ein paar hundert Mark.

Eine Fahrt unternahmen wir zum dreißig Kilometer nördlich von Beirut gelegenen Byblos, heute Dschebeil genannt. Über diese alte Hafen- und Handelsstadt wurden schon vor über viertausend Jahren die Stämme der Libanonzedern nach Ägypten ausgeführt. Das Gebirge, auf dem die Bäume einmal standen, ist heute zu einem großen Teil verkarstet. Eine Wiederaufforstung ist dort kaum mehr möglich. Die Zedernbestände sind nur noch sehr klein. Die Zeder ist Wappensymbol des Libanon. Im Taurusgebirge bei Tarsus, sowie im Atlas von Marokko und im Himalaja gibt es noch einige größere Bestände dieses Nadelbaumes. Von den beiden letzteren Plätzen stammt auch das meiste Zedernholz, das im Handel ist. Sahen wir schon kaum solche Bäume, so konnten wir uns wenigstens an den in voller Blüte stehenden zahlreichen Obstbäumen erfreuen. Was uns nicht gefiel, war die Verunstaltung der Landschaft durch unpassende Bauwerke aller Art und durch große Müllberge.

Unsere Absicht war, über den Süden des Libanon nach Syrien zurückzukehren, um möglichst viele Teile des Landes zu sehen. Aber wegen der Nähe Israels zur Straße ab Tyros (heute Sur, vor dreitausend Jahren eine der mächtigsten Handelsstädte Phönikiens und Verbündeter der israelitischen Könige David und Salomo) ins Gebirge wurde uns dieser Weg nicht erlaubt. So versuchten wir es etwas weiter nördlich, von Sidon (jetzt Saida, hatte die gleiche Bedeutung wie Tyros, wurde in der Vorherrschaft von diesem abgelöst) aus. Nach einer Nacht in dieser noch arabisch aussehenden Stadt fuhren wir in mehreren Stunden durch blumenübersäte Landschaft auf tausend Meter Höhe, um wieder ins Bekaa-Tal zu gelangen.

Wir wurden auf freier Strecke von einem Gewitter überrascht, aber wir wollten nicht aufgeben. Hinter dem Städtchen Dschessin jedoch war während des Sturms viel Schnee gefallen. Obwohl uns ein alter Mann warnte, daß wir es heute nicht mehr über den Paß schaffen würden, versuchten wir noch zweieinhalb Stunden, auf der mit wadentiefem Schnee bedeckten Straße nach Maschkara durchzukommen, das auf der anderen Seite lag – vergebens (Abbildung Seite 15). Wir mußten uns geschlagen geben und den Rückweg nach Saida antreten. Es blieb uns nur die Möglichkeit, am anderen Tage über Beirut die Straße zu benutzen, auf der wir auch ins Land gekommen waren. Am Libanonpaß lag nun ebenfalls mehr Schnee, wie auch auf dem Antilibanon, aber wenigstens war die Fahrbahn frei. Am dritten Tag danach erreichten wir wieder Damaskus. Vom ewigen „Bergsteigen", von Nässe und vom Schwitzen im kalten Wind fühlten wir uns dann hundeelend. Bei unserem Libanon-„Ausflug" hatten wir die Fahrräder siebzig Kilometer schieben müssen. Aber wir blieben diesmal nur eine Nacht in der syrischen Hauptstadt.

Viele erfreuliche Erfahrungen in Jordanien

Die 240 km von Damaskus nach Amman, der Hauptstadt Jordaniens, legten wir trotz angeschlagener Gesundheit in drei Tagen zurück. Es ging meist durch die Wüste, doch zum Glück war die Straße gut. Bei einem solchen Anlaß wunderten wir uns dann weniger über Sätze, die wir Briefen an uns entnahmen, wie „Die arme Frau Wilma muß immer noch so viel radern!" unseres fast perfekt deutsch sprechenden türkischen Freundes Sultan Kurban in Izmir, oder die Anrede „Weitgereiste Königin der Pedalamazonen!" eines Bekannten in der Heimat.

An der Grenze des „Haschemitischen Königreiches" und gleich dahinter hatten wir unsere ersten erfreulichen Erlebnisse in diesem Land, denen während des bevorstehenden Monats – so lange wollten wir bleiben – noch viele weitere folgen sollten. Das Visum war für uns erstmals kostenlos. Wer sich allerdings kürzer als eine Woche im Land aufhalten wollte, hatte einen jordanischen Dinar zu bezahlen, das waren umgerechnet zwölf Mark, gewissermaßen als Strafe... Nach fündundsiebzig Kilometern erreichten wir Mafrak, eine kleine Stadt. Bei der Suche nach einem Gasthof wurden wir von einem jungen Polizisten eingeladen, in seinem Haus zu übernachten. Abdulhalim war wieder einmal einer von jenen Menschen, an denen es nichts auszusetzen gab. Seine Familie nahm mit uns das Abendbrot ein. Man unterhielt sich angeregt, aber nicht aufgeregt.

Als wir mit unseren Gastgebern vor dem Fernseher saßen, der stundenlang Bilder von Aufmärschen und langatmigen Reden zum Revolutionsfest im nahen Syrien (die Sendung kam von dort) brachte, erwähnten sie den Namen Israel uns gegenüber nicht einmal. Hier war dieses Land nicht der Feind Nummer 1. Im Gegenteil: In Grenznähe sahen wir auf jordanischer Seite große Truppenlager. Diese Präsenz konnte allerdings nur eine symbolhafte Wirkung auf das viel stärkere Syrien haben. In einer englischsprachigen Sendung des königlichen Senders im Ostteil von Jerusalem protestierte Jordanien feierlich gegen die Anwendung von Giftgas durch Ägypten im jemenitischen Bürgerkrieg zwischen Königstreuen und Republikanern (von Ägypten unterstützt). Jordanien wäre vermutlich nicht in den bevorstehenden Krieg verwickelt worden, hätte es nicht wenige Tage vor dessen Ausbruch mit Ägypten einen Beistandspakt geschlossen.

Bauern aus dem Raum Deraa/Südsyrien. Die Kleidung ist halb arabisch, halb europäisch

Bevor wir anderntags auf die Räder stiegen, mußten wir mit Abdulhalim zu einem Fotostudio gehen, wo er sich mit uns ablichten ließ, damit er nicht vergäße, wie wir aussahen, wie er sagte. Er begleitete uns noch bis zur Landstraße. Seltsam, wir hatten gleich Vertrauen zu ihm gefaßt. Polizisten in Syrien waren in einem solchen Fall eher darauf aus gewesen, uns zu bespitzeln. Bei keinem der vielen jordanischen Polizisten, die wir noch kennenlernten, hatten wir das Gefühl, daß diese Absicht bestand. Wir wurden von ihnen mit „achlan wa sachlan" („Willkommen, zweimal willkommen") begrüßt und mit „ma es salaameh" („Mögest du in Frieden ziehen") verabschiedet. Wir hatten keinen Zweifel daran, daß es ehrlich gemeint war.

Ich will allerdings nicht verschweigen, daß von uns zur ungehinderten Einreise in König Hussein II. Reich eine eidesstattliche Erklärung verlangt wurde (wir hatten sie uns schon in Deutschland besorgt), daß wir weder jüdischer Abstammung noch jüdischer Religion seien, und welcher Religion wir angehörten. Juden war die Einreise verboten. Eine Ironie, und ein weiteres erfreuliches Zeichen, war dann, daß an der Grenze kein Mensch nach diesem von einem Notar ausgefertigten Dokument fragte. Also stand die ganze Regelung vor allem auf dem Papier, und ein feindseligerer Nachbar dahinter. Die Wiederaufnahme diplomatischer Beziehungen zwischen Jordanien und der Bundesrepublik um diese Zeit brachte auch für uns einige Vorteile.

Das „Heilige Land", zu dem Jordanien teilweise gehört, ist sehr reich an geschichtsträchtigen Stätten. Viele von ihnen sahen wir hier und jenseits des Jordan, im Westjordanland und in Israel. (Sein Staatsgebiet war auch auf jordanischen Karten als „Besetztes Palästina" bezeichnet, wofür man Verständnis haben mußte, wenn man bedachte, daß ein „Restpalästina" noch zum Königreich gehörte.) Der ganze Nahe Osten, die Türkei inbegriffen, ist ein „historisches Freilichtmuseum". Aber ich möchte, da sich die Beschreibung unserer Fahrradweltreise vorwiegend auf unsere Erlebnisse mit den Menschen begrenzen soll, nur in einigen Fällen darauf näher eingehen.

Die Tage in Amman waren ausgefüllt mit Erledigungen eher banaler Art, die eben auf einer solchen Reise auch nötig sind. Dazu gehörten neben dem Einholen von Informationen beim Fremdenverkehrsamt und beim Goethe-Institut (Zeitungen, Gespräche) auch die Instandsetzung unserer Räder und die große Wäsche. Dann machten wir uns für eine neunhundert Kilometer lange Wüstenfahrt bereit. Der Leiter des deutschen Kulturinstituts, Dr. Korn, der mit seiner Frau selbst schon viel gereist war, äußerte sich bei einem Cognac begeistert über unser Vorhaben. Aber andere, jordanische Stimmen hatten uns Tod und schrecklichen Untergang prophezeit. Als wir an einem warmen Morgen aus Amman hinausfuhren, sagten uns einige: „Es gibt dort keine Menschen und es wird kaum Wasser zu finden sein!" Uns war dennoch recht wohl zumute. Nach dem Aufenthalt in vielen lauten arabischen Städten sehnten wir uns wieder einmal nach der Weite und Ruhe der Wüste.

Bei Polizisten und Eisenbahnern

Mit viel Schwung im Herzen und in den Beinen kamen wir ganz gut vorwärts. Wo wir auch hingelangten, waren wir eine Sensation. Damenfahrräder waren hier – wie ja auch in der Türkei – beinahe unbekannt. Eine Frau auf dem Fahrrad, das war ja zum Lachen!, und so lachte man auch viel über uns, vom rotznasigen Kind bis zum zahnlosen Greis. Von Deutschland bis hier unten „kullu al bisiklet" (alles mit dem Fahrrad), das war schon was. Den Leuten muß geholfen werden, dachten wohl manche, und so waren wir immer wieder Gäste. Eigentlich wurde hier viel Fahrrad gefahren, aber deutsche Marken waren nicht vertreten. Unsere eigenen Räder hüteten wir übrigens wie unseren Augapfel; wir gaben sie nie in fremde Hände. Wo wir auch schliefen, mußten sie *innerhalb* eines Gebäudes stehen. Wir nahmen keine Einladung an und bezogen kein Hotel, wenn diese Bedingung nicht erfüllt war, denn wo gab es Ersatz für *solche* Fahrräder, wenn sie gestohlen würden?!

Etwa neunzig Kilometer hatten wir auf der mit nordamerikanischer Unterstützung gebauten neuen Straße in Richtung Rotes Meer zurückgelegt, als uns die Beamten einer Polizeistation – sie hieß Katrana – rieten, an diesem Nachmittag nicht mehr weiterzufahren, sondern bei ihnen zu übernachten. Es gab einen leeren Raum mit einer Matratze. In der Wüste ist das schon beinahe Luxus. Wir wurden von den Männern zu Tee und Essen eingeladen. Besonders Atta (er war Christ) und Akhub (tscherkessischer Abstammung) waren sehr herzlich. Nach ihrem Dienst führten sie uns bereitwillig zu einer alten türkischen Befestigung und zu einem kleinen See mitten in der Wildnis. Noch war sie recht grün; die Regen der letzten Zeit hatten auch hier ihre Spuren hinterlassen.

Am anderen Morgen erkannten wir an der wild am Mast flatternden jordanischen Flagge mit dem Stern, was die Stunde geschlagen hatte: Sturm! Wieder einmal . . . Er kam von vorne seitlich, weshalb wir uns jeden Kilometer hart erkämpfen mußten. Überall waren Windhosen, der Himmel im Westen war mit schwarzen Wolken verhangen. Diesmal fanden wir in der einsamen Bahnstation Dschurf ed Darwisch der Hedschasbahn bei Bahnhofsvorsteher Mohammed Abdallah Nasra Unterkunft. Er gab uns einen Raum und dazu den Schlüssel, wir hatten eine Waschgelegen-

Bei einem Beduinenlager in der jordanischen Wüste. Trotz Sonne war es ziemlich kalt

heit. Wir konnten zufrieden sein. Mohammed Abdallah war etwa fünfzig Jahre alt, hatte unter anderem ein sechsjähriges Töchterchen, das ihm und seiner Frau in dem Wüstenbahnhof Gesellschaft leistete. Sie und alle, die aus dem angeschlossenen kleinen Dorf herbeikamen, sowie ein Elektriker und ein Mann, Ibrahim, der die Gesundheitsstation und das Verpflegungszentrum eines Kinderhilfswerks unter sich hatte, waren nicht nur sehr freundlich, sondern gaben uns auch jede Auskunft über ihre Arbeit. Alle sprachen Englisch, das von einer großen Zahl von Jordaniern im Verkehr mit Auswärtigen benutzt wird.

Weiter führte uns die Straße durch ein mit schwarzen Steinen bedecktes Land nach Ma'an, der wichtigsten Ortschaft in dieser Wüste, von Akaba am Roten Meer einmal abgesehen. Wieder stürmte es, aber die Richtung war für uns günstiger. Auch in Ma'an, nach siebzig Kilometern, wurden wir eingeladen, diesmal wieder von Polizisten. Bei ihnen trafen wir aber den Österreicher Karl Teufl, der für eine Firma seines Landes mit modernstem Gerät an der Justierung der Geleise einer neuen Eisenbahnstrecke arbeitete. Er nahm uns mit zum vier Kilometer entfernten Bahnhof, wo es auch noch einen deutschen Kollegen, sowie Ludwig, einen Araber gab, der vor Jahrzehnten auf die deutsche Schneller-Gewerbeschule in Jerusalem gegangen und Mechaniker geworden war. Er wurde von den anderen gerade an der komplizierten Maschine mit Elektronik eingelernt. Sie waren prima Kerle. Abends feierten wir im Bahnhofsrestaurant bei Bier und Arrak zusammen mit ein paar Engländern, die die Strecke bauten, und weiteren Jordaniern. Es war ein verrücktes Fest. Wir hatten den Männern etwas Abwechslung in die Langweiligkeit ihrer freien Stunden gebracht.

Noch immer kein Zug nach Mekka und Medina

Die Hedschasbahn von Damaskus nach Medina in Arabien war auf Wunsch des türkischen Sultans unter der Leitung des Leipziger Ingenieurs Heinrich August Meissner gebaut und ohne ihn (einen Christen) 1908 feierlich eingeweiht worden. Hedschas ist eine gebirgige Landschaft an der Küste des Roten Meeres. Dort war außer Medina auch Mekka das Ziel dieser Bahn gewesen. Daß sie bis dorthin nie gelangte, war auf innere Streitigkeiten in Arabien zurückzuführen gewesen. Bis zur Anfangszeit des Ersten Weltkrieges wurden rund eine halbe Million Pilger auf der Hedschasbahn bis Medina geschafft, von wo sie die heiligste Stätte des Islam, Mekka, auf andere Weise erreichten. Eine zuvor Wochen dauernde Wüstenwanderung der Pilger wurde nun auf zweieinhalb Tage verkürzt. Aber im Kriege wurde der größte Teil der 1300 km langen Strecke derart zerstört, daß nirgendwo ein Betrieb mehr möglich war. Die südlichen Abschnitte verfielen. Hingegen wurden die nördlichen von Damaskus bis Ma'an später wieder aufgebaut. Bei Ma'an sahen wir die Staubstraße, die sich am Horizont der Wüste verlor, über die kurz zuvor während der Pilgersaison Tausende von Bussen in Richtung Mekka und Medina gefahren waren, der größte Teil von ihnen aus der Türkei. (Wir erinnerten uns dabei an das Gespräch mit dem „hoca" in Antalya, der uns zu Moslems hatte machen wollen!)

Und nun kam wieder einmal Bewegung in diese Eisenbahnsache. Syrien, Jordanien und Saudi-Arabien waren 1958 übereingekommen, die fehlenden 840 km ab Ma'an wiederaufzubauen. Neun Jahre danach war man aber noch nicht weit gekommen, wie wir vor Ort erkannten. Bis hierher hatten wir immer wieder die Schienenstränge der Hedschasbahn gekreuzt und manchmal

Wilma mit zwei Beamten der Berittenen Wüstenpolizei, die uns an der Straße kontrollierten

Tierkadaver am Straßenrand warnen vor Gefahren der Wüste. – Güterzug der Hedschasbahn

auch eines der seltenen Dampfrösser mit ihrem kurzen Schwanz schwankender Güterwagen aus der Nähe gesehen. Schon lange vorher waren sie an ihren mächtigen Rauchfahnen auszumachen. In Ma'an konnten wir herrliche alte, grün-schwarz-gelb gestrichene Lokomotiven deutscher, englischer und belgischer Herkunft bewundern – auf einem „Lokfriedhof". Bis heute ist die Hedschasbahn nach Arabien nicht wieder eröffnet. Aber unter maßgeblicher Beteiligung deutscher Firmen wurde eine neue Strecke zum Hafen Akaba gebaut, damit Jordanien sein Phosphat aus der Wüste exportieren kann. Die legendäre Pilgereisenbahn ist nur noch zwischen Damaskus und Amman in Betrieb.

Nach Akaba am Roten Meer

Von Ma'an bis zur Steilstufe von Ras en Nakb, von wo aus das Auge auf eine der eigenartigsten Landschaften dieser Erde schaut, kamen wir recht schnell. Der Anblick eines sehr tief unter uns gelegenen Talbodens, kupferbrauner Berge, die aus lehmgelbem Sand wie Pyramiden und Kegel herausragen, und von Wadis, die nun von hundertfältigen Wüstenblumen zwischen dunklen Beduinenzelten bedeckt waren, zwang uns aber zum Verweilen. Hier wurden wir von Beamten der Berittenen Wüstenpolizei Jordaniens, die aus Beduinen bestand, aufgenommen und bewirtet. Sie hatten schon von uns gehört, denn so langsam wurden wir in der Wüste bekannt wie bunte Hunde. Ihr Chef, Korporal Scheikh Suleiman Ibn Srur, war etwas zurückhaltend, aber nicht ablehnend. Er redete kaum etwas, doch mit einem glucksenden Lachen stimmte er zu, sich wie die anderen Polizisten mit uns fotografieren zu lassen. Die Bedu-Polizei hatte uns schon verschiedentlich an der Straße angehalten und kontrolliert, aber auf angenehme Art und Weise. Übrigens endete die Richtung Akaba projektierte Eisenbahnlinie damals in Ras en Nakb. Auch sie geht auf Meissner zurück.

Bald kamen wir durch die letzte Ortschaft, Kuweira (Farbbild 11), ehe es Akaba entgegenging, nur noch fünfzig Kilometer! Zu unserer Linken begann das Wadi Ram, das vor allem durch den Film „Lawrence von Arabien" bekanntgeworden war. Auf dem Rückweg wollten wir tiefer in das wilde Wüstental hineinfahren, aber dann machte uns ein Sandsturm einen Strich durch die Rechnung. Es folgten viele andere Wadis zwischen roten Bergen. Flankiert von gewaltigen Sandwällen schlängelte sich die Straße hinunter zu der kleinen Hafenstadt, und schließlich standen wir am Ufer des Roten Meeres, genauer: am Golf von Akaba (den die Israelis, wohl als einzige, Golf von Eilath nannten). Unser zweites großes Etappenziel war erreicht! 8350 km hatten wir mit unseren Fahrrädern zurückgelegt, seit wir, genau sechs Monate zuvor, gestartet waren.

Alt-Akaba war sehr schmutzig, doch wir stellten eine starke Bautätigkeit daneben fest. So war ein Ladenzentrum im Entstehen. Es existierte auch schon ein Touristenhotel. Jordanien wollte nicht hinter Israel zurückstehen, dessen Hafenstadt Eilath von der anderen Seite der blauen Meeresbucht grüßte. Sechs Jahre zuvor war ich, nur drei Jahre zuvor waren wir beide dort gestanden und hatten nach Akaba hinübergeschaut, das uns so unerreichbar schien. Beide Städtchen waren inzwischen „erwachsener" geworden.

Einen direkten Weg zwischen Akaba und Eilath ließen die beiden Staaten nicht zu. Er wäre nur sechs Kilometer lang gewesen. So waren es mehr als achthundert, über Amman und Jerusalem, wenn man dort den Grenzübertritt schaffte, und zweimal auf Wüstenstraßen, die wir nun schon beide per Fahrrad bewältigt hatten. In Akaba war kürzlich ein junger Deutscher bei dem Versuch erschossen worden, über den Stacheldrahtverhau nach Eilath zu gelangen. Übrigens wurden uns Berichte bestätigt, daß Akaba eine wichtige Durchgangsstation im internationalen Rauschgiftschmuggel und Mädchenhandel sei. Saudi-Arabiens Grenze ist nur etwa dreißig Kilometer entfernt.

Wir genossen die angenehme Wärme und verbrachten ein paar Tage am Sandstrand. Dabei waren wir meist mit Esat, einem Elektriker aus Jerusalem zusammen, der an den Neubauten arbeitete. Wir hatten ihn gleich bei der Ankunft getroffen und er hatte uns eingeladen, wie er in einem der soeben fertiggewordenen Ladenlokale zu kampieren. Esat erzählte uns, daß er mit vielen Gesinnungsgenossen hundert Monate in einem Wüstengefängnis gesessen habe, bis eine Amnestie König Husseins ihm endlich Freiheit gewährte. Wie die anderen Kommunisten des Landes würde er weiterhin im Untergrund auf den Sturz der Monarchie in Jordanien hinarbeiten, verriet er uns bei unseren langen Diskussionen. Er haßte den König, der sich zur selben Zeit wie wir hier in Akaba – in seiner Baderesidenz, nur ein paar hundert Schritte entfernt – aufhielt, aus vollem Herzen.

Gefahrvolle Odyssee im Nahen Osten

Der Rückweg in den Norden Jordaniens war nicht leichter, denn Sturm und Kälte plagten uns an mehreren Tagen. Aber wir hatten einige Freunde, die uns aufgefordert hatten, wiederzukommen. Bei dem Bahnhofsvorsteher von Dschurf ed Darwisch verbrachten wir zum zweitenmal eine Nacht. Mohammed Abdallah freute sich sehr darüber. Und wir sahen Atta, Akhub und die anderen in der Station von Katrana, den internationalen Haufen von Eisenbahnbauern und den Beduinenkorporal mit seinen Männern wieder. Diese hatten uns in Ras en Nakb schon früher zurückerwartet und besorgt in den Sandsturm hinausgeäugt. Sichtweite war kaum hundert Meter, während man sonst fünfzig Kilometer weit schauen konnte. Weil das islamische Opferfest begangen wurde, gab es zum Mittagessen viel Fleisch mit Reis. Ein mit einigen Sippen in der Nähe lagernder Scheich hatte das Mahl gestiftet.

Am Abend des gleichen Tages waren wir aus Anlaß des Festes zum Essen bei Beduinen in der Nähe der alten Ruinenstadt Petra eingeladen. Wir hatten nun schon oft, auf orientalische Weise am Boden sitzend, aus *einer* Schüssel oder von *derselben* Platte mit türkischen oder arabischen Gastgebern gegessen. In Jordanien grub jeder an seiner Seite mit dem Löffel eine Höhlung in den Berg aus Reis und Fleisch. Das war für uns noch recht hygienisch, weniger aber für die Frauen und Kinder, die nachher die Reste vertilgten. Oder kam es ihnen darauf gar nicht an?

An diesem Abend brachte die „Dame des Zeltes", mit pechschwarzem, lang und lose herunterhängendem Haar, die Platte mit dem schon ziemlich kalten Essen herbei. Freudig lächelnd nickte sie uns zu und putzte sich die laufende Nase ein ums andere Mal mit dem Handrücken. Es wollte uns diesmal nicht so recht schmecken, obwohl der Beduine uns versicherte, daß die vielen schwarzen Haare im Essen von der morgens geschlachteten Ziege stammten. Wie üblich waren Bonbons die „Nachspeise". „Nehmt doch!" sprach der Gastgeber wegen unseres Zögerns zu uns. Schließlich nahmen wir, obwohl wir die ganze Zeit gesehen hatten, wie die kleinen rotznasigen Kinder der Sippe die Bonbons auf dem Teller aus den bunten Papierchen wickelten, in den Mund steckten, voller Vergnügen anlutschten und sie nach kurzem wie selbstverständlich wieder einwickelten.

Wegen des Orkans war es unmöglich, mit Fahrrädern nach Petra zu gelangen. Wir kämpften uns zu Fuß durch und legten an einem langen, großartigen Tag fünfundzwanzig Kilometer zurück. Durch einen Engpaß zwischen Felswänden, die bis zu hundert Meter senkrecht emporstiegen, betraten wir die seit 1300 Jahren verwaiste Stadt. Sie liegt zwischen rosaroten Bergen, oder vielmehr, sie ist ein Teil von ihnen. Ihre Paläste, Tempel, Gräber und „Ed-Deir", „das Kloster", sind in den Fels gehauen. Bis Petra zu Beginn des zweiten Jahrhunderts unserer Zeitrechnung eine römische Provinz wurde, war es Residenz der Könige der Nabatäer, eines arabischen Volksstammes, gewesen. Fünfhundert Jahre lang hatten die Nabatäer an ihrer Stadt gemeißelt. Unter der römischen Herrschaft wurden einige weitere „Bauwerke" dieser Art errichtet. Die geschmückten

Fassaden der meist mehrstöckigen, in den Fels gehauenen Grabmäler sind in einer eigentümlichen griechisch-römischen Stilmischung gestaltet. „Petra" bedeutet auf griechisch „Fels". Die Stadt war noch bis ins siebente Jahrhundert ein blühender Handelsplatz an der Karawanenroute zwischen Syrien und Südarabien, bis von dort islamisierte arabische Stämme aufbrachen und unter anderem die Felsenstadt eroberten. Danach wurde sie von ihren Einwohnern verlassen. So lag sie auch an diesem Tage vor uns. Wir freuten uns darüber, daß wir die längste Zeit in den ausgedehnten Anlagen fast allein waren.

Ostern im Schnee, Antikes und tropische Pflanzen

Bei Katrana bogen wir zum Toten Meer hin ab. Wir wollten ja zum Westjordanland und nach Jerusalem. Immer noch hoch gelegen, wurde es jetzt grüner. Es gab Blumen und Bäche. Zehn Kilometer vor dem Städtchen Karak mit seiner Ruine einer Kreuzfahrerzitadelle wurden wir auf der Landstraße von einem Autofahrer in sein Haus eingeladen. Die ganze Familie von Saleh Ammareen erwartete uns eine Stunde später in Karak: er, fünfundvierzig Jahre alt, ein Mechaniker mit Laden, seine Frau Lamma, dreizehn Jahre jünger, und seine sechs Kinder zwischen sechs und sechzehn Jahren. Als wir nach einer erholsamen Nacht bei den Ammareens erwachten, war Ostersonntag, auch für sie ein wichtiger Tag, denn sie waren Christen. „Es hat so sein sollen, daß ihr zu uns kommt", sagte drei Tage später Saleh zu uns, als wir immer noch bei ihm weilten. Der Grund: so lange regnete und schneite es. Die Bergstraßen wurden zum Teil gesperrt, die Kinder bekamen Kälteferien. Aber es war wirklich nett hier. Zeitweise waren bis zu fünfzehn Leute in der guten Stube versammelt, denn die ganze Verwandschaft und die Nachbarn wollten uns kennenlernen. Wir hatten viel Zeit für harmonische Gespräche und um mehr über das Leben der Familie zu erfahren, zum Beispiel wie Lamma knuspriges, wohlschmeckendes Fladenbrot auf Kieselsteinen, auf Blechen ausgebreitet, im Ofen buk (Farbbild 10). In Deutschland konnten wir uns später für die Freundlichkeiten etwas revanchieren, als Saleh und ein Freund uns besuchten.

Danach begann endlich der Frühling. Zwar hatten wir während der ersten Stunden der Weiterreise immer noch Schnee, aber als wir durch das Wadi Mudschib, einen spektakulären Canyon, und das Wadi Wala, ein paradiesisches Tal mit viel Grün, kamen, war das schon beinahe wieder vergessen. Die kalten Monate lagen endgültig hinter uns. Von nun an würden wir dem Winter ausweichen, wo wir nur konnten.

Überall entlang unseres Weges fanden wir Hinweise auf das Altertum. Da standen römische Meilensteine, und das Wadi Mudschib war einst die Grenze zwischen den Gebieten der Ammoniter im Norden und der Moabiter im Süden gewesen. Aber am beeindruckendsten war für uns der Besuch auf dem Berge Nebo, von dem aus Moses laut Bibel das Gelobte Land erblickt haben soll. Wir selbst hatten auf dieser Reise noch nichts Vergleichbares gesehen. Aus luftiger Höhe erkannten wir Jericho und den Jordan, das Gebirge Judäa mit dem hochgelegenen Jerusalem, fünfzig Kilometer entfernt, und unter uns, zwölfhundert Meter tiefer, erstreckte sich das Tote Meer. Einige Stunden später, nach einer anstrengenden Talfahrt auf der steilen Straße, standen wir am Ufer des Salzmeeres, fast vierhundert Meter unter dem Weltmeeresspiegel. Am nächsten Tage besuchten wir dort die Ruinen des Klosters Kumran der jüdischen Sekte der Essener. Seit 1947 waren an dieser Stelle etwa fünfhundert Schriftrollen, rund zweitausend Jahre alt, gefunden worden, darunter die ältesten bekannten Handschriften von Teilen des Alten Testaments. Im Archäologischen Museum von Jerusalem (jordanische Seite) sahen wir dann diese kostbaren

Stücke. Zunächst gelangten wir aber zur Oase Jericho, der wahrscheinlich ältesten bis heute durchgehend bevölkerten Stadt auf der Erde. Eine aufgefundene Stadtmaueranlage ist rund neuntausend Jahre alt.

Jericho liegt 250 m unter dem Niveau der Weltmeere, und ist damit auch die tiefstgelegene aller Städte. Dementsprechend warm ist das Klima. Wir konnten uns an einer fast unvorstellbaren Blütenpracht erfreuen. Das Stadtbild wurde von tropischen Pflanzen geprägt, den Gärten entströmte ein betörender Duft. Auf unserem Weiterwege nach Nablus in Samaria kamen wir durch idyllische Landschaften, bedeckt von Orangen-, Zitronen- und Bananenplantagen, Getreidefeldern und wilden Blumen, durchflossen von rauschenden Wassern, mit kleinen Wäldern. Und auf den Höhen, über Ramallah nach Jerusalem, blühten die Obstbäume. Das Westjordanland schien uns ein gesegnetes Land zu sein.

Die palästinensischen Flüchtlinge

In Jericho wurden wir vom Eigentümer einer der schönsten Plantagen von der Straße weg zu einem Imbiß und dann zur Nacht in sein Haus eingeladen. Mohammed el Khatip und seine Familie verbrachten mit uns einen vergnügten Abend bei einem üppigen Essen auf ihrem Söller unter dem Sternenhimmel. In Nablus mit seinen 60 000 Einwohnern waren wir Gäste von Pfadfindern. Zwei ihrer Führer, Omar und Haras, beide Studenten, stellten uns, unsere Fahrräder und unsere Reise in den Mittelpunkt eines Jugendabends, wobei wir auch bewirtet und schließlich untergebracht wurden.

„Ed-Deir" („Das Kloster"), das mächtigste „Bauwerk" Petras, ist 45 m hoch

Was die Politik betraf, waren wir mit unseren Freunden nicht einig. Das Thema „geteiltes Palästina" kam überall bald auf den Tisch. Ihre Kritik an Israel und an der Bundesrepublik schien uns zu hart, wenn auch nicht völlig ungerechtfertigt. In Jericho waren wir nachmittags beim Direktor für Entwicklung und Wiederaufbau zu Gast, der einer der engsten Vertrauten des Führers der Palästinensischen Befreiungsbewegung, Ahmed Schukeiry, war. Über so viele irrige Ansichten konnten wir nur den Kopf schütteln. Das Problem der Palästinenser wurde uns wieder deutlich vor Augen geführt, als wir südlich von Jericho ein Flüchtlingslager besuchten. Auch bei Nablus sahen wir ein solches Camp. Hunderttausende lebten im Westjordanland und auf der anderen Seite des Flusses unter unwürdigen Bedingungen. Hier waren nicht nur die hygienischen Verhältnisse schlecht, dies waren auch Brutstätten des Hasses gegen Israel und zum Teil gegen die nichtpalästinensischen Jordanier. Unser Gastgeber Mohammed el Khatip und seine Familie waren während des Palästinakrieges vom Westen, der nun zu Israel gehört, nach Jericho gekommen. Sie erzählten uns davon, aber sie verzichteten auf Vorwürfe gegen die Israelis. Sie hatten es geschafft, auf eigenen Beinen zu stehen. Die große Mehrheit derer, die sich durch die Kampfhandlungen bei der Staatsgründung Israels gezwungen sahen, ihre Heimat zu verlassen, lebte seit zwanzig Jahren in Lagern.

Geteilte Stadt Jerusalem

„Hallo, wer da?" rief uns ein Schatten an, der aus einer Hausnische hervortrat. „Hier geht's nicht weiter!" Wir erkannten einen grünuniformierten Polizisten und erklärten ihm, daß wir zu unserem Hotel zurückkehrten, vor dem wir gerade standen. Einverständnis andeutend, verschwand der Schatten hinter einer Schutzmauer mit Schießscharten, wie wir im Dunkeln gerade noch erkennen konnten. Morgens hatten wir das Flachdach unseres Hotels betreten. An zwei Seiten war es von einer zwei Meter hohen Mauer umgeben, nach Israel hin. Unter uns sahen wir Fenster wie hohle Augen, und Ziegeldächer, durchlöchert wie ein Sieb. Die Häuser waren unbewohnt. Stacheldraht beherrschte das Bild. Wir schauten auf das Niemandsland zwischen Jordanien und Israel in Jerusalem hinab. Drüben, nur wenige Schritte entfernt, wurden gerade die Mülltonnen geleert, hüben sang eine Kreissäge ihr Lied. Früher hatten die Araber und die Juden fast wie Brüder in dieser Stadt gelebt, doch der Krieg von 1948 hatte alles zerbrochen. Mißtrauisch belauerten sich die Wachtposten auf beiden Seiten der Demarkationslinie, hinter Sandsäcken hervorlugend, obwohl doch fast zwei Jahrzehnte seitdem vergangen waren.

Wir gingen durch das abends beleuchtete Damaskustor in den Markt der Altstadt und mischten uns unter das laute Volk. Wir erklommen den Ölberg, besuchten den Garten Gethsemane und fuhren zum benachbarten Bethlehem. Von den Kirchtürmen läuteten die Glocken, von den Minaretten wurde zum Gebet gerufen. Nur die Juden hatten im alten Jerusalem „nichts zu suchen". Wir suchten etwas Ablenkung, aber wir konnten auf „Ölberg-Erfrischungen" (Limonaden) und einen „Eselsritt auf dem Palmsonntagsweg" verzichten. Es herrschte wegen Ostern ein ziemlicher Pilgerrummel. Viele ausländische Touristen suchten die Orte auf, an denen Jesus, der Jude, gelebt und gewirkt hatte. Aber achtlos gingen sie an dem großen jüdischen Friedhof vorbei, der in politischem Wahn geschändet worden war. Er lag unterhalb des Intercontinental-Hotels.

Die nüchterne Wirklichkeit rückte uns auch schmerzlich ins Bewußtsein, als wir nach ein paar Tagen – die jordanische Ausreisegenehmigung in der Hand – auf der einzigen Straße, die die Altstadt und die meisten heiligen Stätten der Christen, Moslems und Juden mit dem moderneren

Wohlhabende Familie in Jericho/Jordanien: Mohammed el Khatip mit Vater, Mutter und Schwester

Das „Mandelbaumtor" zwischen den beiden Teilen Jerusalems war Grenzübergang

Teil Jerusalems verband, die Grenze überschritten. Eigentlich war es nur ein schmaler gewundener Pfad, der zum „Mandelbaumtor", dem Grenzübergang, führte, und das „Tor" war nur noch ein Schlagbaum mit ein paar amtlichen Baracken.

Rundreise durch Israel

Zum dritten Male waren wir nun in Israel, und immer durchstreiften wir es mit Fahrrädern. Als dieser neuerliche Aufenthalt zu Ende ging, gab es keinen Landstrich, den wir nicht schon einmal besucht hatten, vom äußersten Norden an der Grenze mit dem Libanon und mit Syrien bis nach Eilath am Roten Meer. Wir kannten uns aus, wußten die Wege, fanden des öfteren in Jugendherbergen ein Dach über dem Kopf. (In Jerusalem übernachteten wir ein paarmal im Gästehaus eines Klosters.) Und wir hatten einige Freunde hier. Wir konnten uns bereits ein sehr gutes Bild von den Verhältnissen im Lande machen. Daher gingen die Diskussionen darüber diesmal viel tiefer als bei früheren Besuchen. Für Debatten gab es allerlei Gründe. Wir waren soeben direkt aus arabischen Ländern nach Israel gekommen, hatten dort viel Gastfreundschaft erlebt, auch viele vernünftig denkende Menschen getroffen. Derweil nahmen die Spannungen zwischen Israel und seinen Nachbarn ständig zu. Am Tage nach unserer Ankunft, am 7. April, kam es am See Genezareth zu einem schweren Gefecht, das sich über sieben Stunden hinzog. Dabei wurden, wie es hieß, sechs syrische Kampfflugzeuge abgeschossen, aber auch israelische Soldaten getötet. Obwohl noch kein Kriegszustand herrschte, solange wir in Israel waren, erlebten wir doch auch Aufregungen.

Vom israelischen Teil Jerusalems, das etwa achthundert Meter hoch im Gebirge Judäa liegt, radelten wir in Richtung Tel Aviv weiter. Die Strecke war anfangs eine rechte Berg-und-Tal-Bahn durch eine waldreiche Gegend, teils sehr nahe der jordanischen Grenze. Der Kibbuz Kiryat Anavim, in dessen Jugendherberge wir schon mehrere Male geschlafen hatten, lag genau neben ihr. In der Ebene fuhren wir durch ausgedehnte, duftende Zitrusplantagen, dann wandten wir uns Beerscheba, einer aufstrebenden Stadt mit einer enormen Bautätigkeit zu. Sie lag zwischen wogenden Getreidefeldern, während wir dort noch ein paar Jahre zuvor viel Wüste vorgefunden hatten. Nun waren lediglich die nicht bewässerbaren Hügel unbestelltes Gelände. Wir sahen auch, wie kleine Haine zu beachtlichen Wäldern geworden waren. In der Umgebung waren weitere Siedlungen entstanden. Doch südlich und östlich von Beerscheba erstreckte sich immer noch die Wüste Negev. Von der Straße, die nach Eilath führte, bogen wir nach einiger Zeit ab. Schwindelerregend war die Fahrt über die steilen Berge und durch wilde Kraterlandschaften. So gelangten wir – nur zwei Wochen nach Kumran und Jericho – erneut an das tiefgelegene Tote Meer, nur diesmal an seinem südlichsten Gestade.

In Sodom, wo einst die legendäre, sündige Stadt gleichen Namens gelegen haben soll, und wo die Schätze des Toten Meeres – vor allem Phosphat – nun mit modernen Mitteln abgebaut wurden, schlugen wir wieder einmal unser Zelt auf. Von dort erreichten wir nach dreißig Kilometern den Berg Massada, wo vor 1900 Jahren die letzten jüdischen Kämpfer vor den Heerscharen der Römer Unterschlupf gefunden hatten, aber nach langer Belagerung durch diese schließlich doch hatten aufgeben müssen, indem sie sich gegenseitig töteten! In den letzten Jahren waren auf dem Felsen Ruinen einer Festung von Herodes dem Großen ausgegraben worden.

Eine ungeheure körperliche Anstrengung war der Aufstieg zurück in die Berge – der Unterschied betrug etwa neunhundert Höhenmeter –, obwohl das Thermometer mittags nur

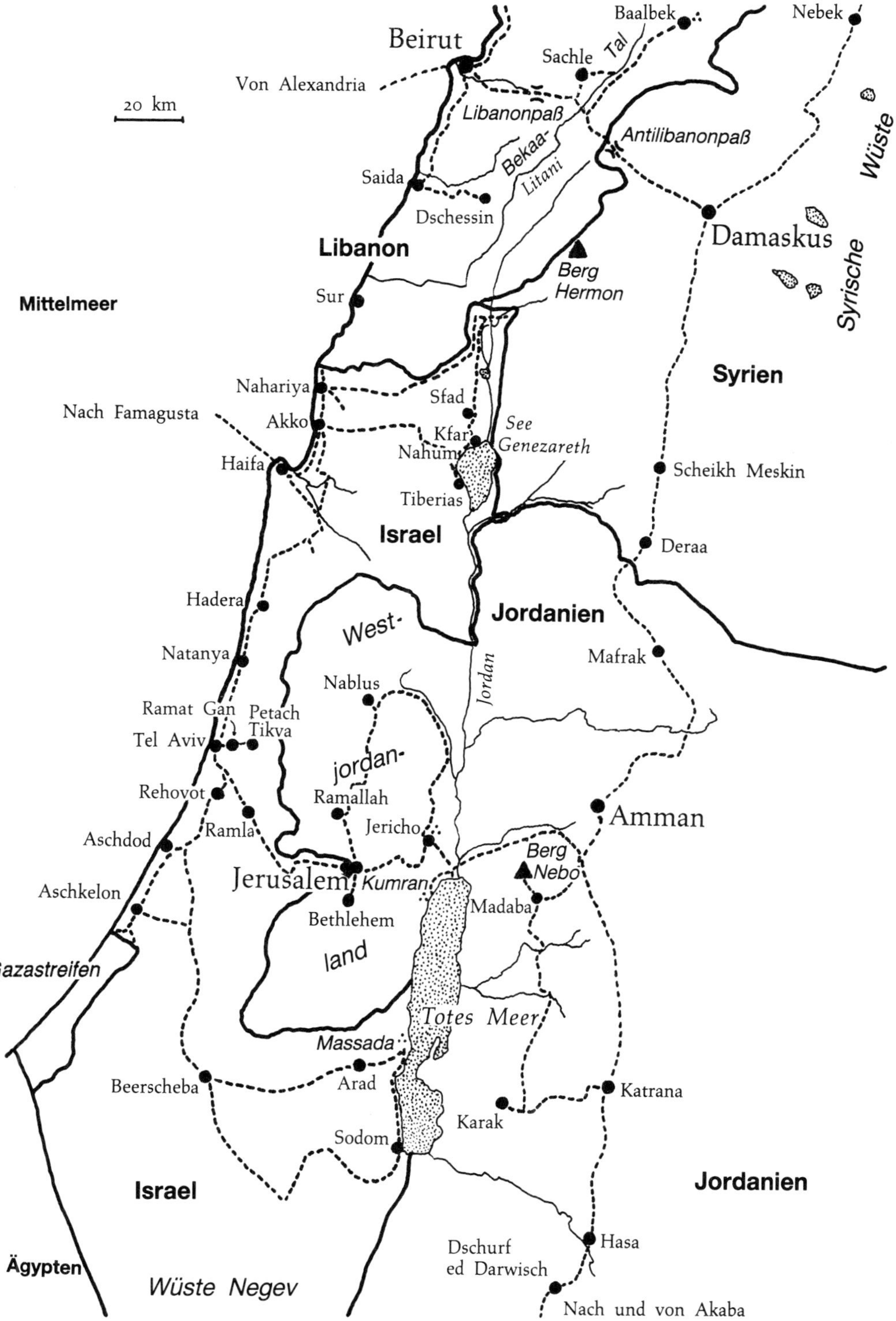

Reiseweg (Strichlinie) durch Syrien, den Libanon, Jordanien und Israel

Kibbuz Kiryat Anavim mit Jugendherberge (vorn). – Israelischer Soldat am Gazastreifen

wenig über dreißig Grad anzeigte. Bei meinem ersten Besuch hier waren es 48 Grad gewesen!

Über Beerscheba kamen wir wieder in die Küstenebene und von der Grenze am Gazastreifen zogen wir über Tel Aviv und den Berg Karmel nach Haifa und weiter nach Nahariya, der nördlichsten israelischen Stadt am Mittelmeer. Bevor wir dann das Schiff nach Zypern nahmen, kurvten wir noch durch das auch von vielen Arabern bewohnte Galiläa. In ihren Dörfern gab es nun meist schon fließendes Wasser und ein Stromnetz. Dennoch ließen sie sich mit den modernen israelischen Siedlungen nicht vergleichen. Von den Bergen gegenüber den syrischen Golanhöhen – der Jordan fließt dazwischen – stiegen wir in eine subtropische Landschaft hinab. Auch hier wuchsen Bananen, und die Ortschaften jüdischer Siedler waren von dichtem Grün umgeben. Eine Straße verlief nur wenige Meter von der Grenze des Libanon. Im Kibbuz Yiftah wurden wir eines Abends aufgenommen. Eine nette junge Frau, Toba Ben Dor, wurde zu unserer Betreuerin bestellt. Bei einem guten Abendessen im Speisehaus der Gemeinschaftssiedlung, die seit 1948 bestand, erzählte sie uns, daß ihr Mann schon als Kind aus Deutschland gekommen sei.

Bei alten Freunden in Ramat Gan und Nahariya

Von dort stammten auch unsere besten israelischen Freunde. Einen von ihnen, Ernst Mandowsky, hatte ich bereits sechs Jahre zuvor in Beerscheba kennengelernt, wo er für das Straßenbauamt arbeitete. Bei der Eröffnung einer Ausstellung über die verschiedenen Entwicklungsvorhaben in der Wüste kamen wir ins Gespräch. Ernst setzte sich mit mir kurzentschlossen auf eine Bordsteinkante, als es keine andere Sitzgelegenheit gab. Mit seiner dickglasigen Brille, mit der Tabakspfeife im Mund und seiner gelichteten Haarpracht machte er auf mich einen recht gemütlichen Eindruck, aber der frühere Offizier war hart im Geben und im Nehmen. Wir diskutierten über das gesamte Nahostproblem, vor allem über den Suezfeldzug der Israelis 1956. Unsere Meinungen über den Konflikt gingen weit auseinander. Wir setzten die Diskussion an anderen Tagen fort, dann in Briefen, beim Wiedersehen in Israel Jahre später, und so weiter. Ernst vertrat die Ansicht, daß sein Land ein Recht auf Verteidigung habe, selbst wenn sie in einem Angriff bestünde.

Wie zuvor schon einmal, luden uns Ernst und seine Frau Lily mit den Kindern Nurit und Meir gastfreundlich und kameradschaftlich zu sich nach Ramat Gan, einer größeren Stadt bei Tel Aviv, ein. Danach vergingen viele Jahre, ehe wir uns wieder begegneten, ausgerechnet in Nigeria, wo Ernst diesmal arbeitete. Unser Freund kam aus Beuthen in Oberschlesien. Lily war mit sechzehn Jahren ins Konzentrationslager Auschwitz gebracht und schwer mißhandelt worden. Sie litt noch immer unter Depressionen und war in ständiger ärztlicher Behandlung. Wir konnten nicht erwarten, daß in dieser Familie reine Begeisterung für die Deutschen herrschte. Einerseits bejahte Ernst aber eine Begegnung der Jugend beider Länder, andererseits schrieb er uns einmal, daß „jeder Jude, der, nach allem was passiert ist, heute wieder zurück nach Deutschland fährt, um sich von neuem dort niederzulassen, der Abschaum der Menschheit" sei. Inzwischen hat Ernst aber Deutschland wenigstens besucht. Leider waren wir zu diesem Zeitpunkt nicht in unserer Heimat.

Ein anderer alter Freund war Benjamin Jeremias, der in Nahariya zu Hause war. Er hatte einen

Ein Teil Beerschebas, in dem viele neue Wohnblocks entstanden. Hinten Wüstenberge

Ernst Mandowsky in Ramat Gan. – Erich M. Lehmann und seine Frau in Nahariya

Laden für Flaschengas. Aber seine Tätigkeit als Vorsitzender der gemeinnützigen Organisation „Oliva", die sich zum Ziel gesetzt hatte, die Verbindungen zwischen der ausländischen – im besonderen der deutschen – und der israelischen Jugend enger zu knüpfen, hielt er offenbar für viel wichtiger. Jedenfalls war er dafür unermüdlich im Einsatz. Ein Großteil der Anhänger von „Oliva", deren treibender Geist Benjamin auch war, lebte in Nahariya mit seinen vielen deutschen Juden. Mehrfach bereits hatten uns Benjamin und seine Frau Hannah freundschaftlich bei sich aufgenommen. Sie waren auch begeistert von unserer Art der Fortbewegung.

Benjamin stammte aus Posen, war aber 1931 schon von dort fortgegangen. Er hat den Beginn des Hitlerreiches daher nicht selbst miterlebt. Doch seine Mutter, sein Bruder, Onkel und Tanten und seine Großmutter wurden umgebracht. „Es kann kein Vergessen und keine Wiedergutmachung geben", sagte er uns. „Aber wenn man der deutschen Jugend nicht einen anderen Weg zeigt, wenn man ihr nicht die Möglichkeit gibt, die Menschen in Israel kennenzulernen, ihr nicht mit größtmöglicher Toleranz entgegenkommt, versäumt man eine Chance, eine andere Einstellung zu uns Juden zu erwirken." Wir waren hierin ganz mit Benjamin einig. Da wir jedoch eingefleischte Individualreisende waren und sind, konnten wir seinen Wunsch, in Deutschland Gruppen von Jugendlichen zu Reisen nach Israel zu organisieren, nicht erfüllen. Nirgends sonst fanden wir einen umtriebigeren Mann in Sachen deutsch-israelische Verständigung. In dieser Mission besuchten er und seine Frau uns einmal zu Hause.

Erich M. Lehmann, der früher in Heilbronn gelebt hatte, war nun ebenfalls in Nahariya beheimatet. Er war ein Freund Benjamins. Nebenberuflich hatte er eine enorme journalistische Tätigkeit entwickelt, vor allem für die deutschsprachige Tageszeitung „Jedioth Chadashoth“ (Neueste Nachrichten). Schon zuvor hatte er mehrfach über uns geschrieben; nun brachte er einen ausführlichen Artikel zum Thema „Fahrradweltreise“. Durch Dr. Manfred Scheuer, einen früheren Heilbronner Rechtsanwalt, der viele Jahre Bürgermeister in der Gemeinschaftssiedlung Schave Zion unweit Nahariyas war, und den ich vor meinem ersten Israelbesuch um Vermittlung von Kontakten gebeten hatte, waren wir mit Erich M. Lehmann in Verbindung gekommen. Mit dessen Familie waren wir mehrfach zusammen, und auch er besuchte uns eines Tages in Deutschland mit seiner Frau.

Heilbronner und andere deutsche Juden

Nahariya ist eine von deutschen mittelständischen Juden 1935 gegründete Stadt. Das Land hierfür wurde arabischen Familien, die im Libanon lebten, abgekauft. Benjamin gehörte zu den Siedlern, die von Anfang an dabei waren. Er hatte eine Gartenbauschule absolviert und er lehrte die Kolonisten, wie man mit landwirtschaftlichen Geräten umgeht. „Diese ehemaligen Anwälte, Ärzte und Kaufleute hatten doch keine Ahnung davon, wie man einen Spaten in die Hand nimmt!“ Nahariya wuchs und gedieh und überstand die Stürme der Zeit, als Palästina britisches Mandatsgebiet war und als es 1948 zum ersten großen Konflikt zwischen Israelis und Arabern kam. Nun hatte es rund 25000 Einwohner, die aus zwanzig Ländern eingewandert waren. Die Spuren der Gründer wurden auch von den vielen später Angekommenen aus Osteuropa und den arabischen Ländern nicht verwischt. Wir fanden sehr viele Firmenschilder, Plakate und Aufschriften in deutscher Sprache. Auf der Hauptstraße, der Gaaton Avenue, in Geschäften und Cafés, nicht zuletzt aber in Familien wurde noch viel Deutsch gesprochen. Die deutschen Juden werden von den übrigen Immigranten „Jeckes“ genannt. Nahariya war die „Jeckes“-Stadt schlechthin.

Hier wohnten noch andere ehemalige Heilbronner außer Freund Lehmann. Dr. Fritz Wolf wurde 1908 geboren, emigrierte 1933, nahm aber mit seiner alten Heimatstadt nach dem Kriege bald wieder Verbindung auf. In späteren Jahren schrieb er ein Büchlein „Das war mein Heilbronn“. Wir interviewten ihn, aber auch in Jerusalem, Petach Tikva und mehreren anderen Orten suchten wir Familien auf, die aus Heilbronn stammten, und schrieben über sie. Die Freude darüber war meist groß, Erinnerungen aus der Jugendzeit wurden wach. Aber uns war bei keinem unserer Besuche das Herz leicht. In Israel gab es auch viele Menschen, die Kontakte jedweder Art mit Deutschen ablehnten.

Diskussionen und eine Explosion

Noch einmal kurz zurück nach Nahariya. In ganz Israel war das Fahrrad (in Ivrith, dem modernen Hebräisch, heißt es „ofnaim“) nicht so beliebt wie in der „Stadt am Fluß“, wie man den Ortsnamen übersetzen kann. Für viele der Deutschsprechenden unter den Einwohnern waren wir Radweltreisenden sehr interessante Leute, vor allem nach der Zeitungsveröffentlichung. Wir mußten zahlreiche Fragen beantworten, die sich meist auf die arabischen Länder bezogen. Beim Gartenfest eines Rechtsanwaltes, zu dem etwa hundert Personen kamen, erzählten wir von unseren Erlebnissen. Nicht jeder wollte uns glauben, daß es auch im Libanon, in Syrien und in Jordanien – vor allem dort – viele Menschen voller Freundlichkeit und Friedenssehnsucht gab. Benjamin, der ebenfalls dabei war, nahm unseren Bericht mit Begeisterung auf und untermauerte damit seine Thesen für Völkerverständigung. Bei einem Diskussionsabend vertieften wir das Gesagte.

Zum ersten Mal kamen wir mit dem israelisch-arabischen Konflikt bei Kfar Nahum (Kapernaum) am See Genezareth direkt in Berührung. Am 6. Mai, einen Tag vor unserer Überfahrt nach Zypern, morgens um 4.25 Uhr, wurde etwa 1500 m vom dortigen Franziskanerkloster (in dessen Garten wir unser Zelt aufgestellt hatten), von syrischen Saboteuren eine Pumpanlage der großen Wasserleitung, die in die Wüste Negev führte, in die Luft gesprengt. Recht unsanft aus dem Schlaf gerissen, sahen wir eine riesige Rauchsäule aufsteigen. Die syrische Grenze war nur vier Kilometer entfernt. Ganz in der Nähe, zwischen zwei Siedlungen, war am Vortage ein Auto auf eine Mine gefahren und in die Luft geflogen. Wir hatten die Stelle vierundzwanzig Stunden vorher passiert.

Auch bei unserem dritten Israelbesuch waren wir zutiefst beeindruckt von der Aufbauarbeit, die trotz einer Wirtschaftsflaute fortgesetzt wurde. Aber es gab viele Arbeitslose, die Mittel wurden knapper, und selbst bei Einladungen zu Privatleuten merkte man, daß gespart wurde. Auch hier galt der Grundsatz, daß nicht alles Gold ist, was glänzt. Noch ganz andere Probleme begannen die jüdischen Israeli ernsthaft zu beunruhigen. So war der Strom der Neueinwanderer beinahe versiegt und die in Israel verbliebenen Araber vermehrten sich viel rascher als die Juden. Nur noch vier Prozent der Bevölkerung lebten in Kibbuzim, den sozialistischen Gemeinschaftssiedlungen, die mit ihrer hohen Produktivität in der Landwirtschaft, in Handwerk und Industrie so viele Jahre von sich reden gemacht hatten. Schließlich war die Leistungsfähigkeit der Wirtschaft auch zu abhängig von den Hilfsleistungen überseeischer Judenvereinigungen. Viele jüdische Israelis dachten bereits an Auswanderung.

Zypern als „Brücke" nach Afrika

In Pullmannsitzen der Deckklasse des griechischen Schiffes „Apollonia" fuhren wir in der Nacht zum 8. Mai nach Famagusta auf Zypern. Unsere Fahrräder reisten im Frachtraum des Dampfers. Daß Zypern nicht in tiefstem Frieden lebte, wußten wir seit langem. Wir gelangten von einem Krisengebiet in ein anderes. Aber wir wollten ja nach Afrika, und da es keinen direkten Weg von Israel nach Ägypten gab, mußte uns die Mittelmeerinsel als „Brücke" dienen. In unseren Pässen hatten wir kein israelisches Visum – es war auf ein gesondertes Blatt Papier gestempelt worden –, und so stand der Ausstellung eines ägyptischen Sichtvermerks auf Zypern nichts im Wege. Im Landungshafen wurden wir sogleich mit den gespannten politischen Verhältnissen konfrontiert. Blaubehelmte UN-Soldaten wachten darüber, daß sich Griechen und Türken nicht in die Haare gerieten, die im Verhältnis 4:1 auf der Insel lebten.

Schon allein deshalb, weil es dort interessanter zu sein schien als im Griechenviertel Varosha, schlugen wir den Weg in die von Türken bewohnte Altstadt ein. Nebenbei erinnerten wir uns der vielen netten Erlebnisse während des Winters in der Türkei, und unsere Türkischkenntnisse wollten wir auch wieder auffrischen – kurz und gut, es steckte schon eine Absicht dahinter, daß wir dorthin gingen. Das heißt indes nicht, daß wir uns nicht auch auf der „anderen Seite" umsahen. Varosha war eine hübsche Gartenstadt, die sich allerdings sehr auf anglo-amerikanische Besucher und die UN-Soldaten eingestellt hatte, auf zahlungskräftige Leute also.

Das Folgende berichte ich selbst auf die Gefahr hin, vom Leser der Übertreibung geziehen zu werden. Wir waren noch nicht im Hotel, als wir auch schon in das Haus eines Türken eingeladen wurden. Der 57jährige Lagerverwalter im Hafen, Hassan Irfan, war das Familienoberhaupt. Aber die Aufforderung, einzutreten, kam von seiner Frau und seinen sieben anwesenden Kindern (weitere vier lebten in Ankara, andere drei waren gestorben – das ergab vierzehn!). Wir wußten ehrlich nicht, womit wir es verdient hatten, von den Irfans zweimal zu einem herrlichen Abendessen eingeladen und dazu noch mit Geschenken wie Seife, einem Trinkbecher, einem Messer, Blumen fürs Hotelzimmer und sogar zwei Sofakissenbezügen bedacht zu werden, deren Annahme wir nicht verweigern konnten. Wir revanchierten uns, so gut es eben ging. Wir sollten in dieser Hinsicht noch viel erleben.

Da fast alle Städte Zyperns in Küstenebenen liegen, ist es dort leicht, mit dem Fahrrad zu fahren. Dementsprechend erfreut sich das zweirädrige Vehikel großer Beliebtheit. Dennoch hatte man noch nichts davon gehört, daß es möglich sei, eine Weltreise mit Fahrrädern zu unternehmen. Allerdings konnte die Reise auf Zypern ja auch nicht weit gehen. Ganze vierhundert Kilometer legten wir dort in knapp zwei Wochen zurück. Das hatte jedoch noch einen anderen Grund: Wir mußten nach einem Schiff Ausschau halten, das uns nach Ägypten bringen würde. Wir hofften auf eine billige Gelegenheit. Auf einem gewöhnlichen Passagierdampfer, der lange auch nicht in Sicht kam, hätte für die zweitägige Überfahrt allein die Mitnahme unserer Fahrräder sechzig Mark gekostet. (Siehe Reisekarte Seite 40.)

Wieder in einem Krisengebiet

Übrigens hätten wir die Insel am liebsten so rasch wie möglich wieder verlassen. Ich will erklären, warum. – Alles sieht so friedlich aus. Wir fahren über die Insel, wo nun von brummenden Mähdreschern das Korn – schon im Mai reif – geschnitten wird. Die Olivenbäume stehen in diesem Jahr besonders schön in Blüte. An den Weinstöcken hängen bereits kleine Trauben, die Feigen schwellen, Karotten und Gurken werden geerntet. Ab und zu löst ein erfrischendes Gewitter die Hitze ab. Dann plötzlich kommen wir an eine Stelle, wo die Straße durch leere Benzinfässer etwas blockiert ist. Hier endet ein griechisches Dorf, dem mehrere türkische Ortschaften benachbart sind. „Nicht dorthin gehen, sehr schlechte Menschen!" warnen uns die Griechen. Als wir türkisches Gebiet erreichen, müssen wir an einem rot-weiß gestrichenen Schlagbaum unsere Pässe vorweisen.

Das war *eine* solche Gelegenheit, aber wir mußten uns viele Dutzend Male kontrollieren lassen. Nikosia ist eine der Hauptstädte der Welt, die durch Mauern, Stacheldraht und Waffen zweigeteilt wurden. Hier sahen wir an allen strategisch wichtigen Punkten UN-Soldaten postiert. Nur an wenigen Stellen war der Eintritt ins Türkenviertel erlaubt. Als wir einen dänischen Wachtposten nach einer Möglichkeit befragten, trat ein Geheimpolizist der griechisch-zypriotischen Regierung auf uns zu und verlangte barsch, daß wir uns auswiesen. Bei den Türken wurden wir mit „Hoş geldiniz" (Herzlich willkommen) empfangen. Dies soll aber keineswegs bedeuten, daß wir unter Griechen nicht auch nette Leute getroffen hätten. Doch die bitteren Erfahrungen machten wir immer auf ihrer Seite.

Nahe bei Larnaka steht eines der wichtigsten Denkmäler des Islam, der Schrein der Pflegemutter des Propheten Mohammed. Als wir bei der kleinen Moschee anlangten, erklärten uns Polizisten, nur mit einer behördlichen Genehmigung sei der Besuch des einstigen Wallfahrtsortes (er stand immer noch als Attraktion im Touristenprospekt) möglich. Überall auf dem Territorium der griechischen Zyprioten gab es Schilder, die das Fotografieren und den Zutritt betrafen, so an der ganzen nördlichen Küste und oft an den schönsten Plätzen einer Stadt. Wir konnten jedoch nach Kyrenia im „griechischen" Norden fahren. Dabei ging es wieder durch „türkisches" Gebiet. Unterwegs sahen wir einen von UN-Panzerwagen eskortierten Konvoi griechischer Fahrzeuge.

Höhepunkt aller Schwierigkeiten war für uns, als wir außerhalb von Kyrenia am Strand plötzlich von einem jungen griechischen Soldaten aufgefordert wurden, weiterzufahren. Er tat dies keineswegs in höflicher Form, sondern mit vorgehaltenem Gewehr. Auf der nächsten Polizeistation berichteten wir von dem Zwischenfall. Wir erfuhren, daß es sich nicht um ein „verbotenes Gebiet" gehandelt habe. Der Offizier versprach, die nötigen Schritte zum Schutz von ausländischen Besuchern bei Kyrenia zu veranlassen, aber an seiner Miene erkannten wir, daß er seine Notizen mit unseren Namen und so weiter schon kurz nach unserem Weggang in den Papierkorb werfen würde.

Abwechslungsreiche Zeit des Wartens

Die zweite Woche auf Zypern verbrachten wir gänzlich in der Hafenstadt Limassol und ihrer Umgebung. Während wir ständig nach einem Schiff in Richtung Ägypten Ausschau hielten, erlebten wir auch eine frohe Zeit im Kreise griechischer und türkischer Zyprioten. Der Umkreis Limassols ist ein Weinland, die Stadt hat große „Weinfabriken". Mehrere Tankschiffe holten den Rebensaft ab, um ihn in ferne Länder zu schaffen. Wir kamen zu der Überzeugung, daß hier die Landschaft den Menschen prägte, was auch immer seine Abstammung sei. Die beiden Volksteile vertrugen sich ganz gut in Limassol, obwohl es auch hier politische Trennung gab, jedoch ohne Stacheldraht und Barrikaden. Und es gab Radikale, etwa wie „John", einen Griechen, der uns zum Essen in ein Restaurant außerhalb der Stadt einlud und ständig vom Endziel der Hellenen, von „Byzantion", einem neuen Byzantinischen Reich, faselte, oder einige auf der anderen Seite, für die der politische Slogan „Kibris Türktür" (Zypern ist türkisch) so etwas wie Lebensinhalt war.

Präsident Makarios von Zypern wollte 1963 die Verfassung ändern, weil sie dem türkischen Bevölkerungsteil angeblich zu viele Rechte einräumte. Daraufhin kam es zu schweren Unruhen zwischen griechischen und türkischen Zyprioten. Die UN schickten ihre Soldaten auf die Insel. Sie sollten den Frieden sichern helfen. Im Sommer 1964 herrschte aber praktisch Bürgerkrieg, wobei Griechenland und die Türkei jeweils „ihre" Seite unterstützten. Bei unserem Besuch 1967 war es relativ ruhig. Die von Griechenland entsandten Offiziere für die Nationalgarde der Inselregierung unternahmen 1974 einen Putsch, als Makarios sie absetzen wollte. Dies rief die Truppen der Türkei auf den Plan. Sie eroberten den ganzen Norden Zyperns. Im Jahr darauf erklärten die dort lebenden türkischen Zyprioten ihr Gebiet zu einem autonomen Bundesstaat.

Diesmal wohnten wir in einem griechischen Hotel, im „Ikaros" bei Frau Penelope, einer netten Dame, die sich „Penny" nennen ließ. Wir machten ihr auch kaum Arbeit, denn meist waren wir nicht auf unserem Zimmer. Dafür hatten wir kaum Zeit. Ali Musa führte ein Restaurant, in dem Türken und Griechen regelmäßig zusammenkamen. Bald waren wir dort mit einer Runde bekannt, deren Angehörige uns bis zu unserem Weggang „betreuten". Ali lud uns zum Essen ein, auch zu Hause bei seiner Familie. Deutsch radebrechende Griechen wollten offenbar ihre Sprachkenntnisse verbessern. Von einem Ausflug mit den beiden griechischen Zöllnern Bambos und Savos kamen wir erst morgens um vier zurück – es war ein feuchtfröhlicher „Abend" gewesen. Aus Sicherheitsgründen lenkte *ich* den Wagen der beiden in die Stadt zurück. Ich mußte nur immer auf den linken Fahrbahnrand achten, denn auf Zypern wird links gefahren. Zwei

In Limassol verbrachten wir auch „feuchte" Abende, hier mit den Zöllnern Bambos und Savos

andere Griechen nahmen uns auf Motorrrädern in ihr Dorf in den Bergen mit. Wir lernten dabei die Weinbauernfamilien unserer Freunde kennen. Es gab guten Wein, und es wurde viel getanzt.

Am 19. Mai waren wir beim jährlich an diesem Tage begangenen türkischen „Jugend- und Sportfestival". Es wurde ein Umzug der Schulen, Sportler und politischen Funktionäre im türkischen Stadion abgehalten. Auf Einladung des Bürgermeisters der Türken, von Armee- und Polizeioffizieren und lauter steinreichen Leuten waren wir Ehrengäste bei einer abendlichen Gartenparty zum Abschluß des Festes. Diesmal wurde weniger getrunken, aber es war auch wieder bereits hell, als wir ins Hotel zurückkehrten.

Von Geheimpolizisten befragt

Erfreulicherweise kümmerten sich ein paar Leute auch um unsere Sorgen wegen der Weiterfahrt. Der griechische Schiffsagent Costas legte ein Wörtchen für uns ein, der dicke türkische Hafenkapitän Hüseyin wollte dasselbe tun. Große Schiffe kamen und gingen, aber endlich war etwas Rechtes für uns im Hafen. Durch Costas und Hüseyin lernten wir den Kapitän eines arabischen Bootes kennen, der zuerst fünfzehn, dann zwölf, schließlich zehn Pfund von uns verlangte. (Das zyprische und das englische Pfund waren gleich viel wert, knapp zwölf Mark.)

Einer der türkischen Polizeioffiziere lud uns noch zu einem Abend ein, aber diesmal lehnten wir dankend ab. Wer weiß, wohin das geführt hätte? Bei der Abreise von Zypern spürten wir dann sehr deutlich, daß wir uns bei der Geheimpolizei der Regierung verdächtig gemacht hatten. Bald eine halbe Stunde lang versuchten die Beamten, uns „auszuquetschen", ohne Erfolg, denn wir hatten nichts zu verbergen. Alle Fragen beantworteten wir damit, daß uns die Menschen griechischer und türkischer Herkunft gleich lieb seien. Nicht geheuer war den Polizisten auch, daß wir das Land auf einem ganz kleinen Schiff verlassen wollten.

Mit einem Faßtransporter nach Ägypten

Schon zweimal war die Abfahrt des 180 Tonnen kleinen arabischen Bootes „El Haji Mohammed Bokoura" verschoben worden. Am 22. Mai teilte uns Kapitän Mohammed (er hatte sein Schiffchen nach seinem Vater benannt) mit, daß das Auslaufen für den Abend festgesetzt sei. Es wurde auch höchste Zeit, denn soeben lief unsere Aufenthaltsgenehmigung ab. Es wurden die letzten der über tausend leeren Ölfässer aufgeladen, die nach Suez gebracht werden sollten. Auf dem Boot konnten wir auch nicht ein Mindestmaß an Komfort erwarten, das sahen wir auf den ersten Blick. Die Mannschaft hatte ihre Unterkünfte im Vorschiff. Die Kajüte des Kapitäns, in der auch wir untergebracht wurden, lag achtern, war aus rohem Holz gezimmert und bot mit Mühe zwei Personen Platz. Die beiden Kojen waren aus dem gleichen Material und nur mit einer dünnen Decke gepolstert. Wir verstauten unsere Rucksäcke in einer Ecke, die Fahrräder blieben an Deck.

Jeder unserer Begleiter hatte eine schillernde Vergangenheit. Mohammed selbst war achtunddreißig Jahre alt und schon sechsmal verheiratet gewesen. Erst seit einem Jahr und 38 Tagen war er auf den Meeren unterwegs – er zählte jeden Tag, denn er liebte die See nicht. Er hatte mehrere Jahre in New York verbracht, wo er sich ein fließendes Englisch aneignete. Der athletisch gebaute Mann hatte schwarzes kurzes, gekräuseltes Haar, dunkelbraune Haut und eine breite Stirn. Darunter saß eine kräftige Nase. Mohammed stammte von Nubiern ab. Während seine Augen ständig zu lachen schienen, spielte um seinen etwas wulstigen Mund ein harter, beinahe brutaler Zug. Während der ganzen Reise lief er im Pyjama umher. Ein Alter namens Hassan sprach zwar auch Englisch, aber wegen seiner Lebensgeschichte grauste es uns vor ihm. Aus fadenscheinigen Gründen sollte er seine Mutter erstochen und dafür zehn Jahre im Zuchthaus verbracht haben. Zwei andere Burschen, Saad und Ahmed, waren völlig zerlumpt und etwas wirr im Kopf. Es gab noch einen Mohammed, einen kleinen Kerl, der von diesen nach Kräften schikaniert wurde. Und schließlich war da noch ein Hassan, der Maschinist, ein junger Palästinenser. Er war uns von allen am liebsten, denn er warf ein Auge auf die anderen, daß sie nicht zu sehr in unsere Nähe kamen.

Am Tage war es schwül gewesen, und der Wind hatte geschlafen, doch als wir nun in See stachen, wurde er munter und blies so kräftig von Westen, daß sich der Faßtransporter ziemlich auf die Seite legte. Der Kapitän und seine Mannen waren mit dem Festzurren der Ladung beschäftigt, aber wir hatten noch nicht die letzte Landzunge der Insel passiert, als Mohammed Anweisung gab, in den sicheren Hafen zurückzukehren. Als das rot-weiß gestrichene Schiff am anderen Morgen wieder auslief, hatte der Sturm sich etwas gelegt, aber wir hatten auch keinen Grund zum Übermütigsein. Der dreiundzwanzig Meter lange und fünf Meter breite Pott rollte ganz ordentlich, und durch das Kajütenfenster sahen wir die Wolken am Himmel tanzen. Kein Wunder, daß unsere Nahrungsvorräte im Sack blieben. Indes schien eine prächtige Sonne, und der Mannschaft schmeckte das selbstbereitete Mahl aus Linsen, Mehl und Büchsenfleisch vorzüglich. Dann kramten die fünf steinhartes Fladenbrot aus einem Leinensack und weichten es in heißem Tee ein. Unser Kapitän hatte sich Sandwiches mitgenommen.

Wir finden Land – der Kapitän wird verhaftet

Der zweite Tag war windstill, die Masten standen wieder senkrecht. Nur über die einzuschlagende Richtung war man sich nicht klar. Mohammed erzählte uns, daß sich seine Crew einmal, während er in der Koje lag, über den Kurs gestritten habe und, unschlüssig, beinahe wieder umgekehrt sei. Er verriet uns auch, daß schon eine Verzögerung der Ankunft im Bestimmungshafen um ein paar Stunden unter der Besatzung eines solch kleinen Pottes eine Meuterei auslösen konnte. Jetzt täuschte er gespielte Ruhe vor. „Irgendwo dort im Süden muß Afrika liegen", sagte er (einen Kompaß hatte er aber nicht), „wir können nicht verloren gehen. Ob wir ein paar Kilometer weiter östlich oder westlich auf Port Said stoßen, spielt keine Rolle."

Wir bemerkten, daß er trotz seiner Beschwichtigungsversuche doch etwas erleichtert aufatmete, als ein Fischerboot in einiger Entfernung auftauchte. Er nahm direkten Kurs darauf, und als wir uns dem Boot näherten, befürchteten die Fischer offensichtlich eine Kollision, denn sie machten sich eilends davon. Schließlich merkten sie, daß man sie etwas fragen wollte, und sie stoppten. Nach einem komplizierten Wendemanöver der „El Haji Mohammed Bokoura" erkundigte sich der Kapitän nach dem Weg. Und siehe da, tatsächlich kam am Spätnachmittag Land in Sicht, fast genau bei Port Said! Abends liefen wir – nach vierhundert Kilometer langer Reise – in den Suezkanal ein und machten kurz darauf fest. Nun hätten wir unseren Fuß erstmals auf den Boden Afrikas setzen können, aber wir mußten noch warten.

Zunächst einmal war Fliegeralarm. Heulende Sirenen und „ägyptische Finsternis" ließen an Bombennächte denken. Auch danach war es noch nichts mit dem Anlandgehen. Ein Polizist kam

Mit Kapitän Mohammed (links) und dem Maschinisten Hassan vor ihrem Schiff in Limassol

an Bord und ließ sich vor unserer und des Kapitäns Kajütentür häuslich nieder. Wir fragten uns, wer eigentlich verdächtig war: wir oder der Kapitän? Der Mann ging am nächsten Morgen, aber ein Kamerad von ihm postierte sich dafür an Land vor dem Schiff. Mohammed ging weg und wir sahen ihn nie wieder. Es kamen vier Kriminalbeamte in Zivil an Bord und durchsuchten das ganze Boot. Sie erklärten uns, der Kapitän sei wegen Schmuggels festgenommen worden. Bei der Fahndung entdeckten sie eine Menge englischer Pfunde, schön in ausgehöhlten Latten versteckt und zwischen Wurststullen, einige Stangen ausländischer Zigaretten und auch Haschisch. Während der Reise hatte Mohammed ab und zu ein paar Züge getan. Abgesehen davon, schien er ein recht ordentlicher Kerl zu sein . . .

Danach wurden wir überprüft. Wir durften nach einer Routinebefragung gehen. Die Beamten teilten uns allerdings mit, daß unsere Mitnahme auf dem Boot nach ägyptischem Recht ungesetzlich gewesen sei. Aber sie drückten ein Auge zu. Da unser Kahn inzwischen etwas von der Kaimauer entfernt lag, mußten wir uns selbst, die Räder und die Rucksäcke an einem Seil die Bordwand zu einem Nachen hinunterlassen und uns an Land ziehen. Ein freundlicher Polizist – eben der, der uns morgens bewacht hatte – führte uns fünfzehn Häuserblocks zur „Pension Suisse", wo wir ein sehr hübsches Zimmer bekamen. Wir konnten doch recht zufrieden sein. Hatten wir nicht erreicht, was wir wollten?

Festnahme, Ausweisung und Flucht in die Türkei

Unsere Absicht war nun, durch Ägypten und den Sudan bis nach Kenya zu fahren, von wo wir zur Arabischen Halbinsel übersetzen wollten, um unsere Reise in Asien fortzusetzen. Bisher war uns alles gelungen, warum sollten wir uns nicht auch in Nordostafrika durchschlagen können! Es würde eben langsam gehen, aber Zeit hatten wir ja genug. Vielleicht würden wir mal auf einen Nildampfer oder auf die Bahn umsteigen müssen, wenn es keine Straßen mehr gäbe . . . Wir staunen heute noch manchmal, wie hartnäckig wir an unseren Plänen immer noch festhalten wollten, als wir schon in großer Not waren.

In den Tagen, die wir in Limassol auf auf dem Boot zugebracht hatten, hatte sich an fast allen Grenzabschnitten Israels der arabische Truppenaufmarsch vollzogen, wie wir erstaunt vom britischen Konsul erfuhren, der mit seiner Frau soeben Anstalten traf, Ägypten zu verlassen, und der uns riet, das gleiche zu tun. In einer Londoner Zeitung lasen wir von ernster Kriegsgefahr – und wir standen am Suezkanal! Der deutsche Konsul tat weniger überstürzt.

Wir benötigten zwei Tage in Port Said, um uns umzusehen und für die Weiterreise zu rüsten. Beim zuständigen Amt mußten wir eine Bescheinigung abholen, die uns dazu berechtigte, die Straße entlang des Suezkanals zu benützen. Wir wurden sehr höflich bedient. Auch ein Zeitungsbericht über die Erlebnisse der letzten vierzehn Tage mit dazugehörigen Bildern wurde noch fertig und abgesandt. Er kam sicher am Bestimmungsort an, als in Port Said bereits die Hölle los war. Wir gingen an den Strand, besuchten einige Kirchen und Moscheen, den sauberen und modernen Bahnhof, auch den „Märtyrerplatz" mit einem Obelisken zu Ehren der Ägypter, die im Suezkrieg 1956 ums Leben gekommen waren. Schnurgerade, von Autos fast leere Straßen, viele Kinder, plärrende Rundfunkempfänger, die den ganzen Tag Ansprachen, Kampflieder und Marschmusik ausspien, Plakate gegen den Schwarzmarkt, halbgeleerte Läden und die Flucht der Ausländer waren einige andere Merkmale der beim Bau des Suezkanals entstandenen Stadt, wie wir sie in diesen Tagen kennenlernten.

Was sich in den nächsten zwei Wochen abspielte, will ich nachfolgend in Form von Tagebuchberichten wiedergeben. Darin kommt die ganze Dramatik der Ereignisse zum Ausdruck.

Samstag, 27. Mai 1967
Dies ist der bisher schlimmste Tag auf unserer Reise. Wir passieren am Stadtrand von Port Said noch eine polizeiliche Kontrolle, dann haben wir freie Bahn durch die Halbwüste Richtung Ismailia. Wir fahren auf der Straße am westlichen Ufer des Suezkanals. Rechter Hand erstreckt sich der halb versumpfte Manzalasee, links wird der Horizont durch einen Deich begrenzt, hinter dem die Wasser des Kanals plätschern. Nach dreißig Kilometern wollen wir einen Blick auf die Wasserstraße werfen. Wir stellen die Räder ab und gehen die hundert Schritte zu Fuß. Weil kein Schiff zu sehen ist, kehren wir nach ein paar Minuten zurück, fahren weiter. In der Nähe ist ein Militärposten, man schaut zu uns herüber. Eine halbe Stunde danach werden wir – als wir uns gerade belegte Brote richten – von einer Polizeistreife mit russischem Jeep kontrolliert. Wir sind sauer, denn wie oft haben wir uns in letzter Zeit ausfragen lassen müssen! Die Streife warnt uns davor, in der Kanalzone zu fotografieren, entschuldigt sich aber beim Weggehen für die Störung. Kurz danach werden wir erneut aufgehalten, diesmal von Soldaten. Sie nehmen uns unsere Kameras und Pässe ab, weisen uns an, ihnen zu folgen. Alles ist wie ein böser Traum. Eben soll unser kleiner Konvoi zu der Ortschaft El Kantara abbiegen, als aus der entgegengesetzten Richtung ebenfalls Soldaten auf uns zu eilen, grimmig dreinschauend und bewaffnet. Sie drücken uns die Gewehrkolben in die Rippen und treiben uns vorwärts. In einem Büro des Militärs müssen wir zwei Stunden allein warten. Dann werden unsere Fahrräder und Gepäckstücke auf einen kleinen Lastwagen geladen. Es geht dreißig Kilometer nach Ismailia am Timsahsee, einer Stadt von der Größe Port Saids. Unsere Proteste helfen nichts. Zuerst noch einmal beim Militär, dann werden wir dem örtlichen Polizeichef übergeben, der mit seiner übergeordneten Stelle in Kairo telefoniert und uns neun Stunden festhält. Er erklärt uns, warum wir gefangengenommen wurden. Man habe der Polizei gemeldet, daß wir am Suezkanal militärische Installationen fotografiert hätten. Auf unsere Beteuerungen, daß wir die Fotoapparate seit Verlassen Port Saids nicht einmal angerührt hätten, erhalten wir die Antwort: „Unsere Beamten lügen nicht!" Wir stellten entlang der Straße starke Truppenkonzentrationen fest, hüteten uns daher, unsere Kameras hervorzuholen. Nun wirft man uns plötzlich Spionage vor. Später tröstet uns der Polizeichef mit der Information, daß Frauen bei Verhören nicht geschlagen würden. Er befiehlt uns, die Filme aus den Kameras zu nehmen, die uns immerhin zurückgegeben werden. Offenbar müde geworden, verschwindet der Beamte. Wir sehen ihn nicht wieder. Niemand fragt uns, ob *wir* müde oder hungrig seien. Um 0.30 Uhr werden wir unter Bewachung von sechs bewaffneten Soldaten mit unseren Sachen in einen Lastwagen verfrachtet. Ein Offizier kündigt den Landsern Prügelstrafe an, wenn sie unser Gepäck anrühren sollten. Es geht 140 km nach Kairo, wo wir gegen drei Uhr ankommen. Unterwegs begegnen wir riesigen Militärkolonnen, die sich in Richtung Suezkanal und Halbinsel Sinai bewegen.

Sonntag, 28. Mai 1967
Drei Stunden Halbschlaf auf zusammengestellten Bänken im General Investigation Office, eine Art „Reichssicherheitshauptamt", ein riesiges Gebäude. Am Morgen: wieder warten, warten. Dann müssen wir in mehrere Amtsstuben, jedesmal werden unsere Personalien aufgenommen.

Endlich, gegen zehn Uhr, als alle Beamten mit Teetrinken und Sandwichessen, Zeitunglesen, Nasebohren, mit einem anschließenden Nickerchen und einem kleinen Tratsch fertig sind, werden wir zum Untersuchungschef geführt. Wir protestieren, weil man uns nicht mit einem Vertreter der Bundesrepublik in Kairo sprechen lassen will. Der Chef fragt uns, in welche Richtung wir das Land verlassen wollen. Aber wir sind doch gerade erst angekommen! Wir werden ausgewiesen. Man gibt uns achtundvierzig Stunden Zeit. Endlich kommt ein Beamter unserer Botschaft (jetzt unter italienischer Leitung, da die diplomatischen Beziehungen zwischen Ägypten und Westdeutschland abgebrochen wurden) und hilft uns aus der Misere, in die wir unschuldig geraten sind. In einer schriftlichen Erklärung müssen wir versichern, das Land tatsächlich innerhalb der gesetzten Frist zu verlassen. Wir haben keine Ahnung, wie das geschehen soll. Nach vierundzwanzig Stunden sind wir wieder „frei". Wir quartieren uns in einer Pension ein. Die Zeit wird knapp. Wir versuchen, soviel wie möglich von der riesigen Stadt zu sehen, passieren die Nilbrücken und das Ausstellungsgelände, kommen zu Kirchen und Moscheen, sind im Basargebiet. Eine Kamera ist beschädigt. Wir versuchen vergeblich, sie reparieren zu lassen. Der Mann sagt, er brauche mehr Zeit. Abends ins Kino, ein Walt-Disney-Film, um uns etwas abzulenken. Zuvor läuft ein Streifen mit entsetzlicher Kriegshetze. Ägypten will Israel angreifen.

Montag, 29. Mai 1967
Nur noch wenige Stunden verbleiben uns in Kairo. Auf der Botschaft des Sudan sagt man uns, daß dorthin wegen der Nahostkrise kein Durchkommen mehr sei. Die Grenze sei geschlossen. Für einen Flug nach Ostafrika reicht unser Geld nicht, Libyen liegt in der falschen Richtung, in die Kanalzone dürfen wir nicht mehr. So bleibt nur der Weg nach Alexandria offen. Von dort müssen wir irgendwie wegkommen. Obwohl wir ein gutes Gewissen haben, vernichten wir in der Pension sämtliche Dinge, die auf unseren Israelaufenthalt hinweisen könnten. Papierschnippel spülen wir in der Toilette hinunter oder werfen sie auf der Straße in kleinen Rationen weg. Das Land ist von einem dichten Netz von Geheimagenten und Spitzeln überzogen. Eine internationale Pressekonferenz von Präsident Nasser wird mit Lautsprechern auf die Straßen und Plätze übertragen. Die Stadt hallt von Reden und martialischer Musik wider. Nachmittags durch das Verkehrsgewimmel mit alten, langsamen Straßenbahnen, mit einer Unmasse Autos und Lasteseln zum Bahnhof. Am Schnellzug nach Alexandria will man unsere Fahrräder nicht mitnehmen. Aber mit einem „Bakschisch" ist in Ägypten fast alles zu erreichen. Immer hält uns jemand die offene Hand unter die Augen. Endlich bleibt der stinkende Bahnhof hinter uns. Im Zug sitzen uns nette Leute gegenüber, mit denen wir uns sehr ernsthaft über den zukünftigen Weg Ägyptens unterhalten können. Ein Ingenieur, der uns ein Bier spendiert, bedauert die Kriegspolitik seines Landes, ein Schiffsoffizier, der manchmal nach Deutschland kommt, pflichtet ihm bei. In Alexandria führt unser Weg direkt zum deutschen Konsulat, bei dem wir uns angekündigt haben. Man ist sehr hilfsbereit, bringt uns in einer Pension unter. Morgen mittag läuft die Frist ab. Wir leiden sehr unter dieser Belastung.

Dienstag, 30. Mai 1967
Heute soll das italienische Schiff „Ausonia" kommen. Es fährt in Richtung Beirut, das uns als einziger Ausweg bleibt, aber erst morgen ... Das Konsulat des Libanon will uns kein Visum geben, wenn wir keine Fahrkarte haben, die Schiffahrtslinie verweigert uns das Billet, wenn wir keinen Sichtvermerk für Beirut besitzen. Sind alle verrückt geworden? Das Konsulat hilft wieder.

Beim Start von Port Said. – Kairos Straßenschluchten hallten von Marschmusik wider

Ein ägyptischer Angestellter, Rassek, in Berlin geboren, eine herzliche Natur, hält sich weiterhin für uns bereit. Nie geahnte, bei uns zu Hause unbekannte tausendfältige Schwierigkeiten gibt es in einem solchen Land der Herren und Diener bei jeder Amtshandlung. Rassek rät uns, uns nur in der Pension aufzuhalten, aber wir stehen das nicht durch. Alexandria dürfte die schönste Stadt Ägyptens sein, wie wir bei Spaziergängen feststellen. Auch hier überall Lautsprecher. Die Stimme des Ansagers rattert wie ein Maschinengewehr, nur unterbrochen durch Kriegslieder. Einer englischsprachigen Zeitung Nassers entnehmen wir, daß heute Jordanien mit Ägypten einen Beistandspakt geschlossen hat. Die arabische Front steht vereinigt.

Mittwoch, 31. Mai 1967
Um neun Uhr, einundzwanzig Stunden nach Ablauf der Zeit, die man uns zum Verlassen ägyptischen Territoriums gegeben hat, gehen wir unbehelligt, aber nicht ohne Herzklopfen an Bord der „Ausonia", ein wunderschönes weißes Passagierschiff der „Adriatica"-Linie, mit der wir schon zweimal im Mittelmeer unterwegs waren. Wir verständigen sofort telefonisch das Konsulat, daß alles gutgegangen sei. Doch zu früh gefreut: Beim Mittagsschlaf werden wir von der Polizei geweckt und noch einmal über unseren Aufenthalt im Land ausgefragt. Sonst passiert aber nichts. Beim Auslaufen des Schiffes fühlen wir uns bedeutend wohler. Ob wir Ägypten je einmal wiedersehen werden? Sicher wird es auch in diesem Land einen Wandel geben. Vorerst kann uns Nasser mal . . .

Donnerstag, 1. Juni 1967
Auch auf dem Schiff verhalten wir uns vorsichtig, denn wir müssen ja weiterhin durch arabisches Gebiet. Wir haben beschlossen, zu versuchen, uns zur Türkei durchzukämpfen. An Bord ist ein Deutsch sprechender Syrer, Kameramann des deutschen Fernsehens. Er nimmt in dem Konflikt für die Araber Stellung. In Beirut schwingen wir uns sofort nach der üblichen Paß- und Zollkontrolle, die ohne Schwierigkeiten verläuft, auf unsere Fahrräder. Obwohl es schon spät und auch heiß ist, und trotz des wahnsinnigen Verkehrs auf der Straße von der Hauptstadt in Richtung Dschebeil und Tripoli im nördlichen Libanon, schaffen wir noch fünfundsechzig Kilometer. Nun leisten uns unsere „stählernen Kameraden" wieder gute Dienste. Dabei sagte man uns in den letzten Tagen immer wieder, daß sie uns zum Verhängnis geworden seien. Damit hätten wir Verdacht erregt. Was sollen wir dazu sagen? Eigentlich wollen wir bis Tripoli, aber der neunzehnjährige Arbeiter Ahmed Adel lädt uns in dem Dorf Heri Betrun in das Haus seiner Eltern ein. Obwohl Nassers Bild an der Wand hängt, spricht die Familie bei einem schönen Abendessen kaum über Politik.

Freitag, 2. Juni 1967
Bei schrecklicher Hitze 85 km bis zur Stadt Tartus in Syrien, am Mittelmeer. Wir sehen Becken zur Meersalzgewinnung und Gemüseplantagen mit künstlicher Bewässerung. Vor zwölf Uhr passieren wir die Grenze, bekommen hier wieder ein Visum, ohne Anstände. Unterwegs werden wir einmal von einem Soldaten nach Herkunft und Namen befragt. Steinewerfende Halbwüchsige wie früher. Syrien lebt in Alarmstimmung. Westliche Länder sind einer Beschimpfungskanonade ausgesetzt. Aber wir verbringen den Rest des Nachmittags und den Abend mit zwei reizenden jungen Leuten, den Studenten Ali und Moien, die zur Vorbereitung eines Examens im gleichen Hotel wie wir wohnen. (Ihr Dorf ist weit außerhalb.) Unter anderem fahren wir mit einem Boot zur Insel Ruad, auf der in einer befestigten Stadt rund fünftausend Menschen leben. Wir gehen auch zusammen ins Kino. Einige ruhige Stunden. „Politik ist eine, die Menschen sind eine andere Sache", sagen unsere Freunde, die nichts von Kriegsgeschrei halten.

Samstag, 3. Juni 1967
Die Medien sind voll von schlechten Nachrichten. Die dunklen Wolken am nahöstlichen Himmel werden immer größer. Wir fahren trotz Hitze 110 km bis in die Nacht hinein, um bald die türkische Grenze zu gewinnen. Wir fliehen auf Fahrrädern, mit denen wir um die Welt wollen! In Latakia patrouilliert bewaffnete Miliz in den Straßen. In den Wäldern sehen wir Geschützstellungen. Wir vermeiden, außer zum Einkaufen von Lebensmitteln stehen zu bleiben. In einer gebirgigen Gegend kommen wir zur Wallfahrtskirche Mariam al Azra. Wir schlafen im Vorraum des „heiligen Bades", wo die Anhänger der Gemeinde durch Untertauchen getauft werden.

Sonntag, 4. Juni 1967
Um halb fünf sind wir auf. Noch vierzig Kilometer zur Grenze! Durch die schönsten Wälder, die wir seit langem gesehen haben. Atemberaubend steil geht es bergauf und wieder talwärts. Ein Schutzblech klappert, eine Kette springt ab, aus den Nabenbremsen quellen weißliche Schwaden von verbranntem Öl, bei mir gibt der Vorderreifen seinen Geist auf, bei Wilma will der erste Gang nicht mehr. Es ist wie verhext. Punkt zwölf Uhr haben wir die Grenzformalitäten auf der türkischen Seite hinter uns. Der Übergang liegt in einem herrlichen Wald- und Almengebiet mit

Bächen und kalten Quellen. Endlich können wir uns ganz frei fühlen, uns wieder dem eigentlichen Sinn dieser Reise, dem unbeschwerten Erleben hingeben. Wir hoffen auf glücklichere Tage. Um acht Uhr abends erreichen wir Antakya, die Hauptstadt der türkischen Provinz Hatay, die wir vor knapp vier Monaten schon einmal besucht haben. Wir sind am Ende unserer Kräfte. Daher: Zur Feier des Tages „köpfen" wir eine große Flasche Wein.

Montag, 5. Juni 1967
Präsident Nasser hat den Abzug der auf der Halbinsel Sinai stationierten Truppen der Vereinten Nationen erwirkt, die Ägypter und Israelis seit Jahren auseinandergehalten haben. Dafür sandte er seine eigenen Verbände dorthin, wie wir selbst gesehen haben. Die Israelis fühlten sich durch die Sperrung des Golfes von Akaba für ihre Schiffe angegriffen. Um einem Erstschlag durch die Araber zuvorzukommen, greifen sie heute selbst auf breiter Front an. Zwanzig Stunden, nachdem wir die Türkei betraten, wird heute der Grenzübergang von Syrien in beide Richtungen gesperrt. Wir haben Glück gehabt.

Der Krieg ist in aller Munde

Der Konflikt sollte als „Sechstagekrieg" in die Geschichte eingehen, denn die Vereinten Nationen erreichten bereits am 10. Juni eine Waffenruhe. Israel besetzte in dieser knappen Woche den Gazastreifen, die Halbinsel Sinai bis zum Ostufer des Suezkanals, das Westjordanland mit dem Ostteil Jerusalems und die syrischen Golanhöhen. Es gab sowohl weltweite Bewunderung für als auch internationale Kritik an Israel wegen seines Präventivschlages. Viele Male kam uns Ernst Mandowsky in den Sinn, der einen solchen Schritt immer bejaht hatte. Israel gewann diesen Krieg, obwohl es ganz allein gegen eine große Übermacht focht, und es rettete dabei möglicherweise seine Existenz. Aber hatte es damit auch den Frieden gewonnen?

Wir hatten nun eine Erholung dringend nötig. So blieben wir fürs erste in Antakya, wo wir ein nettes Zimmer mit Balkon im Herzen der Stadt am Fluß Orontes bewohnten. In finanzieller Hinsicht waren wir zudem völlig „abgebrannt". Nach Ägypten hatten wir uns Geld schicken lassen wollen, statt dessen hatten wir hohe Ausgaben gehabt. So ging unser Hilferuf nach Hause, uns einiges von unserem Ersparten zuzusenden. Das dauerte eine ganze Weile. Erst nach genau drei Wochen konnten wir weiter. Jemand schrieb uns eindringlich: „Kehrt heim, es ist zu gefährlich!" Aber wir beschlossen, unseren Weg nun über die Osttürkei zum Iran und nach Afghanistan fortzusetzen. Nachdem wir heil *das* überstanden hatten, konnte es kaum noch schlimmer kommen. Übrigens erschien kurz danach in der israelischen Zeitung „Jedioth Chadashoth" ein Bericht über unsere „Flucht aus Ägypten". Erich M. Lehmann, der wußte, daß wir über dieses Land nach Afrika einreisen wollten, hatte sich besorgt an den Oberbürgermeister und an die Tageszeitung unserer Heimatstadt gewandt und Aufklärung über unser Schicksal erbeten. Von da an bekam er alle unsere Reiseberichte laufend zugeschickt, und so kamen auch die Einzelheiten über unsere Erlebnisse am Suezkanal und unseren Weg nach Antakya in sein Blatt. Er und Benjamin schrieben uns: „Wir sind in Gedanken auf Ihrer Fahrt oft bei Ihnen."

In Antakya leben fast ausschließlich Türken. Da Hatay 1918 bis 1939 zu Syrien gehört hatte, wurde hier noch von vielen Arabisch gesprochen. So hörten sie auch oft die Sender Syriens und Ägyptens. Ein großer Teil der etwa 60000 Einwohner Antakyas stand im „Sechstagekrieg" auf arabischer Seite. (Die Türkei verhielt sich weitgehend neutral.) Über den vorläufigen Ausgang des

Konflikts waren diese Leute enttäuscht, ja wütend. Wir liehen uns für die Zeit ein Radiogerät, um die Entwicklung in Nahost verfolgen zu können. Für den Fall, daß der Krieg über die Grenze geschwappt wäre, hätten wir nicht einmal ausreißen können, denn wie gesagt: Wir brauchten erst einmal „Nachschub".

„Urlaub" in einer uralten Stadt

Zwanzig Tage in einer türkischen Stadt mittlerer Größe – das bedeutete für uns keineswegs verlorene Zeit. Wir hatten reichlich Gelegenheit, Menschen, Land und Gebräuche kennenzulernen. „Natürlich" fanden wir rasch Anschluß an Familien. Orhan Cepheci und seine Frau waren erst kürzlich aus Bremen nach Hause zurückgekehrt, als sie arbeitslos geworden waren. Mit ihnen, ihren Geschwistern, Eltern und einem Freund verbrachten wir beinahe jeden zweiten Tag, oft zum Essen eingeladen. (Später gaben wir ein Geschenk dafür.) Wir waren auch dabei, als Orhan, der Maler war, in der Stadt einen Laden eröffnete. Ein anderer Bekannter war ein Eisenwarenhändler, der ein Jahr in den USA studiert hatte. Wie er sprachen auch zwei neunzehnjährige Oberschüler recht gutes Englisch. Der Mann im Empfang unseres kleinen Hotels konnte etwas Deutsch. Weitere Bekannte waren eine Hamburgerin, die mit ihrem deutschsprechenden Mann, einem Techniker und Baumwollpflanzer, und zwei Kindern hier lebte, sowie die Leiterin der Stadtbücherei. Jeder half uns auf die eine oder andere Weise aus, bis wir wieder „flüssig" waren. Die Hotelrechnung konnten wir ja am Ende begleichen.

Wir befanden uns an einem sehr geschichtsträchtigen Ort. Antakya ist das Antiochia der Bibel, wo der Apostel Paulus die erste christliche Gemeinde gründete. Die nach ihm benannte, von den Kreuzfahrern erbaute Grottenkirche liegt etwas außerhalb, am Fuße eines Berghangs. Hier fanden verschiedene Kirchenkonzile statt. Im Altertum war die Stadt am Orontes (heute Asi) einer der reichsten Handelsplätze im Mittelmeerraum. Sie wurde vor 2300 Jahren von Antigonos, einem Heerführer Alexanders des Großen, gegründet, und war Hauptstadt der makedonischen Dynastie der Seleukiden, nach deren Sturz Sitz römischer Statthalter von Syrien. Im Laufe von weiteren tausend Jahren fiel Antiochia an die Perser, die Araber, die Kreuzfahrer – die es für 170 Jahre zur Hauptstadt des gleichnamigen christlichen Fürstentums machten – dann an die Mamelucken und 1516 an die osmanischen Türken (bis 1918). In der Umgebung, weniger in der Stadt selbst, befinden sich zahlreiche historische Orte.

„Drei Deutsche" und türkischer Weinbau

Endlich waren wir wieder unterwegs. Die „Hauptstoßrichtung" war Osten. Nach Indien ... Doch vorerst lag der ganze östliche Teil der Türkei vor uns. In den ersten Tagen hatten wir viel Gegenwind, steile Strecken und bald auch schlechte Straßen. Nach der „Faulenzerei" der letzten Wochen machte uns das alles sehr zu schaffen. Ich hatte tagelang starke Schmerzen im linken Knie. Tagsüber war es sommerlich heiß, wegen der Höhe abends aber so kühl, daß wir froren.

Neunhundert Meter hoch liegt Gaziantep, der erste größere Ort, den wir in Südostanatolien erreichten, mit 160000 Einwohnern ein bedeutendes Zentrum. Interessant ist, wie Gaziantep zu seinem jetzigen Namen kam. Eigentlich hieß es Antep, aber es erhielt den Titel „Gazi" (Held). Seine Garnison und seine Einwohner fochten Anfang der zwanziger Jahre unter der obersten Führung des Generals Kemal Pascha, später erster Staatspräsident mit dem Familiennamen

Atatürk („Vater der Türken"), erfolgreich gegen die französischen und englischen Besatzungstruppen. Diese hatten Teile des Landes nach der Niederlage des Osmanischen Reiches im Ersten Weltkrieg erobert. Fast zehn Monate währte der Kampf, rund siebentausend Türken fielen dabei, wie mit eigenartigem Stolz berichtet wird.

Wir fanden in Gaziantep einen Schlafplatz mit dem schönen Namen „Oliven-Hotel". Gleich anschließend gingen wir auf die Suche nach einem Fotogeschäft, das Filmentwickeln und Abzügemachen am gleichen Tage schaffen würde. Wir fanden Abdurrahman, der seine Sache gut machte. (Schon des öfteren waren uns Filme ziemlich beschädigt worden.) Noch mehr überrascht waren wir, wie gut er Deutsch sprach, das er in der Oberschule gelernt hatte. Fast perfekt allerdings beherrschte der achtzehnjährige Sacit Samlı unsere Sprache, der zufällig im Laden von Abdurrahman war und sich sehr freute, uns kennenzulernen. Der blonde, grünäugige Junge war seit sechs Jahren am deutschen Gymnasium in Istanbul, jetzt in den Ferien. Im nächsten Jahr wollte er nach Deutschland gehen, um Ingenieur zu werden. Auch wir waren sehr erfreut, einem netten Gesprächspartner zu begegnen, denn Sacit hatte auch Humor.

Mit ihm machten wir einige Touren per Fahrrad in die Umgebung. Wir kamen in verschiedene Dörfer, die er zwar kannte, aber noch nie allein und schon gar nicht auf diese Weise besucht hatte. Als wir bemerkten, daß uns die Einwohner als *drei* Deutsche betrachteten, kamen wir auf die Idee, ein Experiment anzustellen. Wir ließen die Leute in ihrem Glauben, sprachen nur noch Deutsch miteinander, und Sacit mit den Leuten auch nur stockendes und etwas fehlerhaftes Türkisch. Niemand schöpfte Verdacht. Sacit wurde um eine interessante Erfahrung reicher, denn so erfuhr er einmal, wie ausländische Besucher behandelt wurden. In dem Dorf Nurgana zum Beispiel

Die Altstadt von Antakya. – In Oğuzeli bei Gaziantep wurden wir von der Jugend umlagert

wurden wir von Männern und Frauen sofort zum Ausruhen in einem Garten eingeladen und mit Früchten beschenkt. Man legte Schallplatten für uns auf, und der Dorflehrer ging später lange mit uns dreien über die Felder mit ihren Obstbäumen und kühlen Brunnen. In dem Städtchen Oğuzeli war das Interesse an uns besonders groß. Sacit, der sonst durch sein Auftreten und seinen Umgang mit Angehörigen und Freunden noch nie in die Verlegenheit gekommen war, als Deutscher zu gelten, befürchtete, als wir uns nach dem Kauf von einigem Eßbaren auf einen Holzstapel niederließen: „Aber jetzt werden womöglich alle hierher kommen und uns bestaunen!" So war es denn auch. Die einen brachten Stühle, ein anderer ein Leintuch als „Tischdecke" für den Holzstapel, wieder andere Trinkgläser, Wasser und Obst. Bald umlagerte uns die Jugend von Oğuzeli und wir hatten einen netten Schwatz miteinander. Alles in allem also ein tolles Ergebnis unseres Experiments.

Die Provinz Gaziantep ist ein Weinbaugebiet. Sacit, Sohn und Enkel von Landbaronen, vermögenden Geschäftsleuten und einflußreichen Bürgern der Gegend, führte uns durch die größte Weinkellerei, deren Aktien zum Teil seinem Vater gehörten. Bei der Firma Burç („Burgturm") wurden, wie es hier üblich war, Einheitsweine „hergestellt", indem man alle Rot- und Weißweine mischte. Die Sorte und die Lage spielten keine Rolle. Jeder Jahrgang wurde auf den Markt geworfen und auch verkauft und getrunken – von Türken, also Moslems, denen der Genuß vergorenen Rebensaftes eigentlich untersagt ist! Als wir im Mercedes des Vaters von Sacit in die Stadt zurückfuhren, hielten wir aber einige Flaschen eines Weißweins in den Armen, der bei einer Ausstellung in Luxemburg eine Goldmedaille erhalten hatte. Auch hier gab es eben edlere Tropfen für besondere Gelegenheiten.

Zwischendurch war es dringend notwendig, unsere Fahrräder einer Inspektion zu unterziehen

Zwischen Euphrat und Khaiberpaß

Während der folgenden vier Wochen kamen wir auf unserem Wege zur iranischen Grenze sozusagen vom Hitze- zum Kältepol der Türkei. In den Steppenprovinzen zeigte das Thermometer meist über vierzig Grad, in der Bergwelt des Nordostens lag der Schnee oft in Spaziergangweite. In Erzurum, einer Großstadt auf fast zweitausend Meter Höhe (wo der Winter sechs Monate dauert), strömte eiskaltes Wasser aus der Leitung. Der „Sprung" von der Hitze in die wohltuende Kühle brachte jedoch auch Nachteile mit sich. Die Höhensonne verwandelte das Kupferbraun unserer Gesichter und Arme in schmerzendes Rot. Außerdem machte uns anfangs die dünnere Luft Beschwerden. Bedauerlicher war für uns, daß nur ein kleiner Teil der über tausend Kilometer langen Strecke in gutem Zustand war. Meist hatten wir Staub und Steine unter unseren Rädern (Farbbild 7). In den höheren Lagen führten die Straßen aber durch wald-, wiesen- und wasserreiche Landschaften. Euphrat und Tigris folgten wir bis zu ihren Quellflüssen. Einige der bis zu zweieinhalbtausend Meter hohen Pässe gewährten herrliche Ausblicke und waren schon deshalb des Ersteigens wert.

Einmal sahen wir eine Woche lang kein Hotel – was gewöhnlich ein spartanisches Gebäude mit ein paar Zimmern war, wenn wir Glück hatten auch mit Strom und Wasser. Wir schliefen daher bei einem jungen Förster im Wald, zweimal in Tankstellen, ein andermal auf dem Dach eines Brunnenhauses im Freien, bei Gaststätten am Wegesrand und bei Straßenbauarbeitern auf einem Paß. Wir verkrafteten das alles, obwohl wir eben erst eine gesundheitliche Krise hinter uns hatten.

Erkrankung – sollen wir umkehren?

Eine graue, kahle, unheilverkündende Barriere östlich des Euphrat – so erhoben sich die Berge über dem Flußtal bei Birecik. Die künstlich bewässerten Gärten lagen hinter uns. Nun begann die Steppe des südöstlichen Anatolien, baumlos, so weit der Blick reicht, bewohnt in der Mehrzahl von Kurden und Arabern. Der Schein trog nicht: Unheil war im Verzuge. Eine gnadenlose Sonne brannte auf zwei Radfahrer hernieder, die Durst litten und das Brunnenwasser in den Dörfern des welligen Flachlandes gierig tranken. Einmal mußte dieses Wasser verdorben gewesen sein. Eine Woche waren wir Toiletten-„Dauergäste". Sieben Tage gönnten wir uns Ruhe, leisteten uns nur das Beste zum Essen und Trinken, kochten alles Trinkwasser ab – wenn es gab, denn es herrschte Wassermangel –, nahmen regelmäßig gewisse Tabletten ein und jonglierten mit Kalorien und Vitaminen, bis das Schlimmste überstanden war. Mit Schrecken hörten wir, daß unter den Soldaten der Garnison von Diyarbakır, wo wir uns kurierten, nach dem Genuß von schlechtem Wasser eine Typhusepidemie ausgebrochen sei. Wir waren zwar gegen diese Krankheit geimpft, aber dennoch . . .

Unsere „Kampfmoral" litt in diesen Tagen beträchtlich. Erstmals auf der langen Reise erwogen wir eine Rückkehr. War das alles nötig, lohnte sich die Reise wirklich? Andererseits hatten wir schon vor dem Start gewußt, was uns bevorstand, daß wir auch von Erkrankungen nicht verschont bleiben und alle Strapazen durch tausendfältige Erlebnisse wieder aufgewogen würden. Dennoch rangen wir tagelang um die Entscheidung, die schließlich „positiv“ ausfiel: wir würden weiterfahren. Der Entschluß, dem geplanten Weg zu folgen, ehrte besonders Wilma. Denn für sie war es noch schwerer als für mich.

„Ganz schrecklich!“

Vor den Gefahren durch die Menschen im östlichen Anatolien hatte man uns im Westen immer wieder gewarnt. Räuberbanden sollten ihr Unwesen treiben und einsame Reisende in den abgelegenen Gegenden überfallen. Man machte die Geste des Halsabschneidens und fügte hinzu: „Ganz schrecklich“. In der Tat begegneten wir auf unserem Wege vom Euphrat zum Tigris und wieder zum Euphrat – er ist in der Osttürkei weitverzweigt und schlängelt sich durch die Gebirgstäler – oft verwegenen Gestalten. Aber ernstlich gefährdet waren wir wohl nie. Die Kleinstadt Siverek – zwischen den Provinzmetropolen Urfa und Diyarbakır – wurde im Volksmund „Texas“ genannt. Manch undefinierbarer Blick folgte uns dort aus Augen über einem wochenalten Bart, während unter dem abgewetzten Jackett vielleicht eine Pistole der Schüsse harrte, die da fallen sollten. Im Hotel mußte ich einen allzu neugierigen Schlüssellochgucker mit Gebrüll und einem Prügel verjagen – übrigens nicht zum ersten und nicht zum letzten Male. In einem Bergdorf riefen uns Kinder die unflätigsten deutschen Schimpfwörter nach – entweder Überbleibsel des Ersten Weltkrieges, als deutsche Soldaten hier waren, oder Neuimporte durch deutsche Touristen... Nicht selten wurden wir durch Steinwürfe belästigt.

Unsere schlimmste Überraschung war, als wir bei einer Polizeistation zelteten und unsere Sachen den Gesetzeshütern anvertrauten, am anderen Tage aber Wilmas Rucksack durchwühlt und verschmiert vorfanden, aus dem einige Kleinigkeiten fehlten. Außerdem waren die Männer nachts mit unseren Fahrrädern herumgefahren. Zwei Deutschen wurde in diesen Tagen alles Gepäck aus dem Auto gestohlen – während sie darin schliefen! Wie der Leser daraus ersieht, war es für uns also kaum unsicherer, weil wir Fahrräder benutzten. Aber die Bewohner des östlichen Anatolien – meist Kurden – machten uns das Leben nicht immer leicht und am Ende den Abschied von der Türkei nicht ganz schwer.

In einem Kurdendorf hatte man noch kein Fahrrad gesehen, und wir wurden deshalb neugierig und treuherzig gefragt: „Wie muß man sich da draufsetzen?“ Unterdessen tastete eine Frau mit runzeligem Gesicht, bunte Tücher um Kopf und Körper geschlungen, unser Gepäck ziemlich verständnislos ab, mit Fingern, die eben noch den frischen Rindermist zu Laiben geformt hatten, die in der Sonne getrocknet und im Winter als Brennmaterial verwendet wurden. In den Dörfern erhoben sich überall hohe Berge dieser „Kohlen“, dazwischen standen Hütten aus Erde und Steinen, ein wackeliges Minarett, wuschen die Frauen an einem Brunnen oder Bach, liefen halbnackte Kinder herum, wurde alles von Millionen Fliegen bevölkert.

Schüsse an einer Quelle, weiter zum Ararat

Einmal kamen wir in der Mittagshitze zu einer „lokanta“ – einer Gastwirtschaft – an einem rauschenden Quell unter hohen Bäumen. Ursprünglich hatten wir dort nur Wasser trinken wollen, aber wir wurden von einer fröhlichen Runde zum Verweilen, Essen und Trinken

Tal des Tigris bei Diyarbakır in der Südosttürkei. Wenig Wasser und das Land ausgedörrt

Umgeben von freundlichen Gendarmen einer Station bei Urfa. Wir rasteten dort

Brennende Hitze und viel Staub auf den Straßen im Osten. – Rasur an einem Brunnen

eingeladen. Bei Bier und Rakı (Anisschnaps) gingen die Wogen hoch, bis schließlich ein Polizeikommissar – auch der Bürgermeister des nächsten Städtchens war dabei – in offensichtlichem Verkennen seiner Aufgabe mit seiner Pistole in die Bäume feuerte, daß die Blätter fielen, als ob der Herbst angebrochen sei. Wir zogen uns daraufhin etwas zurück, und Wilma wurde aus Sicherheitsgründen in die Küche gesperrt, während draußen ein munteres Handgemenge zwischen dem Pistolenhelden und seinen Freunden einerseits und einigen Gendarmen, die nicht ihm unterstanden, andererseits anhob, bei dem die übrigen Gäste allerdings nicht auf ihre Mitwirkung verzichten wollten. Die Schlacht endete null zu null, mit dem weiteren Ergebnis, daß in dieser wunderbaren Nacht unter Bäumen am Straßenrand unser Schlaf von den Gendarmen bewacht wurde, für den Fall, daß der schießwütige Kommissar zurückkehren sollte. Im großen und ganzen war es ein gemütlicher Abend gewesen . . .

An den meisten Plätzen herrschte Freude, wenn „yabancı misafirler" (ausländische Gäste) ins Haus kamen. Erstaunen und Hochachtung zeigten die Gastgeber und Wegbekanntschaften, wenn sie hörten, daß der „gazeteci" (Journalist) und seine „hanım" (Ehefrau) mit den „bisikletler" (Fahrrädern) eine „dünya turu" (Weltreise) machten, und daß „bu adam" (dieser Mann) in der „gazete" (Zeitung) in „Almanya" (Deutschland) darüber schreibe. Warum die „Almanlar" (Deutschen) aber nicht mit einer „araba" gekommen waren, verstand man nur selten, denn gewöhnlich sah man fremde Besucher nur mit dem Auto reisen. Hunderte Male versicherte man uns, daß „Alman ve Türk kardeş" (Deutsche und Türken Brüder) seien, im Krieg („harb") wie im

Frieden („barış"). Von den übrigen Völkerschaften dieser Welt sprach man meist recht verächtlich: „pis" (schmutzig, widerwärtig). Uns war nicht immer wohl dabei.

Östlich von Erzurum erklommen wir den bisher höchsten Paß mit 2475 m und versanken dabei fast in der Hochgebirgsblumenpracht. Der schneebedeckte Große Ararat (Büyük Ağrı Dağı, er hat auch einen niedrigeren „Kameraden") mit seinen 5165 Metern war der bislang höchste von uns bewunderte Gipfel. In den einsamen Ebenen am Ararat jagten uns manchmal eilige Reiter etwas Furcht ein, besonders wenn es mehrere auf einmal waren. Die zerzausten, stoppelbärtigen Gestalten fragten aber nur nach Zigaretten (wir sind Nichtraucher) und wollten wissen, woher wir kämen. An der Straße wurden wir oft um Geld angebettelt („Para, para!"), manchmal mit hingehaltenem Hut. Aber auch da konnten wir nicht dienen. Wir hatten keine Reichtümer zu verteilen.

Übrigens standen wir immer – auch im weiteren Verlauf der Reise – zu unserem Wort, wenn wir jemand Postkarten, einen Brief oder Fotos versprachen. Das war Ehrensache.

650 Kilometer zurück

„Es tut mir leid", war der Titel der Platte, die der iranische Grenzoffizier aufgelegt hatte und immer wieder abspielte. Es tat ihm aber offensichtlich gar nicht leid, denn er unternahm nichts, um uns aus der Klemme zu helfen. Von Erzurum waren wir in vier Tagen zur türkisch-iranisch-sowjetischen Dreiländerecke am Ararat gefahren, in der Annahme, für den Übertritt nach Iran an der Grenze ein Visum bekommen zu können, wie wir es von den anderen bereisten Ländern gewöhnt waren. Hier wurden wir nun gestoppt: Es sei nichts zu machen, wir müßten zu einem Konsulat des Kaiserreichs in der Türkei, um uns einen Sichtvermerk zu beschaffen. Zuerst stellte uns der Grenzer eine Hilfslösung in Aussicht, aber nach einer Nacht in einer Notunterkunft hieß es morgens doch: zurück in die Türkei, wo wir bereits die Formalitäten der Ausreise erledigt hatten. Das nächste iranische Konsulat gab es in Trabzon am Schwarzen Meer, 650 km entfernt! Alles Bitten half nichts.

Bei den Türken – zum Glück benötigten wir für ihr Land keinen Sichtvermerk – deponierten wir unsere Fahrräder und den größeren Teil unserer übrigen Habe. Dann schlugen wir uns zunächst auf Lastwagen, später mit Bussen bis zu der Hafenstadt durch. Zur Schwarzmeerküste fuhren wir durch herrliche Bergwälder. Trabzon, das alte Trapezus, vor 2700 Jahren angelegt, gehörte achthundert Jahre zum Byzantinischen Reich und war dann für dreihundert Jahre Hauptstadt des nach ihm benannten griechischen Kaiserreiches, bis zur Ankunft der Türken. Die meisten alten Kirchen Trabzons wurden in Moscheen umgewandelt. Es gab einiges zu sehen, aber wir blieben nur so lange wie unbedingt nötig, denn wir dachten an unsere Sachen an der Grenze. Nach einer sechstägigen Reise von 1300 km, unter erheblichem Geldaufwand, kehrten wir dorthin zurück.

Das iranische Visum? Ja, das bekamen wir in Trabzon innerhalb drei Stunden und kostenlos. Einige Wochen später erfuhren wir von einer Regelung zwischen der Bundesrepublik und Iran, die den Visumzwang für Touristen aufhob...

Nun konnten wir die Türkei endgültig verlassen. Nicht weniger als hundertzwanzig Tage hatten wir bei zwei Gelegenheiten zwischen Edirne und Ararat zugebracht. Auch in der letzten Zeit hatten wir zahlreiche Begegnungen mit ehemaligen „Gastarbeitern". In fast jeder Stadt, die wir erreichten, sahen wir uralte Kirchen, Moscheen und Paläste sowie mächtige Zitadellen aus der seldschukischen Epoche, aus Kreuzfahrertagen oder gar aus römischer Zeit. Besonders die Gebiete im Osten haben oft den Besitzer oder Beherrscher gewechselt. Viele Geschichten des Alten Testaments spielten sich hier ab.

Deutlich wurden uns noch einmal die kulturellen und sozialen Probleme dieses Landes vor Augen geführt. Wem war in Europa schon bekannt, daß siebzig Prozent der Einwohner nicht lesen und schreiben konnten, und von den restlichen dreißig Prozent viele auch nur Arabisch? Daß es mehr Moscheen als Schulen gab und daß der Einfluß des Islam, den der Reformer Atatürk aus der Politik ausklammern wollte, nach wie vor gewaltig war? Daß es viele sehr, sehr reiche Leute gab?

Auf iranischen Landstraßen

Wir hätten es nicht für möglich gehalten, daß die Hauptverbindung zwischen Europa und Asien eine solch schlechte Straße sein würde. Nach zwei Wochen, in der iranischen Hauptstadt Teheran, lagen die ersten tausend Kilometer hinter uns. Sie waren oft nicht nach unserem Geschmack, denn ein großer Teil der Landschaft ist graue Wüste. Die Karte des Iran zeigt riesige Gebirgszüge im Westen, aber die machten uns wenig zu schaffen, da die Route fast nur über Hochebenen und durch Flußtäler verlief. Eine neue Straße wurde derzeit unter deutscher technischer Leitung gebaut. Ein Teil davon war schon dem Verkehr übergeben worden. Ein paarmal konnten wir den Behörden ein Schnippchen schlagen und munter auf der noch nicht eröffneten, völlig neuen Asphaltchaussee dahinradeln. Aber das waren immer nur zehn oder zwanzig Kilometer. Der Rest waren Steine, Staub und „Wellblech".

Morgens starteten wir frisch gewaschen – gar nicht so einfach, wenn es wenig Wasser gibt –, und nach ein paar Stunden sahen wir äußerlich und innerlich wieder wie Zementsäcke aus. Selten fuhr ein Wagen allein; die rasenden Vehikel trafen sich zumeist genau auf unserer Höhe. Vor Staub war eine Zeitlang überhaupt nichts zu sehen. Die eiligsten Fahrer sahen wir gewöhnlich eine halbe Stunde später am Straßenrand gemütlich beim Tee sitzen. Westliche Hektik und orientalisches Vergessen der Zeit vermischten sich auf eine für uns recht unangenehme Weise. Über unseren Rücken rieselte der Dreck, und abends ging die Schrubberei mit zwei Liter Wasser von neuem los.

Was tat sich entlang des Weges in diesem manchmal als so märchenhaft beschriebenen Land? Wir freuten uns über jedes bißchen Grün, über jedes Rinnsal, auch wenn es nur zum Anschauen war. Wenn wir hinter einer Biegung etwas Unregelmäßiges in den gelben Hügeln entdeckten, wußten wir, daß wir zu einem Dorf kommen würden. Im Grunde handelte es sich nur um einen Haufen mehr oder weniger verfallener Lehmhütten. Am Anfang, in der Provinz Aserbaidschan, deren Hauptstadt Täbris ist, waren sie noch oft von großen Feldern leuchtender Sonnenblumen umgeben. Die Einwohner, beim Waschen, auf dem Esel oder Kamel, schauten verdutzt drein und begriffen wahrscheinlich einige Zeit nicht, was jene seltsame, zweimal-zweirädrige Erscheinung am glutheißen Nachmittag bedeuten sollte. Nicht, daß Fahrräder – hier „dotscharcha" genannt, „zwei Räder" – unbekannt gewesen wären, im Gegenteil, sie erfreuten sich in den flach daliegenden Städten großer Beliebtheit. Aber unser Aufzug war doch etwas außergewöhnlich. Und wiederum: Eine Frau auf dem Fahrrad . . .?

Wie immer, wenn wir mit einer Sprache erstmals in Berührung kamen, legten wir uns gleich in den ersten Tagen eine umfangreiche Liste wichtiger Wörter und kurzer Sätze an, die wir von jemand, der uns verstand, übersetzen ließen. Damit konnten wir eine ganze Menge anfangen. Dennoch gab es genug Mißverständnisse auch in einfachen Dingen. Eines Tages dachten wir, bei einer einsamen Bahnstation, zwei Kilometer von der Straße entfernt inmitten vieler Bäume gelegen, einen herrlichen „Campingplatz" gefunden zu haben. Wir machten den beschwerlichen Abstecher und baten die Eisenbahner in unserem kümmerlichen Persisch um Erlaubnis. Ein Zelt („tschador") hätten wir dabei. Sie waren davon nicht zu überzeugen. Sie dachten, wir suchten die Straße („tschadda") nach Teheran, weil wir uns – durch Geröll und ein trockenes Flußbett! – hierher verirrt hätten. Als auch nicht half, daß wir das Zelt vorzeigten, waren wir doch verärgert. „Wir wollen schlafen!" sagten wir auf deutsch und machten mit den zusammengelegten Händen am Ohr die entsprechende internationale Geste. „Muschmusch", sagten die Männer schließlich, und ihre Gesichter hellten sich auf. Das sei etwas ganz anderes, meinten sie, machten ein großes Zimmer für uns bereit, das ganz mit echten „Persern" ausgelegt war, und führten uns im Triumphzug hinein. Vor dem Zubettgehen und am anderen Morgen schauten Wilma und mir ganze Horden von Erwachsenen und Kindern bei der Toilette am Bahnhofsbrunnen zu, mit der Miene: „Die brauchen aber viel Wasser!"

„Striptease", Zuckertee und Fladenbrot

Häufig schien es uns eine Frage des Verstehen*wollens* zu sein, wenn wir Probleme hatten. Unter vielen Komplimenten versicherte uns da einer der Gastfreundschaft der Iraner, besonders gegenüber Ausländern, und ließ uns anschließend in der Einöde kampieren. In fast keinem „musafirhane" (wörtlich: „Gasthof"), den wir aufsuchten, ging es ohne Kummer ab. Entweder wurden Wasser und Licht abgedreht, oder man weigerte sich trotz des gesalzenen Preises, frisches

Alte Gemäuer aus Lehm (ein Gutshof) und moderne Technik in der Provinz Aserbaidschan/Iran

Frischgebackenes knuspriges Fladenbrot vor einer Bäckerei zum Abkühlen hingestellt

Bettzeug zu bringen – schließlich lenkten die Leute dann ein und gaben uns Leintücher und Kissenbezüge, in denen erst fünfmal anstatt fünfzehnmal ein Gast geschlafen hatte –, oder man wollte uns keinen Zimmerschlüssel geben, weshalb wir ein Vorhängeschloß kauften, um uns vor naseweisen Bediensteten zu sichern.

Da fällt mir eine Episode ein, die sich in Mako, dem ersten Städtchen hinter der türkischen Grenze, zutrug. Mit zwei anderen Globetrottern (fuhren mit öffentlichen Verkehrsmitteln) hatten wir uns dort aus Kostengründen ein preisgünstigeres Vierbettzimmer genommen. Weil wir zwei Paare uns nicht so gut kannten, räumten wir Männer vor dem Schlafengehen das Feld, damit sich die Frauen ungestört umziehen konnten. Wir unterhielten uns ein paar Minuten auf dem Korridor. Ahnungslos sahen wir einen Uniformierten die Treppe herauf- und den Flur entlangkommen. Als ob es das Selbstverständlichste von der Welt sei, ging er auf unsere Zimmertür zu, öffnete sie und platzte mitten in das Striptease. Als sich die Aufregung darüber gelegt hatte, sagte er uns, er habe uns besuchen und sein Englisch praktizieren wollen (er war Grenzpolizist). Dabei habe er uns, draußen vor der Tür, „zufällig" übersehen.

So manches Restaurant verließen wir im Groll, weil man uns übers Ohr hauen wollte. Besonders schlimm war es beim Teetrinken. „Tschai" ist sozusagen das iranische Nationalgetränk. Ein kleines Glas kostete einen Rial (etwa fünf Pfennig), und man bekam fünf Stückchen Zucker dazu, wovon man aber nur drei nehmen durfte. Das große Glas machte zwei Rial und wurde mit sieben Zuckerwürfeln serviert, wovon wiederum zwei liegenbleiben sollten. Warfen wir nun allen

Zucker ins Glas und rührten um (o Graus), dann bezahlten wir („Das ist ja Zuckertee!") das Doppelte, sofern wir uns das gefallen ließen. Die Iraner tunkten die Zuckerwürfel einen nach dem anderen in den „tschai", steckten sie in den Mund und tranken dazu den Tee in kleinen Schlucken. Dieser Vorgang wiederholte sich, bis aller Zucker aufgebraucht war. „Na also sag' mal . . . ?" – „Ja, das ist aber doch kein Zuckertee!" Sie bezahlten den einfachen Preis. Oft gossen sie das braune Gebräu zur Hälfte in den Untersetzer und tranken es daraus, „weil der Tee so rascher kühl wird". Kalten Tee trank man hier aber auf keinen Fall.

Seit Monaten hatten wir fast kein Schwarzbrot. Im Iran war es eine Spezialität und daher unerschwinglich für uns. Die Auswahl an Weiß-, besonders an Fladenbroten, war dagegen sehr reichhaltig und preiswert. Da gab es kreisrundes, zwei Hand breites süßes Brot, mit Anis abgeschmeckt, und hauchdünnes, das in Aussehen und Geschmack Packpapier nicht ganz unähnlich war. Der ungesäuerte Teig wurde nach emsigem Auswellen über ein Kissen gebreitet, dann mit Wucht an die Innenseite eines im Boden befindlichen kugelrunden Ofens geklebt. Am wohlschmeckendsten fanden wir ein bis drei Zentimeter dicke Fladen – manchmal über einen Meter lang – die auf Kieselsteinen gebacken wurden (wie bei Lamma Ammareen in Jordanien). Wir mußten sie aber frisch essen, denn schon am nächsten Tag hätten wir sonst nur noch unsere Schuhe damit besohlen können. – Zum Thema „Brot": Der Iran war insgesamt kein Hungerland wie zum Beispiel Indien, obwohl es auch hier jede Menge Arme gab. Wir fanden es aber dennoch beklagenswert, daß wohlhabendere Iraner ihre Speisen („eine Höflichkeitsregel", wie man uns sagte) zumindest in Restaurants nur unvollständig verzehrten, während der Rest verdarb. Brot wurde wie ein Wischlappen behandelt.

In kleinen Gasthäusern an der Straße würgten wir manchmal halb angebackenen Reis, strohiges Gemüse und trockenes Brot mit kaltem Wasser hinunter. Das soll aber nicht heißen, daß wir nicht auch leckere iranische Speisen genossen hätten. Ein Standardgericht, das uns besonders zusagte, war „tschelo-kebab", eingelegtes, geröstetes Lammfleisch, dazu Reis mit rohem Ei und Butter darüber, manchmal auch mit geschnittenen Tomaten und Grünzeug.

Kleine und große Gefälligkeiten

Wirklich dankbar waren wir allen guten Menschen im Iran, die uns auf unserem Wege nach Teheran, nach Schiras im Süden und wieder zurück, über das Elbursgebirge zum Kaspischen Meer und nach Mesched Richtung Afghanistan spontan halfen oder auch nur durch eine freundliche Geste uns manches leichter ertragen ließen. Erwähnen möchte ich hier einen Schlosser in Täbris, der einen gebrochenen Gepäckträger kostenlos schweißte, den Fahrer eines mit Getränkekisten beladenen Lastwagens, der uns überholte, nach ein paar hundert Metern stehen blieb, um uns eine eiskalte Limonade anzubieten, oder die Besitzer eines großen Gartens mit Aprikosenbäumen, die die gerade geernteten Früchte am Rande der Landstraße zum Trocknen ausbreiteten und auch uns damit versorgten. An einem besonders heißen Tag wurden wir von den Insassen eines Personenwagens gestoppt: Ein reizendes Mädchen, mit seinen Eltern unterwegs, kredenzte uns auf einem Teller ein paar herrliche Äpfel. Der Sohn des Besitzers eines Fotogeschäfts in Teheran hatte neun Jahre in Württemberg zugebracht. Wir konnten Schwäbisch mit ihm reden. Zum Abschied gab uns der Vater ein paar Filme als Geschenk.

Zwischendurch ein paar Anmerkungen über reisende oder hier arbeitende Ausländer, die wir an der Strecke trafen. Mit zwei Motorrollerfahrern aus Wuppertal, die längere Zeit in Asien unterwegs gewesen waren, ein Mechaniker und ein Buchdrucker, plauderten wir eine ganze Stunde. Eine Frankfurter Familie mit Wagen hielt an, um uns zu fotografieren und Näheres über uns zu erfahren. Die kurze Begegnung genügte für einen jahrelangen Briefwechsel. Ein österreichischer Tunneltechniker lud uns zu einem üppigen Mahl in einem Restaurant ein. Er arbeitete wie ein deutscher Ingenieur, der schon seit zehn Jahren im Iran lebte und uns nun zu einem Frühstück bat, beim Bau neuer Straßen mit.

Einmal stoppte ein grauer Volkswagen mit Tübinger Nummernschild neben uns, und sein Fahrer fragte: „Sie sind aber nicht aus Heilbronn!?" Auf unser „Doch!" rief er aus: „Dann sind Sie die Ahlborns!" Es war Dieter Koch, der seit einiger Zeit in unserer Heimatstadt lebte und sich mit seiner Frau auf Hochzeitsreise befand. Er hatte alle unsere Zeitungsberichte gelesen und sich ausgerechnet, uns auf dem Wege durch Iran vielleicht treffen zu können. Es klappte also, und wir waren sehr erfreut über diesen Boten von daheim. Das Pärchen hatte auch schon manches Abenteuer hinter sich.

Besonders nachhaltig wirkte sich auf unseren Iranaufenthalt die Begegnung mit Dr. Heinrich Holtmann und seiner Frau aus Münster aus. Sie wohnten in Teheran und luden uns, noch weit von der Hauptstadt, zu der sie aus Deutschland zurückkehrten, in ihr Haus ein. Wir durften bei zwei Gelegenheiten jeweils mehrere Tage bei den Holtmanns bleiben. Sie berieten uns bei vielen Besorgungen und nahmen uns zu Ausflügen mit. Er war Pflanzenforscher und arbeitete seit einigen Jahren an der kaiserlich-iranischen Versuchs- und Ausbildungsstation für Pflanzenschutz. Ihr Haus stand im schönsten Teil Teherans, fünfzehn Kilometer vom Zentrum am Hang des Elbursgebirges. Wir müssen gestehen, daß wir den erholsamen Komfort dort, nach so vielen Entbehrungen, wirklich genossen.

Als wir in der Stadt Karadsch, vierzig Kilometer westlich von Teheran, auf Suche nach einem Gasthof gingen, setzte ein junger Mann sein Interesse an uns in eine Einladung zu seinem Onkel um. Dieser – noch recht jugendlich – und seine Frau waren Friseure und schon modernisierte Iraner. Die Gemahlin mußte sich keineswegs im Hintergrund halten und trug auch kaum einmal den Schleier. Nachdem sie uns einen ordentlichen Haarschnitt verpaßt hatten, luden sie uns ins Kino nebenan ein. Dessen Besitzer war Porviz Etemadi, der acht Jahre in Deutschland verbracht hatte. Seine Frau Ulli war Deutsche. Sie kam dazu, und dann war es nur noch ein kleiner Schritt zu einer Einladung. Eine Woche lang waren wir bei ihnen, in ihrem tollen Haus in Karadsch und auf einer dreitägigen Fahrt über das Gebirge zum Kaspischen Meer. Wir blieben danach immer in brieflichem Kontakt. Sieben Jahre später, auf unserer zweiten Weltreise, sahen wir uns in Karadsch wieder. Porviz war auch Beamter in einem Ministerium. Manche politischen und sozialen Zusammenhänge wurden uns in Diskussionen mit unseren Gastgebern klarer.

Durch Wüste nach Süden, über Berge nach Norden

Nach Isfahan und zum noch weiter südlich gelegenen Schiras fuhren wir mit den überaus bequemen und billigen Autobussen – Kilometertarif war ein Pfennig, angemessen für das Ölland Iran! Den Weg zu den beiden Städten und wieder zurück nach Teheran – fast tausend Kilometer in jede Richtung – durch graue Wüste mit dem Fahrrad zurückzulegen, hätte sich einfach nicht gelohnt. Isfahan ist besonders wegen seiner herrlich verzierten Moscheen und Paläste (Farbbild 14), wegen seiner Gärten und seines riesigen Basars, außerdem für seine überaus geschickten Teppichknüpfer berühmt. In dieser Hinsicht nicht ganz so eindrucksvoll ist Schiras, gar nicht mehr so weit vom

Ulli und Porviz Etemadi in Karadsch bei Teheran. – Selbst kleine Mädchen mit Schleier

Persischen Golf, aber es war jahrhundertelang ein Zentrum der Künste und der Wissenschaften. Die beiden bekanntesten Dichter Persiens, Saadi und Hafis, wurden dort um 1200 beziehungsweise im vierzehnten Jahrhundert geboren, wo sie auch starben. Sie besangen Schiras als die „Stadt der Rosen und Nachtigallen" (und ergingen sich in Lobliedern auf den Wein und die Liebe). Wir waren ganz in den Anblick der großartigen Kunstwerke versunken, aus einer Zeit, als in Persien Handwerk, Baukunst, Malerei und Literatur eine hohe Blüte erreichten.

Auf dem Rückweg in den Norden besuchten wir auch das zweieinhalbtausendjährige Persepolis, das von Alexander dem Großen zerstört worden war und jetzt neu aufpoliert wurde. Der Schah-in-schah (König der Könige) sollte demnächst dort gekrönt werden. Übrigens hatte man lange Zeit geglaubt, daß Persepolis die Hauptstadt des alten Iran gewesen sei. Tatsächlich war diese Ansammlung von Tempeln und luxuriösen Palästen in jener Zeit nur bei besonderen Anlässen mit nationaler Bedeutung von den Herrschern aufgesucht worden. Die Residenzen der Perserkönige waren Susa, Ekbatana (heute Hamadan) und Babylon. – Näher bei Teheran kamen wir noch nach Khom, der Heimat des später mächtigen Mannes von Iran, Ayatollah Khomeini.

In Teheran ließen wir uns vorsichtshalber noch röntgen und uns eine Choleraimpfung geben, ehe wir uns auf den Weiterweg machten.

Einen rechten Spaß bereitete es der Sonne, uns auf dem Elbursgebirge zu verbrennen. Oft ritten wir „Schusters Rappen", und kamen so auf zweieinhalbtausend Meter. Oben sahen wir den höchsten Berg zwischen dem Ararat und dem Hindukusch, den 5670 m hohen Demawend, direkt vor uns. Die ausgezeichnete Straße führte durch viele stockfinstere Tunnels, durch die wir uns mühsam tasteten. Einmal geschah es dann: Wir entschlüpften einem Tunnel und sahen dennoch keine Sonne mehr, denn der Himmel war plötzlich nicht mehr rundherum blau, sondern von Regenwolken verhangen. Hier verläuft die Wetterscheide. Das Land südlich des Kaspischen Meeres ist grün, mit dichten Wäldern in den Bergen, mit Buschwildnis im Tiefland. Es werden Reis, Tee, Baumwolle und Tabak angebaut. Hier gedeihen Nüsse, Feigen, Granatäpfel, Melonen und vieles andere. Es gibt Tiger, Leoparden, Bären, Wildschweine und Schlangen. Wir sahen aber nur letztere.

Größtes Vergnügen bereitete es uns, den iranischen Badelustigen am Strand zuzuschauen. Man hätte sich in die Zeit zurückversetzt fühlen können, als in Deutschland noch geringelte, lange Badetrikots Mode waren, so schüchtern benahmen sich die Leute. Die Frauen – noch seltener als die Männer anzutreffen – gingen oft gar mit den Röcken ins Wasser.

Wir ergriffen mehrmals die Gelegenheit beim Schopfe, an den Strand zu gehen. Eine davon war, als uns neue Bekannte, Mohammed Chassem Mahludschim und seine Familie und Freunde, zu einer Fahrt ans Meer einluden. Aber die anderen machten kaum Anstalten, ins Wasser zu gehen. Mohammed lernten wir – wieder einmal – bei der Hotelsuche kennen, genauer: er sprach uns an, auf deutsch, denn er hatte acht Jahre in der Bundesrepublik zugebracht, ehe er nach Iran zurückkehrte. Seine Frau war Deutsche, sie hatten zwei Kinder. Durch seine Eltern wurde er Besitzer eines großen landwirtschaftlichen Anwesens. Ein Garten, den wir mit ihm besuchten, hatte allein dreißig Hektar. Auch diese Freunde, in der Stadt Babol, sahen wir sieben Jahre später erfreut wieder.

Der Vulkan Demawend ist mit 5670 m der höchste Gipfel des Elbursgebirges

Mit M. C. Mahludschim (in kurzer Hose) und Freunden beim Melonenessen am Kaspischen Meer

Nach weiteren zweihundert Kilometern, bei Gorgan, zwang uns der Zustand der Straße, vom Fahrrad auf den Bus umzusteigen. Es hatte ausgiebig geregnet. So befuhren wir zunächst unbeschreibliche Schlammwege in der Senke am Kaspischen Meer, danach im Hochland, wo Wüste vorherrscht, Staubpisten. Doch auch im Bus hatten wir unseren „Spaß". Durch die trotz Kühle geöffneten Fenster drang der Staub in wahren Lawinen auf die Insassen ein. Einem besonders hartnäckigen Fensteröffner drohte ich den Tod durch Erwürgen an, wenn er nicht auf uns hören wolle. Ich ermordete aber niemanden, die „Vernunft" der Iraner siegte. Abends sahen wir aus wie nach einer Fahrt von einer Woche mit dem Rad auf derselben Strecke. So ging es bis zu der den Moslems heiligen Stadt Mesched und weiter bis hinter die iranisch-afghanische Grenze. Unterwegs kamen wir durch ausgedehnte Weinbaugebiete. Interessant ist, wie dort Trauben, die zum Essen bestimmt sind, über längere Zeit nach der Lese frisch gehalten werden. Man lagert sie in kegelförmigen Lehmbauten zusammen mit Eis ein (Farbbild 15).

Streit um Wilmas Beine

Die meisten Iraner gehören der islamischen Konfession der Schiiten an. In Mesched befindet sich das Grabmal des Imams Resa, der im neunten Jahrhundert gelebt hat und den sie als Heiligen verehren. Für uns „Ungläubige" war diese Stätte tabu. Aber wir konnten eine goldene Kuppel, mit Kacheln (ähnlich denen auf dem Farbbild 14) verkleidete Tor- und Fensterbögen, Fassaden und

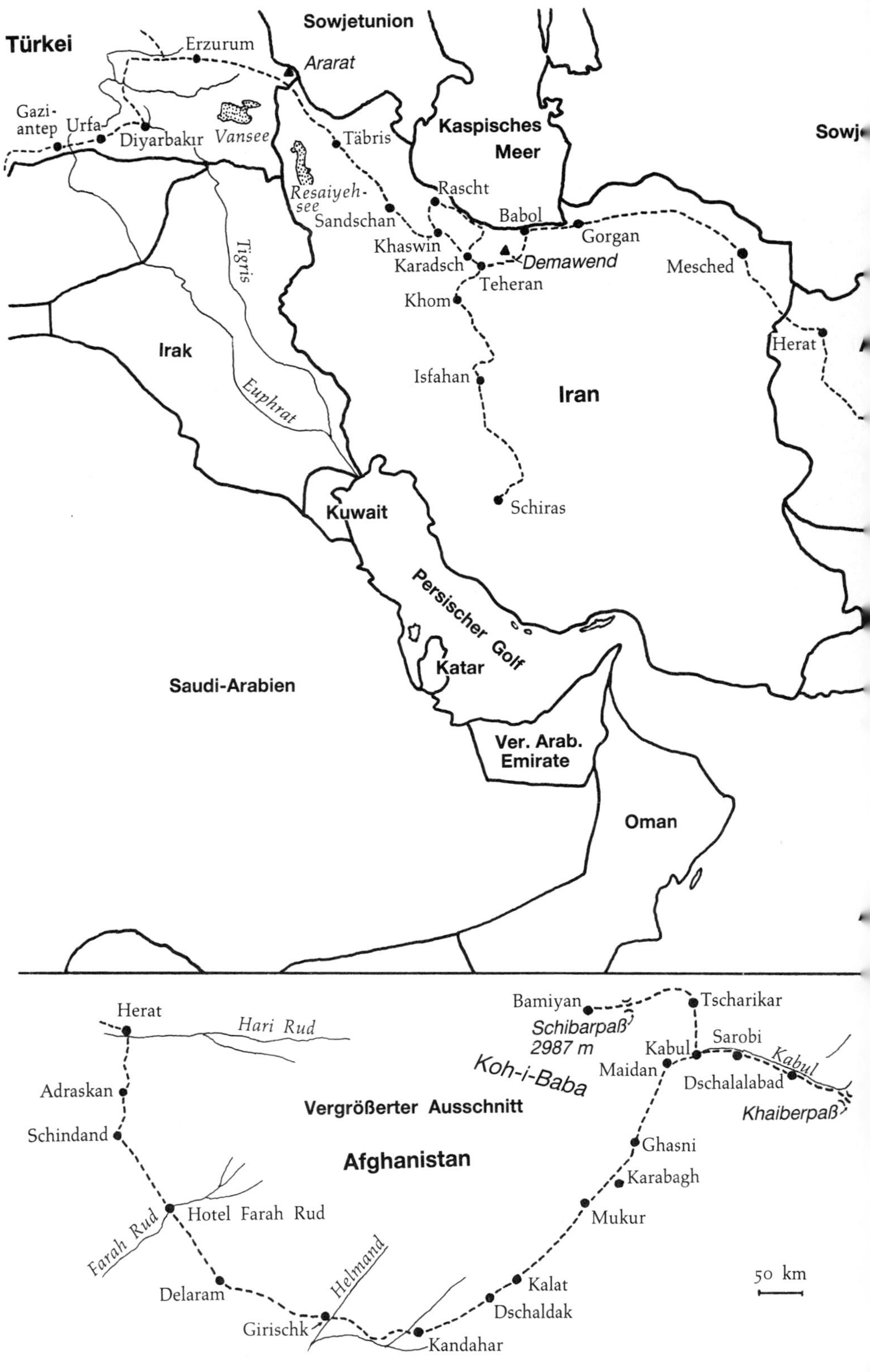

Reiseweg (Strichlinie) von der Osttürkei bis nach Südindien, sowie (vergrößert) durch Afghanistan von H

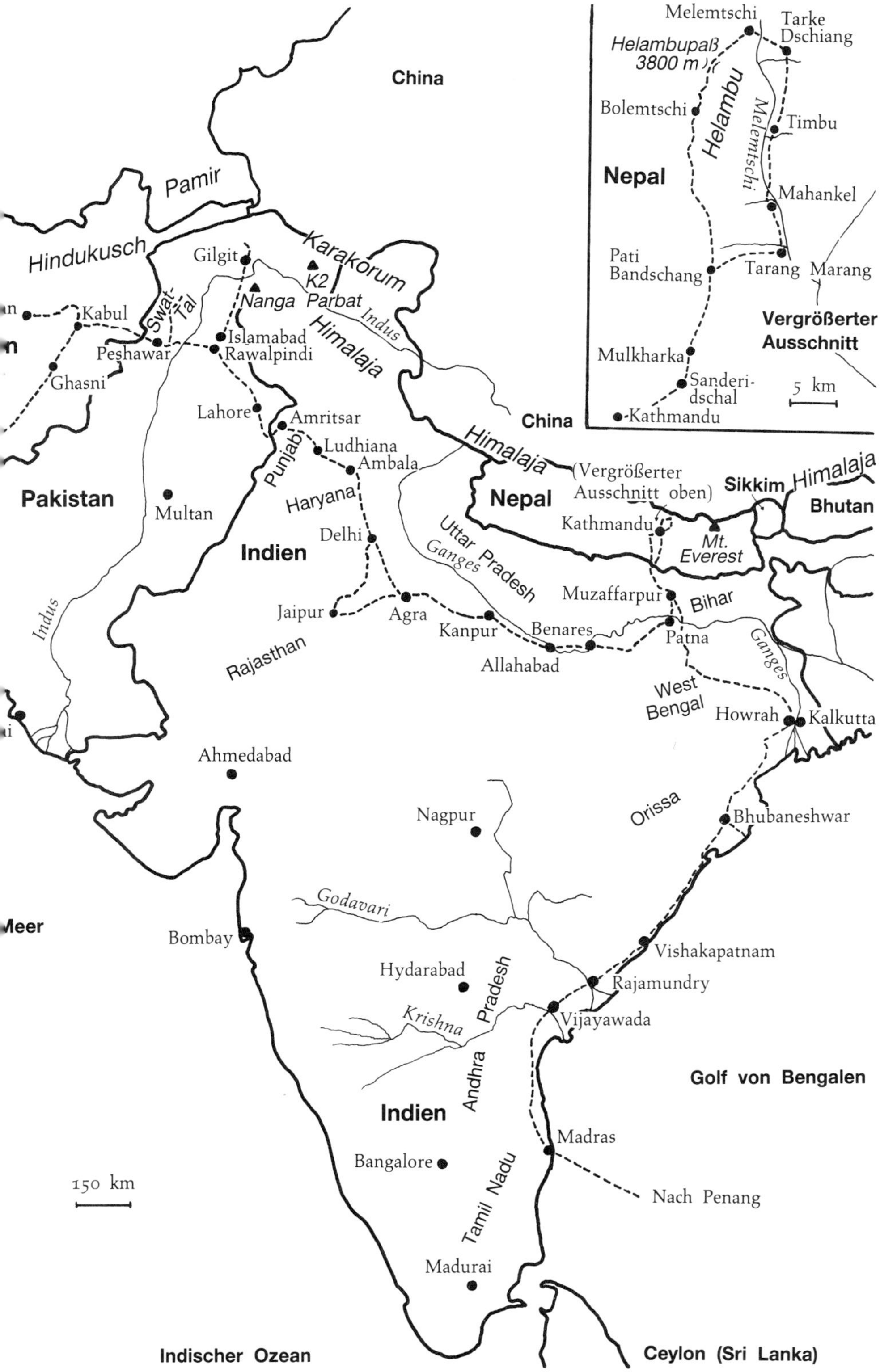

m Khaiberpaß, und im Gebiet Helambu des Himalaja von Nepal

Minarette bewundern. Fast alle Frauen trugen die eintönigen, grauen, schwarzen, geblümten, vom Scheitel bis zur Sohle alle Rundungen verhüllenden Schleier. Beim Essen, insbesondere im Restaurant, ließ sich die Entschleierung des Gesichts aber nicht ganz vermeiden, und so blickten wir in manches außergewöhnlich schöne Antlitz. In den anderen Städten war man etwas liberaler, in Teheran sahen wir sogar Miniröcke.

In der schönen Stadt Mesched hatten wir ein ganz eigenartiges Erlebnis. Wilma wurde, wie die paar anderen Ausländerinnen in der Stadt, besonders von den Männern angestaunt wie ein Wunder. Einmal setzten wir uns auf die Umfriedungsmauer eines Parks. Nach einiger Zeit hatten sich in geringer Entfernung zwei Dutzend „Herren der Schöpfung" angesammelt, „um", wie mich ein englischsprechender Straßenverkäufer aufklärte, „die Beine Ihrer Frau zu sehen". Das war ein Ereignis für Mesched! Dabei war Wilmas Rock keineswegs besonders kurz. Aber die Geschichte geht noch ganz aufregend weiter. Ein vorbeikommender junger Soldat, der offenbar ewas mehr von der Welt wußte, fand das Benehmen der Männer und Jungen (!) unanständig und wollte sie vertreiben. Daraus ergab sich ein Wortwechsel, der schließlich in eine tätliche Auseinandersetzung zwischen dem Soldaten und einigen besonders Hartnäckigen überging. Da zogen wir es freilich vor, unseren Platz zu räumen.

Wir sagten nun dem Iran ohnehin Lebewohl, den wir als ein Land kennengelernt hatten, das schon einen gewissen Wohlstand erreicht hatte, vor allem wenn man es mit dem benachbarten Afghanistan verglich. Der technische Fortschritt war unverkennbar. Aber der Hauptbefürworter dieser modernen Entwicklung, der Kaiser, hatte neben begeisterten Anhängern auch viele Feinde, weil hier noch lange nicht alles richtig gemacht wurde. Die Geistlichen blickten mit großem

Imposante Reste einer Moschee zeugen von der großen Vergangenheit Herats

Argwohn auf den Schah-in-schah, der es ihnen gegenüber an Fingerspitzengefühl fehlen ließ. Andererseits gab es Gruppen, denen die Reformen im Land zu langsam und nicht weit genug gingen. Der vierzigjährige Landbesitzersohn Amiri (war zehn Jahre in Deutschland gewesen) aus dem Westiran, mit dem wir in Teheran einen Tag zusammen waren, hatte sich mit seinem Vater verkracht, als er aus Europa nach Hause kam, weil er auf dessen Gut einschneidende soziale Reformen durchführen wollte. „Wenn man ein bißchen mehr Gerechtigkeit will, wird man hier gleich Kommunist genannt", meinte er. Was man in Zeitungen über die Reformpolitik las, war mit Vorsicht zu genießen, denn die Pressefreiheit war stark beschnitten. Fast unumschränkter Herrscher war der Mann, dessen Denkmal in der Mitte eines Verkehrskreisels auch der kleinsten Stadt wie ein Götterbild stand: der „König der Könige".

In Herat ein Jahr „auf Achse"

Afghanistan, offiziell schon zu Zentralasien gerechnet, ist ein Land der Wüsten und Hochgebirge, zweieinhalbmal so groß wie die Bundesrepublik. Die erste afghanische Stadt, die man vom Iran kommend erreicht, ist Herat im Westen, mit rund hunderttausend Einwohnern drittgrößte Metropole. Moscheen und Grabmäler von einstigen Herrschern und Heiligen sowie einige imposante Ruinen am Rande der Oase zeugen von Zeiten, die weit großartiger waren als die Gegenwart. Bevor Alexander der Große an dieser Stelle eines seiner Alexandrias baute, soll es hier eine Stadt namens Artakana gegeben haben. Unter den islamischen Königen war Herat die Hauptstadt von Khorasan (heute ist *Mesched* Zentrum der gleichnamigen iranischen Provinz). Dschingis Khan und Timur Lenk fielen wie Wölfe über Herat her und zerstörten es vollkommen. Erst unter den Timuriden-Königen, den Nachfolgern Timurs, gewann es im fünfzehnten und sechzehnten Jahrhundert vieles von seiner alten Bedeutung wieder.

Wir kamen im Hotel „Behzad" an der ungepflasterten, staubigen Hauptstraße unter, das fast ausschließlich von ausländischen Besuchern bewohnt wurde. Für das Dutzend Gäste wurde das Waschwasser hinter dem Haus mit einem quietschenden Ziehbrunnen aus dem Boden gefördert. Einwandfreies Trinkwasser gab es hier nicht, man mußte eben heißen Tee trinken. Herat hatte noch keine öffentliche Wasserversorgung, aber eine deutsche Firma beschäftigte sich gerade mit dem Aufbau eines Netzes. Eine andere errichtete ein Postamt. Es gab weder Briefkästen noch Telefonzellen.

Zweimal sahen wir ein Personenauto, dann noch ein paar Lastwagen. Sonst verkehrten nur zweirädrige Pferdekutschen, geschmückt mit roten Quasten aus Wolle. Auch die Tiere waren mit Troddeln verziert. Die Wägelchen hatten große, angenehm tönende Glocken. Die Kutscher betätigten sie häufig, entweder um die wenigen anderen Verkehrsteilnehmer zu warnen oder um potentielle Fahrgäste auf sich aufmerksam zu machen (Farbbild 16).

In dieser fast mittelalterlich anmutenden Stadt begingen wir unser „Einjähriges". Dazu kauften wir „hintenherum" einen halben Liter Schnaps für umgerechnet fünf Mark. Er sollte aus der Sowjetunion eingeschmuggelt worden sein. (Die Produktion alkoholischer Getränke war in Afghanistan verboten.) Wer immer auch das Zeug fabriziert haben mochte, er mußte ein schlimmer Panscher gewesen sein, denn es schmeckte entsetzlich. Wir verdünnten es mit hausgemachter Limonade eines Straßenhändlers – schließlich wollten wir etwas feiern! Zwei deutsche Studenten, die wir schon mehrfach seit dem Kaspischen Meer getroffen hatten, leisteten uns Gesellschaft.

In der ausdörrenden Hitze der afghanischen Wüste war eine Melone Teil des Reiseproviants

13300 Kilometer auf Fahrrädern lagen hinter uns, als wir unser dreizehntes Reiseland erreichten. Mehrere tausend Kilometer hatten wir mit „gewöhnlichen" Verkehrsmitteln zurückgelegt. Aber wir waren des Reisens noch nicht müde geworden, fühlten uns quasi „unterwegs zu Hause". Wir erlebten diese Fahrt mit all ihren Tief- und Glanzpunkten, mußten manche vorgefaßte Meinung über Bord werfen, und wir erkannten froh, welche Wunderblumen auch an einem dornenreichen Weg blühen. Sorgenvoll gedachte mancher Briefschreiber in der Heimat der „primitiven Verhältnisse, unter denen Ihr leben müßt". „Fast unglaublich, was Euch da täglich begegnet und was Ihr erlebt", äußerte sich einer. „Mitfahren möchte ich aber nicht", klang es uns tatsächlich oder dem Sinne nach aus den meisten Schreiben entgegen. Übrigens gaben wir während der ersten 365 Tage genau 4287 Mark aus; das waren im Tagesdurchschnitt also nur rund 5,90 Mark pro Nase. Wie oft hatten wir uns aber schon die Erfüllung eines heißen Wunsches versagt!

Hitze, Kälte, Hunger, Durst und ein Sandsturm

Am Tage bevor wir in Richtung Kabul ausrückten, durchstreiften wir Herat kreuz und quer auf der Suche nach etwas Eßbarem, das wir auf die Reise mitnehmen konnten. Wir stöberten in kleinen Läden herum, die staubig waren wie die Straße vor der geöffneten Tür, und trabten durch den kümmerlichen Basar – vergebens. Genau 1063 Kilometer lang war unser Weg bis zur Hauptstadt, und wir mußten ohne einen Lebensmittelvorrat starten. Als „Trost" konnten wir in Herat einige der vierzig Melonen- und fast siebzig Traubensorten probieren, die es im Lande Afghanistan gibt. Zu unserer Überraschung trafen wir in der Stadt einen Medizinstudenten, einen Zollbeamten und einen Telefonbauer, die Deutsch sprachen.

Hier nun die Beschreibung unseres „Leidensweges" durch die Wüste, auf dem uns Hitze und Kälte, Hunger, Durst und am 26. September ein schwerer Sandsturm zu schaffen machten, in gekürzter Form nach Tagebucheintragungen. (Siehe Skizze Seite 104.)

Sonntag, 17. September 1967
In einem von Russen am Stadtrand erbauten Hotel holen wir uns sauberes Trinkwasser. Die paar Liter werden nicht sehr weit reichen. Die Straße führt nach Süden, wird auf den ersten zwanzig Kilometern von einer Pappelallee beschattet. Vor geraumer Zeit haben die Russen den Abschnitt Herat – Kandahar trassiert und betoniert. Von dort nach Kabul haben die Nordamerikaner eine Asphaltstraße gebaut. Als die Bäume zurückbleiben, beginnt die Einöde. Die Hitze ist beklemmend. Wir haben schrecklichen Hunger, uns wird ganz schlecht davon. Doch erst nach 85 Kilometern kommt der Ort Adraskan in Sicht. Auf dem winzigen, vergammelten Markt finden wir nichts als Eier, die wir austrinken. Dorflehrer Said, der Englisch kann, wohnt in einem Häuschen, etwa zwanzig Quadratmeter groß. Es gehört zum Straßenbauhof – von den Russen errichtet. Wir können bei ihm, wie er, auf dem Boden schlafen. Er gibt uns Reis mit etwas Fleisch. Saids monatliches Einkommen ist tausendfünfhundert Afghani (etwa 75 Mark), sein Diener bekommt hundert Afghani. Ein Kilo Trauben kostet vier Afghani, zwanzig Pfennig.

Montag, 18. September 1967
Morgens, und dann mittags in Schindand, wieder Reis und Ziegenfleisch. Wir müssen leben! Heißer Tee löscht den Durst. Schroffe kupferfarbene Berge zur Linken, doch die Straße hat wenige Steigungen. Kamelkarawanen ziehen zu den bis viertausend Meter hohen Ausläufern des Hindukusch. Viele trockene Flußläufe, die nur wenige Tage im Jahr Wasser führen. Die Luft ist trocken und klar. Nach 115 Kilometern erreichen wir am Farah Rud, der hier einen blauen See bildet, das nach ihm benannte Hotel. Für die russischen Ingenieure war es „Wohnheim". Als wir dort Tee trinken, kommt ein Mann aus Kabul vorbei, der uns bewundert. Darauf gibt uns der Manager ein Zimmer, kostenlos. „Deutschland und Afghanistan sind Freunde", sagt er. Wir haben sogar ein eigenes Bad. Aber es ist im Hotel heiß wie in einem Backofen. Fenster und Türen hängen schief in den Angeln, allgemein sieht alles verkommen aus. In Afghanistan nennt sich das „1. Klasse".

Dienstag, 19. September 1967
Nach dem Aufstehen: Es gibt im ganzen Haus kein Wasser. Über 35 Grad im Schatten, als wir kurz vor zwölf erstmals Essen in einem bescheidenen Gasthaus – aus Lehm gebaut, davor, aus gleichem Material, eine Plattform zum Sitzen – bekommen. Wir freuen uns wie die Kinder über ein Bäumchen, das neben einem leise rinnenden Bach, aus den Bergen kommend, steht. Jeder von uns trinkt fünf Liter Tee und Wasser. Wir nehmen noch eine große Melone mit. Es geht über einen Paß. Später öffnet sich die südafghanische Wüste vor uns, flach, graugelb, glühend, bedrohlich. Das Land scheint überflutet zu sein: Die atemberaubende Hitze ruft täuschende Luftspiegelungen hervor. Windhosen peinigen das Land. Ein paar Lehmhütten nennen sich Delaram. 130 Kilometer

geschafft! Ein schweigsamer „Engel" gibt uns kühles Wasser, Tee, Eier, Zwiebeln, ein Nachtlager. Nadschibullah arbeitet als Wächter im Straßenbauhof. Er kann kein Englisch. Im Hause ist er ganz in weiße Tücher gehüllt. Seine Augen leuchten vor Freude über unsere Ankunft. Wir schlafen auf einer Terrasse vor dem Häuschen unter dem Vollmond.

Mittwoch, 20. September 1967
Wir üblich sind wir auf, um noch vor Sonnenaufgang zu starten. Unser „Engel" ist schon zur Stelle. Später treffen wir Nadschibullah an der Straße. Er sitzt in einem Lastwagen, lädt uns ein, mitzufahren, aber wir haben unsere Fahrräder und die Straße ist gut. Die Etappe geht über 120 Kilometer. Hochbeladene Lastwagen, bunt bemalt mit Landschaften, Blumen, Tieren, verziert mit Spiegeln, farbigem Glas, Fransen aus Stoff und Wollquasten, sehen aus wie Spielzeuge (Farbbild 17). Während der letzten drei Tage haben wir nur etwa zwanzig dieser Fernlaster gesehen. Klapprige Autobusse, auf deren Dach Säcke und Kisten gestapelt sind, worauf ein Teil der Passagiere sitzt, sind noch seltener. In Girischk ist das einzige Hotel geschlossen. Aber wir haben anfangs Mühe, in den Straßenbauhof zu gelangen, denn die bewachenden Soldaten benehmen sich kindisch. Ein Beamter, der Englisch spricht, läßt uns dann ein. Mit einem Kollegen zeigt er uns nachher Pfeiler und Einzelteile einer vor dem Zweiten Weltkrieg von Deutschen gebauten, jetzt demontierten Flußbrücke aus Eisen. „Schenke uns das Glück deiner Gegenwart, denn dieses Haus gehört dir", heißt ein afghanischer Spruch. Wir wollen den Straßenbauhof aber gar nicht. Der Beamte und die anderen sitzen abends in zerlumpten Unterhosen mit uns auf dem Boden und fressen wie die Schweine.

Donnerstag, 21. September 1967
Mit dem Städtchen Girischk bleiben auch Afghanistans wichtigster Fluß Helmand (er verliert sich im Süden in Salzsümpfen) sowie Ruinen einer Karawanserei und eines großen Grabmals hinter uns. Heute drei Ortschaften am Wegesrand. In dem Marktflecken Keschk-i-Nakhod, nach vierzig Kilometern, bekommen wir Fladenbrot, Eier, Tee und Trauben als Frühstück. Wir sind glücklich darüber. Mittags fast 40 Grad im Schatten, doch wo ist Schatten? Eine schöne Bescherung: Schlauch und Decke meines Vorderrades explodieren. Es ist zu heiß, der Reifen dehnt sich, wird aus der Felge gedrückt. Nach dem Flicken des Schlauches den Reifen mit Draht umwickelt, um ihn an seinem Platz zu halten. Nach einem Marsch von 120 Kilometern erreichen wir Kandahar, die drittgrößte Stadt mit 120000 Einwohnern. Auch hier gibt es keine allgemeine Wasserversorgung. Kandahar ist sehr staubig. Ohne Scheu verrichten Erwachsene ihre Notdurft in den offenen Abwassergräben, die den Ort durchziehen. Nackte Buben suchen darin beim Baden Abkühlung. Wir suchen in Apotheken Tabletten zur Wasserentkeimung. Unbekannt! Wir schlafen in einem Hotel mit acht Zimmern. Es hat hauseigenes Wasser, aber nur ein paar Stunden am Tag.

Freitag, 22. September 1967
Freitag, das heißt hier „Sonntag", der Hauptgebetstag des Islam, ein Grund mehr für die Einheimischen, geräuschvoll zu sein. Hochbetrieb im Basar. Wir können einkaufen! Erstehen Dosen mit holländischer Trockenmilch und dänischem Corned Beef, zwei Dutzend Eier und mehrere Kilo Äpfel für die Weiterfahrt. Ein Ei kostet umgerechnet zehn Pfennig, eine Kanne Tee (etwa vier Tassen) ebenfalls, ein Kilo Zucker eine Mark – alles viel zu teuer für die armen Afghanen. Wir finden keine passenden Reifen, aber Ersatzschlauch und Gummilösung. Kandahar

Bus an Raststation in der afghanischen Wüste. Auch wir reisten einmal auf dem Dach mit

war ab 1774 Hauptstadt des Königreichs Afghanistan. Doch Alexander der Große hatte hier schon eine Garnison gebaut. In einer herrlich gekachelten Moschee liegt (angeblich) ein „heiliges" Gewand des Propheten Mohammed. Wir dürfen aber nicht hinein. So weit geht die afghanisch-deutsche Freundschaft denn doch nicht.

Samstag, 23. September 1967
Ein Bekannter wollte uns ausgerechnet nach Kandahar „postlagernd" schreiben. Der Beamte erscheint mit einer Stunde Verspätung im Postamt, springt einfach durchs Fenster herein. Am Boden werden Briefe sortiert, einige sind unter die Schränke gerutscht. Der Brief an uns wird nicht gefunden. Schlamperei! (Anmerkung: Später teilte uns der Bekannte mit, daß er es doch nicht geschafft habe, nach Kandahar zu schreiben.) Wir besuchen die Druckerei der staatseigenen „Government Press". Dort steht eine Druckmaschine aus Heidelberg. In Kandahar sind fünf junge Angehörige des Deutschen Entwicklungsdienstes. Sie sind Ausbilder an der technischen Berufsschule, geben Deutschunterricht, leiten einen Kindergarten. Wir können alle Einrichtungen besuchen. Wir werden eingeladen, in ihrem Haus zu wohnen, verbringen einen erholsamen Tag. Es gibt deutsches Essen!

Sonntag, 24. September 1967
Zwanzig Kilometer außerhalb der Stadt zerreißt es eine zweite Bereifung. Am Straßenrand liegen zerfetzte Autoschläuche. Wir schneiden ein Stück Gummi heraus und klemmen es unter den Wulst des Reifens. Mit diesem zweiten „Notverband" humpeln wir weiter. Noch 460 Kilometer bis Kabul! Die Landschaft wird belebter. Durch ein geniales System leiten Bauern das wenige Wasser eines Flusses auf ihre Felder. Wir haben Rückenwind, deshalb spüren wir kaum, daß die Straße ständig ansteigt. Am Abend liegen 140 Kilometer hinter uns. Wir sind 1726 Meter hoch, in Kalat. Neben dem Städtchen verfällt eine alte Festung. Im Hotel stehen die Fenster offen; wir müssen die Matratzen und Möbel erst von Sand und Staub befreien.

Montag, 25. September 1967
Heute morgen hat es nur sieben Grad Celsius. Trotz dicker Kleidung zittern wir im eiskalten Wind. Nach ein paar Kilometern ist uns schon wohler. An der 110 Kilometer langen Strecke begegnen uns endlose Karawanen von Nomaden, den Kutschi, die das kalte Bergland verlassen und für den Winter in mildere Gebiete ziehen. Sie treiben Kamele, Pferde, Esel, Schafe und Ziegen. Hühner und Kinder sind auf die Lasttiere gebunden. Besonders interessant sind die unverschleierten (!) Frauen und Mädchen. Sie sind sehr hübsch und tragen meist weinrote lange Kleider und oft reich bestickte Tücher, große Nasen- und Ohrringe, Armreifen, Münzen, im Haar befestigt, das häufig zu Zöpfen geflochten ist, rote Lidschatten. Die Männer, mit Turban, bestickten Hemden und Westen, und im Wind flatternden weiten „Halbmasthosen", schreiten stolz voraus, manchmal den Vorderlader geschultert. Aber diese Herren haben, wie wir hören, Angst vor einem imaginären „Schatten", der ihnen „folgt". Sonst sind sie aber in vielem vernünftiger als die Seßhaften in Afghanistan. Die Frauen haben bei ihnen mehr Freiheiten. Sie sind ein lustiges Völkchen. Voll Interesse betrachten sich diese Nomaden und die auf Fahrrädern gegenseitig. Wieder starker Rückenwind, klare Luft. Die Berge sind gut zu sehen. In einem Dorf macht der Gouverneur der Provinz Zabul, deren Hauptort Kalat ist, einen Besuch. Schulkinder müssen für ihn zum Trommelschlag tanzen. Der Bürgermeister kann Englisch und unterhält sich

Eine verfallene Karawanserei an unserem Wege von Ghasni nach Maidan

mit uns. Diese Nacht verbringen wir in Mukur, das in einer dichtbesiedelten Gegend liegt. Dort treffen wir einen Bremer, der für die Deutsche Fernmeldetechnische Mission arbeitet. Er hilft mit, die neue Telefonverbindung zwischen Indien und Europa zu bauen. An die Verhältnisse hier hat er sich noch nicht gewöhnt: Er hat ein selbstgebautes, transportables Klohäuschen dabei.

Dienstag, 26. September 1967
Dunkle Wolken bei den fernen Bergen; sonst ist der Himmel tiefblau. Südwind – ein Sandsturm zieht herauf! Noch ist das Land auch von Steinen und Felstrümmern bedeckt, noch gibt es gelegentlich Palmen und Eukalyptusbäume. In immer größerer Eile versuchen wir, aus der Zone des heraufziehenden Unwetters zu flüchten, was uns mit Hilfe des Rückenwinds nicht schwer fällt. Dann gibt es keinen Baum mehr, kein Strauch säumt den Weg. Da ist nur noch Sand... Hinter uns, in der Ebene, steht eine senkrechte Wand, von gleicher Farbe wie die Wüste, emporragend, bis sie fast die Sonne berührt. Unzählige Windhosen vollführen einen trügerisch trägen Tanz, aber sie nähern sich mit großer Geschwindigkeit. Kein Haus, keine Hütte. Der Ort Karabagh liegt irgendwo dort draußen, wo das Ungeheuer tobt. Plötzlich wird es halbdunkel, der Sand verhüllt die Sonne und der kalte Atem des Wüstenberglandes von Belutschistan macht uns erzittern. Wir eilen, umsonst, die Wand hat uns eingeholt! Es wird fast finster. Der pfeifende Sturm stößt uns vorwärts. So schnell sind wir noch nie gefahren. Ein Auto, mit brennenden Scheinwerfern, steckt seitlich des Weges hilflos im Sand. Hier hageln Steine auf die Straße, dort

sind tiefe Sandverwehungen. Plötzlich ein Krater vor uns: Die Straße wurde bei einem früheren Unwetter weggespült. Wir kämpfen uns in weitem Bogen durch den Sand. Wird der „Notverband" unserer Reifen halten? Wir haben vom Staub kalkweiße Gesichter und ergrautes Haar. Die Augen gleichen nur noch Schlitzen, die Nasen sind verstopft. Keuchend atmen wir den Sand ein, der das Schlucken erschwert und zwischen den Zähnen knirscht. Kleider, Gepäck und Fahrräder haben die Farbe des Sturmes angenommen. Noch finsterer kann es am Tage nicht werden. Nie haben wir uns so einsam gefühlt. Seit Stunden nichts mehr getrunken... Ein plötzliches Nachlassen des langgezogenen Heulens in den Lüften, ein unheimliches Schweigen. Aber die Atempause ist nur kurz, und wieder gerät die Landschaft in Erregung. Allerdings erreicht der Orkan nicht mehr die Stärke wie zuvor. Doch noch immer schüttelt uns der Riese und treibt uns wie Spielzeuge vor sich her. Nach acht Stunden die Erlösung: Vor uns liegt Ghasni, wo man uns im ehemals amerikanischen Straßenbauhof – jetzt eine Herberge – aufnimmt und sogar eine Dusche ermöglicht, gewiß die kälteste unseres Lebens – sei's drum!

Mittwoch, 27. September 1967
Ein herrlicher Tag. Das Gestern scheint nie gewesen zu sein. Ghasni ist nur eine kleine Stadt, dabei war es einst die Hauptstadt des mächtigen Ghasnawidenreiches, das ab der Jahrtausendwende zweihundert Jahre vom Iran bis nach Indien reichte. Mahmud von Ghasni war der Gründer. Heute gibt es noch einen Palast, Grabmäler, ein Museum. An verfallenden Karawansereien und Zitadellen vorbei fahren wir 100 Kilometer weit bis auf 2400 Meter Höhe. Die heiße Jahreszeit geht für uns zu Ende. Wir kommen in die Hindukuschberge, erreichen den Oasenort Maidan. Im Kaufladen will man uns schändlich betrügen. Ein afghanischer Fluch: „Der Leichenwäscher soll dich holen!" Ein gutherziger Wirt nimmt uns gegen geringes Entgelt auf. Wilma schläft auf einer Holzpritsche, ich auf einem Tisch. Seinen „tschai" schlürfenden, turbangeschmückten Gästen erzählt er stolz, woher wir sind.

Donnerstag, 28. September 1967
Noch vierzig Kilometer. Eine letzte Steigung, der erste kleine Schneefleck am höchsten Gipfel. Große, wohlhabende Ortschaften, dann die Oase von Kabul. Wir haben gewonnen! Wie auf Eiern fahren wir mit unseren schon fast papierdünnen Reifen in die Hauptstadt ein.

Auf Omnibusdach ins Tal von Bamiyan

Wie schon zweimal, wenn wir einen Abstecher machten und auf dem gleichen Wege wieder zum Ausgangspunkt zurückkehrten, ließen wir in Kabul unsere „Pferdchen" etwas ausruhen, als wir noch einmal ins Landesinnere gingen. Unser Ziel war das Tal von Bamiyan, 240 Kilometer von der Hauptstadt. Mit gemischten Gefühlen kletterten wir morgens um vier Uhr auf das Dach eines altersschwachen, bemalten Busses. Wie ein Dutzend anderer Fahrgäste hatten wir im Innern keinen Platz mehr bekommen, obwohl wir schon eine Stunde vor der Abfahrt aufgekreuzt waren. Die einen Platz bekamen, mußten wohl schon im Bus geschlafen haben. Ab ging die Post durch die morgendliche Kälte! Die Parole lautete: „Kopf einziehen!" Um Kopf und Kragen bangten wir nämlich, wenn tiefhängende Telefonleitungen, Baumgeäst und hervorstehende Felsen über uns hinwegsausten. Zuletzt waren wir neunzehn Mann und eine Frau dort oben. Nicht allzulange vorher war ein derart überladener Bus durch einen viel zu niedrigen Tunnel gefahren. Es waren

In Kabul: Ein Flickschuster näht einen unserer Reifen; altes Wohngebiet am Berghang

mehrere Tote zu beklagen gewesen. Aber auf der Straße nach Bamiyan gab es keine Tunnels.

Auch so wurde es uns nicht langweilig. Unsere Reisegefährten, durchweg Mongolengesichter, Nachkommen aus Dschingis Khans und Timur Lenks Horden, und von den sich ach so arisch fühlenden Afghanen besonders von Kabul und den anderen großen Städten verachtet, zeigten sich gegenseitig die dort erstandenen Neuheiten aus der großen Welt: Nagelzwicker mit Feile, Transistorradios und Spiegelchen, in denen sie sich ebenso wie in der blanken Rückseite ihrer Kautabakdosen selbstgefällig betrachteten. Den Tabak nahmen sie regelmäßig in kräftigen Prisen. Nachher spien sie den grünen Saft in weitem Bogen aus. Ja, die Hasara-Männer (von „hasar" = tausend, denn Dschingis Khan ließ immer tausend Mann an wichtigen Orten zurück; sie waren die geknechtete Klasse Afghanistans) mit ihrem auch zum Schneuzen verwendeten „mendil", dem Turbantuch, waren eitel!

Es ging durch tiefe Schluchten, vorbei an atemberaubend steilen Abstürzen, hoch in die Berge. Der Schibarpaß hat 2987 Meter aufzuweisen. Der alte Wagen schwankte, knarrte und knirschte auf zerfurchten Wegen. In wasserreichen Tälern gab es viele kleine, noch junge Wälder von Eukalyptusbäumen, deren Holz besonders zum Bauen gefragt war.

Wirklich beeindruckend war das hochgelegene, geschichtsträchtige Tal von Bamiyan, der Grund unseres Abstechers. Im Süden erhoben sich die schneebedeckten Gebirgswälle des Koh-i-Baba, im Norden die des Hindukusch. Von verschiedenen Punkten konnten wir das jetzt im Herbst noch freundlich aussehende Tal überblicken. Das eigentliche Dorf war klein, hatte nur eine Straße, aber überall in den Feldern standen festungsartige Gehöfte von Großbauern, mit hohen Mauern gegen die Stürme Innerasiens, aus Lehm und Holz errichtet (Farbbild 18). Was Bamiyan berühmt machte, war vor allem die Tatsache, daß sich hier vom ersten bis zum sechsten Jahrhundert ein buddhistisches Zentrum befand, wo Tausende von Mönchen studierten. Pilger aus ganz Süd- und Zentralasien kamen, um bei den Heiligtümern zu beten. Größte Attraktion sind zwei fast sechzig und vierzig Meter hohe Buddhastatuen, die in den roten Fels gehauen wurden. Leider wurden die Köpfe der Figuren von islamischen Bilderstürmern schon vor langer Zeit größtenteils zerstört; Malereien waren gleichfalls weitgehend verloren. Auf Felsen über dem Tal standen auch die Überreste alter Befestigungsanlagen und Ortschaften. Bamiyan gefiel uns so sehr, daß wir es auf unserer zweiten Weltreise erneut besuchten.

Nach drei Tagen fuhren wir mit demselben Bus zurück. Diesmal konnten wir innen sitzen, aber das war wegen der Enge kaum bequemer. Zudem hatten wir die rotzelnden, spuckenden Mitfahrer nun direkt neben uns.

Diskussionen mit Experten – Mit Reifen zum Flickschuster

Wir hatten in Afghanistan reichlich Gelegenheit, mit Ausländern, die schon einige Zeit hier arbeiteten, über Fragen zu diskutieren, die mit der Hilfe des Auslands zusammenhingen. Wir fanden, daß vor allem die USA, die Sowjetunion und die Bundesrepublik bei der Unterstützung der afghanischen Wirtschaft und bei den Bemühungen um die Verbesserung der Infrastruktur geradezu einen Wettlauf miteinander austrugen. Die Schaukelpolitiker in Kabul spielten diese Länder gegeneinander aus. Dabei gab es schwere Pannen: Ein von den Deutschen erbautes Kraftwerk zum Beispiel wurde bei einem furchtbaren Hochwasser stark beschädigt. Ebenfalls durch Wasser wurden die von den Russen und Amerikanern neugebauten, einzig guten Straßen, Brücken und ähnliches schwer beeinträchtigt. Die Afghanen waren kaum fähig, ein fertiggestelltes, kostspieliges Projekt selbständig zu übernehmen. Dazu fehlten ihnen einfach die richtigen Leute. Dennoch wollte König Zahir Schah solche Angebote nicht ablehnen. Dabei hätte er sich viel mehr um direkte Hilfe für die notleidende Bevölkerung kümmern müssen, die von Hunger und Krankheit bedroht war. Nur wenige Kinder gingen zur Schule, und die, die Unterricht erhielten, hatten oft nur islamische Geistliche als Lehrer. Diese Mollahs blickten kaum über den Rand des Koran hinaus.

In Kabul wohnten wir bei einer DED-Helferin, Gunhild Göres aus Heidenheim, die uns schon in Kandahar eingeladen hatte, und einigen anderen dieser Freiwilligen. Wir besuchten mehrfach auch andere Deutsche, die Experten in den verschiedensten Bereichen waren. –

Auch hier fanden wir keine Reifen für unsere Fahrräder. Doch Not macht erfinderisch: Wir kauften zwei 28-Zoll-Decken, aus denen wir nach vorsichtigem Rechnen ein Stück herausschnitten. Wir gingen dann zu einem Flickschuster – einem Hasara – im Basar. Er legte die Schnittkanten aneinander und die herausgenommenen Stücke an die Innenseite, worauf er das ganze seitlich zusammennähte. Nun hoppelten unsere Räder zwar etwas, aber wenigstens konnten wir weiterfahren. Zum Glück konnten wir Lebensmittel auf Vorrat beschaffen. So kauften wir – der Leser mag jetzt vielleicht schmunzeln – fünfzehn Dosen Luncheon Meat (Frühstücksfleisch), drei Dosen Marmelade und zwei Dosen Trockenmilch, unter anderem. Wir waren aber schon oft froh über unsere Vorräte gewesen, denn die kleinen Eßlokale starrten vor Schmutz.

Durch die wilde Schlucht des Kabul-Flusses östlich der Hauptstadt zum Khaiberpaß

Über den Khaiberpaß

Bald nach Verlassen der Hauptstadt fuhren wir durch die wildromantische Schlucht des Kabul-Flusses. Da wir es ja nicht eilig hatten, konnten wir jeden Teil dieses außergewöhnlichen Streckenabschnitts genießen. Über zahlreiche Wenden und Kehren fuhren wir in tieferes, wärmeres Land hinein, vorbei an dem erwähnten „deutschen" und bei Sarobi an einem „russischen" Kraftwerk. Über Dschalalabad gelangten wir zur afghanisch-pakistanischen Grenze, wo wir noch diesseits eine Nacht verbrachten, obwohl wir offiziell schon ausgereist waren. Am nächsten Morgen waren wir nach kurzer Zeit in unserem neuen Reiseland. Nun mußten wir aber noch über den Khaiberpaß, ehe wir der Indusebene zustreben konnten.

Eigentlich handelt es sich beim Khaiber um einen Gebirgsstock, den man im Vergleich zu anderen Stellen relativ bequem überqueren kann. Dies war zu allen Zeiten das wichtigste „Tor" von Zentralasien nach Indien. Alle Eroberer mußten sich ihren Weg durch den Engpaß (er ist nur knapp elfhundert Meter hoch) erkämpfen, die Perser und die Griechen (unter Alexander dem Großen) ebenso wie die Seldschuken, die Mongolen und die Ghasnawiden. Die Passage ist rund vierzig Kilometer lang. Wie viele blutige Schlachten hier wohl getobt haben! Der Khaiberpaß führt über einen gequälten Berg: Er wurde von Eisenbahn- und Straßenbauern, von Militärstrategen und von den Einheimischen durchwühlt. Als die Engländer Indien erobert hatten, sicherten sie ihren neuen Besitz so gut wie möglich gegen neue Einfälle über den Khaiberpaß ab. Noch jetzt konnten wir Dutzende von Festungen sehen – wie das Fort Shagai, ein monumentaler Ziegelkomplex –, die zur Verteidigung an dem Übergang errichtet worden waren. Die Pakistanis fühlten sich in der Rolle der Paßbewacher den ehemaligen Kolonialherren durchaus ebenbürtig.

In der Umgebung des Passes – ebenso wie im ganzen Osten Afghanistans und im Norden (West-) Pakistans, wo sie jeweils einen Großteil der Bevölkerung ausmachen – leben die Paschtunen. Unter ihnen gibt es geschickte Büchsenmacher. Wir sahen viele Männer voller Stolz ihre „rifles" (Gewehre) und Pistolen spazierentragen. Sie gehen einem Streit nicht unbedingt aus dem Wege, und ihre „Kanonen" bleiben dabei nicht immer unbenutzt. So sind sie, in ihren zwischen den Beinen durchhängenden Hosen, dem darüber herunterfallenden Hemd europäischen Schnitts und einem mit Goldfaden bestickten runden Käppchen oder dem Turban recht abenteuerlich aussehende Gestalten.

Uns ging eine früher gehörte Warnung nicht aus dem Sinn: „Dort wird jeder Fremde ermordet. Meiden Sie daher den Khaiberpaß!" Der dies gesagt hatte, machte ein Gesicht, als ob es das Selbstverständlichste von der Welt wäre, daß man Menschen umbringt. Nun waren wir durch den Engpaß unterwegs. Plötzlich flogen uns Steine um die Ohren, von – woran wir uns inzwischen schon gewöhnt hatten – Halbwüchsigen geworfen, und wir dachten, daß dies nur ein Vorspiel sei. Schließlich wurde es uns zu dumm, und wir warfen die Steine zurück. Das war dann auch schon alles. Rückblickend können wir sagen, daß es dort kaum riskanter war als in Afghanistan oder in anderen Gebieten Pakistans. Der starke Lastwagen- und Autobusverkehr nach und von Peshawar auf der schmalen Straße mit ihren vielen Kurven, Steigungen und Gefällen war weit gefährlicher für uns.

Auf dem indischen Subkontinent

Die Hochländer Westasiens lagen nun hinter uns, aber auch in den tieferen Gebieten wurde es zunehmend kälter. Wieder nahte ein Winter. Ihn gedachten wir angenehmer zu verbringen als den letzten. Dennoch würden wir einmal durch viel Schnee kommen. Aber jetzt waren wir erst einmal in Pakistan. Dieses Land erstreckt sich 1700 Kilometer von den Himalajabergen bis zum Arabischen Meer. Wir beabsichtigten nicht, es der Länge nach zu durchfahren. Vielmehr wollten wir es in Richtung Indien durchqueren, indes nicht, ohne einige interessante Abstecher zu machen. Ich will nicht leugnen, daß wir es jetzt etwas eiliger hatten, denn wir wollten Weihnachten in Nepal sein. In den Monaten Dezember und Januar, so hatten wir erfahren, sollten dort die Bedingungen für größere Bergwanderungen ideal sein. Aber einen Monat wollten wir uns für den Norden Pakistans schon Zeit lassen.

Die Stadt Peshawar, deren Geschichte in vieler Hinsicht mit dem nahen Khaiberpaß verbunden ist und die überwiegend von Paschtunen bewohnt wird, verließen wir nach zwei Tagen erster Eingewöhnung. Auf der Straße nach Osten gerieten wir in ein Inferno. Tausende von Lastwagen, Autobussen und Taxis, Hunderte von Pferdekutschen und Viehherden drängten sich allein auf den ersten fünfzig Kilometern auf der Chaussee. Wir rissen schleunigst aus und bogen nach Norden ab, und zwar zum grünen, fruchtbaren Swat-Tal, das von eiligen Bächen durchströmt wird. Dazu mußten wir sieben Meilen (hier wurden britische Maßeinheiten verwendet, von hier an mußten wir auch links fahren), das sind zwölf Kilometer, zu einem tausend Meter hohen Paß fahren und schieben. Wir genossen die Ruhe des eher abgelegenen Tales, das nach dem Flusse Swat benannt wurde. Er war tiefblau. Auf den Bergen lag Schnee. Wir kamen fast bis ans Ende des Tales. Eine Nacht durften wir auf Einladung eines „political agent" (eine Art Landrat) in einem Gästehaus schlafen, eine andere in einer festungsartigen Polizeistation. Wir wurden von den Männern (die Frauen wurden leider meist versteckt gehalten) sehr ordentlich behandelt. Swat hatte einen besonderen Status unter den Regionen Pakistans. Es war ein weitgehend autonomer Staat mit einem eigenen Oberhaupt. Dieses ehemals wohl ärmste Gebiet im Lande hatte in den letzten Jahren bei Schulen, Krankenhäusern, Straßen und Landwirtschaft erhebliche Fortschritte gemacht.

Ins tiefere Land zurückgekehrt, überquerten wir noch zweimal den Kabulfluß, der zum Indus fließt, dann diesen selbst. Weitere zweihundert Kilometer waren es bis nach Rawalpindi. Dort quartierten wir uns in einem Hotel ein, aber am nächsten Tag lernten wir Dr. Werner Westerburg kennen, Legationsrat an der deutschen Botschaft. Er hatte von den deutschen Studenten, mit denen wir in Herat beim Schnaps gefeiert hatten, über uns erfahren, und er sprach uns deshalb direkt an, als er uns in der Stadt mit seinem Mercedes begegnete. Er wohnte in Islamabad, der noch im Bau befindlichen neuen Hauptstadt Pakistans, aber die Botschaft befand sich noch in

Rawalpindi. Dr. Westerburg, noch recht jung, hatte früher selbst die Freuden und Leiden einer großen Radwanderung (nach Italien) kennengelernt. Nun kamen da zwei mit dem Fahrrad gar bis Pakistan – das „verpflichtete" offenbar: Er lud uns zu sich ein. Doch es blieb uns nur ein Tag, denn wir wollten uns einen langgehegten Wunsch erfüllen. Die Inlandflüge der Pakistan International Airlines waren recht preiswert.

Vorbei am Nanga Parbat nach Gilgit

So setzten wir uns in Rawalpindi in eine grün-weiße „Fokker Friendship", der wir nach etwa einer Stunde in dem Bergort Gilgit wieder entstiegen. Die zweimotorige Maschine flog mit uns vierhundertfünfzig Kilometer über die grünen Vorberge und dann über die mit Eis und Schnee bedeckten Gipfel des Himalaja, vorbei an dem 1953 von dem Österreicher Hermann Buhl erstmals bezwungenen Nanga Parbat (8125 m). Unten strömte der als Bergfluß noch schmale Indus dahin. Der Blick aus rund sechstausend Meter Höhe ging bis zum K 2, mit 8611 Metern der zweithöchste Berg der Erde, an der Grenze mit Sinkiang in China. Der Flug in das nördlich von Kaschmir gelegene Gebiet, politisch als „Gilgit Agency" bezeichnet, war für uns nur mit einer besonderen „Touristen-Einführungskarte" möglich, deren Gültigkeit auf zehn Tage begrenzt war.

In jenen Tälern zwischen Himalaja-, Karakorum- und Hindukuschgipfeln sah es im Grunde nicht anders aus als vor vielleicht einem Jahrhundert in manchen entlegenen Berggebieten Mitteleuropas. Darüber täuschten auch Jeeps, Konserven und die Flugzeuge nicht hinweg. Die Bevölkerung lebte nach alten Sitten und Gesetzen. Die Entfernungen zwischen den Orten waren oft groß, die Höhenunterschiede beträchtlich, die Wege schlecht und die Menschen arm.

Besonders in den stadtähnlichen Siedlungen leisteten die Frauen neben ihren eigentlichen Pflichten Männerarbeit, während sich die Herrenwelt im Basar (mit „Markt" zu übersetzen) amüsierte. In Gilgit sahen wir nur eine Frau, am Boden mit dem Gesicht dicht an einer Mauer sitzend, auf ihren Ehemann wartend, der wohl etwas zu erledigen hatte. Einfach abgestellt wie ein Fuhrwerk! Ebenfalls bei sportlichen Veranstaltungen fehlten Frauen völlig. (Die Bewohner von „Gilgit Agency" sind leidenschaftliche Hockey- und Polospieler.) Wilma wurde daher auf der Straße und im Stadion, wo wir bei einem Hockeymatch auf der Ehrentribüne saßen, von forschenden, oft frechen Blicken geradezu durchbohrt. Allgemein sind die Männer der Ansicht, daß Frauen Kinder zu kriegen und den Haushalt zu führen, im übrigen aber keine Rolle zu spielen hätten (so ein Ingenieur, der zweieinhalb Jahre an einer Jesuitenschule in London lernte). „Wenn meine Frau ohne meine Erlaubnis das Haus verließe, würde ich sie töten", sagte uns ein Polizeioffizier. Die Pakistanis halten sich für besonders fromm . . .

Wie Fabelwesen betrachtet

Eine Woche hielten wir uns dort oben auf. Wir unternahmen weite Fußwanderungen, wobei die Nahrungsfrage das größte Problem war. Den höchsten Punkt erreichten wir an einem Gletschersee mit 3300 Metern. Fabelwesen schienen wir den Bergmenschen am Fuße von Fünf- bis Achttausendern zu sein. Da wir gekommen waren, um ihre Berge, Wälder – furchtbare Einschläge lassen sie dahinschmelzen – und Dörfer zu sehen, hielten sie uns ohnehin für meschugge. Nur eines trauten sie uns zu: daß wir furchtbar viel Geld haben mußten und man uns dieses mit allen Mitteln aus den Taschen locken sollte. Andererseits waren alle Güter in „Gilgit Agency" wirklich

Gilgit im Himalaja Pakistans. Vorn eine reisende Familie. Die Frauen sind verschleiert

Goldwäscher mit ihren Frauen und ein Geologe (neben Wilma) im Gebiet von Gilgit

teurer als im Flachland, denn alles wurde eingeflogen. Die Pässe waren meist eingeschneit. Bunt wie eine Malerpalette hoben sich die in herbstlicher Pracht prangenden Gärten und Bäume der Dörfer von ihrer felsigen Umgebung ab. Leider gab es nur ganz wenige wilde Tiere. Unser schönstes Erlebnis hatten wir im Lager eines Geologen am Hunza-Fluß, dem sich einige Goldwäscher zugesellt hatten. Die Männer tanzten zum „Dum-Dum" der Trommel, während die Frauen, zum erstenmal in ihrem Leben fotografiert, ihre schönsten Sachen aus den Wohnhöhlen holten, um für uns Modell zu stehen.

Mit dem Rückflug gab es Probleme. Wegen Schlechtwetter am Nanga Parbat kam drei Tage kein Flugzeug, und wir saßen gefangen wie Mäuse in der Falle.

Aber schließlich schwebten wir wieder Rawalpindi entgegen. In Pakistan, wo man Landkarten in Buchhandlungen vergeblich suchte, weil es keine gab, denn die Behörden des Präsidenten Ayub Khan hatten furchtbare Angst vor „Spionen" wie uns, da war es schon etwas Schlimmes, aus einem Flugzeug zu fotografieren, wenn es verboten war. Auf dem Rückflug machte ich aber ein paar Bilder. Dabei saß schräg gegenüber ein hoher Beamter.

Zum Abschied in Fernsehen und Zeitungen

In Islamabad konnten wir uns nun bei Dr. Westerburg etwas ausruhen und unsere Sachen in Ordnung bringen. In dieser Stadt sah es noch „wild" aus, denn überall wurde fürchterlich viel gebaut. Es wohnten noch nicht allzuviele Leute dort, hauptsächlich Offizielle und Personal der Botschaften, das von der Regierung ausdrücklich aufgefordert worden war, dorthin umzuziehen. 1962 war mit dem Bau begonnen worden. Rawalpindi, zwanzig Kilometer entfernt, wurde seit 1959 als die provisorische Hauptstadt betrachtet.

Ein besonderes Ereignis war für uns, daß wir vor unserer Abreise aus Islamabad vom „Asian Television Service" für eine etwa zwei Minuten lange Reportage gefilmt wurden. Sie wurde im pakistanischen Fernsehen ausgestrahlt und sollte auch im ZDF gebracht werden. So rollten wir mit unseren Fahrrädern nun schon zum zweiten Male über die Bildschirme. Kameramann Horst Radke aus Wiesbaden machte das Feature. Er arbeitete – wie andere Deutsche – am Aufbau des pakistanischen Fernsehens und einer Fernseh-Nachrichtenagentur mit. Dann wurde noch ein kurzes Interview mit uns über unsere Eindrücke in der größten englischsprachigen Zeitung des Landes, der „Pakistan Times", mit Bild veröffentlicht. Ein Bild von Wilma mit begleitendem Text erschien in der Illustrierten „Akhbar-e-Kahawateen" („Zeitschrift der Dame").

Unseren Abschied von Rawalpindi, Islamabad und Dr. Westerburg, der die Begegnungen mit der Presse vermittelt hatte, feierten wir mit ihm und den Fernsehleuten im mondänen „Hotel Intercontinental", mit Mittagessen am Swimming-pool. Nachher fuhr uns unser Freund noch zehn Kilometer nach, um sich nach unserem Ergehen zu erkundigen und um uns zwei Flaschen besten Whiskys als „Wegzehrung" mitzugeben. Damit konnten wir Wilmas Geburtstag begießen.

Auf dem Wege nach Lahore machten wir noch einen Abstecher zum mächtigen Mangla-Damm, der drei Wochen später eingeweiht wurde. Durch den Techniker Artur Bös aus dem Raum Heidelberg, der den Einbau komplizierter Instrumente am Kraftwerk überwachte, öffneten sich alle Türen wie von selbst und Fotografierverbote fielen. Der Damm steht am Flusse Jhelum, der wie vier andere große Wasserläufe zum Indus fließt, durch die Landschaft Punjab, was „Fünf Ströme" bedeutet. Das Stauwerk ist fast dreieinhalb Kilometer lang und weit über hundert Meter hoch.

Pakistanischer Junge mit seinem gefiederten Kameraden auf einem Stock

Unschöne Episoden und „märchenhaftes" Lahore

Wie Slalomläufer bemühten wir uns auf der etwa dreihundert Kilometer langen Strecke von Rawalpindi nach Lahore um Schlaglöcher und Steinbrocken herum, während wahnsinnige Bus- und Lastwagenfahrer viel Geschick darin zeigten, uns mit heulenden Motoren und wütendem Hupen von der schmalen Straße zu drängen. Da wurden Wasserbüffel und Ziegen getrieben, und manchmal bis auf die Knochen abgemagerte Pferdchen zogen zweirädrige Tongas, die einen großen Teil des lokalen Personentransports besorgten. Passanten und Ladenbesitzer machten witzige Bemerkungen über uns und hielten sich die Bäuche vor Lachen.

Als Deutsche hatten wir es in Pakistan nicht schwer, nur eben als Ausländer. In Rawalpindi gab es in einem städtischen Bus (wie üblich durch ein Gitter zweigeteilt: vorn die Frauen, hinten die Männer) Streit, weil Wilma mit mir in die „Herrenabteilung" einstieg. Auf der Landstraße wollten zwei junge Burschen, die gemeinsam auf einem Rad saßen, wissen, woher wir seien. Indien und Israel, so hieß es, waren die einzigen beiden Länder auf der Welt, mit denen Pakistan nicht Freund war. Übermütig ließen wir die beiden wissen, daß wir aus Israel seien. Sie machten Kulleraugen. Dann hielt sich einer von ihnen (während der Fahrt!) an Wilmas Rucksack fest. Da bremste sie ab und gab dem Jungen auf dem Gepäckträger ärgerlich einen Stoß. Dadurch verloren sie das Gleichgewicht und landeten in einem Graben mit wadentiefem Wasser. Vermutlich nahm ihr Respekt vor den Israelis durch dieses Abenteuer um einiges zu. Pfadfinder, die nach einem großen Treffen von einem Platz strömten, enttäuschten uns, als sie an unseren Rädern zerrten und ein Gejohle anstimmten, als wir uns darüber mokierten.

Lahore – bei diesem schönen Namen einer alten, interessanten Stadt denkt man an Moguln, an großartig angelegte Moscheen mit schneeweißen Kuppeln, an marmorne Mausoleen und an in Farben schwelgende, von fremdartigen Menschen erfüllte Basare. All das fanden wir in dieser Stadt mit dem Hauch aus Märchen auch wirklich vor. Einen Spätnachmittag verbrachten wir voller Bewunderung bei der Badschahi Masdsched, dem herrlichsten Bauwerk Lahores, erbaut vor dreihundert Jahren (Farbbild 19). Wir konnten ein sechzig Meter hohes Minarett besteigen. Am Abend blieben wir, bis die Moschee sich wie ein Scherenschnitt vom Himmel abhob. Aber wir erfuhren, wie auch an anderen Plätzen in Pakistan, daß das Leben hier keineswegs nur märchenhaft war. Es gab jedoch wirklich viel zu sehen, weshalb wir mehrere Tage blieben. Allerdings kehrten wir täglich von Staub bedeckt zum Hotel zurück. Insbesondere die Tausende von Pferden vor den Tongas, die ständig unterwegs waren, fanden wir als Ursache dafür heraus. Die Luft war sehr trocken, und die Autos wirbelten die pulverisierten Hinterlassenschaften der Tiere auf.

Im Fahrradbasar übergaben wir einem Händler zwei wiederum zu große Reifen. Wir hatten wieder ein Stück herausgeschnitten. Nun schweißte er den Draht zusammen und vulkanisierte den Gummi. Wir waren gespannt, wie lange unsere verschiedenen „neuen" Reifen durchhalten würden.

Mit einer Weggenehmigung der pakistanischen Polizei machten wir uns zur Grenze auf. Eine schmale Straße führte südostwärts, teils durch sumpfiges Gelände. Beim bescheidenen Mittagsmahl wurden wir von einer Patrouille der Militärpolizei kontrolliert. „Stehenbleiben in der Zehnmeilenzone ist verboten!" hieß es. Tatsächlich waren wir noch zwanzig Meilen von der Grenze. Ägypten kam uns in den Sinn. Daher fuhren wir auch weiter. Die Wunden des letzten pakistanisch-indischen Krieges von 1965 schwärten immer noch. Auf beiden Seiten beobachteten wir Militärkonzentrationen. In Pakistan hatten wir uns während des Monats einfach nicht richtig frei gefühlt. Es gab viele Polizeikontrollen an der Landstraße, viele Fotografierverbote. Übrigens beginnt hier der Präsidenteneid: „Ich glaube, daß Allah, in seiner unendlichen Gnade, Pakistan erschuf . . ."

Radfahren für Frauen nicht mehr „unanständig"

Freundliche Beamte empfingen uns jenseits der Grenze. Neugierige Fragen wurden an uns gerichtet, und man bestaunte besonders Wilma. Siehe da, wir erfuhren, daß Radfahren für Frauen hier nicht als unanständiges Tun gewertet wurde. Zum ersten Mal nach fast einem Jahr – abgesehen von unseren Aufenthalten in Israel und auf Zypern – verließen wir die von Moslems beherrschten Gebiete, wo „die Frau auf dem Fahrrad, das unbekannte Wesen" war. Doch nur im Unionsstaat Punjab konnten wir uns darüber etwas freuen: Die Bewohner sind dort überwiegend Sikhs, Angehörige der fortschrittlichsten Religionsgemeinschaft, die auch besser genährt aussehen als die meisten anderen Inder. Sobald wir dieses Gebiet hinter uns hatten, war es wieder das alte Lied, noch schlimmer, nun hatte man sogar etwas daran auszusetzen, daß *ich* radfuhr. Den Grund dafür erfuhren wir erst im Laufe der Zeit.

In Indien kann es sich ein Weißer nicht erlauben, vor den Augen der Einheimischen eine große Strecke aus eigener Kraft zurückzulegen. Von ihm erwartet man, daß er sich fortbewegen *läßt*, sei

Schülerinnen: Radfahren für Frauen nicht mehr „unanständig". – Am „India Gate" in Neu-Delhi

es durch ein Motorfahrzeug, in einer Rikscha oder auf einem Reittier. Hätten wir also auf einem Pferd nach Indien galoppieren sollen? Weil wir es nicht taten, mischte sich in den Spott der Leute noch der Ausdruck von Verachtung. Ich schicke dies voraus, denn dadurch wird vielleicht manches verständlicher, was wir in der nächsten Zeit erlebten.

Bei meinen Schilderungen will ich mich ganz auf die Wiedergabe unserer persönlichen Eindrücke und Erfahrungen beschränken. Auf alle historischen Einzelheiten, auf das kulturelle Vermögen und die politischen Hintergründe des nahezu unüberschaubaren Landes mit damals schon über 500 Millionen Menschen in diesem Rahmen genau eingehen zu wollen, wäre ein dreistes Unterfangen. Allein mit unseren eigenen Erfahrungen könnte ich Bände füllen.

Doch bevor ich mit dem Erzählen beginne, möchte ich den Leser kurz wissen lassen, wie unser Reiseweg verlief. Amritsar, wo der „Goldene Tempel", das Hauptheiligtum der Sikhs, steht, war die erste große Stadt, die wir erreichten. Sie ist Hauptstadt des indischen Staates Punjab. Wir folgten die meiste Zeit der großen Hauptstraße, die ganz Nordindien durchquert. An ihr liegt das Unionsgebiet Delhi der gleichnamigen Hauptstadt Indiens mit ihrem alten und neuen Teil. (Letzterer ist Regierungssitz.) Von dort machten wir aber einen Umweg nach Jaipur in Rajasthan. Agra, Kanpur, Allahabad, Benares und Patna waren große Zentren (dazwischen durchfuhren wir Hunderte von kleineren Städten und von Dörfern), ehe wir uns nach Norden aufmachten, um Nepal zu besuchen. Von dort zurückgekehrt, ging es an Patna vorbei nach Kalkutta. Schließlich radelten wir die ganze Ostküste bis nach Madras hinunter. Alles in allem 5500 Kilometer.

Zu Gast bei turbantragenden „Raubtieren"

Noch einmal zurück zu den Sikhs. Ihre Religionsgemeinschaft wurde im fünfzehnten Jahrhundert von Guru Nanak gegründet. Sikh bedeutet „Jünger". Der Glaube von inzwischen über zehn Millionen Menschen, die meist im Nordwesten leben, wurde vom Islam beeinflußt und wendet sich gegen Vielgötterei, Kastenwesen und Wallfahrten. Er bekennt sich zur religiösen Duldsamkeit. Da sie ihren Glauben gegen Hindus und Moslems ständig zu verteidigen hatten, entwickelten sich die Sikhs zu einer Gemeinschaft von Kriegern. Einer ihrer Gurus verfügte, daß deshalb alle den Beinamen Singh, das bedeutet „Löwe", zu tragen hätten. Die äußeren Erkennungszeichen sind vor allem ungeschorenes Bart- und Haupthaar (ihre lange Haarpracht ist wegen eines großen Turbans selten zu sehen), und ein eiserner Armreif. In einem Ort bei Amritsar hatten wir unsere erste eindrucksvolle Begegnung mit Sikhs. (Der Mann auf dem Bild unten ist einer von ihnen.)

„Das Essen ist heute aber fade", schnauzte der Polizeiinspektor seinen Koch und Diener an. Nirmal Singh strich über seine Bartbinde und rülpste kräftig nach den ersten Bissen. Seine Gäste waren außer zwei deutschen Radwanderern sein Stellvertreter, ein Rechtsanwalt und ein Staatsanwalt. Während er die Speisen noch nachwürzen ließ – der Verbrauch von Pfeffer und anderen scharfen Gewürzen dürfte in Indien wohl ein Zehntel aller vertilgten Lebensmittel ausmachen –, liefen uns schon vom Betrachten des Essens Augen und Nasen über. Nach ein paar Stückchen der Vorspeise schien in unserem Körper ein Höllenfeuer zu brennen. Mit Whisky versuchten wir vergeblich, die Glut zu löschen. (Das unabgekochte Wasser auf dem Tisch war dafür zu gefährlich.)

Mit Zuckerrohr beladenes Büffelfuhrwerk auf der großen Straße Delhi–Kalkutta

Laut schmatzend – solche Tischsitten waren in mittleren und höheren Volksschichten durchaus hoffähig – und seinen roten Turban zurechtrückend, lud uns Nirmal Singh zu einer Autofahrt nach Amritsar ein. Während des fünfzig Kilometer weiten Ausflugs zu siebt in dem kleinen Wagen mußten zwei Leute die Türen zuhalten, damit niemand hinausfiel, denn die Schlösser waren kaputt. Wir wurden ins Kino eingeladen. Unsere „Löwen" bekamen während der Vorstellung offenbar mächtig Durst. (Diese „Raubtiere" können einen gehörigen Schluck vertragen.) Jedenfalls rannten sie mehrfach aus dem Saal, uns mit sich schleppend und unsere erheiterten Mienen als Einverständnis wertend. Schließlich hatten sie gar keine Lust mehr auf Kino, und heimwärts ging's! Abends gab es wieder stark gepfeffertes Grünzeug, ein angebliches Huhn in braunschwarzer Soße, Rettiche und süße Sahne. Uns sträubten sich die Haare. Fehlte nur noch Kuchen mit Senf! Brüllend, aber nur leicht schwankend, verließen Nirmal Singh und Kumpanen mit uns den Ort des Besäufnisses. Das alles geschah, weil wir es eines Abends im Dunkeln nicht bis zu einem Hotel schafften. Unsere Bleibe war für zwei Nächte die Polizeistation, die mit hohen Mauern und Türmen bewehrt war. Zwei freundliche, einfache Polizisten, die die ganze Zeit Dienst taten, als wir dort waren, ein Hindu und ein Sikh (Farbbild 20), gefielen uns am besten.

Übrigens lud uns Nirmal Singh zu vorgerückter Stunde ein, uns doch eine Folterung von Untersuchungshäftlingen anzusehen. Auf unsere Frage nach dem Grund für die Tortur meinte er gelassen: „Wie sollen wir sonst zu einem Geständnis gelangen?" Indien wird oft als die (an der Bevölkerung gemessen) „größte Demokratie der Welt" bezeichnet. Daß wir sein Angebot ablehnten, betrübte unseren Gastgeber und seine Freunde etwas.

Hartnäckige Verfolger und ein Steinehagel

Wenn man in einem derart dicht besiedelten Land auch noch auf der wichtigsten Route unterwegs ist, kann man kaum erwarten, sehr oft alleingelassen zu werden. Andererseits pulsierte dort das Leben mit aller Heftigkeit. Wie schon in Pakistan waren die Straßen verstopft mit Menschen, Fahrzeugen und Tieren. Es konnte nicht lange dauern, bis wir uns unter den Indern, die uns dort begegneten, wie Indianer auf dem Kriegspfad fühlten. Für die Autofahrer hatten wir noch am ehesten Verständnis. Schließlich handelte jeder nur in Notwehr: Tu ich's nicht, tut's der andere. Man drängte sich gegenseitig von der oft nur drei Meter breiten Fahrbahn in den Sand (Farbbild 23). Anders dagegen sah es in bezug auf die Radfahrer aus. Wohl nirgends sonst in der Welt waren die Landstraßen so von ihnen bevölkert. Sie gondelten mit ihren schweren, quietschenden Fahrrädern die Straße entlang, auf dem Gepäckträger oft Kisten, Säcke, Hühner, Ziegen, Schweine, die Schwester oder die ganze Familie balancierend.

Hatten wir gerade einen Überholvorgang abgeschlossen – voll Neid bemerkten die Langsameren, daß unsere Räder eine Gangschaltung besaßen, in Indien praktisch inexistent –, da setzte sich eine ganze Meute hinter uns, wie gebannt auf unsere Hinterräder starrend, dahinbrausend, bis ihr die Zunge aus dem Halse hing. Manch betagter Turbanmann wollte es den Jungen gleichtun und schloß sich ihnen mit krachenden Muskeln an. Wenn wir unsere Geschwindigkeit noch erhöhten, so hörten wir das laute Keuchen dicht hinter uns. Machten wir langsam, dann ruhten auch die Beine unserer Gefolgsleute etwas aus, und blieben wir stehen, des Spieles überdrüssig, dann stoppte die ganze Bande – inzwischen wohl ein Dutzend Mann – und brach in ein munteres Palaver aus. Wir verstanden nur so viel, daß man uns für übergeschnappt hielt.

Wir warteten, ob unsere Begleiter sich verflüchtigten, doch vergebens. Alle Mann warteten gespannt darauf, wie es wohl weitergehen würde, wie das fußballbegeisterte Publikum vor einem Elfmeter. Schließlich setzten wir uns langsam wieder auf unsere Fahrräder, die Menge dabei im Blick behaltend, schalteten den ersten Gang ein und starteten plötzlich. Unter Freudengeheul schlossen sich sofort hinter uns die Reihen. Wenn einer der Rallyeteilnehmer uns doch einmal überholte, dann hatte er nur einen triumphierenden Blick für uns übrig.

Bei den zahlreichen Lastwagen und dem ständigen Gegenverkehr konnten wir solche Begleiter gar nicht gut brauchen. Es geschah, daß ein Halbwüchsiger sich an Wilmas Gepäck festhielt und sich abschleppen ließ. Gerade brauste ein hochbeladener Lastwagen vorbei, und um ein Haar hätte es uns alle erwischt, weil der Bursche sich neben Wilma gedrängt hatte. Ich drohte ihm mit der Luftpumpe, doch als er immer noch nicht weichen wollte, wendete ich sie auch an. Überrascht blieb unser Weggenosse stehen, und mit ihm alles, das da zwei Räder unter sich hatte. Schon glaubten wir, für eine Weile ungestört reisen zu können. Aber wir hatten die Rechnung ohne die „Anhänglichkeit" dieser Leute gemacht. Einige ließen ihre Vehikel stehen und liegen, und verkrümelten sich in die Felder rechts und links des Weges. Dort liefen sie gebückt zwischen mannshoch gewachsenem Zuckerrohr entlang und sammelten emsig Steine. Damit bombardierten sie uns. Wir versuchten auszuweichen, um den Schützen kein Ziel zu bieten. Dann hielten wir an, um die immer größer werdenden Steine zurückzubefördern. Schließlich half uns nur noch feige Flucht.

Das Märchen von der „Waffe" und ein aufgebrachter Mob

Wieder einmal fühlten wir uns durch einen allzu Aufdringlichen per Fahrrad in Gefahr gebracht. Am Eingang der Millionenstadt Kanpur in der Gangesebene war der Verkehr besonders stark, denn soeben war dort der Markt zu Ende gegangen. Wir baten den Mann recht nachdrücklich, zu verschwinden. Als er dennoch nicht hören wollte, ging mir der Gaul durch und ich begann zu schimpfen wie ein Rohrspatz. Die Reaktion war verblüffend: Unser Freund brauste davon und war gleich darauf in der Menge untergegangen. So weit, so schlecht. Als wir in der Stadt eintrafen, wurden wir auf ungewöhnliche Weise willkommen geheißen. Unser Freund von vorhin hatte sich zum Anführer einer nach Hunderten zählenden Menge gemacht. Jedenfalls brüllte er in Hindi (der wichtigsten Sprache Nordindiens) und Englisch Parolen gegen die „Engländer". Zwanzig Jahre nach dem Abzug der Briten hatten ihnen viele Inder noch immer nicht verziehen.

Wir hatten Aggressivität hierzulande schon an anderer Stelle kennengelernt, und so wußten wir, daß dies kein Scherz war. Noch ernster wurde die Angelegenheit, als plötzlich in Sprechchören von uns verlangt wurde, „die Waffe" herauszugeben. „Unser Mann" hatte unter den Strolchen auf dem Markt das Gerücht verbreiten lassen, wir besäßen eine Pistole und hätten ihn damit bedroht. Waffentragen war streng verboten. So drangen Tagediebe und ehrlich aufgebrachte Bürger auf uns ein und stießen uns herum. „Zur Polizei!" wurde gefordert. Zu unserem Glück befand sich eine Polizeistation nur eine halbe Meile entfernt. Hinter dem Eingangstor waren wir plötzlich allein. Die Menge blieb davor und drohte uns mit Fäusten, Steinen und Knüppeln. Ein Diener begrüßte uns verstört. Ehrlich gesagt, wir hatten keine Angst, aber eine Wut, denn der Kerl, der uns in diese verflixte Situation gebracht hatte, hielt sich versteckt.

Als der Polizeichef endlich kam, sagte ich ihm, daß ich Journalist sei und in Deutschland über diesen Zwischenfall berichten würde. Er hatte geschlafen und war übel gelaunt: „Und selbst wenn

In der Gangesebene in Nordindien begegneten uns erstmals Arbeitselefanten

Sie Indira Gandhi wären, jetzt setzen Sie sich erstmal hin und erzählen mir, was eigentlich passiert ist!" Er ließ unser Gepäck durchsuchen und stellte fest, daß wir über keine Waffe verfügten. Er entschuldigte sich dann sogleich für den Ärger, der uns entstanden war. Als er den Rädelsführer herbeizitierte, bebte der an allen Gliedern. Er sah seine Felle davonschwimmen. Der Polizeichef lud demonstrativ seinen Revolver und sagte der Menge draußen, daß wir Deutsche und als Freunde in ihr Land gekommen seien. Dem Volk war das ziemlich schnuppe; es konnte sich nicht vorstellen, was der Unterschied zwischen einem Deutschen und einem Engländer sei. Es gelang einigen Polizeibeamten, den Mob auseinanderzutreiben, und der Chef persönlich sprach am Telefon mit dem Besitzer eines Hotels in der Innenstadt Kanpurs. Es begab sich, daß ein Polizist, mit einer Bambusstange – dort als Waffe üblich – bewehrt, uns zu unserem Schutz auf dem Fahrrad begleitete. Aufgeregt tuschelte man im Hotel hinter uns „gefährlichen" Leuten, die unter Polizeibewachung hier einquartiert wurden.

Dem Leser will ich der Vollständigkeit halber gestehen, daß ich zu Beginn der Reise tatsächlich eine Waffe dabeigehabt hatte: eine Gaspistole. In unserer Einfalt hatten wir gedacht, daß sie uns eines Tages helfen könne, uns zu verteidigen. Obwohl es keine Schußwaffe war, hätten wir etwa auf Zypern und in Ägypten damit in Schwierigkeiten kommen können. Aber niemand untersuchte dort unser Gepäck. Im Iran dann, als wir vom freundlichen Besitzer eines Teehauses zur Übernachtung eingeladen worden waren, fanden wir am nächsten Morgen unser in einem Nebenraum abgestelltes Gepäck durchwühlt vor, und die Pistole war verschwunden. Man verdächtigte einen jungen Angestellten, der leugnete und heulend in sein Dorf davonlief. Man wollte nach der Waffe fahnden und sie uns dann nachschicken. Wir sahen das Ding nie mehr, und schon kurze Zeit danach waren wir froh, daß wir es los waren.

Wir bekommen Schläge, weil man uns für Engländer hält

Leider erlebten wir in Indien einige unerfreuliche Vorkommnisse dieser Art. Es wäre sinnlos, wollte ich dies verschweigen. Als wir zum Beispiel einmal mit dem Zug fahren mußten und ich gerade die Fahrkarten besorgte, wurde Wilma von einem jungen Burschen an der Brust angefaßt. Als ich zurückkam, erzählte sie mir davon. Der Vorwitzige stand währenddessen genau neben mir. Ich gab ihm ärgerlich (ich war zu dieser Zeit erkrankt) einen leichten Stoß. Unglücklicherweise stand hinter ihm eine Schubkarre. Wie er nun zurückprallte, fiel er darüber und schlug sich den Kopf blutig. Das war ein Aufstand! Doch der Bahnhofsvorsteher, einige andere Leute und ein Journalist, der uns für die örtliche Zeitung interviewte, nahmen uns in Schutz.

Der aufregendste Zwischenfall spielte sich in Agra ab. Damals wurden durch die angebliche Antipathie der Inder gegen die englische Sprache zahlreiche Demonstrationen und Unruhen im Norden des Landes ausgelöst. In der Stadt des Tadsch Mahal, zu dem wir mit unseren Rädern gerade unterwegs waren, gerieten wir an einer Straßenecke unversehens in einen Demonstrationszug. Plötzlich waren wir von über tausend Schülern des St. John's College umkreist, die in uns Engländer vor sich zu haben glaubten. Sie riefen Slogans gegen die Benutzung der englischen Sprache in Schulen und Ämtern. (Uns wurde oft erzählt, daß die Schüler lediglich faul seien und daher ein Schulfach weniger wollten.) Dann zerrten sie an uns und unseren Rädern, bewarfen uns mit Schmutz und schlugen uns schließlich mit Bambusstangen auf den Kopf. Es war eine sehr brenzlige Situation.

Da kamen sieben behelmte und mit Stangen bewaffnete Polizisten – unsere Retter? O nein, die lachten nur und ergötzten sich an dem Spektakel. Als das zehn Minuten so gegangen war, zog uns plötzlich ein älterer Herr, an dessen Haus wir Rückendeckung gesucht hatten, durch ein Tor in Sicherheit. Draußen schrie die Menge: „Gebt die Spione heraus!“ Es dauerte noch lange, ehe sie sich verlief. Am anderen Tage wurden von den Schülern Eisenbahnzüge aufgehalten, zwei Postämter angezündet und Polizisten mit Steinen beworfen – da lachte keiner mehr. Übrigens wurden wir durch den älteren Herrn zur Polizeiwache gebracht, um über den Vorfall zu berichten. Da mußten sich die Polizisten, die uns nicht geholfen hatten, in einer Reihe aufstellen. Der diensthabende Offizier gab jedem eine schallende Ohrfeige. Disziplinierung auf indisch . . .

Bevor ich mich angenehmeren Ereignissen zuwende, noch diese Episode: Im Staat Orissa, auf dem Wege nach Madras, bekamen wir ebenfalls einen kräftigen Schuß Ausländerfeindlichkeit zu spüren. Als ich Aufnahmen von Blumen in einer sumpfigen Wiese machte, war bald viel gaffendes Volk zur Stelle. Einer postierte sich absichtlich so, daß sein Schatten auf mein Motiv fiel. Als ich um respektvollere Distanz bat, erntete ich nur Hohn: „Das alles“ (mit einer kreisenden Handbewegung) „ist Indien. Wir können stehen, wo wir wollen.“ Die Leute hatten recht, aber sehr nett war es nicht. Als ich den Schatten unbedingt von meinen Blumen haben wollte, flogen bald die ersten Steine. Es dauerte nicht mehr lange, da saßen Wilma und ich wieder auf einer Polizeistation, von einer fäusteballenden Menge bedroht, die allzu gerne auch das „Auge des Gesetzes“ blau geschlagen hätte. Der Polizeioffizier über den Mob: „Diese Leute sind Ignoranten. Sie anerkennen kein Recht.“

Bei freundlichen, gutherzigen Indern

Es wäre sehr verwunderlich gewesen, hätten wir nicht auch in Indien viele freundliche, hilfsbereite, herzensgute Menschen getroffen. Hinter Agra hielt ein Auto neben uns. Der Mann auf dem Beifahrersitz war Virendra Dal Singh (auch Nichtsikhs haben oft diesen Beinamen), ein Fahrlehrer, der gerade eine Fahrstunde gab. Er lud uns nach kurzer Unterhaltung in seine Stadt Firozabad – noch zehn Kilometer zu fahren – zum Tee ein. Als wir nach einer Stunde dort anlangten, wartete Virendra schon vor seinem Haus. Seine Frau hatte für uns nicht nur den Tee, sondern auch ein komplettes Mittagessen bereitet. Der 27jährige Mann erzählte uns, daß er zwei Fahrschüler habe. Ein Kurs gehe über dreihundert (!) Stunden. Der Schüler dürfe bei der Prüfung nicht durchfallen, das müsse der Lehrer garantieren. Sein ursprünglicher Beruf war Automechaniker. Als solcher hätte er gern in Deutschland gearbeitet, verriet er uns. Virendra war auch ein begeisterter Flieger. Zum Essen tranken wir mit ihm Cola mit Schuß, und als wir starteten, gab uns unser Freund noch die halbvolle Rumflasche mit.

Zwei Schiffsingenieure in Gurgaon südlich von Delhi hatten in der „Times of India" einen Artikel über unsere Radweltreise gelesen. Weil sie auf See schon so viel herumgekommen waren, freuten sie sich, daß wir ihnen überraschenderweise in die Arme liefen. Das Mittagessen bei ihnen war ganz ohne scharfe Gewürze und ist auch deshalb einer Erwähnung wert. Die beiden priesen Japan und Singapur als die saubersten Plätze in Asien – erfreuliche Aussichten für uns!

Auf dem Wege nach Kanpur wurden wir in der Stadt Auraiya von einem Teehausbesitzer zur Nacht eingeladen. Er war eigentlich Bauer mit sechzig Hektar Land, was in Indien Reichtum

Vergnügte Schulkinder auf dem Heimweg

bedeutet, aber er bezeichnete sich selbst als Sozialist und war Kommunalpolitiker. Er sprach sich – wie viele Inder – gegen die alleinige Benutzung der englischen Sprache an den Gerichten aus. Oft würden dort Angeklagte, einfache Menschen, kein Wort von dem verstehen, das geredet werde. In der Tat war dies ein Unrecht.

Einmal kamen wir zu einer Zuckerfabrik, zu der Hunderte von Lastwagen und Ochsenkarren mit Zuckerrohr unterwegs waren. Wir durften im Gästehaus schlafen. Ein Sachverständiger, der dort seine Wohnung hatte und uns zum Abendbrot einlud, zeigte uns eine angegliederte Saatzuchtfarm. Interessant war vor allem, in Hallen Traktoren und Maschinen vor sich hinrosten zu sehen, weil Ersatzteile fehlten (wegen einer rigorosen Einfuhrsperre der Regierung). Einige stammten aus ausländischen Entwicklungshilfeprogrammen.

Fateh Singh, der Wächter eines amtlichen Rasthauses in Mahuwa bei Agra, brachte uns etwas Brot und Nüsse als Geschenk, als wir dort übernachteten. Wir waren gerührt, denn wir wußten, wie arm die Gegend und der Türhüter waren. – In einem Dorf ohne Strom und Leitungswasser wurden wir in die öffentliche Herberge geleitet, ins Daramsala. Der Raum war zwei auf zweieinhalb Meter groß. Darin standen hölzerne Bettgestelle, die selbst für unsere bescheidene Größe zu kurz waren und statt eines Polsters nur einige längs und quer gespannte Seile hatten. Aber die Nachbarn der Herberge kamen herbei und beschlossen, daß jeder einzelne von ihnen etwas zu unserer Bewirtung beitragen solle. Wir fanden diese Geste sehr, sehr nett. – In einem anderen Ort mit Daramsala schlossen sich uns auf einem Rundgang zwei junge Leute an. Sie begleiteten uns für den Rest des Tages, und auch sie boten uns Essen an. – Als wir in Kanpur nach dem Zwischenfall wegen der „Waffe" ins Hotel einquartiert worden waren, besuchten uns dort zwei junge Angestellte, die von unserem Kummer erfahren hatten. Aus reiner Freundlichkeit luden sie uns ins Kino ein. – Von Lehrern einer christlichen Schule nahe Kanpur wurden wir aufgefordert, bei ihnen zu rasten, dann zum Mittagessen gebeten. – Sehr anständig waren auch immer wieder Polizisten in Stationen (stehen fast immer an der Hauptstraße, meist imposante Gebäude), die uns in kleineren Ortschaften als einzige Übernachtungsmöglichkeit blieben. Stets ließen sie den für uns bestimmten, bis auf die Bettgestelle der oben beschriebenen Art (sie heißen in Hindi „tscharpay", „vier Beine") und einen Tisch mit Stuhl leeren Raum reinigen und brachten Tee, Brot oder Früchte.

Wertvolle Hilfe leistete uns während neun Tagen, die wir in Delhi verbrachten, „unser Bruder Joshi", ein 28jähriger Angestellter. Er war dabei, als wir ein preiswertes und dennoch ordentliches Hotelzimmer suchten, und er half uns auch auf andere Weise, Geld zu sparen. Er war ein zurückhaltender und intelligenter Kerl, der uns viele Tips für unseren weiteren Indienaufenthalt gab. Wir waren fast täglich mit ihm zusammen in der riesigen Stadt unterwegs. Mit besonderer Liebe führte Joshi uns die indische Küche vor – in zahlreichen Restaurants und bei ihm zu Hause – und es gelang ihm sogar, unsere Antipathie gegen allzureich gewürzte Gerichte zu verstehen.

In Delhi und in Rajasthan

Für uns war Delhi seit Istanbul die interessanteste Stadt. Wie kaum anders zu erwarten sein konnte, bezogen wir ein Zimmer in Alt-Delhi, wo Unterkünfte einheimischen Stils billiger waren. Von unserem Hotel konnten wir auf einen Park blicken, der als „Meckerecke" diente. Zu Lebensmittelmangel – zum Beispiel gab es in der Hauptstadt, wenn überhaupt, an zwei Tagen in der Woche keinen Reis – und zu Zwischenfällen aller Art im Land wurde hier lautstark Stellung

Chandni Chowk, die Hauptgeschäfts- und -verkehrsstraße von Alt-Delhi

genommen. Manchmal verlangten Demonstranten heftig Eintritt in das nebenan stehende Rathaus. In diesem Gebiet verläuft die Chandni Chowk, Alt-Delhis Handels- und Verkehrszentrum, wo sich Rikscha- und Radfahrer, Kutschen, Taxis und Lieferwagen, Kauflustige und Schulkinder, Bettler und „heilige" Kühe drängten. In diesem Viertel stehen auch das von den Moguln – lange Zeit die Herren Indiens – gebaute und immer noch als militärische Einrichtung dienende Rote Fort und die Dschamia-Moschee aus rotem Sandstein und weißem Marmor. Zum Zentrum Neu-Delhis gelangten wir (mit Fahrrädern, manchmal mit Motorradrikschas oder Bussen) entweder auf schmalen geschäftigen, zeitraubenden Wegen oder über mehrspurige Prachtstraßen. Dabei passierten wir immer wieder das gewaltige „India Gate". Wir kamen an den monumentalen Bauwerken des Parlaments, der Regierung und des Präsidentensitzes vorbei. Das kommerzielle „Herz" von Neu-Delhi ist der Connaught Place, zwei riesige Verkehrskreisel, um die Hunderte von Geschäften moderner Art gruppiert sind.

Während unseres Aufenthalts in Delhi waren wir auch Gäste, bei Indern und bei deutschen Experten. Der Besitzer unseres Hotels lud uns zu sich nach Hause ein und führte uns stolz sein Fernsehgerät vor. Das Fernsehen war von Deutschen aufgebaut worden – für den Stadtbereich von Delhi. Als der Mann den „Times"-Artikel über uns gelesen hatte, ließ er uns gleich einen Teil der Übernachtungskosten nach, erneut eine sehr freundliche Geste.

Hier etwas zum Thema „Übernachtungen": Zimmer mußten häufig im voraus bezahlt werden. Im „Grand Hotel" von Amritsar, dem zweitbesten Haus in der Halbmillionenstadt, wurde

In einem offiziellen Rasthaus in Indien. Das Gestell am Bett ist für das Moskitonetz

Bettzeug als ein „Extra" auf die Rechnung gesetzt. Dies war durchaus üblich. Viele Gäste, auch solche, die mit Autos kommen, bringen sich in Indien Matratzen, Kissen und Bettwäsche selbst mit. Unsere sauberen, warmen Schlafsäcke fanden hier oft Verwendung. Das Zimmer im „Grand Hotel" kostete uns übrigens die außergewöhnlich geringe Summe von acht Rupien, etwa 3,20 Mark. Dafür hatten wir noch Vorraum und Badezimmer, außer zwei Leintüchern auf den Matratzen aber kein Bettzeug. Häufig schliefen wir in Rasthäusern verschiedener Ministerien und Ämter, von Landkreisen oder Gemeinden. Sie wurden meist Bungalow genannt und standen, wenn sie nicht von umherreisenden Beamten belegt waren, auch Touristen zur Verfügung. Ihre Qualität war sehr verschieden, aber gewöhnlich hatten sie neben dem nötigsten Mobilar auch einen Duschraum, wenn auch Wasser oft nur aus dem Ziehbrunnen, und Beleuchtung mit einer Petroleumlampe.

Nächste Station nach Delhi war das über dreihundert Kilometer südwestlich davon gelegene Jaipur im Staate Rajasthan, der bis 1949 Rajputana war. Seine Metropole wird oft als „rosa Stadt" bezeichnet, dies wegen der vorwiegenden Färbung zahlreicher stattlicher Gebäude. Mit seinen Stadttoren, Festungen auf Hügeln, Palästen in der Stadt und ambulanten Blumenverkäufern erinnerte uns Jaipur etwas an Italien. Eines der imposantesten Gebäude war für uns der Stadtpalast des Maharadschas. In der ersten Hälfte des vorigen Jahrhunderts erbaut, war er nun ein Museum mit Kostüm-, Kunst- und Waffensammlungen, aber vor allem wegen seiner Anlagen mit Gärten, Höfen, Gängen, Bögen und Säulen sehenswert (Farbbild 22).

Szenen in Dörfern und auf Märkten

Schrille Lautsprecherklänge, „frische Landluft" und das Gequengel vieler Kinder zeigten uns immer an, daß wir uns einem Dorf näherten. Zu Beginn des Winters lag über den Lehmhütten mit Stroh- und Reisigdächern ein bläulicher Dunst. Auf qualmendem Feuer buken die Frauen mit getrocknetem Rindermist Fladenbrot, und sie kochten Hülsenfrüchte und verschiedene Gemüse, die Hauptbestandteile der ländlichen Küche. Dazu wird vorwiegend Tee mit viel Milch und mit Zucker getrunken. Die Milch stammt vom Wasserbüffel. Das Fett in ihr wird im Tee stets etwas flockig.

War die Ortschaft etwas größer, so wurden an der wichtigsten Straße – meist gab es nur eine – ein paar klägliche Waren feilgehalten. Beobachtungen auf dem Markt waren am besten in kleinen Städten möglich. Dort konnten wir sehen, daß bestimmte Bereiche der Körperpflege sehr ernst genommen wurden. Dazu gehörte besonders das morgendliche Zähneputzen mit einem fasrigen Stäbchen. Dies nahm geraume Zeit in Anspruch und wurde unter viel Speien vorgenommen. Speichel ist nach hinduistischer Auffassung etwas Unreines, weshalb überall kräftig ausgespien wurde. Ungeniert hockten in der Frühe vor und hinter ihrem Haus, am Straßenrand und auf Plätzen, bei Marktständen und neben stillenden Müttern Menschen beiderlei Geschlechts, um die notwendige Morgentoilette zu verrichten. Bei der spärlichen Kleidung der meisten – denn auch sonst kauerten sie auf diese Weise am Boden – geschah dies recht unauffällig. Aber die Spuren ließen sich nicht verheimlichen . . . Wer es irgendwie machen konnte, reinigte sich morgens von Kopf bis Fuß mit kaltem Wasser, das aber meist nicht sauber war. Im Marktgetriebe hatte der Bader eine strategisch günstige Position erobert. Er hatte sich unter einem schattenspendenden Baum niedergelassen, um seine Kundschaft in die Kur zu nehmen. Mit Geduld und Holzstäbchen entfernte er Ohrenschmalz und schmierte es an die Rinde des Baumes. Angeblich um ein Austrocknen der Kopfhaut – insbesondere bei großer Hitze – zu vermeiden, schütteten sich die Inder fast ausnahmslos Unmengen von Öl ins volle Haar, was seine Spuren auf den Bettkissen, nicht zuletzt in den Hotels, hinterließ.

Die Männer und jüngsten Kinder hatten kaum Kleidersorgen. Während die Herren sich einfach (meist graue) Tücher um Kopf und Lenden wanden, liefen die Kleinen eben nackt herum. Die Frauen dagegen legten mehr Wert auf ihr Äußeres. Ihre Saris und anderen Gewänder waren oft sehr farbig. Sie versahen ihre Hände und Füße mit phantasievollen Malereien aus Henna und behängten sich mit billigem Schmuck. Einige trugen einen wirklichen Schatz im Mund mit sich herum: vergoldete Zähne. Wo es wärmer war, sahen wir junge Frauen, die auf recht unschuldige Weise ihre Reize präsentierten, als sie sich bis zur Taille entblößten und „oben ohne" gingen. Im Süden Indiens sahen wir einen Großteil der männlichen Landbewohner – meist Bauern – mit völlig blankem Hintern zur Arbeit oder spazierengehen.

Neugieriges Publikum und farbige Gestalten

Wenn wir einen Marktort erreichten und dort anhielten, um etwas einzukaufen, bildete sich beängstigend schnell eine nach Hunderten zählende, neugierige Menge um uns. Mit unserem Erscheinen machten wir manchem Gaukler Konkurrenz. Auch sonst kamen wir uns fast wie Angehörige eines Wanderzirkus vor. Der Polizist als Person von Ansehen drängelte sich in die vorderste Reihe vor, um besser sehen zu können. Zweimal aber passierte es, daß ein besorgter Schutzmann *uns* bat, weiterzugehen, damit sich die Menschenansammlung verlaufe.

Gewöhnlich spielte sich die Sache so ab: Wenn ich auf die Suche nach etwas Eßbarem ging, paßte Wilma wie ein Luchs auf unsere Fahrräder und Sachen auf. Während mir eine alte, verhärmte Bäuerin – zahnlos und mit rotgefärbtem Scheitel – Tomaten mit einem Kieselstein und ein paar Schrauben als Gegengewicht abwog, wurde die Menschentraube um meine Frau immer größer. Nachdem ich noch Bananen, eine Kokosnuß, etwas Brot und einige andere Kleinigkeiten erstanden hatte, kehrte ich zurück. Ich mußte mir manchmal buchstäblich meinen Weg durch die Massen erkämpfen. Gelegentlich half nur, dem einen oder anderen besonders Starrköpfigen auf die nackten Füße zu treten.

Über mangelnde Anteilnahme des geschätzten Publikums an indischen Landstraßen konnten wir uns also nicht beklagen. Auch wenn wir uns unter einem Baum, an einem Flußufer oder an einem Tempel in freier Landschaft zum Essen niederließen, gingen bald – als ob wir sie gerufen hätten – ein paar Inderlein vor uns in die Hocke, um uns zuzusehen. Sie verfolgten jede unserer Bewegungen mit Interesse, imitierten uns: wie wir vom Brot abbissen und kauten und schluckten. Am Anfang fragten wir noch manchmal, ob sie etwas von uns annehmen würden. „Nein!!" Aus Gründen der Reinheit (religiös gesehen) lehnten sie ab.

Wenn wir wieder unterwegs waren, begegneten uns die farbigsten Gestalten, so wandernde „Heilige Männer" in orangefarbenen Gewändern, mit langem Kopf- und Barthaar, und mit rituellen Zeichen in Rot, Ocker und Weiß an der Stirn. Sie hatten ihre blechernen Eßutensilien dabei sowie ein Bündel, das sie über der Schulter trugen (Farbbild 21). Landstreicher zogen

Die Besucher von Märkten registrierten unser Erscheinen mit lebhafter Anteilnahme

vorüber oder andere Reisende, ein Schwert gegürtet, mit einem alten Gewehr über der Schulter oder mit einer einfachen Bambusstange in der Hand. Vielleicht kamen auch einige vagabundierende Sänger vorbei oder Schmiede aus Rajasthan. Diese Ruhelosen wurden uns als „Zigeuner" vorgestellt. Sie wanderten mit Sack und Pack auf holzgeschnitzten, messingbeschlagenen Karren durch die Lande.

Später kamen wir an eine Stelle, wo die Straße vom Kot der Geier auf den Bäumen völlig weiß war. Dieses Zeichen und der üble Geruch kündeten uns einen Rinderfriedhof an, wo die Kadaver ganz offen herumlagen. Die Aasvögel stritten sich um die verwesenden Haufen. Auf Lastwagen, Ochsenkarren und Fahrrädern wurden die Gerippe, Knochen und Schädel hin- und hergefahren, und das Begleitpersonal saß oder schlief seelenruhig auf der entsetzlich stinkenden Fracht. Sie wurde zu Seifenfabriken geschafft.

An einem Morgen sahen wir am Wege ein sterbendes Pferd liegen. Der Fuchs mußte unter der Peitsche eines gewalttätigen Kutschers zusammengebrochen sein. Notschlachtung oder Gnadenschuß gibt es aus religiösen Gründen nicht und Tierschutz existiert lediglich in den Stadtteilen europäisch erzogener Inder. Im übrigen werden die Haustiere nach Herzenslust geschlagen und getreten.

An der Straße reihte sich ein Tümpel an den anderen. Hier wurde in der Regenzeit Wasser für die Felder gesammelt. Sie waren mit Teichrosen halb zugewachsen. Riesige Bäume mit langen Luftwurzeln, andere mit filigranartigem Geäst, wechselten mit Akazien, Eukalyptus- und Gummibäumen. Ohne Unterlaß zwitscherte, schnatterte, rief, schlug, sang und krächzte die Vogelbrut. Wasservögel belebten die Tümpel, grün-rot-schwarze Papageien versteckten sich geschickt im Blätterwerk der Bäume, Pfauen stolzierten umher, Wiedehopfe sträubten ihre „Indianerfedern", kleine Piepmätze kamen oft ganz nahe heran, wenn wir anhielten. Rosa und schwarze Schweine wühlten im Morast, wie die Wasserbüffel, mit gefiederten Insektenvertilgern auf dem Rücken, während heiliggesprochene Rinder immer hungrig umhertrotteten. Die Affen waren manchmal nicht mehr zu zählen.

Aus der Gangesebene nach Kathmandu

Mehrere Tage verbrachten wir in Benares, wo sich die Flüsse Varuna und Asi (die Pilgerstadt hatte ihren alten Namen Varunasi wieder angenommen) dem Ganges anvertrauen. Täglich wiederholt sich dort an den Ghats, den Badetreppen, das Schauspiel einfacher Gläubigkeit. Die Pilger kommen aus ganz Indien. Sie trinken das Wasser des Ganges, und sie waschen sich damit, nach dem Glauben der Hindus zur Erhaltung ihrer Gesundheit. Für sie sind die Fluten des heiligen Flusses sauber, auch wenn alle Abwässer in ihn fließen, auch wenn an Pocken Gestorbene ihm übergeben werden. Außer ihnen und kleinen Kindern werden alle Toten verbrannt, hier in Benares an den Ghats. Wir konnten bei Leichenverbrennungen dabei sein. Auf hohen Holzstößen lagen die in Tücher gehüllten Verstorbenen. Der nächste Angehörige schritt fünfmal um einen solchen Scheiterhaufen und zündete ihn an. Die Luft war erfüllt vom süßlichen Geruch verbrannten Fleisches. Die Asche wurde den Wellen des Ganges überlassen. Ein ausgedehnter Besuch galt auch Sarnath, zehn Kilometer nördlich von Benares. Gautama Buddha soll hier einige Zeit gelehrt haben.

Auf dem Weiterweg kamen wir in die Hauptstadt von Bihar, Patna, wo wir einen klapprigen Raddampfer bestiegen. Mit etwa achthundert Passagieren wurden wir fünfzehn Kilometer quer über den Ganges an dessen Nordufer geschippert. Dabei mußten Sandbänke vorsichtig umfahren werden. Schon oft war es auf dem großen Strom zu Fährschiffunglücken gekommen. In der Mitte soll er dreißig Meter tief, während der Regenzeit über zehn Kilometer breit sein. Nördlich davon, über Muzaffarpur, kamen wir durch eine Landschaft, die ganz von Palmen, Bambus, Bananenstauden und Kakteen beherrscht wurde. Das Zuckerrohr wurde gerade geerntet, die übrigen Felder waren fast leer. Die Straßen hatten teils weniger als zwei Meter Breite – dabei herrschte ziemlicher Lastwagen- und Omnibusverkehr –, ihr Pflaster war durchlöchert. Bei Wilma zerriß es deshalb die vordere Bereifung, bei mir brach ein Gepäckträger. Und es gab sehr viel Staub. Am 21. Dezember 1967 erreichten wir die Grenze von Nepal. Wir konnten sie reibungslos passieren.

Niemand glaubte uns, daß es im Ernst unsere Absicht war, nach Kathmandu mit dem Fahrrad zu gehen. Nun ja, die Leute wußten nicht, wie viele Pässe zwischen Deutschland und Nepal liegen. Zunächst ging es noch dreißig Kilometer eben weiter, dann auf den Tschuria-Hügeln bis über achthundert Meter hoch. Die Gegend war waldreich und dünn besiedelt. Die Bauernhäuser waren meist aus Holz. Prächtige Büsche des Weihnachtssterns leuchteten aus den Gärten. Der indische Menschenschlag wich immer mehr dem mongoliden Typ. In einem Dorfgasthaus schliefen wir nach dem Essen – Reis, Fleisch, Gemüse, Schnaps – auf Bambusmatten. Am zweiten Tage kamen wir über hundert Serpentinen und durch tausend Kurven bis zum 2700 Meter hohen Simbandschangpaß. Am Anfang wurde es uns noch warm, doch am Abend waren wir eingemummt wie im tiefsten Winter. Der Wald war dicht wie ein Dschungel. Die Baumgrenze verläuft hier in höheren Regionen als in Mitteleuropa. Niedlich sahen die weiß-gelb oder weiß-ocker getünchten, mit Stroh oder Ziegeln gedeckten, mit kleinen Balkonen geschmückten Häuser der Bergbewohner aus. Frauen trugen das am Hang gemähte Gras mit Hilfe eines Stirnbands auf dem Rücken nach Hause. Wenig unterhalb des höchsten Punktes kamen wir wieder in einem Gasthaus unter. Die starke Anstrengung in der dünnen Luft – wir waren nun viele Wochen im Tiefland gewesen – ließ unser Herz wild schlagen.

Am anderen Morgen hatten wir null Grad. Es ging in ein Tal, dann erreichten wir den nächsten Paß mit 2200 Metern. Wir atmeten auf, als es abwärts ging. Doch zu früh gefreut: Nach dreißig Kilometern waren wir nur noch tausend Meter hoch, und Kathmandu lag fünfhundert Meter weiter oben. Es fing zu regnen an, und die Kälte biß uns schon wieder in Finger- und Nasenspitzen. Am Nachmittag wurde die Mühe durch unbeschreibliche Ausblicke auf Terrassenlandschaften belohnt. Um stärkere Erosion der steilen Hänge zu verhindern, können in den Hochlagen Nepals Felder nur auf diese Weise angelegt werden. Am sonst grauen Himmel glühte purpurn eine einzige Wolke. Die Nacht fiel, und es goß in Strömen. Dann erreichten wir das Tal von Kathmandu. Am Stadteingang sahen wir in einem Fenster einen Weihnachtsbaum mit brennenden Kerzen. Um sechs Uhr abends am 24. Dezember trafen wir am Hauptplatz ein.

Kulturgeschichtlich reiches, wirtschaftlich armes Nepal

Nach dieser „Maßarbeit“ glaubten wir etwas Ruhe verdient zu haben. So blieben wir zunächst einmal neun Tage in der Hauptstadt, ehe wir zu einer Bergwanderung aufbrechen wollten. Es hätte aber unserer Natur widersprochen, wären wir hier auf der faulen Haut gelegen. Jeden Tag waren wir unterwegs. Kathmandu war für uns einer der Höhepunkte der ganzen Reise. Die Stadt und ihre benachbarten Schwestern Patan und Bhadgaon sind wie ein großes kulturgeschichtliches oder völkerkundliches Museum, im Grunde beides in einem. Etwa 20000 Tempel und Opferstätten der Hindus und der Buddhisten soll es hier geben, kein Bauwerk wie das andere, oft so detailreich, daß man Stunden benötigt, um nur ein einziges eingehend betrachten zu können. Viele sind mit geschnitzten oder gemalten erotischen Szenen geschmückt. Dies ist ein Ausdruck religiöser Kunst – solche Bilder sollen Tempel vor Blitzschlag schützen –, aber auch ein Beweis für die Natürlichkeit der Nepalesen. Daneben ziehen auch Tausende von Häusern mit herrlichen, wiederum geschnitzten oder bemalten Tür- und Fensterfassungen und Erkern die Aufmerksamkeit auf sich.

Zu den Bauwerken, die uns am besten gefielen, gehörte in Kathmandu der Taledschu-Tempel mit seinen drei Dächern, der der Göttin Taledschu Bhavani geweiht ist, der Familiengottheit der Könige von Nepal, und auch nahe beim königlichen Palast steht, sowie in Bhadgaon der „Palast der 55 Fenster" und das benachbarte „Goldene Tor" (Farbbild 25). Der Palast wurde 1427 durch den damaligen König von Bhadgaon errichtet und war dann seine und seiner Nachfolger Residenz. Er ist ein Glanzstück traditioneller nepalesischer Architektur. Das Tor wird oft als das schönste Kunstwerk im Lande bezeichnet.

Von Nagarkot und Kakani, hoch über der Hauptstadt gelegenen Orten, streicht der Blick bei klarer Sicht über vierhundert Kilometer vom Annapurna (8091 m) bis zum Kantschenzönga (8598 m), ein unvergleichliches Panorama, das wir in Kakani einen ganzen Tag lang genossen. So viel Weite . . . Dennoch, hier war die Welt zu Ende. Jedenfalls gab es nur noch den Weg wieder zurück nach Indien. Tibet im Norden, Teil der Volksrepublik China, war gesperrt. Die kleinen Fürstentümer Sikkim und Bhutan waren ebenfalls hermetisch abgeriegelt.

Außer den vier Großmächten hatten Bonn und Peking, Pakistan, Indien, Indonesien und Israel

Teil des Taledschu-Tempels, eines der markantesten Bauwerke Kathmandus (erbaut 1549)

Botschaften in Kathmandu eingerichtet. Es ging hier in jeder Hinsicht ruhig zu. Mit ihren Propagandaschriften brachten einige der Länder vielbegehrtes Verpackungsmaterial ins Himalajaland. So wurden Fleisch in Reportagen über chinesische Massenaufmärsche, Gemüse in Lobeshymnen auf die Freiheit Amerikas und die hier so populären Enteneier in „Israels Bürgerarmee" verpackt. Es gab keine Papierfabrik. Aber es wurde von mehreren Organisationen kräftig „entwickelt", auch von deutschen, wie dem DED. Schweizer und Neuseeländer hatten eine Molkerei mit Viehberatungsdienst eingerichtet, wo wir frischen Emmentaler und Streichkäse bekommen konnten. Die Israelis bildeten Fallschirmjäger aus. Außerdem lehrten sie, wie man Dschungel rodet. (Woher sie bloß *die* Erfahrung nahmen?) Die Nepalesen waren es zufrieden. Sie lachten einfach, wie sie überhaupt immer zum Lachen aufgelegt schienen.

Junge Leute aus westlichen Ländern gaben sich in Kathmandu ein Stelldichein. Das Himalajaland lockte sie wie magisch an. Viele kamen mit eigenen Autos, die sie hier an den meistbietenden Nepali loswerden wollten, aber die Geschäfte gingen nicht sehr gut, man sah es an den langen Gesichtern. Andere waren mit lokalen Autobussen und auf der Pritsche eines Lastwagens von der indischen Grenze heraufgekommen. Für viele war Nepal buchstäblich das Land ihrer „Träume". Gewisse Geschäftsleute verdankten ihre wirtschaftliche Existenz der Anhänglichkeit von Ausländern. Der Rauschgifthandel blühte. Auch tibetische Flüchtlinge wurden oft in dunkle Geschäfte verwickelt. Der China-Lama, Oberhaupt ehemals aus Tibet eingewanderter Mönche, den wir um Tips für unsere geplante Wanderung ins Gebiet von Helambu baten, versprach uns jede Hilfe. Zunächst hatte der fromme Mann aber selbst Fragen: Ob wir ein Auto, Wertgegenstände oder ausländisches Geld zu verkaufen hätten? Ob wir einen Führer oder Träger brauchten? Später hörten wir noch oft von seinem Haus neben einer tibetischen Stupa als Rauschgiftumschlagplatz. Über unseren Wanderweg wußte der China-Lama indes wenig zu sagen.

Wanderung im Himalaja nach Tarke Dschiang

Wir lernten drei junge Leute aus Bayern, eine Frau und zwei Männer, kennen, die sich uns begeistert anschlossen, als wir nach Helambu (siehe Skizze Seite 105) starteten. Sie waren mit dem VW-Bus nach Kathmandu gereist. Wir verbrachten hier noch Silvester und Neujahr zusammen, dann ging es los. Doch bald war unseren Freunden ihr Rucksack zu schwer, ihre Kondition war nicht gut. Am zweiten Tag gaben sie bereits auf.

Dienstag, 2. Januar 1968
Ein sehr heißer Tag für uns, denn wir müssen zwölfhundert Meter höher steigen. Im Tal von Kathmandu hinter uns glitzern silbern die Flüsse, vor uns erheben sich Himalajagipfel. Wir begegnen schwer atmenden Lastenträgern, Männer, Frauen und Kinder, die ihre Bürde mit einem Stirnband tragen. Sie sind oft für Händler in fernen Gebieten tätig, schleppen allerlei Waren über halsbrecherische Bergpfade. Auch für die Beförderung der wenigen Briefe und für die Verbreitung von Neuigkeiten machen sie sich nützlich. In Kathmandu kann man viele von ihnen sehen, die nach Kunden Ausschau halten. Der Himmel ist strahlend blau; wir sind glücklich. An den Häusern der Reisbauern wachsen viele Blumen. Wir können in alle Höfe hineinsehen. Nach fünfundzwanzig Kilometern sind wir in Pati Bandschang, wo wir auf einem überdachten Vorplatz an einem qualmenden Feuer auf Matten unser Nachtlager einrichten.

Mittwoch, 3. Januar 1968
Im Morgennebel turnen wir an manchem Abgrund entlang. In friedvollen Tälern wird von Bauern in Mörsern Hirse gestoßen. Man laust sich, Frauen stillen am Wegesrand ungeniert ihre Kinder. Die Hälfte der Tagesstrecke von zwanzig Kilometern legen wir in einem Bachbett zurück. Die wilden Wasser haben steinerne Kolosse zu Tal befördert, die jetzt den Weg versperren. Rechts und links steile Felswände. Manchmal scheint ein Weiterkommen aussichtslos. In Tarang Marang, wo wir an den Melemtschifluß gelangen, haben uns unsere Freunde schon verlassen. Hier werden von Dorfpolizisten unsere „Passierscheine" kontrolliert, die die „Regierung Seiner Majestät" uns für Helambu ausgestellt hat. Wir marschieren den Fluß aufwärts, bis Mahankel. Der gastgebende Bauer bereitet Reis, Kartoffeln, Dal (eine Hülsenfrucht) und einen Becher Milch für uns. Allerdings haben wir dafür und für den Schlafplatz Geld zu geben.

Donnerstag, 4. Januar 1968
Heute morgen vergißt der „Wirt", daß wir etwas zu essen brauchen. So von unseren Vorräten gezehrt. Ein in den Melemtschifluß mündender Bach versperrt den Weg, aber da ist eine Hängebrücke. Zwanzig Meter über dem Wasser, nur ein fünfundzwanzig Zentimeter breites Brettchen unter den Füßen – wir danken! Wir gehen lieber durch den Bach, auch wenn er tief ist. Aber über den Hauptfluß *müssen* wir die Hängebrücke nehmen. Es geht auf und ab und wieder auf nach Timbu, wo wir an einer Mühle rasten, die von einem Wasserrad angetrieben wird. Hier wachsen noch Bananen und Feigen. Während des atemberaubenden Aufstiegs nach Tarke Dschiang erschreckt uns eine plötzlich aus dem Wald brechende Herde von großen, silbergrauen

Szene im Marktgebiet von Kathmandu: Träger warten mit ihren Körben auf Kunden

Affen. Aber wie schön, daß es so etwas noch gibt! Nach zwanzig Kilometern Tarke Dschiang, ein Dorf des Volkes der Scherpa, 2800 Meter hoch. Es hat etwa sechzig Häuser. In unserem kümmerlichen Nepali bringen wir bei einem Bauernpaar unsere Wünsche nach Schlafplatz und Essen vor. Wir werden aufgenommen. Aber die Leute sind etwas mürrisch.

Freitag, 5. Januar 1968
Tarke Dschiang ist unser erstes Ziel in Helambu. Wir verbringen daher den Tag hier. Es hat sieben buddhistische Tempel in seiner Umgebung. In einem, so heißt es, liegen Knochen eines „Schneemenschen". Genaueres erfahren wir nicht. Die aus Stein und Holz gebauten Häuser sind mit grauen Schindeln gedeckt. Küche, Wohnraum und Schlafgemach bilden eine Einheit. Die Einrichtung ist geschnitzt, vom ewig rußenden Feuer schwarzbraun gebeizt. An den Wänden hängen oft kostbare Utensilien, wie Messer mit silberbeschlagenem Knauf und fein gearbeitete Musikinstrumente. Die Scherpafrau, Mutter eines kleinen Mädchens und eines Jungen, trägt wie alle anderen ein kuttenartiges Gewand. Als wir zusehen, wie sie das Essen zubereitet, vergeht uns der Appetit, aber nicht der Hunger. Es gibt Reis mit Kartoffeln und Rüben. Später reicht sie uns noch Buttertee, und es schüttelt uns, als wir ihn trinken. Das örtliche, schwache Maisbier ist uns da lieber.

Samstag, 6. Januar 1968
Am gegenüberliegenden Berghang stehen ein paar Häuser, die sich Melemtschi nennen, unser Tagesziel. Sie scheinen so nah und sind doch so fern. Wir müssen neunhundert Meter zum Fluß hinab, dann geht es wieder siebenhundert Meter aufwärts. Dazwischen ist eine Hängebrücke. In Melemtschi nimmt uns ein aus dem „Land hinter den hohen Bergen" stammender Maler auf, ein guter Geselle. Er bewohnt das Haus des China-Lama, an den er auch seine wunderbar feinen Buddha- und Landschaftsbilder weitergibt, der sie an Touristen verschachert... Wir erwerben direkt beim Maler ein schönes Aquarell, das eine Wolfsjagd darstellt. Gegen die Kälte trinken wir heute viel Buttertee. Wenn das Fett nicht ranzig ist, schmeckt das Getränk ganz gut. Vermischt mit Hirsemehl ergibt es einen Brei, der bei den Scherpas sehr beliebt und im übrigen kraftspendend ist.

Sonntag, 7. Januar 1968
Der Himmel ist morgens leicht bewölkt. Heute müssen wir über einen hohen Paß. Auf vereisten Pfaden bergwärts. Ein herrenlos scheinender Scherpahund folgt uns seit drei Tagen, ohne daß wir ihm Futter geben können. Dann verschwindet er. Bis zu einer Berghütte, wo wir vergeblich versuchen, ein Feuer zu entfachen, und von unseren Essensvorräten zehren, und bis zum Helambupaß mit 3800 Metern, der durch eine Stupa mit zerzausten Gebetsfahnen markiert ist, kommen wir trotz Kälte und einsetzenden Schneefalls gut voran. Aber aus der erhofften Sicht auf die verschneiten Himalajagipfel wird es nichts. Wir machen uns an den Abstieg. Es schneit fünf Stunden lang, jeder Fußabdruck ist ausgelöscht, wir stolpern dahin, ohne zu wissen, ob wir je unser Ziel erreichen. Irgendwo im Westen soll Bolemtschi sein. Am Spätnachmittag liegt der Schnee knietief. Es ist nur noch ein Steckenbleiben, Rutschen und Fallen. Es kommt dichter Nebel auf, und das Gelände ist beängstigend steil. Wir glauben zu träumen, als wir plötzlich Kuhglocken hören. Ein Hirte kommt uns entgegen, mit Regenschirm, ein verrücktes Bild. Er zeigt auf seine Fußspuren, die uns nach Bolemtschi führen. Nach einer Stunde sind wir dort. Es hat bei dem Dorf

Scherpa-Dorf Tarke Dschiang in Helambu. Dahinter die Schlucht des Melemtschiflusses

Auf dem Rückweg nach Kathmandu sahen wir die Himalaja-Riesen in ihrer ganzen Schönheit

wenig geschneit. Völlig durchnäßt, auch vom Schwitzen, kommen wir bei einem Bauern unter, der kaum ein Feuer macht und nur widerwillig für uns kocht. Er ist mit drei kleinen Kindern allein in dem Haus.

Montag, 8. Januar 1968
Als wir uns heute morgen von unserem Gastgeber verabschieden, ist er baß erstaunt über unsere Frage nach seinen Geldwünschen. Er hat uns für Bettler gehalten, vielleicht aus „Nepal“, wie die Bergvölker die Hauptstadt Kathmandu kurzerhand nennen. Er freut sich über die vier Rupien, die wir ihm geben (etwa 1,30 Mark, der halbe Tageslohn eines Trägers), aber wir sind enttäuscht. Nur wenn Geld in Aussicht steht, wird etwas für uns gern getan. Das Wetter ist so schön, daß es die Erinnerung an das gefährliche Erlebnis von gestern beinahe auslöscht (Farbbild 26). Die hohen Gipfel in der Ferne stehen blendendweiß vor dem tiefblauen Himmel. In der warmen Sonne lassen wir unsere Sachen trocknen. Wir überwinden einige Höhenrücken, dann sind wir – nach einem „Rundkurs“ – wieder in Pati Bandschang. Unser Wirt, ein Angehöriger der Priesterkaste der Hindus, kocht unter viel Gehuste und Gerotzel in einem großen Kessel Zuckerrohrsaft ein. Er macht braunen Zucker. Wir sitzen fünf Stunden am wärmenden Feuer.

Dienstag, 9. Januar 1968
Der Boden ist hart gefroren, es liegt Reif. Die Anstrengung des Aufstiegs ist gut gegen die Kälte. Noch fünfundzwanzig Kilometer zu Fuß bis nach Kathmandu. Da wir wieder auf der Hauptroute – zwischen einem halben und zwei Meter breit – sind, treffen wir viele Träger. Zwischen Mulkharka und Sanderidschal machen wir Pause. Wir essen zum Frühstück die letzten Stücke Brot, Fisch, Rettich und Zwiebel – zu Hause hätten wir uns übergeben. Der Nebel über dem Tal von Kathmandu löst sich auf. In kleinen Wirtshäusern probieren wir verschiedenes Gebäck. Am Stadtrand kommen wir bei der Stupa des China-Lama an. Von dort bringt uns ein Minibus zum Zentrum.

Krank nach Kalkutta

Schon kurz nach der Rückkehr fühlte ich mich hundeelend. Eine Grippe oder sonst etwas – wir wußten es nicht. Es wurde so schlimm, daß ich schnellstens in tiefere, wärmere Gegenden wollte. „General Winter“ hatte das „Hoftor“ Kathmandus, den 2700 Meter hohen Simbandschangpaß, über den wir mit unseren Fahrrädern heraufgekommen waren, vorübergehend eingeschneit. Wir entschlossen uns für einen Flug über die Berge nach Süden. Selbst mit der langsamen „Dakota“ der königlichen Luftlinie dauerte es nur zwanzig Minuten, bis wir auf einer holprigen Wiese bei Simra landeten. Eine halbe Stunde danach starteten wir, wechselten über die Grenze und blieben für die Nacht im ersten indischen Städtchen.

Es gefiel uns gar nicht, daß wir von Nepal so eilig Abschied hatten nehmen müssen. Wir bedauerten dies so sehr, daß wir auf unserer zweiten Weltreise dort volle drei Monate blieben. Dabei unternahmen wir eine fünfwöchige, fünfhundert Kilometer lange Wanderung von Kathmandu zum Gebiet des Mount Everest und wieder zurück. Auf einer zweiten Tour kamen wir wieder nach Helambu, auch nach Tarke Dschiang, wo wir dann auf den Tag genau sieben Jahre nach unserem ersten Besuch bei den gleichen Scherpas schliefen. (Diese Wanderungen haben wir in dem Buch „Weit über Land und Meere“ beschrieben.)

Stark wechselnde Klimate, Höhenunterschiede von Tausenden von Metern in kurzer Zeit und beinahe täglich wechselnde Lebensbedingungen gehen nicht immer spurlos an einem vorüber. Am nächsten Tag in Indien riefen wir einen Arzt, und er verordnete Bettruhe, weil ich die Grippe hätte. Einen Tag blieb ich liegen, dann wollte ich weiter, schnellstens nach Kalkutta! Eine empfindliche Gewichtsabnahme, Schmerzen im Rücken, Schlaflosigkeit, starkes Schwindelgefühl waren beunruhigende Symptome. Wir legten noch dreihundert Kilometer auf Fahrrädern zurück, dann gab ich auf. In einer kleinen Stadt an der Linie Patna – Kalkutta bestiegen wir einen Zug. Am 492. Tag unserer Reise um fünf Uhr morgens kam er im Bahnhof Howrah von Kalkutta nach knapp fünfhundert Kilometern zum Stehen. Da Sonntag war, blieb uns nur der Weg in ein Hotel. Am nächsten Morgen stellte der englische Arzt Dr. Watson bei mir eine Leberentzündung mit Gelbsucht fest. Keine Ahnung, wo ich mir die geholt hatte, aber Möglichkeiten hatte es in den letzten Wochen und Monaten ja genug gegeben. Nun hieß es erst einmal ruhen und geduldig sein.

Viel Elend in der Stadt am Hooghly

Trotz unserer vorübergehenden Stillegung hatten wir reichlich Gelegenheit zu Beobachtungen. Unser Hotel „Ashoka" stand am Westufer des Hooghly River, der ein Mündungsarm des Ganges ist. Obwohl es nach einem großen indischen König der Antike benannt worden war, sahen wir von Pracht weit und breit nichts. Das Zimmer kostete zwölf Rupien (zwei Tagesverdienste eines Rikschakulis), aber Wilma mußte erst einmal putzen, als wir einzogen. Von den Wänden rieselte der Kalk, Dusche war nur kalt, mit dem Abfluß haperte es etwas, auf dem total verdreckten Balkon

Obdachlose Familien auf einem belebten Platz in Kalkutta: einige von Millionen

krächzten schauerlich die Krähen. Erst nach hartem Ringen bekamen wir einigermaßen frische Leintücher auf die von Generationen abgewetzten Matratzen.

Morgens schlief man hier am besten, am Mittag wurde es schon lauter, und gegen Abend war dann die Hölle los. Der riesige Bahnhof von Howrah, Tausende von Lastwagen auf der Straße, der geschäftige Fluß, große und kleine Flugzeuge, rege Bautätigkeit – all das in unserer Umgebung produzierte viel Lärm. Hinzu kamen noch Hunderte von Bewohnern der Straße unter uns, die sich lautstark verständlich zu machen versuchten. Nachts schliefen sie in „Wohnungen" aus Pappkartons, Kisten und Säcken, oder nur auf einer Matte. Viele hatten sogar nur ein großes Kanalrohr als Bleibe oder ein Stück Papier als Unterlage. Die Hälfte der Millionen Einwohner lebte so. Dieses Ungeheuer verschluckte jeden Morgen Hunderttausende grauzerlumpter, schmutziger und verlauster Gestalten, die es am Abend wieder ausspie. Einige Frauen sahen wir vor dem Hotel den frischen Mist der umherirrenden Rinder einsammeln, gut mischen und kneten, dann als Fladen an alle verfügbaren Mauern und Wände kleben. Sie benutzten das Zeug selbst oder verkauften es als Brennmaterial. Abends, wenn gekocht wurde, zogen dichte Rauchschwaden durch die Straße. Morgens kamen Wagen, und einige Männer luden die Körper derjenigen auf, die in der Nacht im Freien gestorben waren. So war das überall in Kalkutta.

Um 1700 legte die Britisch-Ostindische Kompanie hier eine befestigte Siedlung an. Bis heute ist Kalkutta ein Handelszentrum geblieben. In der Anlage, hinsichtlich der Bauwerke und der Verkehrseinrichtungen blieb es weitgehend britisch. Sonst ist fast alles „indisch". Die riesige stählerne Brücke über den Ganges sahen wir bis mittags von Obst- und Kurzwarenhändlern bevölkert, während sich später die Gemüse- und Fischverkäufer ein Stelldichein gaben. In gewissen Straßen hatten sich Gilden niedergelassen, wie die Schuh- und Fahrradhändler. Am Fluß konnten wir einen Blumenmarkt und yoga- und sporttreibende Männer sehen. Es gab noch die Rikschas, die von barfüßigen, nur in ein Tuch oder Hemd gehüllten Kulis gezogen wurden, und Kutschen mit müden Kleppern davor. Fast alle hier ankommenden Fernlaster und die meisten der Überlandbusse fuhren, in Indien in Lizenz hergestellt, unter dem Stern des großen Stuttgarter Automobilwerks.

Der deutsche Konsul und der Leiter des Goethe-Instituts halfen uns verständnisvoll, auch mit gutem Lesematerial. Wilma besorgte die Arzneimittel und kochte (mit unserem Tauchsieder – ja, so etwas ist möglich) täglich kräftigende Diät, Kartoffeln, Teigwaren, Gemüse und Fleisch. Der Manager des „Ashoka" wäre uns vermutlich an den Hals gesprungen, hätte er davon erfahren. Endlich ging es mir wieder besser, und wir konnten uns Kalkutta von allen Seiten betrachten.

Drei Wochen entlang der Ostküste

Sechzehn Tage blieben wir, dann hielt ich es nicht mehr aus. Der Leser kann mir sicher nachfühlen. Wir wollten ja noch so viel sehen. Unser Weg nach Osten war blockiert: Assam war gesperrt, Birma gab für den Landweg keine Visa. So führte uns die Reise eben nach Süden. In drei Wochen, mit einigen Pausen, legten wir die 1700 Kilometer nach Madras zurück, ich unter gelegentlichen Beschwerden, aber im allgemeinen in guter Verfassung. Ich will nicht verschweigen, daß es Tage gab, an denen wir unsere zweirädrigen, hartgesattelten Vehikel am liebsten in den nächsten Ochsentümpel geschmissen und ersäuft hätten, denn Natur, Menschen und Straßen muteten uns manchmal ein bißchen viel zu (Farbbild 23). Aber meist hatten wir Glück. An vielen Tagen wölbte sich ein unverschämt blauer Himmel über uns. Es war die beste Zeit für Reisen mit

Eine sympathische Gestalt aus Südostindien. – An einem Strand im Süden

dem Fahrrad. Am Anfang hatten wir mittags etwa zwanzig, bei Madras aber schon über dreißig Grad im Schatten. Wir fuhren durch die Dschungel Westbengalens, dann durch die Küstenebene am Golf von Bengalen. Das Bild der Felder wechselte ständig. Reis löste Zuckerrohr, Tabak Bananenpflanzungen, Gemüse Zitrushaine ab.

Dabei begegneten uns die wunderlichsten Völkerschaften. Am Chilkasee südwestlich von Bhubaneshwar gingen schwarzbraune Frauen fast unverhüllt mit wiegenden Schritten die Landstraße entlang. Ihre knappe Kleidung war von kräftigem Rot, Grün oder Violett. Auf dem Kopf trugen sie Körbe mit Früchten, Wäsche, Mist, Futter fürs Vieh und Säcke mit Zwiebeln oder Reis. Schwerarbeiter waren auch ihre Männer, die quer über die Schulter eine lange Bambusstange legten und an jedem ihrer Enden ein Gefäß aus Messing oder gebranntem Ton zum Wassertragen aufhängten. An den Flüssen wuschen sie – nur Männer, wie in Indien üblich. Mit einem rhythmischen Zischen durch die Zähne oder einem Pfeifen schlugen die Wäscher die Kleidungsstücke auf zurechtgelegte flache Steine. Bei dieser Tortur wurde die Wäsche zwar nicht sehr sauber, dafür ging sie um so schneller in die Brüche. Abends war über die Felder oder aus dem Wald vielleicht ein Lied zu hören, das man uns so übersetzte: „Ich liebe dich, doch du verachtest mich. Daher möchte ich das Wasser sein, das du trinkst, damit ich ganz bei dir wäre." Aber Transistorradios verdrängten auch hier schon den Volksgesang. Sehr eigenartig war bei einer der Volksgruppen, daß bei ihr nicht nur die Männer sondern auch die Frauen und sogar die Kinder Zigarren rauchten!

Natürlich standen wir wieder oft im Mittelpunkt des Interesses unserer Weggenossen. Nach einer indischen Weisheit kann nur *der* geachtet sein, über den gesprochen wird und mit dem man sich abgibt. Wer von seinen Mitmenschen gleichsam links liegengelassen wird, gehört zu den Verachteten (zum Beispiel zu den Kastenlosen, den Unberührbaren). Ein vielköpfiges Publikum bewies uns täglich, daß wir zu der ersten Kategorie gehörten (Farbbild 24).

Das komischste Erlebnis hatten wir, als wir bei Rajamundry das sieben Kilometer breite Bett des Flusses Godavari durchquerten. Dort waren betonierte Stege angelegt, hinter denen das wenige Wasser gestaut wurde. Nur ein wenig lief darüber. Daher wuchsen an einigen Stellen Algen. Auf einem dieser Übergänge zwischen Inseln ging vor uns ein älterer Mann, der – ohne uns zu sehen – plötzlich von rechts nach links überwechselte. Auf dieser Seite kamen wir daher. Beim Abbremsen verloren wir auf den glitschigen Algen das Gleichgewicht, und ich fiel ins flache Wasser. Ich lag dabei unter meinem Fahrrad und konnte mich wegen des schwierigen Bodens nicht eher aufrappeln, bis mir Wilma half. Anschließend flog sie hin. Nun, nach einer Stunde hatten wir dann den Godavari doch glücklich durchquert.

Sehr erfreut waren wir, als wir in der Stadt Vishakapatnam bei dort in einem Kunstdüngerwerk beschäftigten Nordamerikanern außer einem Glas kaltem Bier plötzlich auch zwei auf unsere Felgen passende, fast neue Reifen in der Hand hielten. Die Gastgeber aus Florida hatten gehört, daß wir seit acht Monaten vergeblich suchten. Da veranstalteten sie in ihrer Wohnsiedlung eine Suchaktion und waren fündig. Wir trafen sie, als uns ein bei einer Raffinerie arbeitender junger Engländer und seine Frau eingeladen hatten, an einem „schwarzen Freitag", als uns sonst alles zu mißlingen schien. Dieses Paar sahen wir viele Jahre später in Australien wieder.

Außer oft uniform wirkenden großen Zentren besuchten wir auch Orte, die etwas mehr zu bieten hatten. So sahen wir in und um Bhubaneshwar großartige Tempelanlagen des Hinduismus. Viele von ihnen werden schon seit über tausend Jahren für Gottesdienste benutzt und haben herrliche Reliefs an ihren Mauern und im Innern, wobei zahlreiche erotische Darstellungen (wie in Kathmandu, aber hier in Stein) auffällig sind. Bei manchen Tempeln war der Zutritt Nichthindus untersagt.

Zum Abschied in Madras – Lügt die deutsche Presse?

Schließlich erreichten wir Madras, die Hauptstadt des Staates Tamil Nadu. Für ganz Südostindien ist es wirtschaftliches und geistiges Zentrum. Den Tamilen sagte man den höchsten Bildungsgrad nach. Hier wurden *gegen* die Benutzung des Hindi (aus Nordindien) und *für* den Gebrauch des Englischen als Amtssprache demonstriert. Wir konnten nur staunen... Nach der offiziellen Sprachenkarte gab es in der indischen Union vierzehn Hauptsprachen, jede mit ihrer eigenen Schrift, neben 179 weiteren Sprachen und 544 Privatdialekten einzelner Völkerschaften. Kein Wunder, daß Englisch oft als eine neutrale, verbindende Sprache bezeichnet wurde. An verschiedenen Orten gingen unsere Verständigungsversuche nur in der Zeichensprache vor sich. Auch in Madras gibt es viele alte Tempel. Interessant: Von dieser Küste begann die Ausbreitung des Christentums in Indien – vor fast zweitausend Jahren durch den Apostel Thomas.

In Madras fand gerade eine internationale Messe statt. Deshalb waren die Hotelpreise stark angestiegen; ein Quartier war ohnehin schlecht zu bekommen. Wir bemühten uns daher sehr, bald wieder mobil zu werden. So liefen wir während der sechs Tage in der Stadt auch hinter Schiffskarten her, denn wir wollten über den Golf von Bengalen nach Malaysia. Wie immer, wenn

Straßenbauarbeiter in Indien schleppen Erde in Körben. Der Mann links zählt jede Last

man es zu eilig hat, lief der Karren nicht ganz so wie er sollte. Auf dem Wege zum deutschen Generalkonsulat verlor ich im dichtesten Messeverkehrstrubel meinen Reisepaß mit Visum und auch meinen Impfausweis. Bei unserer Vertretung hatte ich Post abholen wollen. Nun konnte ich gleich einen neuen Paß beantragen. Der Freundlichkeit unserer Leute dort – nach zwanzig Minuten hatte ich das so wichtige Dokument –, der Ausländerbehörde und eines Arztes hatte ich zu verdanken, daß dem Erwerb der Schiffskarten nichts im Wege stand.

Nach 92 Tagen in Indien nahmen wir Abschied. Wir hatten neun der zwanzig Staaten besucht. Immer wieder hatten wir mit Menschen aller Schichten über die Lage des Landes gesprochen. Hier ein Fall der unerfreulichen Art von Diskussionen: Empört kritisierte ein Geschäftsmann aus Bombay die „wahrheitsverdrehende" Berichterstattung der westdeutschen Presse über sein Land. Es gäbe weder Hunger noch Seuchen in großem Ausmaß. Der Mann zahlte sechzig Rupien (Monatseinkommen eines gewöhnlichen Arbeiters) pro Nacht für sein Hotelzimmer. Nach unserer Ansicht war die soziale Oberschicht Indiens für die schlechte Lage so vieler Menschen verantwortlich zu machen.

Obwohl Indien sehr viel Interessantes zu bieten hat, in dieser Hinsicht vermutlich „konkurrenzlos" in der Welt, ist es nach unserer Meinung falsch, immer wieder abgegriffene Bezeichnungen wie „Wunderland" oder „Märchenland" zu verwenden. Nur wer schwärmerisch ist, wird die harte Wirklichkeit nicht erkennen. Unser Entschluß stand fest: Nie wieder Indien! Doch bei zwei Gelegenheiten brachen wir unseren Schwur . . .

Diesmal kein Mord auf der „Rajula"

Jede Fahrt seines Schiffes sei ein neues Abenteuer, erzählte uns Kapitän Howcroft an Bord der britischen „Rajula". Als er jetzt von Malaysia nach Indien herübergekommen sei, habe er zwei Todesfälle zu melden gehabt: Mord und Selbstmord auf hoher See. Vor einiger Zeit seien drei Menschen umgekommen, als sie ohne Vorsichtsmaßnahmen zu früh den mit Hunderten Tonnen Zwiebeln gefüllten Laderaum betreten hätten. Die Gase hätten sie getötet. Wir hofften, daß es eine ganz ruhige, von uns aus „langweilige" Reise sein würde, die wir auf der „Rajula" unternahmen, denn wir hatten wieder einmal Erholung nötig. Unser Wunsch erfüllte sich. Das Meer war ruhig und blau. Niemand kam ums Leben, und unser Schiff lief auch nicht auf ein Riff. Aber wir konnten einige interessante Beobachtungen machen.

Mit uns waren etwa hundert Reisende an Bord gegangen, die Kabinenplätze belegt hatten, dazu rund 1300 Deckpassagiere. Während wir fünf Mahlzeiten täglich mit bis zu sieben Gängen zu uns nahmen, das ganze Promenadendeck zur Verfügung hatten, mehreren Filmvorstellungen beiwohnten und uns in Bars und Leseräumen vergnügen konnten, fuhren „weiter unten" die übrigen Passagiere – Studenten, Händler, Familien – auf einer Bodenfläche von 1,80 auf 0,75 Meter pro Person, zum Liegen, Sitzen und Stehen. Sie hatten eine Kantine, und es gab genügend Wasser. Wir hatten ebenfalls in der unteren Klasse fahren wollen, aber es hieß, sie sei ausgebucht. Wir haderten diesmal mit unserem Schicksal nicht. Wir hatten je 335 Mark für die einwöchige Reise zu zahlen gehabt. Die Kabinen waren allerdings nicht klimatisiert. Luxusklasse gab es nicht.

Allen Skrupel zum Trotz freundeten wir uns eng mit dem Kapitän und seinem Chefingenieur an. Ihre Kabinen waren gekühlt und das Bier, das sie uns und ein paar anderen jungen Ausländern anboten, auch. Wer würde da nein sagen? Wir waren schließlich fünf Breitengrade vom Äquator. Die „Rajula" kreuzte auf ihrem Weg nach Penang die Dampferrouten nach Kalkutta, Chittagong und Rangun, aber erst als die Große Nikobar-Insel – goldener Strand und dichter Wald – in etwa drei Kilometer Entfernung vorbeigezogen war, sahen wir ein Fischerboot, aus Japan. Während wir mit Kapitän Howcroft und einigen anderen ein verrücktes Fest mit gutem Essen und feinen Getränken feierten, lief das Schiff in die Malacca-Straße ein; rechter Hand lag Sumatra. An einem Sonntagmorgen wurde es in Penang vertäut. Den Rest des Tages verbrachten wir mit dem „Chef" an einem Badestrand. Wir ließen es uns einmal gut gehen.

Übrigens waren wieder achthundert Tonnen Zwiebeln an Bord der „Rajula". Diesmal lüftete man die Laderäume gründlich, dann schickte man ein Huhn hinein. Als es nicht umfiel, wußte man, daß die Luft rein war.

Südostasien, Hongkong, Japan

Eine Fahrt um die Welt auf Fahrrädern ist beileibe nicht immer ein Honigschlecken. Aber manchmal kamen wir uns doch wie in den Ferien vor. Das war auf der Malaiischen Halbinsel der Fall. Südostasien – eine völlig neue Welt für uns! Nach vielen Monaten, die wir überwiegend in Wüsten, in trockenen oder doch wenigstens sehr staubigen Zonen verbracht hatten, umgab uns nun tropische Flora, war das Klima warm und feucht. Die Schwüle war eine Erschwernis. Was uns den Aufenthalt angenehm machte, waren die Lebensumstände im allgemeinen. Vor allem war dieser Teil Asiens sauberer als alles bisher auf dem Kontinent Gesehene. Wenn ich dies schreibe, dann denke ich keineswegs nur an die „Ferieninsel" Penang direkt vor dem malaiischen Festland, wo wir zur Einstimmung zwei Tage verbrachten. Dort hätten wir meinen können, es hätte keine Armut gegeben – auf der Insel nicht und auch nicht in Malaysia. Ein nettes Häuschen reihte sich im Hauptort Georgetown und in den Dörfern an das andere, mit viel Grün dazwischen, mit Sitzbänken zu jedermanns Benutzung in den Straßen. Und überall sah es so aufgeräumt aus!

Als wir durch Malaya – westlicher Teil Malaysias und wesentlichster, was die Verteilung der Bevölkerung betrifft – fast neunhundert Kilometer nach Süden fuhren, über Ipoh und die Hauptstadt Kuala Lumpur, über Malacca und Johore Bharu schließlich nach Singapur, da fanden wir unsere ersten Eindrücke bestätigt. Gegenüber dem indischen Subkontinent kam uns dieses Land geradezu paradiesisch vor. Auch auf dem flachen Lande standen die Häuser in blühenden Gärten. Die Menschen waren ordentlich gekleidet. Entlang der glatten und gut angelegten Asphaltstraßen gab es genügend sauberes Wasser. Nur noch in Israel hatten wir gesehen, daß der Wasserleitung so viel Bedeutung beigemessen wurde. Beiderseits der Straßen war zu sehen, was den Wohlstand der Einwohner vor allem ausmachte: Gummiplantagen und Zinnminen. Später, an der Ostküste, sahen wir allerdings, daß es in Malaysia durchaus unterentwickelte und arme Gebiete gab. Dennoch: Durchschnittlich waren die Menschen hier zehnmal reicher als die Inder, wenn man ihr Einkommen betrachtete.

Die Straßen hätten das Fahren für uns zum reinen Vergnügen machen können, aber der sehr starke Verkehr bereitete uns Kummer. Zum Glück gab es in manchen Gebieten ebenfalls asphaltierte Radwege – so etwas hatten wir schon lange nicht mehr gesehen –, oder wir konnten auf genauso gute, aber ruhigere und viel romantischere Nebenstraßen ausweichen. Vieles war anders als bisher. Kein altersschwacher Lastwagen versperrte den Weg, Pannen an Autos schien es nicht zu geben. Aber wir sahen reihenweise Verkehrsunfälle. Es wurde zu schnell gefahren.

Nach der Hälfte des Weges, nach 270 „batu" (das heißt „Steine", im Sinne von Meilensteinen), erreichten wir Kuala Lumpur. Auch darüber konnten wir bald eine Lobeshymne singen. Es gab keine windschiefen Buden. Jede Straße hatte einen Gehweg, mit ordentlicher Einfassung und Regenwasserrinne. Nirgends stand stinkendes Abwasser, regelmäßig wurde Müll abgeführt, Läden sahen appetitlich aus. Niemand sprang auf fahrende Autobusse oder reiste auf dem Dach der Verkehrsmittel. Bettler sahen wir selten.

Die Wirtschaft des Landes florierte. Die Chinesen, vor allem Nachkommen von Einwanderern aus Südchina und teils schon seit dem siebzehnten Jahrhundert hier ansässig, beherrschten das Geschäftsleben. Sie stellten etwa ein Drittel der Bevölkerung. Die Hälfte waren Malaien, rund vier Millionen. Aus Südindien stammende Einwanderer zählten etwa eine Million. Der amtlichen Lesart zufolge wurde die Innenpolitik nicht durch Rassenfragen belastet. Von Vertretern der nichtmalaiischen Seite erfuhren wir jedoch, daß Chinesen und Inder (Buddhisten, Christen und Hindus) von den islamischen Malaien bei der Besetzung von wichtigen Positionen stets benachteiligt würden.

Seit 1967 war das Malay die einzige amtliche Sprache Malaysias, was allein schon ein wichtiger Grund für Unstimmigkeiten war. Wir fanden Malay (mit lateinischen Buchstaben geschrieben) allerdings „leicht" im Vergleich zu den verzwickten indischen Sprachen. Wir legten uns mit Hilfe von Einheimischen und ausgeliehenen Büchern ein Verzeichnis von einigen hundert wichtigen Wörtern an. Einmal saßen wir mit einem Bauern und einem Schulmädchen auf den Stufen einer Dorfmoschee und versuchten uns an den ersten Satzbildungen. Was wir mit Familien zusammen lernten, sollte uns an der Ostküste, wo kaum Englisch verstanden wurde, noch viel helfen.

Zu unseren Gastgebern gehörte auch ein Polizist mit seinen Angehörigen, der uns in Kerling vor Kuala Lumpur im Wohnheim seiner Polizeistation schlafen ließ, weil es nach einem 115 Kilometer langen Tag für uns kein Hotel gab (Farbbild 28). In der Siedlung einer Gummipflanzung schliefen wir bei tamilischen Arbeiterfamilien. In einer Landwirtschaftsschule luden uns

Tropisches Buschland an einem Fluß bei Penang/Malaysia. Vorn ein Pegelmesser

Studenten ein, die Nacht zu verbringen. Einmal fanden wir ein Zeichen von echter Unsauberkeit: Es gab furchtbar viele Schaben, die nachts das Bett bevölkerten und uns in die Zehen und in den Rücken bissen. Wir mußten das Licht anlassen, denn dann blieben die bis zu zehn Zentimeter langen Insekten in ihren Schlupflöchern. Sonst waren wir in kleinen Hotels, die von Chinesen geführt wurden. Sie waren, obwohl ein Zimmer mit großem Bett nur drei bis vier Malaysia-Dollars kostete (etwa vier bis fünf Mark), sehr sauber. Das Bettzeug war blütenweiß, es gab Seife, Handtuch, Räucherstäbchen gegen Moskitos, einen Ventilator und ein Bad auf der Etage.

Endlich konnten wir auch unser Reifenproblem lösen. In Kuala Lumpur fanden wir genau die richtigen Decken. Sie stammten aus Holland. Wir waren ihnen auf die Spur gekommen, als wir sie am Fahrrad eines Briefträgers sahen, uns die Marke notierten und dann die Geschäfte abklapperten. Ein paar Tage zuvor war Wilmas in Indien noch einmal vulkanisierter Reifen explodiert. Die schlimmsten Löcher an den anderen hatte sie mit Gummistücken, Nadel und Faden gestopft.

Erfolg- und kinderreiches Singapur

Wären wir drei Jahre früher gekommen, so hätten wir, um Singapur besuchen zu können, wohl auch die Malaiische Halbinsel, jedoch nicht den Staat Malaysia verlassen müssen. Damals hatten die beiden noch zusammengehört. Doch kurz darauf hatte sich Singapur vom großen Rest der Föderation von Malaysia – einer Monarchie – losgesagt und eine unabhängige Republik geformt. Also schon wieder eine Grenze! Wir erreichten unser neues Reiseland über einen Damm durch ein Stückchen Meer. Als die Zöllner uns mit unseren Rädern daherkommen sahen, stand in ihren Gesichtern so etwas geschrieben wie: „Jetzt zeigen Sie uns mal Ihr Geld, oder Sie kommen hier gar nicht herein!" Sie sagten dann aber nur den ersten Teil dieses Satzes. Wir hatten von Singapurs strengen Sitten schon gehört. Man wollte sich Mittellose vom Halse halten. Wir blätterten also unsere gesamte Barschaft hin, zum ersten Mal. Da wir hier nicht gerade den Rest unseres Lebens verbringen wollten, waren die Zöllner mit unserem Kassenstand zufrieden.

Auf der Straße vom nördlichen zur City am südlichen Ufer der Insel staunten wir über eine Reihe von hübsch aussehenden Wohnsiedlungen. Wir hörten, daß ein Viertel der zwei Millionen Insulaner in vom Staat errichteten Wohnungen lebte. Angeblich wurden täglich dreißig Wohneinheiten fertiggestellt. Während acht Tagen in Singapur stellten wir fest, daß hierfür ein echter Bedarf vorlag: Die Bevölkerung vermehrte sich sehr stark, es gab massenhaft Kinder, jeder zweite Einwohner war unter zwanzig Jahre alt. Der Stadtstaat mußte daher ein Viertel seiner Mittel für die Erziehung der Jugend einsetzen. (Einige Zeit später erfuhren wir, daß strenge Familienplanung angeordnet wurde.)

„Organisation ist alles" war wohl die zutreffendste Charakterisierung für die mustergültige Ordnung und Sauberkeit in Singapur. Eine verantwortliche Regierung schuf dafür Gesetze, die sie auch durchzusetzen verstand, und die von einer disziplinierten Bevölkerung respektiert wurden. Man wollte nicht nur in einem gesunden Land leben, sondern nach und nach auch alle Probleme bewältigen, die unterentwickelte Länder sonst plagen. Dazu gehören so banal scheinende Dinge wie eine geordnete Müllabfuhr und eine permanente Versorgung mit Trinkwasser, aber auch beispielsweise die Beachtung von Verkehrsregeln, um die sich die Menschen vielerorts – wir hatten das in Indien wieder gesehen – kaum kümmerten. Nicht zuletzt paarte sich das Organisationstalent der Einwohner und ihrer Verwaltung mit unerhörtem Fleiß.

Da man hier zoll- und steuerfrei einkaufen konnte, und zudem das Klima zwar tropisch aber doch erträglich ist, kamen die Touristen aus aller Welt in hellen Scharen. Dabei gab es in dieser Metropole weder mittelalterliche Gebäude noch altertümliche Ruinen. Das neue Singapur hatte als britischer Handelsposten erst 1819 zu existieren begonnen. Zuvor hatte es nur ein Fischerdorf hier gegeben. Was im Stadtbild interessieren konnte, waren Häuser im klassischen Kolonialstil, in neugotischer Bauweise und im Gewande der heutigen Zeit, vor allem aber Chinatown, die farbensprühende „Chinesenstadt". Deren Name war eigentlich paradox, denn Singapurs Bevölkerung bestand zu drei Vierteln aus Chinesen, die keineswegs nur in diesem Stadtteil lebten. (Der Rest waren Malaien, Inder und eine sehr kleine Minderheit von Europäern.) In Chinatown waren die Häuser in einem südchinesischen Stil erbaut. Es gab einige prachtvolle, mit Drachenfiguren verzierte buddhistische und taoistische Tempel, und viele Gaststätten. Das typische Alltagsleben der Chinesen spielte sich indes überall in Singapur auf die gleiche Weise ab.

Der Grund, daß sich Singapur von Malaysia gelöst hatte, war, daß den Chinesen der Insel (zur Republik gehören noch einige weitere Eilande, die sehr schwach besiedelt sind) die Pro-Malaien-Politik der Regierung in Kuala Lumpur gründlich mißfiel. Sie fühlten sich politisch sehr benachteiligt. Nun, das hatten wir ja auch schon „drüben" von den Chinesen gehört. In Singapur waren außer Englisch und Chinesisch auch Malay und Tamil offizielle Sprachen. Die Währung des einen Landes – die Dollarnoten Singapurs zeigten Abbildungen herrlicher Orchideen – galt auch im anderen und die Zeitungen erschienen für Malaysia und Singapur meist gemeinsam, in den obenerwähnten Sprachen.

Der Stadtstaat profitierte sehr von seiner ausgezeichneten Lage an vielen Hauptschiffahrtswegen. Es hatte einen leistungsfähigen Hafen. In einem Jahr wurde er von rund 25000 Schiffen angelaufen, die auch Singapurs viele Exportgüter mitnahmen. Schon bei einem Spaziergang auf dem „Queen Elizabeth Walk" und dem „Raffles Quay" konnten wir Hunderte von Dschunken und anderen Schiffchen, von Dampfern und Seeriesen zählen. Übrigens war das Fahrrad hier weit seltener als in anderen Ländern dieses Kontinents. Mopeds, vornehmlich aus Japan, beherrschten die Straßen, die Jugend, das Trommelfell. Verkehrslärm war eigentlich das einzige, was uns in Singapur mißfiel.

Wir besuchten zahlreiche Plätze, die in jedem Prospekt Singapurs Erwähnung finden. Ich möchte nur noch kurz unseren Besuch in einer Straßenoper schildern. Als wir in der mit Wellblech gedeckten, seitlich offenen Halle Platz nahmen, wurden wir zunächst mit westlicher Schlagermusik überschüttet. Eine halbe Stunde nach Beginn des Spiels (einzige Instrumente Trommel und Becken, durch Lautsprecher gräßlich verstärkt), war der Saal zu einem Drittel gefüllt. Das Publikum unterhielt sich und spazierte herum, während auf der Bühne ganz absichtlich und offen Arbeiter in Unterhemd und Hosen den Schauspielern beim Wechseln ihrer Roben beistanden. Das Publikum, so ist es der Brauch, „sah" die Helfer aber nicht. Man tut einfach, als wären sie nicht da. Nur: Bei einer Opernaufführung höheren Niveaus sind solche Assistenten ganz in Schwarz gehüllt. Sie sind damit „neutral". Das Stück handelte von antiken Machtkämpfen zwischen Königen.

Durch den Urwald an der Küste nach Norden

Die süßen Tage des Ausruhens in Singapur waren schließlich gezählt. Unser nächstes großes Ziel war Bangkok in Thailand. Die Distanz maß, so wie wir fuhren, 2700 Kilometer. Wir sind heute noch stolz darauf, daß wir die gesamte Strecke mit Fahrrädern zurücklegten, obwohl es sehr

Seetüchtige Dschunken hinten, vorn eine abgebrannte und eine neu auf Kiel gelegte

„Blütenreiche“ Singapur-Dollars. – Im „chinesischsten“ Viertel Singapurs

schlechte Straßenabschnitte gab. Nach dreiunddreißig Tagen kamen wir an. Ich möchte den Leser einladen, einen Blick in die Seiten unseres Tagebuches für die Zeit, bis wir die thailändische Grenze erreichten, zu werfen.

Montag, 1. April 1968
Bevor wir von unserem Hotel aufbrechen, haben wir Besuch von zwei jungen Malern, die Informationen über das Kunstleben in Deutschland wünschen. Unsere Einreise nach Malaysia beginnt recht unrühmlich mit einer Reihe von Reifenpannen. Endlich wieder flott, machen wir in Johore Bharu die Bekanntschaft eines siebzigjährigen Engländers, dessen Frau aus Koblenz stammt. Wir wohnen bei ihm und er erzählt viel von seiner Fahrt mit selbstgebauter Jacht von Malaya nach Europa vor fünf Jahren.

Dienstag, 2. April 1968
Wir haben zwanzig Kilometer zurückgelegt, da wird unser Eifer erneut gehemmt. Ein junger Malaie lädt uns in sein Elternhaus ein. Dazu geht es ein ganzes Stück zurück. Kassim Ibn Haji Elias spricht gebrochenes Deutsch. Er arbeitete einmal ein Jahr in Deutschland – „aber nur um zu leben, nicht umgekehrt", wie er gesteht. Unsere Heimat besteht für ihn in der Hauptsache aus Reeperbahn und Karneval. Seine Familie wohnt in einem schönen Haus. Kassims Mutter ist tot, aber er hat drei Stiefmütter, denn sein Vater, ein Sägewerksbesitzer, ist Moslem und hat „Anspruch" auf vier Frauen. Eine ist Chinesin und hat mehrere Töchter, bildhübsche Teenager. Für uns wird ein Zimmer hergerichtet. Alle unterhalten sich mit uns, auch die kleineren Kinder sind höflich. Leider wird abends lange ferngesehen.

Mittwoch, 3. April 1968
Die älteste Frau richtet für uns noch Brote und Eier zum Mitnehmen, außerdem das Frühstück. Wie aufmerksam! Mit „Selamat tinggal" („Aufwiedersehen!") verabschieden wir uns von den Gastgebern, die mit „Selamat jalan" („Guten Weg!") antworten. Leider ist der Weg manchmal schlecht. Morgens schlängelt sich die Straße noch durch Pflanzungen von Ölpalmen und Kautschukbäumen, doch dann ist rechts und links nur noch der Dschungel. Auf achtzig Kilometer gibt es kein Dorf. Wo Bäume sind, gibt es auch Schatten, sollte man meinen, aber die Sonne steht hoch und der Urwald beginnt erst einige Meter von der Straße, durch den Sumpf unerreichbar. Ein Bach verschafft Kühlung. Trinken dürfen wir das Wasser nicht. Handtellergroße Schmetterlinge umgaukeln uns. Die Insekten des Dschungels vereinigen ihre Stimmen zu einem gewaltigen Chor. Erschöpft erreichen wir die Ortschaft Jemaluang, wo es Eiswasser gibt. Abends, nach 130 Kilometern, in Mersing am Südchinesischen Meer. Die Leute sehen uns und sagen „maschallah", was etwa „großartig" bedeutet. Wir schlafen in einem Chinesenhotel.

Donnerstag, 4. April 1968
Unsere Schlafsäcke und Kleider beginnen zu schimmeln – die hohe Luftfeuchtigkeit ist schuld. Eine einzige dunkle Wolke am Himmel, wer denkt dabei an Böses? Eine Viertelstunde später sind wir triefnaß. Ein Stück weiter ist kein Tropfen gefallen. Immer die Küste entlang nach Norden. Viermal müssen wir Fähren benutzen, um die jenseitigen Ufer von flachen, aber breiten Flüssen zu erreichen. Das kostet nichts. Wir telefonieren mit einer Bergwerksgesellschaft, die eine

Gummizapferinnen in Malaya. Unten fließt der weiße Saft (Latex) aus dem Kautschukbaum

Mit einer der Frauen eines malaiischen Sägewerksbesitzers nahe Johore Bharu

Bahnlinie ins straßenlose Landesinnere betreibt. Leider wird unsere Bitte um Mitnahme für ein, zwei Tage abgelehnt. Nach 110 Kilometern ergießt sich bei dem Fischerdorf Nenasi ein Urwaldfluß in die See. Auf den Dünen wird uns im „balai raya" (eine Art Volkshaus) ein Quartier gegeben. Der Mond scheint durch die Palmen, und die Fischer denken wohl, das sei Licht genug. Außerdem scheinen sie sich vor den „orang luar" (Ausländern) etwas zu fürchten.

Freitag, 5. April 1968
In der Frühe entdecken wir, daß nachts Tausende von Ameisen über unsere Lebensmittelvorräte hergefallen sind. Eine schöne Bescherung. Viele einfache Fischerdörfer und Flüßchen mit

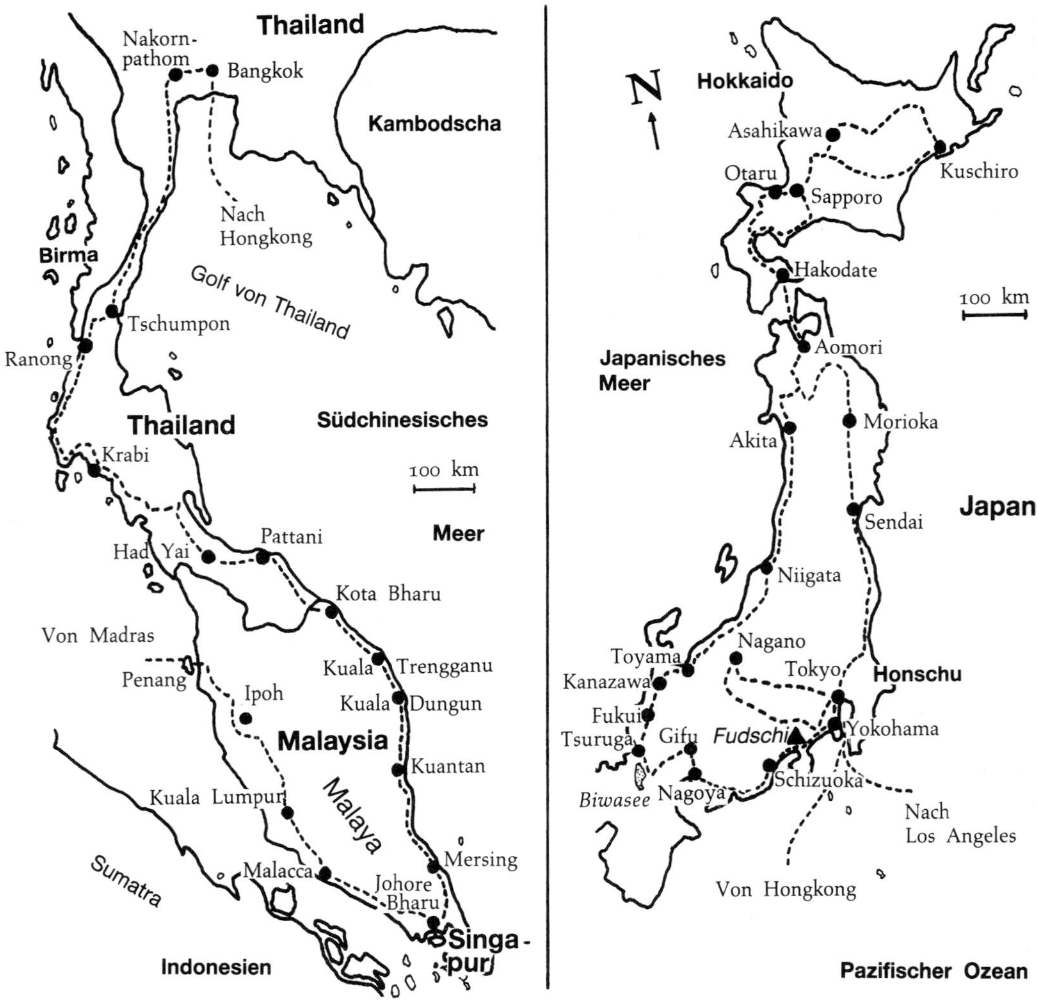

Reiseweg (Strichlinie) von Penang in Malaysia nach Singapur und nach Bangkok in Thailand, sowie durch Japan, beginnend in Yokohama Richtung Nagoya

Jubeln jedesmal, wenn es „klick!" macht: Kinder am Meer im Norden der Malaiischen Halbinsel

schwarzem Wasser, überall nackte Kinder. Auf eine Empfehlung hin wollen wir den Sohn des Sultans von Pahang in der Stadt Pekan besuchen. Leider ist er auswärts. Wir sehen den modernen Palast. Malaysia besteht aus über einem Dutzend Sultanaten in Malaya und auf Borneo. Einer der Regenten wird jeweils auf fünf Jahre von den übrigen Herrschern zum Staatsoberhaupt gewählt. – Die letzte Fähre auf dem Wege durch Malaya über den Sungei Pahang, wo an einer Brücke gebaut wird. Er ist der breiteste Fluß. Wir bekommen keine großen wilden Tiere zu Gesicht. „Denn sie sind selten geworden, und niemand kennt ihre Aufenthaltsorte", wie uns ein Landvermesser versichert. Selbst von 134 Schlangenarten Malayas (davon dreiunddreißig giftig) sehen wir nur wenige. „Noch vor dreißig Jahren überquerten Elefanten die einsame Straße, und jeden Monat hörte man von menschenmordenden Tigern", erinnert sich ein Holzhändler. Tagesziel ist Kuantan.

Samstag, 6. April 1968
In der Stadt mit 35 000 Einwohnern gibt es ein Touristenbüro. Wir haben an der Ostküste in kultureller Hinsicht viel erwartet, doch nun die Enttäuschung: „Rodat", den Tanz der Fischer, „bersilat", die Kunst der Selbstverteidigung, und „wayang kulit", das Schattenspiel, kann man in Dörfern kaum jemals mehr sehen. Besondere Shows werden für Touristen auf Wunsch für umgerechnet je fünfzig Mark arrangiert. Wir machen einen Tag Badeurlaub an der Chinasee, wohnen in einem der kleinen, sauberen Hotels für fünf Mark, besuchen aber den Leiter der

Jugendherberge von Kuantan, einen Engländer. „Kuantan ist ein teures Pflaster", sagt er. „Zwei chinesische Geschäftsleute beherrschen den Lebensmittelmarkt. So kommt es, daß Fisch aus Kuantan am Ort teurer verkauft wird als in Kuala Lumpur."

Sonntag, 7. April 1968
„Matahari" (die Sonne) meint es wieder einmal besonders gut. Wir lenken unsere „basikal" (Fahrräder) über eine Strecke von „tiga-puloh batu" (dreißig Meilen) zu einem Strand, wo wir unser Zelt aufstellen. Nach Mitternacht kriecht eine mehr als einen Meter große Meeresschildkröte an Land und legt ein paar Dutzend tennisballgroße Eier in eine Mulde, deckt sie mit Sand zu, kehrt dann ins Wasser zurück. Männer, die schon seit dem Abend lauerten, kommen und finden die Eier wegen der deutlichen Spuren des Tieres leicht. An der ganzen Küste werden so die Meeresschildkröten systematisch ausgerottet. Ihre Eier sind für Feinschmecker gedacht.

Montag, 8. April 1968
Getreu unserer ausgezeichneten Straßenkarte geht es durch endlos scheinende Palmenhaine. Rechter Hand ist das Meer, links liegen Urwaldberge. Im Landesinnern lebt auf riesigen Flächen beinahe niemand. Je weiter nordwärts wir fahren, desto einfacher werden die auf Pfählen ruhenden, hölzernen Häuser. Manche Einwohner sind richtige „orang hutan" (wörtlich: „Waldmenschen"). Sie kleiden sich in den „sarong", ein buntes Tuch, um Unterleib und Beine geschlungen. Die Frauen tragen dazu die „kebaya" (Bluse) und zierliche Sonnenschirme. Die Chinesinnen gehen meist in ihrem pyjamaartigen Anzug umher, ihre Männer in europäischer Tracht. Wenn die Frauen im Freien arbeiten, schützen sie ihr Gesicht vor der Sonne mit übergroßen Kopftüchern und Hüten, ihre Hände durch überlange Ärmel. Sie wollen so die Bräunung der Haut verhindern. Wir kommen bis Kuala Dungun.

Dienstag, 9. April 1968
Malaya ist ein Dschungelland. Siebzig Prozent der Fläche sind von Wald bedeckt, meist tropischem Regenurwald. Unzählige Edelhölzer, zum Export bestimmt, sind der Reichtum der Ostküste. Die kleinen Leute haben davon nicht viel. An vielen Stellen wird der Busch einfach abgebrannt, um Raum für neue „plantara" (Pflanzungen) zu schaffen. In den Fischerdörfern liegen bunte „Schnabelboote" vertäut, doch am anderen Morgen werden wieder die Vierecksegel gesetzt (Farbbild 27). Der gräßliche Geruch von Trockenfisch liegt über der ganzen Küste. Kuala Trengganu ist wieder ein Sultanssitz, der Palast dort aber kleiner als in Pekan. Die Stadt hat einen Fluß- und Seehafen. Es gibt moderne Gebäude, am Ufer stehen aber einfache Hütten.

Mittwoch, 10. April 1968
Landeinwärts durch gleichförmige Buschlandschaft, eine Berg-und-Tal-Bahn von 115 Kilometern. Bei einer hübschen Polizeistation können wir übernachten. Einfaches malaiisches „makanan" (Essen) besteht in der Hauptsache aus „nasi" (Reis). Fisch gehört meist dazu. Chinesische Mahlzeiten bieten manche Überraschungen. Wenn man nicht so genau hinschaut, scheint dieses Essen immer eine Art Eintopf zu sein. (In großen Hotelrestaurants ist es freilich etwas anders.) Da werden auch Teile von Tieren mit verbraten, die wir zu Hause gar nicht auf den Tisch bekämen. Ananas, Kokosnüsse und Bananen vervollständigen unseren „Speisezettel".

1 *Wenn die Touristen fort sind, kehrt Venedig wieder zum normalen Leben zurück*

2 *Der Brunnen von Stavros in 990 Meter Höhe am wolkenverhangenen Olymp/Griechenland*

3 *Der Istanbuler Stadtteil Galata mit der gleichnamigen Brücke (links) am Goldenen Horn*

4 *Sie verkauft selbstgehäkelte Topflappen und Deckchen an Passanten (Westtürkei)*

5 *Im mittleren Anatolien kamen wir durch zauberhaft schöne Winterlandschaften*

6 *Bewohner um Ürgüp benutzen Tuffstein-Höhlen als Ställe und Lager (Kappadokien/Türkei)*

7 In Ostanatolien hatten wir meist nur Steine und Staub unter unseren Rädern

8 Die Schwestern unserer Freunde in Homs hüllten Wilma (Mitte) in ein syrisches Gewand

9 *Markt in Beirut: Nirgends Mangel.* – **10** *Lamma Ammareen beim Brotbacken (Jordanien)*

11 *In der Wüste bei der Ortschaft Kuweira am Wege nach Akaba/Jordanien*

12 *Frühlingswiese und rauschende Wälder bei Ramat Haschofet südlich Haifa/Israel*

13 *Gemischtwarenladen traditioneller Art in der iranischen Stadt Babol*

14 *Detail vom Eingangstor der Masdsched-e-Schah, der „Kaisermoschee" in Isfahan/Iran*

15 *Weinfeld in Ostiran. In dem Kegelbau werden die Trauben mit Eis haltbar eingelagert*

16 *Geschmückte Pferdekutschen, das verbreitetste Verkehrsmittel in Herat/Afghanistan*

17 *Über und über verziert und bemalt sind die Fernlaster in Afghanistan*

18 *Schutz gegen die Stürme Innerasiens: Festungsartige Gehöfte von Großbauern in Bamiyan*

19 *Badschahi Masdsched in Lahore, eine der größten Moscheen der Welt (Pakistan)*

20 *Ein Sikh (links) und ein Hindu, freundliche Polizisten bei Amritsar/Indien*

21 *Diese drei wandernden „Heiligen Männer“ trafen wir auf einer Landstraße in Indien*

22 *Hauptgebäude des Stadtpalastes des Maharadschas von Jaipur in Rajasthan/Indien*

23 *Gefährliche Begegnung in Südindien. Natürlich räumten wir die Straße stets freiwillig*

24 *Meilenstein(!), rund 1400 km südlich Kalkuttas. Die Menschen warten auf einen Bus*

25 *Das „Goldene Tor" neben dem „Palast der 55 Fenster" und ein Tempel in Bhadgaon/Nepal*

26 *Bolemtschi am Fuß der Berge, die wir im Schneesturm überquerten (Nepal)*

27 *Malaiische Fischer bei der Ausfahrt. Wir fuhren fast immer parallel zur Küste*

28 *Polizist mit Frau, Kindern und Dienstmädchen in Malaysia, einer unserer Gastgeber*

29 *In Thailand schliefen wir mehrfach in den Herbergen buddhistischer Tempel*

30 *Tempelwächter im Königspalast Bangkok.* – 31 *Büffeltransport auf dem Schiff nach Hongkong*

32 *Das zentrale Stadtgebiet Hongkongs mit Banken, Reedereien, Konsulaten und Geschäften*

33 *Toschidschi Takahama, freundlicher Arbeiter aus Nagoya, beschenkte uns spontan (Japan)*

34 *Wie die Hauptstraße von Hirosaki in Nordjapan sehen fast alle Ortsdurchfahrten aus*

35 *Abendessen bei Familie Nakaya. Neben Wilma Atsuko und ihre Mutter, rechts ihr Vater*

36 *Japanische Kinder in einem Festtagsgewand. Leider gehen Traditionen immer mehr verloren*

37 *Priester Arasawa in Tomakomai.* – **38** *An Schrein: Brunnen für Hand- und Mundwäsche (Japan)*

39 *Rast an einem Picknickplatz der Pazifikküste in Kalifornien am Wege nach San Franzisko*

40 *Weideland und Nadelwälder an den Vorbergen der Sierra Nevada Kaliforniens*

41 *Bezirk der Spielkasinos, Striptease-Shows, Bars, Motels und Bordelle in Las Vegas*

42 *Mit Troy und Stella vom US-Jugendherbergswerk nach unserem Vortrag vor Fahrradfans*

43 *Nordwestliches Mexiko: Frühling ab Januar mit fünfundzwanzig Grad Wärme*

44 *Der Chapultepec-Park in Mexiko-Stadt lockt vor allem sonntags viele Besucher an*

45 *Im Hinterhof reicher Leute nahe der Hauptstadt werden arme Kinder gespeist (Mexiko)*

46 *Mit dem Töchterchen eines Gemeindedieners, der uns in Südmexiko aufnahm*

47 *Prozession der Indios am Gründonnerstag im Dorf Santa Maria bei Guatemala-Stadt*

48 *Eigentümliche Ochsengespanne auf einer Landstraße in El Salvador*

49 *Volkswagenbusse: wichtigste öffentliche Verkehrsmittel in Tegucigalpa/Honduras*

50 *Jerónimo Fernando Cadenas, Bauer aus Somoto/Nicaragua, auf dem Heimweg vom Feld*

51 *Innereien mit Gemüse an einem Imbißstand im Zentralmarkt Managua/Nicaragua*

52 *Unterwegs auf der in Panama betonierten „Carretera Panamericana“*

53 *Für Madonna der Lkw-Fahrer: Scheinwerfer statt Kerzen. –* **54** *So sägt man in Kolumbien*

55 *Der Nevado del Ruiz (5400 m) und das Dorf Padua in den kolumbianischen Anden*

56 *Schlachttag unter einem alten Baum im Tiefland von Ecuador*

57 *Gefährliche Passage am Rio Huallaga. Dröhnend schießt der Fluß durch die Schlucht (Peru)*

58 *In Perus Anden: Wilma auf beschwerlichen Wegen Richtung Ayacucho*

59 *Aus Lehm und Steinen erbautes Bauerngehöft auf 3500 Meter Höhe (Peru)*

60 *Indio-Ehepaar: Landarbeiter auf einer Hacienda bei Cuzco im Süden Perus*

61 *Panorama der Ruinenstadt Machu Picchu, die im schwerstzugänglichen Teil Perus liegt*

62 *Der Titicacasee bei Juli in Peru. Dieses Land teilt ihn sich mit Bolivien*

63 *Eine Plaza in Cochabamba/Bolivien, noch überwiegend vom Kolonialstil geprägt*

64 *Llanquihue mit gleichnamigem See, Volcán Osorno (rechts) und Cerro Puntiagudo (Südchile)*

65 *Lieferwagen einer Bäckerei in der Stadt Concepción im mittleren Chile*

66 *Paso de Bermejo, 3842 m. Vorn der Santa Rosa, die weiße Spitze links der Aconcagua (6960 m)*

67 *Familie von Francisco Rodriguez, Bauernhofverwalter östlich von Mendoza/Argentinien*

68 *Landstrich in der Pampa mit der Sierra de San Luis (Westargentinien)*

Donnerstag, 11. April 1968
Wir erreichen Kota Bharu schon gegen Mittag. Es ist die nördlichste Stadt Malaysias an der Ostküste, etwa zwanzig Kilometer von der thailändischen Grenze. Wir bekommen ein sehr großes Hotelzimmer und (wie üblich) eine Unmenge grünen Tee für umgerechnet 4,50 Mark. Trinkgelder bezahlt man in diesen Chinesenhotels nicht. Erfreulicherweise wird es an der Ostküste wegen der Seebrise nachts immer angenehm kühl. Dennoch dreht sich in unserem Zimmer unablässig der Deckenventilator. Wir werden uns hier wieder zwei Tage ausruhen. In Kota Bharu gastiert ein Zirkus, der den staunenden Malaien Elefanten, Tiger und Bären vorstellt. Und ringsumher der weite, aber von Großtieren „gesäuberte" Dschungel...

Rebellen in tropischem Land

Über den schmutzigen Grenzfluß eine Eisenbahnbrücke – wir hatten einige Mühe, unsere Fahrräder auf die andere Seite zu schaffen –, dann waren wir in König Bhumibol Adulyadedschs und Königin Sirikits Reich, in Thailand, dem alten Siam, hierzulande Muang-Thai („Land der Freien") genannt. Doch während der ersten Tage stellten wir in der Landschaft, bei den Menschen und ihren Lebensgewohnheiten wenige Veränderungen gegenüber Malaysia fest. Da im äußersten Süden überwiegend Malaien lebten, wurde auch noch die gleiche Sprache gesprochen. Aber es *gab* Unterschiede: Die Sauberkeit ließ nach, die Straßen waren schlechter, die Preise höher.

In wildem Zickzack ging es von der Ost- zur Westküste und wieder zurück zum Golf von Thailand. Dabei überquerten wir zweimal bequem eine niedrige Gebirgskette, das „Rückgrat" der Halbinsel. Zwischen Ranong und Tschumpon passierten wir ihre mit fünfzig Kilometern engste Stelle, den Isthmus von Kra. Dann fuhren wir ein paar Tage entlang der Grenze Birmas, die an einem Punkt Thailand auf nur fünfzehn Kilometer einengt. So konnten wir auf einem dreihundert Kilometer langen Abschnitt wenigstens in das Land hinüberschauen, das uns die Einreise mit Fahrrädern verweigert hatte. Der Dschungel war während der ersten zwei Wochen täglich die Kulisse. Oft gab es mit einer grünen Decke überzogene Berge im Hintergrund, oder bis zu Hunderte Meter hohe bewaldete Kalksteinfelsen. Diese hatten Tropfsteinhöhlen oder waren vollkommen durchlöchert, ausgewaschen vom Regenwasser. Dazwischen lagen liebliche Bachtäler mit den Weilern von Waldbauern, die ihre Gehöfte an Lotosteichen mit Kokospalmen und Bananenstauden umgeben hatten. Reisfelder lösten Kautschukplantagen ab, hin und wieder gab es Zinnminen – die drei Hauptstützen der Wirtschaft. Mehr im Norden, etwa ab Tschumpon, wo es flacher wurde, lagen auch Ananas-, Mango- und Bananenpflanzungen, sowie wiederum Reisanbaugebiete. Am Meer dösten Fischerdörfer vor sich hin. Zwischen alldem kamen uns einige moderne Städte wie Had Yai und Krabi recht unwirklich vor.

Der Weg war oft holprig, aber zum Glück hatten wir nur etwa zweihundert Kilometer Staub, Geröll und Schlamm. Das war teilweise dort, wo die Straße neu gebaut wurde. Wie ihr Zustand auch war, wir schwebten des öfteren in Lebensgefahr. Autobusunternehmen lieferten sich einen gnadenlosen Konkurrenzkampf, an dem die Busfahrer auf den Straßen nach Kräften teilnahmen, denn sie waren am Umsatz beteiligt. Sie rasten ohne Rücksicht auf unsere Verluste an uns vorbei. Wir erstickten manchmal fast im Staub. An Afghanistan erinnerten uns etwas die bemalten und mit Chrombeschlägen verzierten Lastwagen der Thais.

Die Bautätigkeit hatte wohl vor allem militärstrategische Gründe. Aus den Zeitungen hatten wir schon in Kota Bharu von Aktivitäten kommunistischer Rebellen an der Malaysia-Thai-Grenze erfahren. Auf dem Weg nach Krabi trafen wir nun einen nordamerikanischen Instrukteur, der in einem nahen Camp an der Ausbildung thailändischer Soldaten in der Dschungelkriegsführung beteiligt war. Es war drei Jahre her, seit die ersten Bodentruppen der USA in Südvietnam gelandet waren. Der Berater sagte uns, daß wir soeben ein anderes von Kommunisten „verseuchtes" Gebiet durchfahren hätten. Tagsüber sei die Gefahr aber geringer. Das war ein Trost! Es hätte uns gerade noch gefehlt, zwischen herumballernde Kontrahenten zu geraten.

Zu Gast in Thai-Häusern und in Tempeln

Einerseits wurde es bis zu 35 Grad heiß, andererseits regnete es oft. Täglich legten wir durchschnittlich neunzig Kilometer zurück, doch wenn es uns zu heiß wurde, oder wenn ein Regen niederging, flüchteten wir uns zu einer der vielen überdachten Plattformen, die bei Dörfern oder an Wegkreuzungen errichtet worden waren. Darauf durfte man (ohne Schuhe) sitzen oder liegen, um sich auszuruhen. Des öfteren brachten uns Anwohner dorthin Eiswasser, grünen Tee und Gebäck, nette Gesten der Gastfreundschaft. Manchmal wurden wir eingeladen, eine Dusche zu nehmen, wobei wir mit einer Schöpfkelle den unter dem Dachtrauf stehenden großen, tönernen Behältern Regenwasser entnahmen. Nicht immer waren wir uns mit den Thais darin einig, ob das Wasser – auch zum Trinken – sauber genug war oder nicht. Sie legten andere Maßstäbe an.

Manchmal versammelte sich an den Schutzhütten oder auf einem Markt an der Landstraße, wenn wir stoppten, das halbe Dorf (einmal zählten wir über hundert Personen), aber die Leute kamen uns nie so nahe wie die Pakistanis und Inder. Die beste Seite daran war, daß wir immer wieder in die Häuser eingeladen wurden, auch zum Übernachten. So hatten wir beispielsweise einem Kreishauptmann bei Pattani, Samath Nakapanth, und seiner Frau zu danken, auch wenn er uns die Freude durch seine Schwärmerei für Hitler etwas verdarb, oder Suphet, dem Sohn eines Sägemüllers, auch wenn mich einer seiner vier deutschen Schäferhunde beim Abschiednehmen in den Oberschenkel biß. Bis halb zwei Uhr morgens waren wir mit ihm und seinen Freunden im Nachtclub „Starlight" in Had Yai gewesen, wo US-Soldaten stationiert waren, aber in dem Lokal verkehrten in der Mehrzahl Thais, die nach westlicher Manier tanzten – die Mädchen in Miniröcken. Wir denken auch noch an den jungen technischen Lehrer Fong, der uns in seine landwirtschaftliche Schule zum Schlafen einlud, ein gescheiter Kerl, der sogar etwas Deutsch konnte, oder an den ältlichen Schulmeister Ananda, der alle seine Erklärungen für uns mit Kreide auf den Boden malte. Ein junger Chinese erzählte uns von seiner Fahrradreise bis zum fast zweitausend Kilometer entfernten Nordthailand im Jahr zuvor.

Dankbar waren wir ebenfalls den Mönchen von sechs buddhistischen Tempeln. Diese „Wat" gibt es auch entlang der großen Straßen in gewissen Abständen. Ihnen sind meist Küche und Übernachtungseinrichtungen einfachster Art und häufig Schulen angeschlossen (Farbbild 29). Junge Männer, ohne Rücksicht auf ihren sozialen Status, sollen nach der buddhistischen Lehre mindestens drei Monate das Dasein eines Mönchs führen. In ihren safrangelben Tüchern, am Morgen in den Straßen um Almosen bittend, belebten sie das Bild der Märkte. Wir konnten während der sechs Abende, Nächte und Morgen allerdings gut beobachten, daß diese Männer keineswegs immer nur meditierten. Herumblödeln (vor allem das), Radiohören, Zeitschriftenlesen und Zigarettenrauchen erlaubten sie sich schon. Häufig bestanden die Unterkünfte für die Mönche und uns ganz aus Bambus, auch der Boden, auf dem wir unsere Schlafsäcke ausbreiteten.

Mir schüttelten die Mönche zum Abschied die Hand, Wilma hingegen durften sie nicht berühren, wie auch andere Frauen nicht. – In den größeren Orten schliefen wir übrigens in Hotels. Auch hier gehörten sie meist Chinesen.

Da die Preise in Restaurants in Thailand für uns zu hoch waren und es Brot selten gab, mußten wir unsere Taktik ändern. Wir kauften Reis, kochten dann dreimal täglich auf tönernen Öfelchen in Märkten (gegen eine kleine Gebühr) oder im Schlafquartier. Wir aßen den Reis mit Fisch und mit Eiern, mit Gemüse oder als Brei mit Bananen, bis er uns fast zu den Ohren herauskam. Aber meistens schmeckte es uns, ausgehungert wie wir waren, und wir fielen nicht vom Fleisch. Empfindlich sein darf man auf einer solchen Reise eben nicht. – Verschweigen möchte ich trotz all der erlebten Gastfreundschaft nicht, daß uns Händler hin und wieder kräftig übers Ohr zu hauen versuchten. Preisschilder existierten nicht. Enttäuschend war, daß es sogar Leute gab, die uns strahlend eine Kanne grünen Tee brachten, ohne daß wir darum gebeten hatten, und nachher fünf Baht (etwa eine Mark) von uns kassieren kamen . . .

„Das Haus der Thais ist hochgiebelig, ruht teils auf Pfählen, und eine Treppe führt zu einer überdachten Terrasse, die auch den Vorraum des Hauses bildet." So wollte es ein Touristenprospekt. In Wirklichkeit war die Wohnstatt der Thais auf dem Lande aber meistens viel einfacher. Neben traditionellem Baumaterial Bambus und Palmblättern spielte häßliches Wellblech die wichtigste Rolle. In den Häusern und Hütten hatte das Radio schon weitgehend die herkömmlichen Musikinstrumente und den Gesang verdrängt. Nicht verloren ging den Thais ihr Geisterglaube. Sie unternehmen selten etwas, ohne vorher die guten Geister zu konsultieren. Beinahe vor jedem Wohnhaus steht auf einem Pfahl ein „Geisterhäuschen", wo Speisen, Kerzen und

Kreishauptmann Samath Nakapanth mit seiner Frau vor ihrem Haus (Südthailand)

Hölzerne Bachbrücke im Urwald am Wege nach Bangkok. – „Geisterhäuschen" der Buddhisten

Ein typisches Haus Wohlhabender in Mittelthailand. Rechts Regenwasserbehälter

Räucherstäbchen dargebracht werden. So auch an gefährlichen Straßenabschnitten und Gebirgspässen, wo sich eine Buddhastatue hinzugesellt. An solchen Stellen erlebten wir oft, wie aus vorbeifahrenden Lastwagen und Omnibussen Knallfrösche geworfen wurden, um böse Geister zu vertreiben.

Bei unserer Begegnung mit den Thais stellten wir fest, daß sie sich nur schwerlich aus der Ruhe bringen ließen. Wir hatten den Eindruck, daß sie vieles leichter nahmen und Rückschläge weit rascher verkrafteten als unsereins. Nie sahen wir sie miteinander streiten. Selbst im dichtesten Verkehrsgewühle Bangkoks behielt jeder die Nerven.

Schönheit eine Frage der Hautfarbe

Häufig wurde ich gefragt, wie es um einen Besuch der Stadt Tschiang Mai in Nordthailand stünde. Dort, so heißt es, soll es die schönsten Mädchen geben. Nach einem Rippenstoß von Wilma wagte ich nur eine „Liebeserklärung" für die Thailänderinnen allgemein. Diese mandeläugigen, sanften Geschöpfe mit weißen Zahnreihen beim Lachen, dunkler Haut und buntem Gewand halfen uns viel durch Freundlichkeit, wenn nötig durch energisches Zupacken und mit ihrem Sinn für Humor. Den Männern schienen sie uns überlegen zu sein, was Geist und Witz betraf, und oft waren sie die treibende Kraft, wenn uns die Thai-Herren Hilfe zuteil werden ließen.

Interessant ist auch ein Aspekt, unter dem Schönheit beurteilt wird. Je heller die Haut eines Menschen, desto schöner ist er in den Augen der Thais. Touristenprospekte, Kalenderblätter, Werbeplakate, Film und Fernsehen zeigen Personen von heller Hautfarbe. Wie auch in Indien, wo der Film der populärste Träger dieser „Propaganda" ist, und in Malaysia, wo selbst der dunkelste Malaie nicht „schwarz" sein will, wird hier der hellere Menschenschlag idealisiert. Gegen die sengende Sonne trug Wilma seit Malaysia einen spitzen chinesischen Hut aus Bambusgeflecht und Bananenblättern. (Er war so stabil, daß er den Rest der Reise überlebte; er ist auf einigen Bildern zu sehen.) Daher war ihr Gesicht nun viel heller als zuvor. Das imponierte den Thais, doch sie konnten nicht verstehen, daß meine Frau kurzärmelige Blusen trug und daher braune Arme hatte. Dagegen fand die Form unserer Nasen offenbar ganz die Bewunderung der ziemlich plattnasigen Thais.

Güldene Zinnen, und Käfer als Leckerbissen

In Bangkok verbrachten wir volle dreizehn Tage, mehr oder weniger freiwillig, wie ich noch berichten werde. Wenn man über einen Monat mit Fahrrädern auf dem Land unterwegs gewesen war, hatte man schon einiges zu erledigen. Aber natürlich konnten wir uns nicht dem Reiz der güldenen Tempelzinnen der Hauptstadt entziehen. Insgesamt hat sie rund dreihundert „Wat". Einige weisen Besonderheiten auf, wie eine fünfzig Meter lange liegende oder eine „goldene" Buddhafigur, oder ein besonders schön verziertes Eingangstor aus Marmor. Unübertroffen am höchsten in der Gunst der Besucher stehen die Tempelanlagen beim großen Königspalast (Farbbild 30). Als geheiligte und am meisten verehrte Statue des „Erleuchteten" steht dort ein smaragdgrüner Buddha an der Spitze eines viele Meter hohen Altars. Der Fluß Tschaophya, die Kanäle (Klong genannt), die die Stadt durchziehen und auf denen sich ein buntes Leben abspielt, und das Nationalmuseum sind ebenfalls von Interesse. Uns beeindruckten auch chinesische Wahrsagerläden und Apotheken, die alte Straßenbahn, die sich unter ständigem Gebimmel mühsam ihren Weg bahnen mußte, die starken Regenfälle, die immer wieder die Straßen unter Wasser setzten, weil alle Abflüsse hoffnungslos verstopft waren, und der allgegenwärtige Fischgeruch. Wir wohnten im zweiten Stock eines wiederum Chinesen gehörenden Hotels, wo sich sie vielfältigen Düfte der zahllosen Garküchen unter uns mischten.

Ich möchte den Leser noch kurz auf einen Markt mitnehmen, wo Delikatessen angeboten werden. Er wird dann selbst feststellen, daß Schildkröten- und Taubeneier gewiß nicht zu den absonderlichsten Spezialitäten gehören. Auch geschmorte Entenfüße gehen ja noch. Interessanter sind schon Kröten und Schlangen, entweder frisch geschlachtet oder schon getrocknet. Doch wie wär's mit jungen, federlosen Vögeln, an den Hälsen zusammengebunden und zu handlichen Bündeln geordnet? Höhepunkte für den Feinschmecker sind aber genießerische Auswahl und Verzehr von einem Dutzend schwarzbrauner Käfer, die schichtweise in großen Körben aus Bambusgeflecht liegen. Als wir bei Kreishauptmann Samath Nakapanth bei Pattani abends vor dem Fernsehapparat saßen, flogen dicke Brummkäfer, vom Lampenlicht angelockt, ins Zimmer. Kinder sammelten die Insekten in einem Topf. Sie sollten dann – in Öl gebacken – Leckerbissen sein. Auf dem Markt muß der Leser aber das Hinterteil der Krabbeltiere anknacken und daran riechen, denn nur so kann er ihre Frische und Qualität prüfen.

Grenze geschlossen – uns droht Festnahme

In Südostasien regierte das Mißtrauen. Wie wir im Süden erfahren hatten, war selbst Thailand auf Umsturzversuche, Auseinandersetzungen zwischen verfeindeten Gruppen und Grenzkonflikte

Nicht mehr sehr malerisch: ein Klong, einer der vielen Kanäle Bangkoks, bei Ebbe

gefaßt. Ein Krisenherd reihte sich an den anderen. Die Streitigkeiten setzten unserer Reise in diesem Teil der Welt einen Schlußpunkt. Kambodscha warf Thailand soeben Aggression vor und schloß seine Grenze. Dabei wollten wir zu den Tempelruinen Angkor Wat! Nun hätten wir achthundert Kilometer nach Ventiane in Laos und dann dort 1200 Kilometer nach Süden über die laotisch-kambodschanische Grenze nach Phnom Penh, der Hauptstadt, und nach Angkor fahren können. Aber im Juni würde die Regenzeit beginnen und die Piste entlang des Mekong war auch so schon schlecht. Zudem waren ihr die Nachschubwege des Vietcong bedrohlich nahe. Wir recherchierten und überlegten. Schließlich kommt man nicht jeden Tag nach Indochina. Da platzte mitten in unser Nachdenken eine Bombe.

Die thailändische Immigrationsbehörde genehmigte keine Verlängerung unserer auf dreißig Tage befristeten Aufenthaltserlaubnis. Da hatten wir noch fünf Tage Zeit. Am übernächsten Tag gingen wir nochmals zu dem Amt, doch der Chef war unerbittlich. Am 13. Mai müßten wir das Land verlassen haben oder je 20000 Baht (4000 Mark) in bar als Garantie hinterlegen. Wir konnten weder den einen noch den anderen Wunsch erfüllen, weil uns die nötigen Kreuzerlein dazu fehlten. Auch die letzte Möglichkeit, eine Blitzreise per Bus nach Vientiane, um dort ein neues Visum für Thailand zu besorgen, war undurchführbar, denn Laos verlangte ebenfalls einen Sichtvermerk. Seine Vertretung in Bangkok war aber wegen einer Reihe von Feiertagen geschlossen. Nach Malaysia zurück wollten wir nun wirklich nicht. Die Behörde drohte uns mit Festnahme wegen „unerlaubten Grenzübertritts". Wir wären nicht die ersten gewesen, denen so etwas passierte. Der Chef war zornig auf uns. Also gab es doch auch Thais, die sich aus der Ruhe bringen ließen!

In dieser peinlichen Situation setzten wir uns mit der deutschen Botschaft in Verbindung. Wir hatten hier ohnehin Grüße von unserem Freund Dr. Westerburg in Rawalpindi zu bestellen. Nun hörten wir, daß er kürzlich hier gewesen war. Sein Bekannter Rudolf Hehenberger, gleichfalls Legationsrat, und der Arzt Dr. Wehnert gerieten wegen unserer Fahrradreise ganz aus dem Häuschen. Mit vielen guten Worten, energischem Drängen und Hinweisen auf die guten deutsch-thailändischen Beziehungen handelten sie für uns einen Aufschub bis zur Abfahrt eines polnischen Frachters aus, der Passagiere mitnehmen sollte, zur Zeit aber noch in Kambodscha ankerte. Seine Reise sollte nach Hongkong weitergehen. Immerhin war das die einzige Richtung, in die wir nun noch weiterreisen konnten oder wollten.

Ein Schiff aus Danzig ist unsere Rettung

Puh, war das eine Lauferei! Noch ein halbes Dutzend Male mußten wir zur Immigration, ebensooft zum Schiffahrtsbüro. Außerdem wollten die Bürokraten ein Garantieschreiben der Botschaft, und die Verlängerung wollten sie nur dann in unsere Pässe stempeln, wenn wir die Schiffskarten hätten. Die sofort auszustellen sah sich der Agent der Reederei aber außerstande, denn vielleicht wurde der Frachter noch vor der Küste Südvietnams versenkt, wer wußte das schon?! Dann mußten wir noch bei den Briten ein Visum für ihre Kronkolonie Hongkong besorgen. Zu allem hin fuhr mich eine unvorsichtige Nordamerikanerin mit ihrem Straßenkreuzer an. Mit der Knieverletzung hatte ich einige Wochen zu tun. Voller Sympathie für uns, schenkten uns die Herren Hehenberger und Dr. Wehnert eine große Flasche schottischen Whisky, ganz in der Art Dr. Westerburgs. Wenn das Schule machte...

Dann endlich traf der Pott in Bangkok ein. Wir erfuhren, daß wir mit absoluter Sicherheit mitkämen. Für jeden umgerechnet 166,80 Mark sollte die 2500 Kilometer und fünf Tage lange Reise kosten. Wir ahnten nicht, daß dies nicht unsere einzige Fahrt mit dem Dampfer sein sollte. Vorsichtshalber kauften wir noch Lebensmittel ein, denn wußten wir, in welchem Rattenloch wir hausen würden? Am 17. Mai – bis Mitternacht lief die gewährte Verlängerung – fuhren wir quer durch Bangkok zum Hafen am Tschaophya-Fluß. Wir waren froh und doch traurig, denn wieviel hatten wir in Indochina noch sehen wollen! Es sollten mehrere Jahre vergehen, ehe wir den Norden Thailands (auch Tschiang Mai), Laos und selbst Vietnam – nur Saigon, wenige Tage vor dem Ende des Krieges dort – besuchen konnten. Wir sagten allen freundlichen Thais „kop dschai" (danke). Ihnen wollten wir die Tage, an denen wir uns schon hinter Gittern sahen, nicht nachtragen.

Wir gingen an Bord. Aber die Sache war noch nicht ausgestanden. Der Frachter hatte 260 Wasserbüffel für ein Schlachthaus in Hongkong zu laden, was das Auslaufen etwas verzögerte, denn die Viecher wollten nicht gerne zur See fahren (Farbbild 31). Als das Schiff am folgenden Morgen um halb drei noch nicht weg war, kam die Polizei wegen uns an Bord, ja sie machte uns sogar Vorwürfe. Da mußte sich Kapitän Jan Sedkowski hinsetzen und zwei erklärende Briefe schreiben, mitten in der Nacht. So etwas von pingelig hatten wir schon lange nicht mehr erlebt. Kurz darauf legte der Frachter ab.

Es war die „Adolf Warski" der Polnischen Ozean-Linien, und sie kam aus Danzig. Wir kamen aus dem Staunen nicht heraus. Obwohl das Schiff zwölf Reisende mitnehmen konnte, waren wir die einzigen Passagiere. An Hand der Einschiffungskarte brachte der Chefsteward bald in Erfahrung, daß Wilma in Danzig geboren wurde. Überall auf dem Schiff gab es Bilder aus der alten

Wir gehen in Bangkok zur Fahrt nach Hongkong an Bord der „Adolf Warski"

und neuen Stadt. Das befürchtete „Rattenloch" war eine Erste-Klasse-Kabine, klimatisiert, mit großen Fenstern und bequemen Möbeln einschließlich Radio. Wir aßen mit dem Kapitän und den sieben Offizieren. Außer sechsunddreißig Matrosen waren zwanzig Navigationsschüler an Bord. Das Essen war polnisch. Ich will hier keine Mahlzeiten beschreiben, sondern nur ein paar Bestandteile aufzählen, als da waren: Vollkornbrot, Mischbrot, Schnitzel, Huhn, Sauerkraut, Pommes frites, saure Gurken, Paprika, Wein und Pudding. Wir kamen uns wie im Schlaraffenland vor! Kapitän Sedkowski, die Offiziere und die Mannschaft waren zu ihrer „Landsmännin" und mir sehr freundlich. Jeden Abend wurde für uns ein Film vorgeführt, als ob alle zwölf Kabinenplätze belegt gewesen wären. Die Offiziere sprachen hervorragendes Deutsch. Der Chefingenieur zeigte uns das ganze, 154 Meter lange und knapp siebentausend Tonnen große Schiff, bis hinunter zur Schraubenwelle. Besonders freundlich fanden wir Marek Michalewski, zweiter Funker, in Danzig im gleichen Jahr wie Wilma geboren. Wir verbrachten einige schöne Stunden zusammen.

Weder Sturm noch Regen störten die Fahrt der „Adolf Warski". Sie nahm zunächst Kurs nach Süden, wobei Kambodscha zur Linken lag. Am zweiten Tag ging es nach Osten, in sicherem Abstand zu Südvietnam. Doch bevor sie auf Höhe der Mekongmündung war, kontrollierte ein US-Marineflugzeug im Tiefflug die Angaben über Herkunft, Fahrtziel und Ladung nach, die ein Aufklärungsschiff zuvor per Lichtmorse erfahren hatte. Der Vorgang wiederholte sich an zwei Tagen. Die Boys mochten sich ganz schön über den schwimmenden Kuhstall gewundert haben. Ein groteskes Bild: Die Wasserbüffel – die Schlammtümpel oder doch Wasser gewöhnt waren – mußten in der Sonne oder notdürftig durch Planen geschützt aushalten, ab und zu mit dem Schlauch abgespritzt. Vier starben unterwegs und wurden den Wellen des Meeres übergeben.

Hongkong: Geschäftstüchtigkeit, aber auch Not

Zu nächtlicher Stunde am fünften Tag lief unser Schiff in die Meeresstraße zwischen Lichterkaskaden auf der Insel Hongkong und denen von Kowloon auf dem Festland an der Südflanke der Volksrepublik China ein. Es machte an einer Schwimmboje fest und bald schon war es von Lastkähnen und Dschunken mit bunter Bemalung und regem Familienleben umgeben. Die überlebenden Büffel machten widerwillig noch einen „Flug" mit. Wir wurden von den Hongkonger Einwanderungsbeamten freundlich begrüßt. Sie beglückwünschten uns zur Wahl des Zeitpunktes unserer Ankunft, denn gerade jetzt seien die „Zwischenfälle" vorüber. Die Zeitungen waren allerdings noch voll davon, und sie berichteten über Störversuche kommunistischer Unruhestifter.

Nach ein paar Tagen wollten wir nach Taiwan und auf die Philippinen weiter. Doch es kam wieder alles anders. Eine englische Reederei klärte uns darüber auf, daß die billigste Fahrmöglichkeit nach Taiwan in der dritten Klasse bestehe, diese jedoch nur für Asiaten erhältlich sei. Die zweite Klasse kostete fünfzig Prozent mehr, diese Rassentrennung uns den Besuch auf der chinesischen Insel. Je 120 Mark – unsere Reisekasse ertrug solche Strapazen einfach nicht. Und wie würden wir von Taiwan wieder wegkommen? Wehmütig schauten wir zur „Adolf Warski" hinüber, die immer noch in den Gewässern von Hongkong lag. Ganz plötzlich entschlossen wir uns, nachzufragen, ob wir auch nach Yokohama auf dem polnischen Dampfer mitfahren könnten. Die Agentur versicherte dies; Preis 225 Mark pro Person. Und das bei *dem* Service! Es dauerte nur noch wenige Minuten, dann hatten wir die Karten. Aber wir blieben vier Tage in der Kronkolonie,

Reger Betrieb in einem Hauptgeschäftsviertel von Kowloon/Hongkong

bis das Schiff in See stechen konnte. Wir wohnten in einem „guest-house" (ein Art von Pension) in einem der Hochhäuser von Kowloon.

Um von dort nach Victoria, dem „Zentrum" der ganzen Besitzung (auf der Insel Hongkong), zu gelangen, mußten wir die schnellen, häufigen und preiswerten Fähren nehmen (Farbbild 32). Die Meeresstraße dazwischen ist etwa eineinhalb Kilometer breit. Die City von Victoria quoll über von Menschen, die meist bis zum Halse in Geschäften steckten. Dies war das wichtigste Handelszentrum Ostasiens. Hochhauswälder, gutangezogene Leute und ein schillerndes Warenangebot wollten darüber hinwegtäuschen, daß auch hier Not zu Hause war. An den steilen Hängen der Kronkolonie breiteten sich die Hütten der Flüchtlinge aus China aus, Holzverschläge, Wellblech, Plastiktücher, alte Säcke. Die Regierung brachte die heimatlos Gewordenen zum Teil in neuen Wohnblocks unter, aber diese boten ein sehr ungepflegtes Bild, denn die Menschen hausten auf engstem Raum zusammengepfercht.

Wie wir rasch feststellen konnten, waren in Hongkong die Preise „gesalzen". Die einzigen Dinge, die hier billiger zu haben waren als im Land, aus dem sie stammten, waren Kameras und Filme, Radios, Tonbandgeräte, Fernsehempfänger, Uhren und Stoffe – wenn man Glück hatte, denn nur in ganz wenigen Fällen gab es eine Preisauszeichnung. Zwischen den Händlern bestanden Preisabsprachen. Dies machte das berühmte Feilschen unmöglich. „Preisnachlässe" für gutgläubige Touristen wurden von den Geschäftsleuten beim Eintritt des Käufers in den Laden schon „draufgeschlagen". Nun wurde ihm „großzügig" ein „Rabatt" gewährt. Eine logische

Folgerung war: Wer um die halbe Welt bis nach Hongkong reist, muß unheimlich viel Geld haben. So vermuteten die Hongkonger – fast alle Chinesen – hinter jedem weißen Gesicht ein fettes Bankkonto. Oft traf dies auch zu, aber der „kleine Mann" aus den USA, aus Australien und Europa, der zur Erweiterung seines Wissens umherfuhr, litt darunter.

Als Handelspartner Hongkongs nahm die Bundesrepublik eine hervorragende Stellung ein. Sie war unter anderem Lieferant von Autos, Fotoapparaten, Radiogeräten, Büromaterial und Textilien. In Supermärkten gab es sogar Rheinwein, aus Lautsprechern ertönte auch deutsche Schlagermusik. Bei unseren Besichtigungen sahen wir aber auch eine Ausstellung von Plastiken und eine Fotoschau, woran Deutsche maßgeblich beteiligt waren.

Übrigens gab es in Hongkong – vier Millionen Einwohner auf elfhundert Quadratkilometern – zahllose moderne Läden mit ausschließlich in der Volksrepublik China hergestellten Waren. Vom Bier aus Tsingtau über Spielzeug-Volkswagen bis zum Flügel gab es dort alles, oft von beachtlicher Qualität und zu sehr günstigen Preisen. Die Fassaden und Schaufenster waren mit rotem Fahnenstoff geschmückt. Ein riesiges Porträt des Großen Vorsitzenden Mao zog die Blicke auf sich. Wenn es auch „Unruhen" durch kommunistische Störer gab (sie waren angeblich unter die Flüchtlinge gemischt nach Hongkong gekommen), die von den Behörden erstickt wurden, so waren die offiziellen Beziehungen zum kommunistischen China doch recht eng. Für dieses war Hongkong ein Warenumschlagsplatz erster Ordnung, vor allem für den Export in Drittländer. Wir hätten auch China gerne einen Besuch abgestattet – ein Wunsch, der schon zehn Jahre bestand –, aber dort tobte bereits die „Große Kulturrevolution" und die Einreise wurde uns nicht erlaubt. Erst sechzehn Jahre danach war sie möglich.

Mit Freunden nach Yokohama

Als das Motorboot mit uns an der auf der Reede liegenden „Adolf Warski" anlangte, wurden wir von unseren polnischen Freunden herzlich begrüßt. Durch den Chefsteward hatten sie bereits von unserer bevorstehenden reumütigen Rückkehr auf das Schiff erfahren. Obwohl hier noch vier weitere Reisende an Bord gingen, erhielten wir unsere alte Kabine. Wir fühlten uns sofort wieder wohl, und unseren Entschluß haben wir nie bereut. Insbesondere der Funker Marek freute sich sehr über das unerhofft frühe Wiedersehen. Während der fünf Tage bis Yokohama waren wir wann immer möglich zusammen. Wir verständigten uns in Englisch. Marek war ein humorvoller Mensch, aber er wurde auch vom Heimweh geplagt. Die Reise von Danzig bis nach Nordkorea und wieder zurück dauerte fast fünf Monate.

Bei ständigem Kurs Nordost wurde es zunehmend kühler. An einem Tage sahen wir die schemenhaften Umrisse der Insel Taiwan. Danach durchquerten wir die langgestreckte Kette der japanischen, aber unter nordamerikanischer Verwaltung stehenden Ryukyu-Inseln mit Okinawa. Erneut wurde das Schiff von einer Militärmaschine kontrolliert. Am Tage vor Erreichen Japans bat uns mit fast weinerlicher Stimme der Steward Ryszard, in der Offiziersmesse Dienst tuend und wegen seines schusseligen Benehmens – es mißlang ihm aber auch wirklich fast alles – dem Kapitän ein Dorn im Auge, ein paar Zeilen des Lobes über seine gute Arbeit zu schreiben. Wir waren keine Unmenschen und erfüllten ihm gerne den Wunsch. Da das Schiff erst abends in den Hafen von Yokohama einlaufen konnte, durften wir noch die folgende Nacht an Bord verbringen. Dann hieß es Abschied nehmen. Steward Ryszard überreichte uns in seiner Dankbarkeit ein Freßpaket mit Leckereien wie Schwarzbrot, geräucherten Würstchen und Tilsiter Käse. Marek

Michalewski stand mit ein paar anderen an der Reling, als wir an Land gingen. Noch heute verbindet uns eine nette Freundschaft mit ihm.

Wie wir nun – nach unkomplizierten Formalitäten bei Polizei und Zoll – aus dem Hafen stapften, dachten wir mit einem Schmunzeln an unsere vorsichtigen Äußerungen vor fast zwei Jahren. Nun hatten wir also doch Japan erreicht, logischerweise zwar nicht mit Fahrrädern, aber doch auch mit ihrer Hilfe. Unsere „Pferdchen" würden nun wieder einiges zu tun bekommen. Sie sollten uns dann 4500 Kilometer durch den mittleren und nördlichen Teil des Inselreiches tragen. Obwohl es noch lange hin war, dachten wir auch schon einmal an die Weiterreise von Japan. Erstmals seit Zypern befanden wir uns wieder in einem rings von Wasser umgebenen Land. Nur ein Schiff (Flugzeuge waren viel zu teuer) konnte uns von hier wieder wegbringen. Auf unserer Wunschliste stand als nächstes die Westküste Südamerikas. Am besten hätte uns eine Landung in Chile behagt. Von dort hätten wir uns dann bis hinauf zu den USA durchgekämpft. Gar zu gerne hätten wir unsere Passage auf einem Schiff durch Arbeit bezahlt.

Da wir nun eine große Rundfahrt begannen (siehe Reisekarte von Mittel- und Nordjapan), die uns wieder zum Ausgangspunkt Yokohama zurückführen sollte, möchte ich dem Leser unseren Weg und die Landschaften, unser Zusammensein mit den Menschen, ihr tägliches Leben, wie wir es beobachten konnten, ihre Eigenarten, das Aussehen der Städte und Ortschaften, und unsere Begegnungen mit der Kultur in Abschnitten beschreiben. Die Fülle dessen, was wir in den drei Monaten erlebten, wäre allein schon eine so lange Anreise aus Deutschland wert gewesen.

Japan bei Straßen ein unterentwickeltes Land

Zu Beginn des ersten Kapitels habe ich bereits über das schreckliche Getümmel auf einigen großen Landstraßen Japans berichtet. Wir machten das zwei Tage mit, ehe wir versuchten, sooft wie möglich auf Nebenstraßen auszuweichen. Aber weil das Land sehr gebirgig und folglich Straßenbau schwierig ist, hatten wir zunächst nur wenige Gelegenheiten, dem Trubel zu entrinnen.

Und dann gab es noch ein weiteres Problem: die Qualität der Straßen. Es war uns schon viel über die stark zunehmende Motorisierung Japans zu Ohren gekommen, aber noch nichts über die Mängel seines Straßennetzes. Im Laufe unseres Aufenthaltes bemerkten wir, daß die Eisenbahnen vorbildlich funktionierten, daß der Straßenbau bisher aber sehr stiefmütterlich behandelt worden war. Parallel zur Linie der Superexpreßzüge, die mit durchschnittlich 170 Stundenkilometern dahinrasten, wurde an einer Autobahn gebaut. Teilstrecken waren schon dem Verkehr übergeben worden. Da dort aber ein Wegzoll erhoben wurde, mieden sie viele Autofahrer und benutzten lieber die alten schmalen, löcherigen und manchmal unbefestigten Wege. Nebenstraßen besaßen fast nie eine feste Oberfläche. Der Wirtschaftsaufschwung Japans in allen Ehren, aber *darin* war es ein unterentwickeltes Land. Oft waren wir abends so staubbedeckt wie auf den Wüstenstrecken im Iran.

Nach fünf Tagen hatten wir es also satt, ständig um unser Leben bangen zu müssen (was nicht an den Autofahrern – die sich sehr diszipliniert verhielten –, sondern an der Enge der Straßen lag), weshalb wir bei Nagoya einen Haken nach Norden schlugen. Unter solchen Umständen wollten wir auf den Besuch von Osaka, Kobe und anderen Städten gern verzichten. Wir sagten der Südostküste mit ihren vielen Fabriken und Häfen Lebewohl. Aber immerhin hatten wir dort auch einige schöne Dinge gesehen. So besuchten wir unweit von Yokohama, in Kamakura, einst

Die verkehrsreiche Route 1 von Tokyo nach Osaka, die wir bei Nagoya verließen

Hauptstadt eines mächtigen Feudalgeschlechts, in einem Tempelgarten die an die fünfzehn Meter hohe, siebenhundert Jahre alte Bronzefigur des „daibutsu", des Großen Buddha. Solch eindrucksvolle Statuen waren nun gegenüber früheren Zeiten selten geworden. Dann fuhren wir über sechzig Kilometer an einer Bucht entlang, worauf es 850 Meter hoch durch einen Nationalpark mit viel Grün und besserer Luft ging. Der jetzt noch mit Schnee gekrönte höchste Berg Japans, der Fudschi-san, blieb jedoch auch aus der Nähe unsichtbar, denn starker Dunst lag über der Region. Die Zeit von „sakura", der Kirschblüte, war bereits vorüber. Dennoch hieß uns freundliche Blütenpracht willkommen. In den höheren Lagen gediehen Gerste und Kartoffeln. Überhaupt ähnelte das Klima zunächst noch dem Mitteleuropas. Kurz danach, bei Schizuoka, sahen wir die ersten Plantagen mit Sträuchern des (grünen) japanischen Tees. Die Zweimillionenstadt Nagoya, eines der drei größten Industriezentren, schockierte uns derart, daß wir nicht einmal ihr Schloß sehen wollten.

Nun gedachten wir das weniger industrialisierte, weniger „amerikanisierte" Japan zu erleben. Den ersten Anlauf dazu nahmen wir nach Gifu, dann zum Biwasee, der größer als der Bodensee ist. An seinem schönen Ufer stellten wir ebenso wie an der Steilküste hinter Tsuruga unser Zelt auf. Niemand hatte etwas dagegen. Wir atmeten auf, denn nun ließ der Verkehr doch ziemlich nach, selbst wenn es noch schwierige Abschnitte gab. Das war schon ein wichtiges Thema, denn auch als Radfahrer hat man nur *ein* Leben. Die 200 000 Einwohner zählende Stadt Fukui war dann schon echte Provinz, worüber wir uns freuten. In ihrer Umgebung hatte sie allerdings eine

Besonderheit: den Eiheidschi-Tempel, vor über siebenhundert Jahren von einem chinesischen Mönch gegründet. In einem Wald von Japanzedern standen siebzig Gebäude, die durch überdachte Korridore miteinander verbunden waren. Die Anlage gehörte zu einer Sekte des Zen-Buddhismus.

Schneeberge, Reisfelder, Äpfel und Pferde

Von nun an radelten wir über siebenhundert Kilometer entlang des Japanischen Meeres nach Norden – etwa so weit wie von Stuttgart nach Flensburg. Es gibt dort relativ wenige große Städte. Wichtig sind Kanazawa mit einem Park, der als einer der drei schönsten Landschaftsgärten gilt, und Toyama, am Fuße von etwa dreitausend Meter hohen schneebedeckten Bergen in einem großen Reisanbaugebiet liegend. Als wir durch diese Stadt kamen und etwas außerhalb die Nacht verbrachten, hätten wir es uns nicht träumen lassen, daß wir hier später einmal eineinhalb Jahre leben würden! Nun setzte die Regenzeit, die etwa einen Monat – weiter nördlich noch länger – dauerte, voll ein. Tagelang konnte es ununterbrochen gießen. Das war natürlich nichts zum angenehmen Radreisen, aber durch erzwungene Aufenthalte hatten wir manchmal die schönsten Begegnungen mit den Menschen. Es kam vor, daß wir an einem Tage nur ein paar Kilometer schafften. Zwar hatte es zunächst auch einige sehr warme Tage gegeben, doch je weiter nördlich wir kamen, um so seltener wurden sie.

Bedeutend waren Niigata, eine große Industrie- und Hafenstadt, die besonders dem Handel mit der Sowjetunion diente, sowie Akita, 1200 Jahre alt, kleiner, aber ebenfalls mit Fabriken. Was wir in dieser Hinsicht hier sahen, war allerdings weit erträglicher als auf der anderen Seite Japans. Zwischen Stuttgart und Flensburg gab es vermutlich mehr Industrien. Hier war jedenfalls Platz für viele schöne Flecken. Wir sahen die Reisfelder in saftigem Grün. Von den hohen Bergen strömte genügend Wasser, und die Regenzeit tat das Ihre, um das wichtigste Nahrungsmittel auf den Terrassen gedeihen zu lassen. Wir fuhren durch Bergtäler, waren an einsamen Felsenküsten und an Sandstränden, besuchten stille Fischerdörfer. Das steile, bewaldete Gebirge drängte sich oft bis ans Meer vor. Dann gab es Tunnels, durch die auch wir mußten, aber manchmal war uns die Benutzung aus Sicherheitsgründen verboten. Da mußten wir über die Berge. Akita gehört schon zu der Region Tohoku – dem „Nordosten".

Hier gab es noch zwei Dinge, die uns Freude bereiteten: Apfelgärten und Pferde. Aus Tohoku kommen die leckersten Äpfel. Die Pferde, als Zugtiere verwendet, sahen kräftig und gesund aus, anders als die abgemagerten kleinen Klepper in Indien und Pakistan. (In Malaysia und Thailand sahen wir überhaupt keine Pferde.) Einmal kamen wir zu einer Ortschaft, wo sogar gerade ein Pferdemarkt abgehalten wurde.

Auf Hokkaido und zurück nach Honschu

Als wir – über die Stadt Aomori und mit einer Fähre über die Meeresstraße von Tsugaru – auf der Nordinsel Hokkaido anlangten, waren wir schon vier Wochen im Land. Dort verbrachten wir weitere drei Wochen. Hakodate war Ausgangs- und Endpunkt unserer Rundfahrt durch Hokkaido, die uns über Otaru in der westlichen nach Kuschiro in der östlichen Inselhälfte, dann über Asahikawa und die Hauptstadt Sapporo führte. Schon jetzt sprach man dort über die Bedeutung Sapporos als Austragungsort der Olympischen Winterspiele 1972, aber vier Jahre vor

Einwohner der Region Tohoku/Nordjapan. Rechts Schutzpolster aus Stroh zum Lastentragen

dem großen Ereignis hatte es noch wenig Weltstädtisches zu bieten. So mußten wir zwei Stunden nach einer Bank suchen, die ausländisches Geld wechseln konnte, und in Japan gedruckte, englischsprachige Zeitungen gab es nur am Hauptbahnhof dieser Stadt mit einer Million Menschen. Hokkaido ist so groß wie Bayern und relativ schwach besiedelt. Sowohl in den Wäldern des zentralen Berglandes (bis 2300 m) als auch an den Küsten fanden wir seine Natur weniger durch den Menschen gestört als anderswo in Japan.

Manchmal kam uns die Landschaft sehr vertraut vor. Viehweiden mit Holsteinrindern, Bauernhöfe in Ziegelbauweise und mit Futtersilos, umgeben von Tannen, Lärchen und Birken, erinnerten uns an Norddeutschland. Hier war es nun empfindlich kühl, gelegentlich naßkalt und neblig. Von der See wehte eine frische Brise, auf den Pässen kamen wir dem Schnee der Gipfel nahe. Wir waren vor allem abends froh, wenn wir uns an einem Ofen aufwärmen konnten. Wir besuchten mehrere Seen und Badeorte mit heißen Quellen.

Auf Hokkaido sahen wir aber auch Bergbaugebiete – Kohle! –, wo die Kumpels mit ihren Familien in Siedlungen unter Bedingungen lebten, wie deutsche Bergleute sie vielleicht fünfzig Jahre zuvor hatten ertragen müssen. Danach hörten wir des öfteren, daß auch die Minen technisch veraltet und die Verhältnisse unter Tage gefährlich seien.

Wieder zurück auf der Insel Honschu – und damit im „Nordosten" – wurden wir von hochsommerlicher Wärme überrascht. Wir durchfuhren die Region diesmal an ihrer östlichen Seite. Über Morioka und Sendai gelangten wir zum Mittelabschnitt Japans mit Tokyo. Schließlich herrschten tropische Hitze (bis zu 35 Grad) und große Schwüle. Südlich von Aomori besuchten wir noch einen Nationalpark mit einem See, und etwa ab Sendai folgten wir auf zweihundert Kilometern der Küste des Pazifischen Ozeans. Es gab dort Badestrände, deren Saison noch nicht begonnen hatte, und Fischereihäfen. Diese Nebenstraße war eine der verkehrsarmen Strecken. Wieder einmal hatten wir ausweichen können. Die Hauptstraße von Tokyo nach Aomori – 750 km – war an dieser Seite als einzige durchgehende Straße asphaltiert, aber während des größeren Teils ihres Verlaufs nur fünf Meter breit, bei Ortsdurchfahrten noch schmaler, bei *dem* Verkehr!

Endlich zeigt sich der Fudschi-san

Nach einem ersten, neuntägigen Aufenthalt in Tokyo – wo man es in den Häusern ohne Klimaanlage oder Ventilator nun kaum mehr aushielt – unternahmen wir noch eine zweiwöchige Rundreise durch die Berglandschaften zwischen der Hauptstadt und Nagano. Es war eine sehr geruhsame Fahrt, denn wir hatten viel Zeit. Täglich brachten wir nur etwa fünfzig Kilometer hinter uns oder wir pausierten einen ganzen Tag, dort, wo es am schönsten war. Es war ein „Urlaub in den Ferien". In den romantischen Tälern zwischen steilen, hohen Bergen fanden wir kaum einen Fleck, dessen Schönheit sich nicht mit der heimatlicher Gefilde hätte messen können. Es gab, wie auch im Norden, noch häufig mit Reisstroh gedeckte Bauerngehöfte, und zahlreiche buddhistische Tempel mit ausladenden Dächern, von Bambus, Ahorn und Azaleen umrahmt, in denen die Zikaden miteinander um die Wette zirpten. Ich will hier nichts idealisieren. Diese

Typische Szenerie in der Gegend des Berges Fudschi. Mitte oben ein Schintoschrein

Der Fudschi-san, mit 3776 m höchster und heiligster Berg, das Symbol Japans

Gegend war wirklich lieblich, wie überhaupt Japan ein schönes Land ist – zu zwei Dritteln von Wald bedeckt. Deshalb übersahen wir jedoch keineswegs die kleinen und großen Fabriken, die auch hier zu jeder Stadt gehörten. Im Schwarzwald oder im Sauerland gibt es die ja auch.

Einmal kamen wir zu einem Städtchen, dessen Name „Blick auf den Fudschi" bedeutet. Doch Japans heiligster Berg ließ sich von dort doch nicht ausmachen, weil es zu diesig war. In der Nacht darauf regnete es heftig, und der Morgen war dann klar. Nach Durchfahren eines Tunnels sahen wir plötzlich das gewaltige Trapez des 3776 Meter hohen Fudschi-san im Gegenlicht vor uns. Er ist das Symbol dieses Landes. Seine Schneekappe war unter der heißen Sonne fast geschmolzen. Seit 1707 ist der Vulkan zahm wie ein Lamm. Er wird jährlich von Zehntausenden Wanderern bestiegen, was ohne große Schwierigkeiten möglich ist. Es gibt seit langem ausgetretene Wege, auch Unterkünfte, und bis auf halbe Höhe ist sogar eine Straße gebaut worden. Nordamerikanische Lehrer, die wir zufällig an einem der fünf Seen am Fuße des Fudschi-san trafen, luden uns zu einer Fahrt im VW-Bus bis zum Ende der Straße in 2000 m Höhe ein, was wir natürlich nicht ausschlugen. Das Wolkenmeer um uns und das rosa Leuchten des Gipfels im Abendsonnenschein wollten uns die Zeit vergessen machen, doch die Tatsache, daß die Schönheit – oder Heiligkeit – des Berges gnadenlos kommerziell ausgebeutet wurde (da war auch ein permanenter Rummelplatz mit Riesenrad, Achterbahn und anderen Vergnügungen), erinnerten uns daran, in welcher Epoche wir lebten.

Nach drei weiteren Tagen erreichten wir Tokyo, wo wir noch einige Zeit bleiben mußten, bis wir wußten, wie wir über den Stillen Ozean kamen. Währenddessen fegten Taifune über den japanischen Archipel hinweg.

Zum Schluß dieses Themas eine Anmerkung, die uns wichtig scheint. Es war zum ersten Male, daß wir in einem Land Asiens nicht mit den Autofahrern auf dem Kriegsfuß standen. Wenn man davon ausgeht, daß höfliche Chauffeure gute sind, dann hatten wir es hier mit den besten des ganzen Kontinents zu tun, den wir seit einundzwanzig Monaten bereisten.

Fast immer zu Hause bei Japanern

Die Gastfreundschaft, die uns die Japaner während der drei Monate gewährten, war überwältigend. Mit ihrer großartigen Hilfe verbrachten wir hier die – von Straßenproblemen und Kummer mit dem Wetter abgesehen – friedvollste und sorgloseste Zeit der so weit gediehenen Weltreise. Wir waren meist guter Dinge und blickten optimistisch in die Zukunft.Die Söhne und Töchter Nippons gaben uns neuen Auftrieb. Mit unserer Art des Reisens waren wir auf dem richtigen Weg, so schien es uns. Fliegt einer nach Japan und wohnt dann in den größten Hotels, wobei sein Kontakt mit den Einwohnern noch am ehesten in Bars zustande kommt, so geht er wohl enttäuscht, arm an Erlebnissen und mit falschen Eindrücken wieder fort.

Man scheute weder Mühe noch Kosten, um uns behilflich zu sein. Ich habe ja schon im einleitenden Kapitel die spontane Freundlichkeit des Arbeiters Toschidschi Takahama in Nagoya gewürdigt, und ich nannte einige Beispiele von Leuten, deren Name wir nie erfahren haben. Einen weiteren Eindruck vom Ausmaß der Gastfreundschaft erhält der Leser, wenn er erfährt, daß wir während fünfundneunzig Tagen in Japan nur fünfmal in unserem Zelt und neunmal in Jugendherbergen schlafen mußten. Die restlichen Nächte waren wir privat untergebracht. Die Gastgeber waren neugierig auf uns. Europäer waren in der Provinz, zumal auf dem Lande, eine große Seltenheit. An unserem Mut, ihr Land mit Fahrrädern kennenzulernen, fanden die Leute Gefallen.

Das eine Mal lud man uns ein, wenn wir auf den Stufen eines Tempels oder Schreins rasteten, das andere Mal stoppte uns jemand auf der Straße und bat uns, zu ihm zu kommen. Es konnte sein, daß uns zu diesem Zweck einer mit dem Auto hinterherfuhr, und wir dann einige Kilometer zurückfahren mußten. Oder es war, daß Mittel- oder Oberschüler mit uns ins Gespräch kamen (eine rare Gelegenheit, mit Ausländern ihr Schulenglisch zu praktizieren), und sie dann meinten, wir könnten doch in ihrer Ortschaft die Nacht verbringen. Wir schliefen oft in Dörfern. Häufig war es aber so, daß wir Einwohner vor ihren Häusern, oder Passanten, aber auch bei Schulen oder Läden nach Übernachtungsmöglichkeiten oder der genauen Lage der Jugendherberge (es gab Hunderte) fragten. Dabei kamen Kontakte zustande, die die Situation völlig veränderten. Nicht selten hatten wir aber gar keine andere Wahl, als an Bauernhäusern oder bei buddhistischen Tempeln direkt um Aufnahme zu fragen, weil das Wetter eine Weiterfahrt nicht zuließ, oder weil wir uns wegen Pannen verspätet hatten. Die meisten Tempel haben Gästezimmer oder kleine Herbergen. Wanderern am Abend Unterkunft zu gewähren, hat eine jahrhundertealte Tradition in Japan, sei es privat, sei es in Tempeln. Natürlich gibt es in Japan Hotels und Gasthöfe aller Art (in Dörfern damals aber selten). Doch die waren uns einfach zu teuer.

Die Freude über das Kennenlernen beruhte auf Gegenseitigkeit. Als wir zum Beispiel eines Abends in einem Dorf bei Kanazawa an die Tür von Bauern klopften und um Quartier baten, machte die Familie beinahe einen Luftsprung darüber, daß sie plötzlich zwei Deutsche am

Angelhaken hatte. Die größere Tochter konnte Englisch und sie übersetzte uns die Worte ihres Vaters: „Unsere Sprachen sind verschieden, doch unsere Herzen schlagen gleich." Manch einer nahm unsere Anwesenheit zum Anlaß, ein kleines Fest zu veranstalten, wozu er auch Verwandte, Freunde oder Nachbarn einlud. Oder da waren Lehrer und Priester, die die Möglichkeit beim Schopfe packten, mit uns Englisch oder Deutsch(!) zu sprechen und erste Erfahrungen im Umgang mit „gaidschin" (Ausländern) zu sammeln oder gar mit ihnen zu philosophieren. Ein paar Einzelbeispiele werde ich noch herausgreifen.

Wie immer, will ich ehrlich berichten und darum nicht verschweigen, daß wir gelegentlich auch eine Abfuhr erhielten. Nicht jeder Priester war zum Beispiel in der Stimmung, sich mit uns zu beschäftigen. Und einmal, bei Dörflern untergebracht, kamen wir in eine peinliche Situation. Ein Polizeibeamter aus einer Nachbarprovinz war im Ort zu Besuch und hörte von uns. Ziemlich angetrunken kam er und spielte nächtens den großen Kriminalisten. Dabei konnte er nicht einmal unsere Pässe lesen. Danach mußten wir uns erst einmal verschnaufen . . .

Das Mädchen Atsuko und der Deutschenfreund Niwa-san

Einige Stunden hinter Akita schob uns wieder einmal der Regen einen Riegel vor. Schon den ganzen Tag war der Himmel grau gewesen. Nun nützte auch das Unterstehen an den Häusern mit einem fünfzig Zentimeter dicken Strohdach nichts mehr. In dem Dorf Imaitsumi fragten wir vorbeikommende Mittelschülerinnen (wie die Jungen an ihren Schuluniformen zu erkennen) um Rat. Eine von ihnen, Atsuko Nakaya (ihr Name stand auf einem Schildchen an ihrer weißen

Herzliche Priesterfamilie aus Atsugi bei Tokyo, die uns eine Nacht beherbergte

Bluse), hatte den Einfall, uns mit zu sich nach Hause zu nehmen. Es waren nur ein paar hundert Schritte. Von der Mutter der Vierzehnjährigen wurden wir wie alte Bekannte begrüßt. Sie fand den Gedanken von Atsuko ganz normal. Eiko – so ihr Name – und ihr Mann Yasuo, ein Mittelschullehrer, sowie der zwölf Jahre alte Bruder von Atsuko, Yasitoschi, und der siebzigjährige Großvater wurden nicht müde, uns zu fragen: „Was wollen Sie essen? Sitzen Sie bequem? Ist es Ihnen nicht zu kühl?" Während es noch zwei Tage in Strömen regnete, waren wir nicht unglücklich über diese besorgten Erkundigungen.

Zu den vielfältigen Speisen, die man uns vorsetzte, gehörten unter anderem Seetangsalat, roher Thunfisch, Tintenfisch und eine Suppe mit in Scheiben geschnittenen Bambusschößlingen. Alles schmeckte lecker. Einmal, als auch Mutter Eikos Geschwister (auf dem Farbbild 35 in der Mitte) zum Essen kamen, gab es – Schnitzel mit Kartoffeln, Salat und Bier! Das war, weil unsere Gastgeber erfahren hatten, daß wir an diesem Tage vor fünf Jahren geheiratet hatten. Außerdem wurde Reis aufgetragen, und wir tranken auch Reiswein und grünen Tee. Wir kamen uns vor wie im Traum.

Atsuko und ihre Freundinnen sangen für uns auf rührende Weise in japanischer Sprache das Lied von der „Loreley", das jedes Schulkind kennt. Wir tauschten mit den Mädchen ihren und den Originaltext aus. Wohl niemand in der Verwandtschaft oder Nachbarschaft, der uns nicht bestaunt oder doch wenigstens von uns gehört hätte. Einmal klopfte ein Dutzend Volksschüler an die Tür des schönen Hauses (an einem See mit Lilien). Sie wollten uns sehen. Erstaunt zeigten wir uns. Die Schar zog sich nach geraumer Zeit befriedigt zurück.

Auf dem Rückweg von Hokkaido kamen wir noch einmal nach Imaitsumi. Wir waren dazu aufgefordert worden. Die Freude war wiederum groß und es ging uns prächtig. Auch am übernächsten Tag hieß es, wir sollten doch noch bleiben. Doch das ging ja wohl nicht so recht. Die größte Überraschung seit langem erlebten wir durch Eiko. Sie war sechs Tage zuvor Mutter eines kleinen Mädchens geworden. Wir hatten nichts davon gemerkt, daß sie im neunten Monat schwanger gewesen war. Ihr Hauskimono hatte das geschickt verborgen. Wir freuten uns sehr über die kleine Schioko. Wir blieben mit Atsuko noch sieben Jahre in brieflicher Verbindung. –

Sehr erstaunt waren wir auch, als wir auf Hokkaido eines Tages zu einem Dorf kamen und das deutlich lesbare Schild mit der deutschen Aufschrift „Postamt Akaikawa" sahen. Wir setzten uns auf eine Ruhebank, um etwas zu essen. Da kam Kazuo Niwa, der Besitzer eines kleinen Motels, zu uns herüber, und lud uns ein, seine Gäste zu sein. Er war zugleich der Postbeamte. Daß Kazuo Niwa dann deutsch mit uns sprach, war schon die dritte Überraschung in Akaikawa. „Seit zehn Jahren warte ich auf einen deutschen Menschen", sagte uns der Vierzigjährige. Der Grund für diesen eigentümlichen Wunsch: Er war elf Jahre zuvor an den Rhein gefahren und hatte ein Jahr bei einer Bauernfamilie im Raum Köln gelebt, während er eine Landwirtschaftsschule besuchte, um mit neuem Wissen zu seinem Bauernhof nach Hokkaido zurückzukehren. Seitdem hatte er gehofft, auch seine Deutschkenntnisse wieder einmal anwenden zu können – bis zu diesem Tage vergebens.

Niwa-san (Herr Niwa) verblüffte uns aber noch ein viertes Mal. Wir fielen aus allen Wolken, als wir die Gaststube seines Motels betraten. Verheiratet und Vater von zwei fast erwachsenen Töchtern, war er ein Kindernarr. Ein Raum des Lokals war wie ein Kinderzimmer eingerichtet und auf der dazu passenden Tapete prangte in großen Buchstaben die sympathische Frage (so geschrieben): „Muß Man Ein Kind Nicht Liebe Haben?" Niwa-san hatte sie irgendwo in Deutschland entdeckt und dann nach Japan exportiert.

War in Deutschland: Kazuo Niwa. – So tragen die meisten Japanerinnen ihre Kinder

Mit Eiko Nakaya und den Kindern Atsuko (Mitte) und Yasitoschi in Imaitsumi

Mit Oberschullehrer Kiyotugi (links vorn) und Familie Ito in Schiranuka/Hokkaido

Unser Freund fuhr mit uns am Abend zur dreißig Kilometer entfernten Hafenstadt Hakodate und auf einen Berg, von wo aus wir das Lichtermeer und die Schiffe bewundern konnten. Dann nahm er uns ins Vergnügungsviertel mit. Am nächsten Morgen lud seine Familie uns zum „Frühstück" ein. In Wirklichkeit war es ein großes Barbecue, und das mitten in der Woche. Im Postamt schaute währenddessen eine junge Beamtin nach dem Rechten. Das Motel blieb geschlossen. Auch in Japan geht es auf dem Lande weniger hektisch zu. Hier kamen wir ebenfalls wieder durch und wurden deshalb aufgefordert, noch einmal zu bleiben, was wir auch taten. Leider haben wir danach aber nie wieder etwas von Niwa-san gehört. Vielleicht schrieb er nicht gern Briefe in Deutsch, sondern wollte es lieber sprechen, selbst wenn er erneut zehn Jahre auf die nächste Gelegenheit dazu warten mußte?

Priester Arasawa und Lehrer Kiyotugi

Eine eindrucksvolle, wenn auch kürzere Begegnung hatten wir in dem Küstenstädtchen Tomakomai südlich von Sapporo. Als wir auf der Treppe eines großen Tempels etwas aßen, bat uns der sehr freundliche Priester Tetsuo Arasawa (Farbbild 37) in sein Haus. Seine Familie (buddhistischen Priestern ist es erlaubt zu heiraten) war von erlesener Höflichkeit. Sie ließ es ihren deutschen Gästen an nichts fehlen. Tetsuo Arasawa zeigte uns das Gotteshaus, erklärte den Altar und die Tafeln für die im Kriege Gefallenen. Der 53jährige hatte nur geringe Englischkenntnisse, aber wir verstanden uns ausgezeichnet. Wir schliefen herrlich bei der Priesterfamilie. Noch beim Frühstück am anderen Morgen wurden wir vom Reporter der Lokalzeitung „Tomakomai Mimboscha" interviewt und dann fotografiert. Der Artikel erschien am nächsten Tag und Priester Arasawa schickte ihn uns nach Tokyo nach. Neben anderen Nettigkeiten schien dem Reporter eine Aussage unseres Gastgebers sehr wichtig: „Frau Wilma kann sogar mit Stäbchen essen." Das Lob hatte sie verdient. Mir fiel der Umgang damit noch schwer. –

Der 3. Juli 1968 war auf Hokkaido ein schrecklicher Regentag. Als wir der Stadt Kuschiro entgegenfuhren, begannen die Tropfen nur so auf den Asphalt zu prasseln. Deshalb stellten wir uns gelegentlich in den Straßentunnels unter. Triefnaß schafften wir es zu einem kleinen Bahnhof. Die Beamten holten uns in ihre Stube an den warmen Ofen und gaben uns „otscha", heißen grünen Tee. Das tat gut! Aber wir wollten noch weiter. In dem Ort Schiranuka bei Kuschiro mußten wir uns geschlagen geben. Es regnete stark, und es wurde dunkel. Da trafen wir die Schülerin Naoko Ito (im Bild neben Wilma). Sie lud uns in ihr Elternhaus ein. Außer ihrer Mutter und ihrem Bruder waren noch Freunde da. Naoko alarmierte den Oberschullehrer Nobuaki Kiyotugi, die Mutter einen Fotografen, der dann das nebenstehende Bild aufnahm. Der Lehrer war für uns der erste Japaner, der ein vorzügliches Englisch sprach. Er konnte uns auf zahlreiche offene Fragen Antworten geben.

Die Familie hatte ein kleines Lokal im Hause, und so war es einfach, „suschi" auf den Tisch zu bringen, eine Spezialität, die es in vielen Varianten gibt. In diesem Falle handelte es sich um Reis, zu mundgerechten Küchlein geformt, auf die Stücke von rohem Fisch, auch Magen des Thunfischs, Garnelen, Lachsrogen und Seeigel gelegt waren. Der Reis hatte durch ein wenig Essig, der Belag durch Meerrettich und Ingwer einen herzhaften Geschmack.

Am nächsten Tag sprachen wir in der Oberschule von Kiyotugi-sensei (Lehrertitel) vor zweien seiner Klassen im Englischunterricht. Zwei Stunden lang erzählten wir den Schülern von unseren Erlebnissen unterwegs und von Deutschland. Auch einige Lehrer waren als Zuhörer dabei. Für unsere „Bemühungen" bekamen wir vom Schulleiter sogar ein Kuvert mit Inhalt überreicht. Nobuaki Kiyotugi lud uns noch zu einem tollen japanischen Mittagessen ein und schenkte uns einen Wimpel seiner Schule. Er hatte in Deutschland eine Brieffreundin; wir vergaßen nur zu fragen, wo. Später, in Heilbronn, erzählte uns eine Dame, daß sie diejenige sei . . . Ich hatte über den Lehrer in der Zeitung geschrieben.

Richtiges Verhalten will erst gelernt sein

Mit einem strahlenden „Ah so des ka" (ähnlich dem deutschen „Ach so ist das!"), weil die Leute verstanden hatten, wer wir waren und was wir taten, wurden wir meistens aufgenommen und in die „gute Stube" geführt. Verwandten und Nachbarn wurde bekanntgemacht, daß ich ein „schimbun-kischa" (Zeitungsreporter) sei, der mit seiner „ok-san" (Ehefrau) „dschitenscha de" (auf Fahrrädern) eine „sekai-ischu" (Reise um die Welt) mache. „Konnitschi wa" (Guten Tag!) oder „Komban wa" (Guten Abend!) begrüßte uns dann die ganze Runde, je nach der Tageszeit, und fragte: „Ikaga des ka" („Wie geht es Ihnen?"). Kurz danach prostete man uns mit Bier oder Sake (Reiswein) zu: „Kanpai!" Wichtig waren natürlich die Fragen „Doko kara?" und „Doko made?", nach dem Woher und Wohin. Wenn wir dann alles haarklein erzählt hatten, erwartete uns vor oder nach dem Essen das „ofuro", ein Bad, wobei wir aus einem großen Behälter heißes Wasser zu schöpfen und uns *davor* (nicht darin) zu waschen hatten. Auf den „tatami" (dicken, weichen Matten aus Stroh und Schilf) war schon das traditionelle Bettzeug „futon" mit Matratze, Leintuch, Kissen und Steppdecke ausgebreitet. Man wünschte uns „Oyasumi nasai" (Gute Nacht!). Am Morgen wurden wir mit „Ohayo gosaimas" begrüßt und schließlich mit „Sayonara" verabschiedet.

Zumindest in der ersten Zeit waren japanische Umgangsformen für uns manchmal ein kleines Problem. Beispielsweise geben sich Japaner fast nie die Hand. Dafür verbeugen sie sich voreinander. Daran mußten wir uns natürlich rasch gewöhnen, um peinliche Situationen zu vermeiden. Wenn wir in ein Haus geführt wurden (wobei wir die Schuhe an der Eingangstüre zurücklassen mußten), dann begrüßte uns die ganze Familie mit Verbeugungen. Die Frauen, vor allem die Dame des Hauses, knieten dabei oft auf den Matten und verneigten sich vor uns tief. Es wäre sehr unschicklich gewesen, wenn wir dies einfach stehend oder sitzend hingenommen hätten. Wir mußten uns ebenfalls verbeugen, auch mehrmals nacheinander, wenn es die anderen taten. Auch auf den Straßen sahen wir immer wieder Leute sich voreinander verbeugen. Wir mußten uns ebenso verhalten.

„Hai" (ja) sagen die Japaner mit einem bedeutsamen Kopfnicken von Herzen gern, doch „iie" (nein) wird häufig vermieden, denn die Verwendung des nackten Wortes gilt als zu hart und deshalb als unhöflich. Man findet eine längere Formulierung, eine Umschreibung oder man fächelt mit der rechten Hand vor dem Gesicht verneinend hin und her. Wenn Japaner „ich" sagen, dann tippen sie sich, vor allem wenn das Wort fragend verwendet wird, oft mit dem Zeigefinger auf die Nasenspitze. Die Höflichkeitsformen, Gewohnheiten und Gesten der Japaner waren für uns sehr interessant. Sicher machten sie umgekehrt die gleiche Feststellung . . .

Ein Laternenmacher in Matsumoto/Mitteljapan. – Schuhputzer in Tokyo

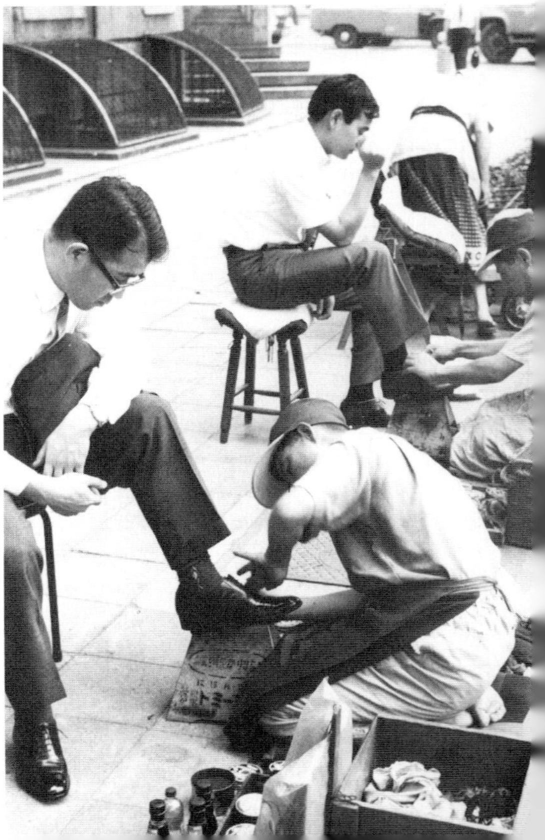

Japanisch-deutsche Annäherung

Da Japanisch für Europäer nicht gerade eine leichte Sprache ist, und da relativ wenige Japaner richtig Englisch oder etwas Deutsch konnten, hatten wir zu Beginn einige Verständigungsschwierigkeiten. Meist kam die Frage, ob wir Japanisch verstünden, in Englisch. Unsere verneinende Antwort, ebenfalls in Englisch, wurde dann oft nicht verstanden. Die Japaner schienen zu denken, daß ihre Sprache leicht erlernbar und weitverbreitet sei. Jedenfalls ergoß sich über uns manchmal ein solcher Strom von Fragen und Erklärungen in schönstem Japanisch, daß wir nachher dümmer waren als zuvor. Wie wir nun dazulernten, freuten sich die Leute über jedes Wort, das wir stottern konnten, so sehr, daß es uns beinahe peinlich war, etwas gesagt zu haben. Zum Glück wurde meist jemand zu Hilfe gerufen, der sich mit uns einigermaßen verständigen konnte. Die Japaner benutzen aber auch die Zeichensprache, machen bis ins Detail gehende Planskizzen, wenn es um die Bestimmung eines Weges oder Ortes geht, und wohin wir auch kamen, waren stets Wörterbücher (meist Japanisch-Englisch), Lexika und Atlanten zur Hand. Unser japanischer Sprachschatz vergrößerte sich mit der Zeit erheblich.

Wir fanden die Japaner ziemlich provinzlerisch. Selbst in den großen Städten reckte man den Hals nach uns, stieß man sich mit dem Ellenbogen an, und tuschelte, ganz gleich, ob wir mit oder ohne Fahrräder aufkreuzten. Mit Erstaunen nahmen unsere Gastgeber häufig zur Kenntnis, daß auch in Deutschland Reis gegessen wird. Wir mußten erst mal tief Luft holen, als uns eine Frau Eier mit auf den Weg gab und uns besorgt erklärte, wie man an den weißen Dingern die Schale zerbricht und dann abschält. Kleinlaut gestanden wir, Eier schon einmal gegessen zu haben.

Unsere Nationalität war uns nur von Vorteil. Die Bewunderung für und die Verbundenheit mit „doits" (Deutschland) hatten noch nichts von ihrer Tiefe verloren, auch wenn die meisten Japaner herzlich wenig über unser Land wußten. Manche kannten aber interessante Einzelheiten. So konnte ein Forstingenieur bei Schizuoka alle Bäume bei ihren deutschen Namen nennen. In seiner Baumschule hatte er sogar eine „deutsche Eiche" und einen „Tannenbaum". Ein junger Maschineningenieur bei Toyama hatte Bücher über deutsche Maler (er malte selbst) und seine Frau legte „Ausschnitte aus Tannhäuser" mit Gottlob Frick auf den Plattenteller. In Tokyo erzählten uns Universitätsabsolventen, die Deutschkurse belegt hatten, von der Sitte der Studenten vor dem Zweiten Weltkrieg, deutsche Wörter in ihren täglichen Sprachgebrauch aufzunehmen. So hätten Ausdrücke wie „trinken", „schön", „Mädchen" und „heiraten" Eingang gefunden. Die Studenten hätten Melodien komponiert und deutsche Texte dazu geschrieben. Kleine Panne mit großem Lacherfolg bei einer Bauernfamilie nahe Niigata: Eine Oberschülerin wußte von den „großen Deutschen" nur Goethe, Beethoven und Hitler zu nennen.

Bei solchen Anlässen fragten wir uns selbstkritisch: Hatten wir vor unserer Ankunft in Japan über dieses Land viel mehr gewußt als Begriffe wie „Kimono" und „Geischa", „Samurai" und „Harakiri", „Karate" und „Kamikase"?

Unschönes Straßenbild – Ruhe in Tempelgärten

Trotz der Sympathien, die das japanische Volk in uns weckte, und trotz der kleinen Schwächen und Seltsamkeiten, die es erst liebenswert machten, wollten wir gewisse Unschönheiten nicht übersehen. Einige davon möchte ich hier nennen. (An manchen hat sich bis heute noch kaum etwas gebessert.)

Die Städte wurden von den monströsen Stahlkonstruktionen der Sendetürme unzähliger Radio- und Fernsehgesellschaften, von Post und Polizei überragt. Strom- und Telefonleitungen verliefen nicht in der Erde, sondern kreuz und quer hoch über den Straßen, und an den Verteilerstellen bildeten sie ein wüstes Knäuel. Auf den Häusern wucherte ein Dschungel von Fernsehantennen. Nur ein Teil der Japaner hatte eine Wasserleitung im Haus, sehr wenige waren es, die ein Spülklosett besaßen. Das Regenwasser lief meist, wohin es wollte. Haarsträubend war der Zustand der Gemeindestraßen. Die Ortsdurchfahrten waren manchmal weniger als fünf Meter breit. Die Häuser standen dann nur etwa fünfzig Zentimeter vom Straßenrand. Bürgersteige gab es dort nicht. Steine und Erde, aus den Seitenstraßen hereingeschleppt oder -gespült, gefährdeten den Verkehr. Durch die Staubwolken war manchmal die gegenüberliegende Häuserzeile kaum noch zu erkennen. In Ballungs- und Industriegebieten lagen überall Glasscherben und Metallsplitter herum, was uns am wenigsten Spaß machte. Von Häusern, von Licht- und Telefonmasten warben schreiende Reklametafeln für irgendetwas. Lautsprecher taten es ihnen gleich. Ein- und Ausfahrten der Ortschaften waren von Automobilvertretungen, Tankstellen und Werkstätten gesäumt, während Tausende kleiner Geschäfte in den Zentren ein Spalier bildeten (Farbbild 34).

In diesem Zusammenhang ist interessant, daß die Japaner damals, 1968, ihre ersten wirklich guten Autos bauten. Zehn Jahre hatten sie experimentiert, um aus ihren häßlichen, schwerfälligen und teuren Wagen einen Exporterfolg zu machen – in den USA, gegen Volkswagen. –

Außer bei Familien auf dem Lande gefiel es uns noch in den kühlen, duftenden Gärten der buddhistischen Tempel und der schintoistischen Schreine (Gebetsstätten der Naturreligion

Auch die größten Tempel, wie dieser in Aomori, werden von Sendetürmen überragt

Japans). Dort hatten wir Gelegenheit, an Plänen zu arbeiten oder Erlebtes geistig zu verkraften. Oft wurden wir eingeladen, im Tempel oder Schrein selbst oder in einem angegliederten Gebäude uns auszuruhen oder die Nacht zu verbringen. Im Tempel wurden wir morgens durch den Singsang des Priesters, durch sein Gongen mit einer großen Metallschale und durch sein Klopfen mit einem stoffumwickelten Hammer auf einen hölzernen, fischförmigen Klangkörper geweckt. Die Luft war weihrauchgeschwängert, und in kleinen Schalen wurde Reis als Opfer auf den Altar gestellt. Beides war für die Besänftigung der Totengeister gedacht. Keiner der Priester zeigte uns gegenüber nur eine Spur von religiöser Intoleranz. Es hatte auch nie jemand etwas dagegen, wenn wir bei Schintoschreinen durch die heiligen Torbögen schritten, die die Trennlinie zwischen der gewöhnlichen und der göttlichen Welt darstellen. Beim Hauptgebäude größerer Schreine befindet sich ein kleiner Pavillon mit sauberem Wasser und Schöpfkellen, wo Gläubige vor dem Gebet ihre Hände waschen und ihren Mund ausspülen (Farbbilder 37 und 38).

Zu Gast bei Toschiro Taketschi in Tokyo

Nach genau sechzig Tagen trafen wir zum ersten Mal in der Hauptstadt Tokyo ein. So lange war unsere Aufenthaltserlaubnis ursprünglich befristet gewesen, aber in der Stadt Sendai hatte man sie uns auf großzügig-unbürokratische Weise in weniger als einer halben Stunde um vier Monate(!) verlängert. In Tokyo kamen wir jedoch in echte Not. Sämtliche Jugendherbergen waren auf absehbare Zeit ausgebucht. Nachdem wir einen ganzen Tag vergeblich gesucht hatten und gerade resignierend wieder aus der Metropole wegfahren wollten, lud uns Toschiro Taketschi in seine fünfunddreißig Quadratmeter kleine Wohnung im Stadtbezirk Schindschuku ein. (Sie war damit größer als der durchschnittliche Wohnraum einer Familie in Tokyo.) Die Frau des 32jährigen hatte gerade eine Entbindung hinter sich und hielt sich bei ihren Eltern auf dem Lande auf.

Wir konnten Toschiro Taketschi nicht genug danken für seine große Freundlichkeit. Er behielt uns nicht nur die ersten neun Tage bei sich, bis wir die Rundreise durch Mitteljapan antraten, sondern nahm uns auch danach wieder für einen noch längeren Zeitraum auf, obwohl seine Frau mit dem Baby und zwei weiteren Kindern nun wieder da war. In japanischen Städten ist man gewöhnt, auf engstem Raum zu leben. Daß unsere Anwesenheit nicht zu einem Problem wurde, hatten wir auch zwei weiteren Familien in dem Wohnblock (im Farbbild 36 ihre Kinder) zu verdanken, die sich wie Taketschi-san rührend um uns kümmerten. Natürlich brachten wir unseren Gastgebern als Anerkennung Geschenke, wie wir überhaupt vielen Wohltätern unseren Dank sofort oder später so zum Ausdruck brachten.

Toschiro Taketschi war einer der angesehensten Fotografen und Filmproduzenten von Tokyo. Sein Hauptinteresse galt sozialen und kulturellen Themen. Wir wohnten der Aufführung seines einstündigen Films über die Schule in einem Slum im Nordosten Tokyos vor Vertretern der UNESCO bei. Vor allem wehrte er sich gegen das Bestreben von Regierung und Gesellschaft, solche Elendsviertel, die auch in anderen Städten existierten (es gibt sie heute noch), totzuschweigen, wo besonders die Kinder die Leidtragenden sind. Taketschi-san trug mit einem Farbfilm auch zur Wiederentdeckung von Holzschnittkünstlern aus dem 17. bis 19. Jahrhundert bei. Für seine Arbeit wurde ihm große Ehre zuteil, zu Hause lebte er aber sehr einfach.

Wir lernten viele Plätze in Tokyo auf eigene Faust kennen, aber mit unserem Freund waren wir unter anderem noch in einer Galerie moderner japanischer Maler, bei Proben in einem Kabuki-

Theater, wo volkstümliche Singtanzstücke aufgeführt werden, sowie bei einem Tanzkonzert im Nationaltheater und im Verlagshaus der „Asahi Shimbun", mit täglich neun Millionen Exemplaren auflagenstärkstes Blatt der Welt. Diese „Morgensonne-Zeitung" wurde 1879 gegründet. Vertreter von Verlag und Redaktion zeigten uns alle Einrichtungen.

Den größten persönlichen Dienst leistete uns Taketschi-san, als er unsere sämtlichen Negative auswertete. Mit seiner Hilfe konnten wir an die zum gleichen Verlag gehörende Illustrierte „Asahi Graphic Weekly" viele Bilder mit der Story unserer Fahrradreise von Deutschland bis Japan verkaufen (siehe Seite 21). Vom Honorar gaben wir ihm seinen verdienten Anteil.

Ein großes Problem, aber schnelle Hilfe aus Los Angeles

Nach ein paar Tagen gaben wir unsere Versuche auf, ein Schiff zur Westküste Südamerikas zu finden. Passagierdampfer gab es nicht dorthin, auf Frachtern wollte man uns nicht mitnehmen. So konzentrierten wir uns auf Nordamerika. Dafür standen Abfahrten in Aussicht. Plötzlich tauchte ein großes Problem auf. Für die Ausstellung eines Touristenvisums verlangte das US-Konsulat den Nachweis, daß wir über ein Guthaben von tausend Dollar pro Monat geplanten Aufenthalts verfügten. Wir waren wie erschlagen. Niemals hätten wir diese Bedingung erfüllen können: 12000 Mark, wenn wir drei Monate bleiben wollten. Wir hätten heulen mögen über unsere Armut. Unser gesamter Geldbesitz in Deutschland und hier (einschließlich des Honorars der Illustrierten) belief sich nach Bezahlung der Schiffskarten (sie kosteten uns 2650 Mark) auf noch 1356 Mark. War das also nun das Ende?

Wir wußten zuerst nicht, was wir anfangen sollten. Dann schickten wir hoffnungsvoll Hilferufe nach Deutschland und in die Vereinigten Staaten los. Zu Hause fanden sie wegen der Kürze der Zeit nur geringen Widerhall. Aber aus den USA kam eine gute Nachricht, eine sehr gute sogar. Wir hatten zwei deutschstämmige Nordamerikaner angeschrieben, Manfred und Hildegard Mueller in Los Angeles. Im Jahr zuvor hatten die beiden uns einen Brief geschickt. Darin hatten sie uns wissen lassen, daß sie unsere Berichte in der Heilbronner Stimme regelmäßig läsen. Sie wurden ihnen aus Heilbronn, woher Hildegard stammte, zugesandt. Die Muellers waren begeistert von unserer Idee, die Welt mit Fahrrädern zu umrunden. Deshalb hatten sie uns bereits eingeladen, sie zu besuchen. Als sie nun von unserer Bedrängnis hörten, reagierten sie blitzschnell: Nach einigen Tagen hielten wir zwei Schreiben in der Hand, in denen uns jede erdenkliche Hilfe zugesichert wurde. Der eine Brief war für das US-Konsulat bestimmt. Mit Hilfe dieser „Bürgschaft" erhielten wir unser Visum in sage und schreibe zehn Minuten. Die Weltreise konnte weitergehen!

Taifun im „Stillen" Ozean

Mit einem Wehgefühl nahmen wir Abschied von Japan. Noch in keinem Land waren die Menschen so freundlich zu uns gewesen. Wir nahmen uns vor, eines Tages wiederzukommen. (Unsere Erlebnisse während zweier langer Aufenthalte in Japan sind in den Büchern „Weit über Land und Meere" und „Heimweh nach der Ferne" ausführlich beschrieben.)

Dies war nun aber auch der Abschied von Asien, wo wir gewiß die ereignisreichste Zeit unseres Lebens verbracht hatten. Bis zu diesem Punkt hatten wir fast genau 28000 Kilometer mit Fahrrädern zurückgelegt, davon 24000 auf diesem Kontinent.

Mit Toschiro Taketschi (Mitte) und einem Redakteur beim „Asahi Graphic Weekly" in Tokyo

Am 3. September 1968 bestiegen wir das japanische Schiff „Brazil Maru". Mit sprichwörtlichem Glück hatten wir zwei Karten ergattert, die zurückgegeben worden waren. Der Dampfer war „ausverkauft". Er fuhr über Hawaii nach Los Angeles, dann weiter durch den Panamakanal nach Brasilien und Argentinien. Bis auf wenige Ausnahmen waren die Passagiere Japaner. Die einen waren Touristen, andere wollten zum Studium in die USA, wieder andere waren Auswanderer nach Südamerika oder solche, die dort bereits lebten, aber in Japan zu Besuch gewesen waren. Wir waren jedenfalls sehr erfreut, noch einmal über zwei Wochen mit Japanern zusammen sein zu können.

In den nächsten Tagen hatten wir das Gefühl, daß der Stille Ozean seinen Namen zu Unrecht erhalten habe. Wenigstens seinen westlichen Teil hätte man anders benennen sollen. Wir verließen das in der letzten Zeit von mehreren Taifunen heimgesuchte Japan, nur um in ein neuerliches Unwetter hineinzugeraten. Vier Tage lang tobte der Wirbelsturm. Das Schiff wurde hin und her geschüttelt. Etwas traurig sagten wir unserem sonst so gesunden Appetit Lebewohl. Das Bordleben kam völlig zum Erliegen. Zum ersten Mal auf einer Seereise erkannten wir, wie einsam eine Gemeinde von 350 Seelen – Passagiere und Mannschaft – in den Weiten des Weltmeeres doch sein konnte. Während vierzehn der sechzehn Tage war kein anderes Schiff zu sehen. Auf der „Brazil Maru" brachten wir 10450 Kilometer hinter uns.

Erstaunlicherweise war der Speiseplan (zunächst) westlich ausgerichtet. Wollte die Reederei ihre Weltgewandtheit demonstrieren? Doch Nippons Gebräuche waren stärker. Mehr und mehr

Fahrgäste schalteten auf Reis und die dazugehörigen Gerichte um. Das mutige, aber etwas hilflos wirkende Geklapper mit Messer und Gabel ließ allmählich nach – zugunsten der Eßstäbchen. Während der ganzen Reise blieben die vielen Duschen beinahe unbenutzt, wogegen im einzigen „ofuro", dem Bad japanischen Stils, dichtes Gedränge herrschte. In den Toiletten nach westlicher Art waren Benutzungsanweisungen auf japanisch angebracht.

Die Herzlichkeit der Japaner bekamen wir am 15. September noch einmal zu spüren. Einige junge Leute, mit denen wir die ganze Zeit zusammen waren, hatten erkannt, daß wir auf den Tag genau zwei Jahre auf Reisen waren. Zwei Dutzend junge Männer und Mädchen veranstalteten uns zu Ehren und sich selbst zur Freude eine Cola-Tanzparty. Dabei wurden uns kleine, nette Geschenke überreicht. Einfach so! Der Abschied von ihnen fiel uns in Amerika dann sehr schwer.

Eines der vergnügtesten Mädchen war Mitsuyo Hayashi. Sie wollte ihre Schwester in Südamerika besuchen. Sie reiste von dort später über Nordafrika nach Europa und dabei besuchte sie Wilmas Eltern. Sechseinhalb Jahre nach unserer gemeinsamen Seereise holte sie uns am Flugplatz in Tokyo ab und half uns mit Rat und Tat, daß wir in Japan eine „Heimat auf Zeit" finden konnten. – Nach fast siebzehn Jahren nahmen wir an einem Fest in der Nähe von Toyama teil, wo wir dann wieder wohnten. Dabei wurde ich von einem Mann angesprochen. Es war Schodschi Takemura, der ebenfalls mit uns auf der „Brazil Maru" gewesen war. Wir hatten seitdem keinerlei Kontakte miteinander. Er war nun Studiodirektor bei einer Fernsehanstalt in Osaka und leitete bei dem Fest die Aufnahmen. Schodschi hatte uns sofort erkannt und wußte auch noch unsere Namen. (Er ist im Bild rechts zu sehen.) Japaner haben ein gutes Gedächtnis.

Mit unseren japanischen Freunden an Bord der „Brazil Maru" verstanden wir uns bestens

Im Westen der USA und durch Mexiko

Manch einem, der die Geschichte unserer Weltreise auf zweimal zwei Rädern erfuhr, war es unverständlich, wie wir es aushalten konnten, uns „so langsam" fortzubewegen. Aber gerade dieses „Schneckentempo" gefiel uns sehr. Zeit war keine Mangelware. Indes wurde die Finanzierung unseres Vorhabens durch die hohen Ausgaben für die Schiffsreisen zu einem ernsten Problem. Bereits im vorigen Kapitel habe ich geschildert, wie knapp wir nun bei Kasse waren. Die Fortsetzung der Reise stand nach Erreichen der Neuen Welt zwar nicht mehr in Frage, aber *wie lange* unsere Bordkasse noch durchhalten würde, war äußerst ungewiß. Wir hätten die USA durchqueren und dann über den Nordatlantik nach Europa zurückkehren können, vielleicht mit Ach und Krach, was unsere Finanzen betraf. Aber uns stand der Sinn danach, außer ein paar nordamerikanischen Gebieten auch Zentral- und Südamerika zu sehen. Wir wollten es wagen.

Daß es uns tatsächlich gelang, noch weitere zweiundzwanzig Monate unterwegs zu sein, hatten wir weniger einigen Geldgeschenken aus der Heimat und einem Honorarvorschuß der Zeitung als vielmehr der großzügigen Gastfreundschaft vieler Menschen zwischen Kalifornien und Argentinien zu verdanken. Allerdings mußten wir uns rigoros einschränken, bei allen Käufen noch preisbewußter denken, auf kostspielige Übernachtungen verzichten. Ich konnte unseren Kassenstand durch verstärkte Berichterstattung aufbessern, wozu es ja viele Anlässe gab – zum Beispiel unsere Begegnungen mit vielen Auslands-Heilbronnern –, in der Hoffnung, daß die Zeitung mitmachte. Auch sie erfüllte sich. Ich möchte dem Leser verraten, daß ich ab den USA meine Reportagen mit Schreibmaschinen von Freunden und Gastgebern abfassen konnte, während ich bisher – zwei Jahre lang alle paar Tage – die Berichte von Hand, in sauberer Blockschrift, niedergeschrieben hatte. In Asien waren Schreibmaschinen, dazu mit lateinischen Buchstaben, eine Seltenheit.

Ich möchte auch einige Kommentare über den Fortgang unserer Tour nicht verheimlichen. „Wagt nicht zu viel, man lebt nur einmal", warnte uns ein Briefschreiber aus der Heimat. Jemand anders schrieb: „Einfach unverantwortlich, was Ihr da tut!" Während Ermutigungen wie „Mensch, toll!" und „Höchste Anerkennung!" überwogen, gab es auch Ablehnung: „Nicht für hunderttausend Mark!" Ein Absender stellte fest: „Sie haben die einmalige Chance, die Welt im ganzen zu sehen." Jemand konnte sich nicht zurückhalten, uns mitzuteilen: „Wir bewundern Sie, wie stark Sie trotz mißlicher Umstände an Ihren Plänen festhalten." Aber am tröstlichsten klang der Kommentar: „Verzagt nicht, denn der Mensch ist gut!" Beweise dafür waren uns schon zur Genüge erbracht worden. Wir hofften, auch weiterhin viele freundliche Menschen zu treffen.

Bei Freunden in Los Angeles

Zwei davon waren Manfred und Hildegard Mueller in Los Angeles. Sie hatten mit ihrer raschen Reaktion unsere Reise nach Amerika erst möglich gemacht. Als die „Brazil Maru" eines Abends im Hafen von Los Angeles anlegte, wurden wir bereits von unseren Freunden erwartet. Durch die

Nacht fuhren wir zu ihrem hundert Kilometer entfernten Heim. Die Dimensionen dieser zweitgrößten Stadt der USA waren beeindruckend. Hildegard (aus Heilbronn) und Manfred (wie Wilma in Danzig geboren) lebten schon seit beinahe zehn Jahren in Nordamerika. Der Ingenieur war für eine deutsche Firma für optische Geräte tätig. Wir schätzten bei den Deutschamerikanern nicht nur all die guten Speisen, die hilfreichen Tips und die Vermittlung der Bekanntschaft mit mancherlei Sehenswürdigkeiten, sondern auch, daß wir nach langer Zeit erstmals wieder deutsch und sogar schwäbisch mit anderen reden konnten. Manfred wußte über das Reisen per Fahrrad aus eigener Erfahrung Bescheid. Das junge Paar hatte bereits Nachwuchs, den kleinen Oliver. Bei einem schweren Erdbeben wurde das Haus der Muellers drei Jahre später stark beschädigt. 1976, als sie schon drei Kinder und ein neues Haus hatten, sahen wir sie auf der zweiten Weltreise kurz wieder.

Sehr viel Hilfe leisteten uns auch zwei alte Freunde, Lisa und Richard Nabors in Phoenix, der Hauptstadt des Staates Arizona. Die frühere Arbeitskollegin von mir, „Lieselotte", hatte in Heilbronn „Dick", einen amerikanischen Soldaten kennengelernt und geheiratet. (Ich werde noch einmal auf die beiden zurückkommen.)

Wir sahen in Los Angeles Kultureinrichtungen aller Art, kamen aber auch durch die luxuriösen Wohnviertel von Beverly Hills, durch Hollywood und nach Santa Monica, wobei unsere Fahrräder gute Dienste leisteten. Doch häufig fuhren wir im Wagen der Muellers samt unseren Vehikeln näher an unsere Tagesziele heran. Ziemlich zu schaffen machte uns der Smog in der Millionenstadt: Die Augen brannten und begannen zu tränen, das Atmen fiel schwerer. Menschen, Tiere und Pflanzen litten darunter. Jeder Autofahrer trug mit dem Druck auf das Gaspedal dazu bei, das Unheil noch zu verschlimmern.

Ein guter Start

Die Vereinigten Staaten waren der Fläche nach das größte Land, das wir mit unseren Rädern besuchen sollten. Mit Erleichterung stellten wir aber fest, daß jede wichtigere Straße asphaltiert und recht breit war, und – was noch wichtiger war – daß die Autofahrer ruhig, vorsichtig und höflich fuhren. Mit dem Fahrrad legte im Grunde niemand größere Strecken über Land zurück. In den Wohngebieten trafen wir es aber sehr häufig an, denn auf je drei Nordamerikaner kam damals ein „bicycle". Doch seine Benutzung war, wie auch in Deutschland, zum mindesten bei Erwachsenen nicht sehr populär. Wir hofften, daß die Einmaligkeit unseres Unternehmens in dem so autobewußten Land uns gelegentlich von Nutzen sein würde. Und so war es dann auch.

Zunächst zogen wir von Los Angeles am Pazifik entlang hinauf nach San Franzisko. Abwechselnd waren wir an der Steilküste oder an Sandstränden, durch Halbwüste und ausgeglühtes Weideland, durch grüne Farmregionen und tiefe Nadelwälder unterwegs, und wir erlebten auf diese Weise en miniature, was die USA insgesamt landschaftlich zu bieten haben. Rund achthundert Kilometer lang war dieser Weg, darunter 220 km Berg-und-Tal-Bahn über die zum Meer vorstoßenden Berge der Diablo Range (Farbbild 39).

Am ersten Abend lud uns ein Oberschullehrer in Ventura ein, der mit seiner Frau teils per Anhalter Deutschland bereist hatte. Sie empfahlen uns anderntags an ein Paar in Santa Barbara weiter, das einmal Zentral- und Südamerika mit dem Auto abgeklappert hatte. Am nächsten Abend baten wir die Besitzerin einer abgelegenen, verwahrlosten Ranch um Aufnahme, die sie uns gewährte, obwohl sie etwas ironisch bemerkte: „Bringt mich wenigstens nicht um!" Sie

Gute Freunde: Manfred und Hildegard in Los Angeles, Lisa und Richard in Phoenix

800 km ging es entlang der abwechslungsreichen Küste Kaliforniens nach Norden

250 km südlich San Franziskos: Pazifikbrandung mit dem Marinestützpunkt Big Sur

Jean Visalli und ihre Söhne mit Wilma vor ihrem Haus in San Franzisko

erklärte: „Man kann selbst den Nachbarn nicht trauen." Die wohnten viele Meilen entfernt. Aber die Frau auf ihrer Ranch in der Gegend des Städtchens Solvang (wo viele Dänen zu Hause sind, weshalb das ganze Zentrum in dänischem Stil angelegt ist) meinte es gut mit uns. Sie war mit drei Kindern, zwei Hunden, einer Katze, einigen Schweinen, einer Kaninchenbrut und einem alten VW allein. Ihr Mann arbeitete als Muscheltaucher auswärts.

Am folgenden Tag gelangten wir bis zu einem Zeltplatz, wo wir in einer sehr einfachen Strandkabine schlafen konnten. Die nächste Nacht hingegen verbrachten wir als Gäste in einem schönen Motel. Ein Pfarrer, den wir kennenlernten, vermittelte uns diese Bleibe – in der Nachsaison waren jetzt fast alle Zimmer leer. Er gab uns beim Abschied die Anschrift von Freunden, die wir abends erreichten. Weil er sie verständigte, erwarteten sie uns schon mit Ungeduld in ihrem Haus, hundertzwanzig Meter hoch auf Felsen über dem Meer gelegen. Wir entschlummerten dort mit Seehundbellen in den Ohren. Wir haben nie aufgehört, mit Grant Brown und seiner Frau wenigstens einmal im Jahr Briefe zu wechseln. Je älter das Paar wurde, um so brennender wurde sein Wunsch, uns noch einmal wiederzusehen. Sie schrieben uns: „Sie haben durch Ihren Besuch unser Leben bereichert." Ob wir es wohl jemals wieder bis zu ihrem Haus auf den Felsen schaffen werden?

Wieder Familienanschluß

Von den Browns gelangten wir bis Big Sur, wo sich außer einem Marinestützpunkt auch ein Treffpunkt für „Hippies" befand, die besonders damals für viele Leute wie ein rotes Tuch waren. Dort schlugen wir unter Sequoias (Mammutbäumen) an einem weichen, trockenen und windgeschützten Plätzchen unser Biwak auf. Wir schliefen recht und schlecht. Dabei hatten wir Glück, daß wir nicht arrestiert wurden, denn die Polizei überwachte das Gebiet, vor allem wegen des Drogenmißbrauchs durch die „Hippies". Wieder einen Tag später liefen wir auf der Suche nach ganz anderen Leuten dem jungen, aus Süddeutschland stammenden Ehepaar Bernd und Brigitte Tischer in die Arme. Die beiden behandelten uns wie Geschwister, nahmen uns zu all ihren Freunden mit und luden diese zu sich und uns ein. Sie ließen uns eine ganze Woche nicht weiterziehen. Bernd war Fotograf und Sergeant der US-Army. (Nach drei Monaten kehrte er ins Zivilleben zurück.)

Nach zwei weiteren Übernachtungen bei einem Pfarrer, der in Mexiko gelebt hatte, und bei einem Rennfahrer, der fünf Autos, darunter einen „Lotus", hatte, erreichten wir San Franzisko. Durch ein Mißverständnis verpaßten wir dort das Zusammentreffen mit Freunden der Muellers. Wir hätten ein paar Tage Wohnung beziehen sollen, aber wegen eines Irrtums mit dem Datum waren sie auf eine Reise gegangen. Da standen wir wieder einmal auf der Straße. Neben anderer Leute Neugier zogen wir auch die des neunzehnjährigen Dana Visalli auf uns. Er kam mit seinem neuerstandenen Rennrad des Wegs. Als er von unserer augenblicklichen Sorge erfuhr, erbot er sich, Abhilfe zu schaffen.

Im Haus seiner Familie, in einer der besten Gegenden San Franziskos, war Platz genug für uns und unsere Siebensachen. Mit den Visallis waren wir an eine für uns interessante Familie geraten, hatten wir doch einmal mehr Gelegenheit, amerikanischen Alltag in einer mittelständischen Umgebung mitzuerleben. Mutter Jean war deutscher Abstammung, obwohl sie sich schwerlich mehr als zehn Wörter der Sprache ihrer Vorfahren in Erinnerung rufen konnte. Außer Dana gehörten noch die Kinder Peter (16), Jerry (12) und Joanne (22) zur Familie. Alle genossen eine anständige Ausbildung. Die Schwester war zum Studium in San Diego. Dana teilte sich mit Freunden ein „apartment". Er wollte einfach von zu Hause weg sein, obwohl er fast täglich zu Muttern kam. Peter verkaufte abends und samstagvormittags Besen und Bürsten und goß hübsche Kerzen, die er ebenfalls veräußerte, denn er wollte sich ein kleines englisches Auto kaufen. Der Vater, ein Chirurg und Fotoamateur mit Können, lebte von seiner Frau getrennt. Die Scheidung stand bevor. Dennoch trafen wir ihn im Hause der Familie einmal. Diese rief den „San Francisco Chronicle" und die Kaiser TV Company an. Sie machten Interviews mit uns. Schlagartig wurden wir in der Stadt bekannt, und wir bekamen von überall her Anrufe und Einladungen, auch von ehemaligen Heilbronnern. Es ging uns prächtig. Das alles hatten wir einem neunzehnjährigen Jungen mit einem Rennrad zu verdanken!

Es würde zu weit führen, nun jede Station auf unserem Wege durch die Staaten Kalifornien, Nevada und Arizona während dreier Monate zu nennen und die Gastgeber aufzuzählen. Ich wollte mit dem Beispiel der Strecke von Los Angeles nach San Franzisko zeigen, wie freundlich wir in den USA willkommen geheißen wurden. Im Verlauf dieses Berichts werde ich hin und wieder auf einige Freunde zurückkommen.

Südländisches San Franzisko und die „Hippies"

Für den Besuch der Sehenswürdigkeiten lag das Haus der Visallis sehr günstig. Es war uns ein leichtes, mit unseren Fahrrädern viele der berühmten Plätze zu besuchen, wie die Golden-Gate-Brücke und den gleichnamigen Park mit tausend Attraktionen, Chinatown und die von einem

Unser Bekanntheitsgrad steigt: Aufnahmen der Kaiser TV Company in San Franzisko

Schwarze Schönheiten mit „Afro-Look" stehen uns in San Franzisko Modell

zwischen den Schienen laufenden Kabel gezogene alte Straßenbahn, die über halsbrecherisch steile Straßen rollte. Uns entgingen aber auch nicht die Rentner, die beim Schwatz oder Kartenspiel im Stadtgarten saßen, noch die Schulmädchen, die um Spenden für einen dringend benötigten Kinderspielplatz irgendwo in der Stadt baten, noch die Aufregung im nahen State College, als dort handgemachte Bomben gefunden wurden, produziert von Radaumachern unter den durchaus vernünftigen Studenten.

San Franzisko hat trotz des schweren Erdbebens von 1906 vieles zu wahren vermocht von dem, was es vor der Katastrophe war. Kultureller und geistiger Mittelpunkt, wichtigster Hafen an der Westküste und im Gegensatz zu Los Angeles eine südeuropäisch wirkende Stadt: Diesen Charakter konnten wir auch den anderen an der Bucht gelegenen Städten, wie San Mateo, Berkeley und Oakland nachsagen. Selbst alteingesessene San Franziskaner wußten sich oft nicht zu entscheiden, ob der Blick auf die Bay im Sonnenschein oder im Glanze des nächtlichen Lichtermeeres von den zentral gelegenen Twin Peaks („Zwillingsgipfel") der eindrucksvollere sei. Glücklich waren die Leute, die sich dem Trubel in „downtown" – dem Hauptgeschäftsviertel – entziehen und in einem der sauberen, baumbestandenen Wohngebiete leben konnten.

Auch außerhalb der USA war dem Namen nach der Wohnbezirk Haight-Ashbury bekannt. Nach den beiden Hauptstraßen des Gebiets benannt, hatte das Viertel in den zurückliegenden Jahren viele Tausende „Hippies" jeglichen Alters und aller Hautfarben angezogen. Eine ganze Anzahl von „Blumenkindern" hatte dort „apartments" gemietet oder gekauft, und sie teilten mit jedem, der um Unterkunft nachsuchte, ihren Platz. Überhaupt fanden wir die „Hippies" sehr sozial. Eßwaren und andere zum einfachen Leben notwendige Güter wurden redlich geteilt, gleich, ob gekauft, erbettelt, oder sogar gestohlen. Viele „ordentliche" Bürger machten sich einen Spaß daraus, sich unter das langhaarige Jungvolk beiderlei Geschlechts zu mengen. Die Kleidung war oft erstaunlich originell. Ein „Hippie"-Flohmarkt, interessant gestaltete Posters und zwei gutgemachte „Hippie"-Zeitungen belebten den Schauplatz in Haight-Ashbury weiterhin. Leider war es üblen Geschäftemachern und Kriminellen gelungen, im „Paradies der Blumenkinder" die Herrschaft zu übernehmen. Vier Morde in wenigen Monaten verdarben jegliche Sympathien, die in den „guten" Bürgern für die „Hippie"-Kolonie gekeimt haben mochten.

Unter der Jugend gab es heftige Diskussionen über die Zukunft der USA. So mancher junge oder ältere Nordamerikaner versuchte mit vielen Hobbies seine Sorgen zu verscheuchen. Die 44jährige Jean Visalli teilte aber die Gedanken ihrer Söhne und ihrer Tochter und deren Kameraden an den Oberschulen und Universitäten: „Ich weiß, zu allen Zeiten gaben die Jungen vor, recht zu haben und daß die Alten im Unrecht seien. Diesmal hat die ältere Generation aber immer stärker das Gefühl, daß die Meinung der Söhne und Töchter die richtige ist." Das Thema, um das sich alles drehte, war „Vietnam". Die ganze Gesellschaftsordnung wurde in Frage gestellt, jedenfalls von einer Minderheit.

Gesperrte Straßen und bei Radsportfans

Wir lernten rasch, daß manche Teile der USA für Fahrradreisende denkbar ungeeignet waren. Daß wir uns dennoch auf die belebten Fernstraßen wagten, brachte uns den Applaus von Radsportbegeisterten und das nachsichtige Lächeln der Motorisierten ein. Oft waren Straßen von Bedeutung für uns „off limits", also gesperrt. Das sind Autobahnen in Deutschland für Radfahrer ja ebenfalls, aber in den USA ist es doch etwas anders. Die gewöhnliche Straße endet üblicherweise ganz unvermittelt an einem Schild, durch das der „highway" eine Klasse höher eingestuft wird. Das hieß für unsereins umkehren und eine Nebenstraße benutzen, so lange, bis die Schnellstraße wieder degradiert wurde. Obwohl die Nebenstrecken länger und steiler waren, befuhren wie sie ganz gerne, denn es gab wenige Autos dort. Wenn keine Möglichkeit zum Ausweichen auf eine Seitenstraße bestand, blieben noch staubige Feldwege und Strandpfade zum Schieben. Gelegentlich mußten uns sogar in der Nähe verlaufende Eisenbahnstecken wie die der Union Pacific Railroad zu diesem Zweck dienen. Indes gab es auch regelrechte Autobahnen, wie im menschenarmen Nevada, die wir manchmal mit offizieller Genehmigung benutzen durften.

Ambitionierte Radler waren in den USA eine verschwindend kleine, aber fanatische Minderheit. Obwohl wir uns mehr für die praktischen Seiten des Radfahrens auf einer Weltreise interessierten, weniger für den Radsport, für Medaillen und das ganze Drumherum, wollten wir natürlich auch diesen Aspekt des Lebens in Nordamerika kennenlernen. Deshalb nahmen wir mehrere Einladungen von Radfahrfans an. Sie wurden auf uns auch durch die zahlreichen Zeitungsveröffentlichungen aufmerksam.

Einmal bekamen wir ein Programmheft zu Meisterschaften der „Amateur-Fahrrad-Liga von Amerika" in die Hand. Darin hatten es besonders die Anzeigen in sich. Neben zahlreichen Fahrradherstellern (jawohl, die gab es hier auch noch) warben verschiedene andere Firmen um Kunden, und die Vereine um Mitglieder. Da fanden wir die Annonce des „Deutschen Fahrrad-Sport-Klubs" von Jamaica auf Long Island in New York. In ihrer Nachbarschaft prangte der Slogan

Radfahrverbot auf Straßen, Ausweichen auf Bahndamm. – Nach Las Vegas auf der Autobahn

„Eßt deutsche Dorfnudeln und ihr bleibt auf der inneren Spur", während ein Verein das Motto „All Hail!" (die englische Version des deutschen Radfahrergrußes „All Heil!") mit in seine Werbung nahm. Auch die Zeitschrift „American Bicyclist and Motorcyclist", die seit 1879 erschien, meldete sich in dem Heft zu Wort. Die Klubs nannten sich häufig einfach nur „Wheelmen" (Radmänner).

In Monterey, wo wir bei den Tischers waren, nahmen uns örtliche Radfahr-Enthusiasten in Beschlag. Eines Abends kamen wir mit dem Vorsitzenden und einigen Mitgliedern des „Zypressen-Fahrrad-Klubs" zusammen, um den Koryphäen im Alter von zwanzig bis sechzig Jahren Rede und Antwort zu stehen. Unsere Weltreise fand allgemeines Lob, doch wurden unsere braven „Pferdchen" von diesen „Rittern mit den stahlharten Beinmuskeln" als zu schwer und unordentlich befunden. Diese waren (nach neunjährigem Dienst) weder so fleckenlos noch so rostfrei wie die bis zu tausend Mark teuren Zehngangrenner der Klubfreunde. (Zur Erinnerung: Einen fabrikneuen Mittelklassewagen konnte man damals in Westdeutschland für 7500 Mark und weniger erstehen.) Dennoch schien wenigstens eines der Mitglieder unsere Fahrräder für ein kleines Wunder zu halten, denn als wir später zu unseren vor dem Haus geparkten Vehikeln zurückkehrten, stellten wir fest, daß jemand von Wilmas Rad eine Flügelmutter und den Dynamo entwendet hatte. Diese „Souvenirs" zierten wohl fortan die Sammlung irgendeines Fans.

Unter anderem waren wir auch in Phoenix/Arizona Gäste und Berichterstatter (mit Dias) bei einem Fahrradklub. Eigentlich waren die Radfahrer dort eine Gruppe der Mitgliederschaft des

Michael Duner, Fahrradnarr in San Franzisko. – Radsportler aus Santa Cruz

„Staatsrates der amerikanischen Jugendherbergen". Der frühere Vorsitzende des Vereins, Troy Knowles, holte uns mit seiner Frau Stella (Farbbild 42) mit seinem Cadillac ab. Unsere beiden Fahrräder hatten im Kofferraum des Straßenkreuzers bequem Platz... Die Radfahrnarren gerieten ganz aus dem Häuschen. Einige meinten, sie könnten doch unsere Reise in umgekehrter Richtung nachahmen. Wir glauben, trotz unserer Erzählungen konnten sich die meisten wohl kein rechtes Bild von einer solchen Fahrt machen. Uns war es ja vor mehr als zwei Jahren ebenso ergangen. Aber in Phoenix mußten wir doch insgeheim grinsen über all das, was uns zu Ohren kam.

Fahrräder nur für Sonntag und Schönwetter

Ein besonders eifriges Klubmitglied konnte Personen als Zeugen anführen, die bestätigten, daß es noch nie in seinem achtundzwanzig Jahre langen Leben ein Automobil benutzt habe. Einige hatten Fahrräder, die sie nur sonntags oder bei Schönwetter bestiegen. Es wurden Leistungsabzeichen verteilt für Zurücklegen von vierzig Kilometern in drei Stunden, fünfzig in vier, 125 in sieben und 165 Kilometer in zehn Stunden. Zu den Ausgezeichneten – einige waren mit ihren Medaillen dekoriert – gehörten auch Frauen.

Wir erfuhren von einer Gruppe von fünfzig Radsportlern, die im Sommer zuvor von Los Angeles nach New York gefahren sein sollte, aber nur bei Nacht, um der Hitze zu entgehen. Ihr

Gepäck hatten die Radler des Klubs „Wandering Wheels" (Wandernde Räder) auf ein Auto verladen, und es fuhren sogar eine mobile Küche und Helfer mit, die ihnen in Zelten Quartiere bereiteten. Der Leser sieht also, daß die Idee keineswegs so neu ist, die jetzt in der Bundesrepublik praktiziert wird. In den USA war bei Neulingen, die nach den ersten Wadenkrämpfen häufig wieder aufgaben, der zünftige Dress inklusive Sturzhelm und Schuhe beinahe das Wichtigste an der ganzen Angelegenheit. Hochgespannt waren die Erwartungen der Fans auf ein großartiges Comeback des Fahrrads, was sich selbst in Hymnen ausdrückte.

Einen weiteren Freund des Fahrrads lernten wir in dem Redakteur George Draper kennen, der sich im „San Francisco Chronicle" seit Jahren für die Erweiterung des Radwegenetzes einsetzte. George, schon in seinen Fünfzigern, war zwei Jahre zuvor per Rad vom Golden Gate zum fünftausend Kilometer entfernten New York gestartet. Leider hatte er auf halbem Wege einen Unfall gehabt: Ein Lastwagen hatte sich ihm gegenüber als der Stärkere erwiesen. George hatte verletzt nach San Franzisko zurückfliegen müssen. Ein Leser des Blattes und rechter Fahrradnarr war der aus Polen stammende, nun 56jährige zeitweilige Buchhalter Michael Duner. Er lud uns zu einer gemeinsamen Rundfahrt durch die Innenstadt ein. Der bärtige Veteran mit dem Barett erzählte uns, daß seine ganze Liebe Fahrrädern gehöre. Tatsächlich standen in seinem „Stall" vier Renner, wohl für jede Wetterlage oder Tageszeit einer.

Tagebuchblätter aus Kalifornien

Unsere Reiseroute durch den Westen der USA geht aus der beigefügten Karte hervor. Zum Vergleich: Sie führte von der Bucht durch das San Joaquin Valley in die Sierra Nevada, zurück ins Tal, über die Berge dann zum Panamint Valley und zum Death Valley („Tal des Todes"), durch Teile von Nevada nach Las Vegas, über den Colorado River und den Lake Mead (einen Stausee mit Kraftwerk) durch Arizona zum Grand Canyon des Colorado, dann über Flagstaff, Phoenix und Tucson zur mexikanischen Grenze bei Nogales. Mit allen Aufenthalten benötigten wir dafür drei Monate. Hatte uns zu Beginn, an der Küste, vor allem starker Sturm zu schaffen gemacht, so war es im weiteren Verlauf besonders die Kälte, die uns in den Bergen und Wüsten strapazierte. Aber zeitweise war auch der Regen ein Problem.

Hier nun in geraffter Form einige Tagebuchberichte für den Weg von San Franzisko bis nahe Olancha, wie auf der eingefügten kleinen Karte zu erkennen.

Montag, 28. Oktober 1968
Endlich wieder „auf Achse". Leider haben wir stärksten Verkehr. Die Luftverdrängung der riesigen Sattelschlepper wirft uns fast aus dem Sitz. Doch mit Rückenwind schaffen wir leicht die 90 km nach Tracy. Der Turm einer Methodistenkirche mit Schule leuchtet in der Abendsonne. Wir fragen Pfarrer Glenn S. Fuller um Hilfe. Er heißt uns herzlich willkommen, denn er hat über uns im „Chronicle" gelesen. In einer abendlichen Diskussion kommt seine ganze Sorge um die Zukunft der USA zum Ausdruck. Er widmet sich besonders den Armen, Arbeits- und Wohnungssuchenden.

Dienstag, 29. Oktober 1968
Wir erwachen von Regengeplätscher, werden zum Bleiben eingeladen. Die drei kleinen Mädchen des Pfarrers freuen sich darüber. Der Reporter und Mitinhaber der Zeitung des Städtchens, Sam

Matthews, macht ein Interview mit und ein Bild von uns, für die erste Seite! Im Sozialzentrum, von Pfarrer Fuller initiiert, werden Jobs vermittelt, wird Sprachunterricht erteilt. Denen Hilfe angedeiht, sind Weiße, Schwarze, Mexikaner. Spanisch ist hier so wichtig wie Englisch. Die Leute sind meist „migrants", Feldarbeiter, die immer dort eingesetzt werden, wo gerade in dem fruchtbaren San Joaquin Valley geerntet wird. Für sie gibt es wenig soziale Sicherheit. Im Winter sind sie verdienstlos. Leiter des Zentrums ist Amorse Savage, ein Schwarzer. Am Abend kommen ein deutschamerikanischer Oberschullehrer und ein Student aus Kolumbien, Señor Gonzalez. Er erzählt uns viel Schlimmes über das Banditenunwesen in seiner Heimat.

Mittwoch, 30. Oktober 1968
Es war der erste Niederschlag seit sechs Monaten. Hier wachsen Gemüse, Äpfel, Melonen, Pfirsiche, Mandeln, Nüsse und Wein. Die Trauben werden auf Lastwagen zu den „wineries", weithin sichtbaren Fabriken mit silberglänzenden Tanks, gebracht. Nach 85 km bleibt bei Sonnenuntergang nur die Möglichkeit, auf einer Ranch anzuklopfen. Jim und seine Frau Mary wohnen hier. Sie sind Verwalter dieses und eines anderen Guts. Es gibt tausend Rinder, und Jim sitzt den ganzen Tag im Sattel. Der Cowboy zeigt uns einige Filme über Rodeos. Trotz der Abgelegenheit der Ranch gibt es alle Einrichtungen der Zivilisation.

Donnerstag, 31. Oktober 1968
Nachdem wir die Vorberge der Sierra Nevada („Verschneite Bergkette") bezwungen haben, laden wir unser Gepäck bei Freunden von Reverend Fuller ab und besuchen die ehemalige Goldgräberstadt Columbia, jetzt historischer Park. Um 1850 lebten hier bis zu fünftausend Menschen. Es wurde Gold für über sechshundert Millionen Mark gefunden. Wir verfolgen das Leben, Hoffen und Sterben der Goldgräber an Hand des Verbliebenen. Columbia ist keine „Geisterstadt", sondern immer noch bewohnt. Auf dem Friedhof auch Gräber von Württembergern. Wir verbringen die Nacht in Sonora, auch ehemals Minensiedlung von Bedeutung (1851 Fund eines 28 Pfund schweren Goldklumpens), bei Pfarrer Fullers deutschstämmigem Kollegen Albert Raugust. Bei der Ankunft helfen wir das Herbstlaub in dem großen Garten zu rechen.

Freitag, 1. November 1968
Die Staatsstraße 49 führt mitten durch das Land der „Mother Lode", eines etwa 180 km langen, schmalen Streifens mit Goldvorkommen vom Sacramento-Fluß südwärts. In den waldarmen Hügeln stoßen wir auf Ruinen, erhaltene oder restaurierte Gebäude, auf alte Lokomotiven und Wagen aus jener Zeit. Dies ist das Land des Mark Twain und des Bret Harte. Wir denken an die Feuersbrünste in den Minenstädten, an die Wanderbühnen und „stage-coaches" (Postkutschen) des „Wilden Westens", hier, wo er am wildesten war, wo Grabsteine mitteilen: „Ermordet zwischen dem 3. und 8. Januar 1863" oder „Gehenkt aus Versehen". Wir müssen über zwei Pässe und kommen in einer Bergleutekabine des Fleckens Bear Valley („Bärental") unter. 70 km liegen hinter uns.

Samstag, 2. November 1968
Heute werden wir eingeweicht, denn es gießt in Strömen. Kaum ein Auto oder Haus. Auf und ab in der Sierra. Wilma stürzt auf der von Öl- und Gummirückständen glitschigen Straße und verletzt sich ernstlich am Arm. Als das Dämmerlicht des Tages in die Schwärze der Nacht

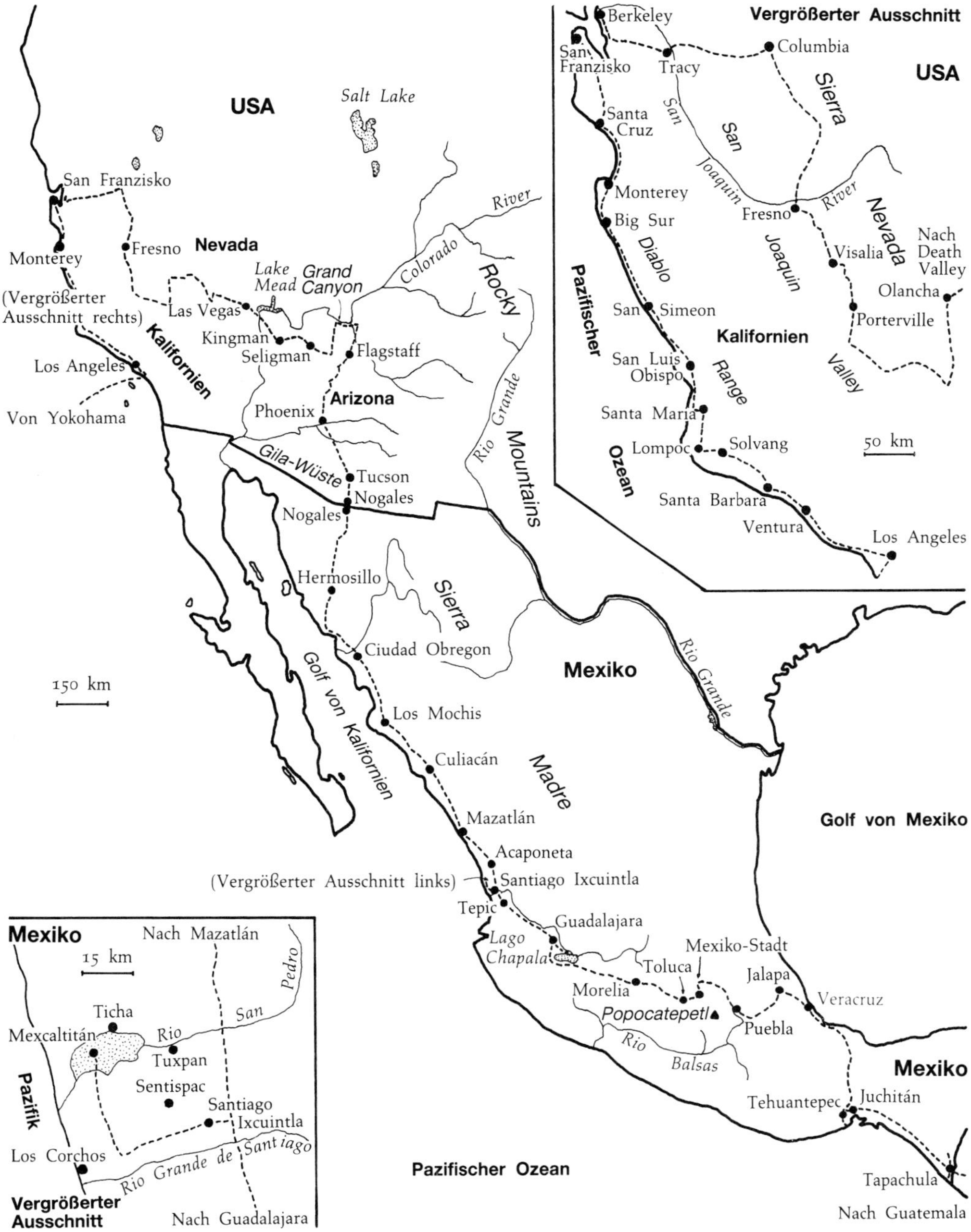

Reiseweg (Strichlinie) durch den Südwesten der USA und durch Mexiko. Vergrößerte Ausschnitte zeigen den Weg durch Kalifornien und das Gebiet von Mexcaltitán in Mexiko

übergeht, treffen wir in einem Fremdenverkehrsort auf Ursula Uphold, eine Berlinerin, Ehefrau eines Professors und Pfarrers, die hier bei einem Lehrgang weilt. Ihr Vater in Deutschland ist Millionär und sie reist viel. „Für Landsleute – Ehrensache", meint Ursula, und schon sind wir in ein Motel verfrachtet. Der Ort liegt beinahe tausend Meter hoch.

Sonntag, 3. November 1968
Immer noch Regen. 75 km bis zur Stadt Fresno im Valley. Dort erwartet uns Libby Sellers zum Essen, die auch bei dem Lehrgang war. Wir lassen unsere Sachen bei ihr und ihrem Mann Bob, werden aber bei Nachbarn, Ursula (aus Dortmund) und James Knapp untergebracht. Wir wissen nicht, wer sich mehr darüber freut, die Gastgeber oder wir. James hat in Tübingen Germanistik studiert und spricht Deutsch wie ein Landsmann. (Anmerkung: Mit Libby und Bob Sellers verband uns immer danach eine Freundschaft. Wir sahen uns später in Amerika und dann in Europa wieder, kurz bevor Libby an Krebs starb.) – Auf dem Wege nach Fresno begegneten uns lange Karawanen von Jägern. Jedenfalls prangten im Rückfenster jedes zweiten Autos zwei bis drei Gewehre. Seit dem Zweiten Weltkrieg leidet das Volk der USA am Jagdfieber. Heute ist der letzte Tag der Jagdsaison hier. Es wird noch einmal mächtig geballert. An den Zäunen aller Viehweiden sind Schilder „Jagen verboten" angebracht, die wohl auch auf den Sachverstand der Jäger schließen lassen . . .

Montag, 4. November 1968
Trotz der Aufforderung Ursulas und James': „Bleibt, solange ihr wollt!" und trotz Vorhersage eines neuen Sturms brechen wir auf und gewinnen. Es geht südwärts durch das fünfhundert Kilometer lange Tal. In einem der riesigen Supermärkte kaufen wir Vorräte für die nächsten Tage. Wir finden auch Brot nach deutscher Art. In dem Städtchen Dinuba erfahren wir „um sechs Ecken herum" die Adresse von George Kruger und seiner Frau, Deutschen aus Weißrußland. Es geht uns so gut, wir können's kaum glauben. George ist Schreiner von Beruf, ist aber pensioniert und hat Häuser zu vermieten.

Dienstag, 5. November 1968
„Und bitte, schreibt uns mal!" verabschieden uns die Krugers, nachdem sie sich an unseren Erzählungen sattgehört haben. Doch im 85 km entfernten Porterville, das wir über Visalia erreichen, erwartet uns bereits eine sechsköpfige Familie mit ihren Fragen. Eleanor Foerster, Mutter von vier Kindern im Schulalter, und ihr Mann Herb (beide Lehrer) bereiten uns schon auf der Landstraße einen „großen Bahnhof". Unser Kommen ist ihnen von Libby und Bob in Fresno angekündigt worden. Eleanor arbeitete 1953 für den Internationalen Zivildienst am Bau eines Jugendheimes in Rotenburg an der Fulda mit. Anschließend fuhr sie mit Freundinnen und allein mit dem Fahrrad durch weite Teile Westdeutschlands. Herb hat deutsche Vorfahren. – Heute ist ein denkwürdiger Tag für die USA: Richard Nixon wird zum neuen Präsidenten gewählt. Wir sitzen alle bis Mitternacht vor dem Fernsehschirm.

Mittwoch, 6. November 1968
Wilmas 25. Geburtstag. Zur Feier des Tages muß ihr ein Backenzahn gezogen werden. So bleiben wir in Porterville. Die Extraktion ist kostenlos, Geschenk des Dentisten. Die Nixon-Freunde sind zufrieden, die Humphrey-Wähler respektieren das Ergebnis der Wahlen klaglos. Man merkt

Porterville nicht an, daß die USA wieder einmal vor einer Wende stehen. Wir besuchen Redaktion und Druckerei der örtlichen Tageszeitung, die einen großen Bericht über uns veröffentlicht. Fahren zum Wochenendhaus der Foersters im Sequoia National Forest in der Sierra. Dort sehen wir viele der Mammutbäume.

Donnerstag, 7. November 1968
Da Wilma sich nach der Operation von gestern nicht gut fühlt, bleiben wir noch einen Tag. In einer Oberschulklasse erzählen wir von fernen Ländern, fremdartigen Menschen und seltsamen Gebräuchen. Wir werden zunehmend besser im Umgang mit der englischen Sprache nordamerikanischer Prägung. Porterville hat eine der drei Schulen für Hufschmiede in den USA (Bild Seite 243). Wir haben hier schon mehr Pferde gesehen als in allen Ländern seit Pakistan zusammen. Vor den Toren der Stadt entsteht eine neue Autobahn. Pferde dienen nur sportlichen Zwecken. – Foersters haben ein großes Heim mit Garten. Wir helfen im Haus soviel wir können, um nicht zur Last zu fallen.

Freitag, 8. November 1968
Abschied von unseren verständnisvollen Freunden. (Auch sie sahen wir wieder, und bis heute ist die Verbindung nicht abgerissen.) Wir lassen die Orangenplantagen, dann das Weideland hinter uns. Regen ist knapp, es wird bewässert. Nun geht es über die Sierra Nevada. Die Gegend ist unheimlich einsam. Dennoch öffnet ein altes Geschwisterpaar freundlich die Tür seines Farmhauses. Bruder und Schwester haben ihr Leben ausschließlich in den Bergen verbracht, und sehen viel jünger aus als sie sind. Mrs. Reeser hatte einen Deutschen aus Pennsylvanien zum Ehemann. Nach seinem Tod zog sie mit ihrem Bruder Herman zusammen. Unsere Herbergsleute zeigen uns Dias von Landschaften, die wir demnächst durchradeln werden. Sie bewirtschaften zu zweit fünfzehn Hektar Weide und Garten.

Samstag, 9. November 1968
Ein anstrengender Tag. Im trockenen Klima Kaliforniens sind die Sonnenstrahlen sengend, die Schatten dagegen machen frösteln. Hinzu kommt der steile Anstieg. Eine Eichenart ist der wichtigste Baum am Anfang, später sind Kiefern und die Redwood-(Sequoia-)Bäume vorwiegend (Farbbild 40). Wir sind fast den ganzen Tag allein. Die Luft ist klar und es bleibt lange hell. Wir müssen meist die Fahrräder schieben. So schaffen wir es nicht zum nächsten Ort. Eine Familie von der Küste heißt uns in einem Wochenendhaus willkommen. Es gibt Licht und Trinkwasser. Wir schlafen auf einem weichen Bett unter Nadelbäumen im Freien. Wir sind 1500 m hoch, in der Nacht fällt das Quecksilber auf null Grad. Ein Berg von Decken sowie Wollsocken und Pudelmützen halten die Kälte ab. Und zur inneren Erwärmung gibt es auch etwas.

Sonntag, 10. November 1968
Wir überschreiten den Greenhornpaß und blicken in das blaue Auge des Lake Isabella. Mit dem See lassen wir den Wald hinter uns; hier beginnt die Wüste! Wir werden von Freunden der Foersters eingeholt, die uns zu treffen hofften. Sie laden uns zu einem Essen des Lion's Clubs in einer Dorfschule ein. Der Gewinn des „luncheon" kommt armen Kindern zugute. Bei einer Verlosung zum gleichen Zweck darf Wilma als Unparteiische Glücksgöttin spielen. Unsere Lion's-Freunde vermitteln uns bei einem Ladenbesitzer in einem Ort an unserem Weiterweg eine

Unterkunft. Wir bereiten uns auf die Wüstenfahrt vor. Morgen geht es zum Death Valley, wo einer der tiefsten Punkte der Erdoberfläche liegt. (Die „Kette" von Freunden hatte in der folgenden Zeit noch drei weitere Glieder.)

Im „Tal des Todes", in Las Vegas und bei Indianern

Erstmals seit Afghanistan radelten wir in eine Wüste hinein, und es begann wieder eine Zeit des Haushaltens mit Kräften und Nahrung. Zum Glück gab es an den von den Staaten angelegten Rastplätzen genügend Trinkwasser. Am völlig trockenen Owenssee bei Olancha – alles Wasser, das ihm einst zufloß, wurde in Rohrleitungen gezwängt, um den Durst der Acht-Millionen-Stadt Los Angeles zu löschen – bogen wir zum Death Valley ab. Dabei blickte der schneebedeckte Mount Whitney auf uns herab, der mit 4300 Metern höchste Berg der USA außerhalb Alaskas. Zunächst durchquerten wir das gewaltige Panamint Valley. Wir mußten dazu von 1200 auf 600 Meter hinunter. Hier war es noch relativ warm, doch als wir den 1500 Meter hohen Townes-Paß unter Keuchen und Muskelkrachen erklommen (ein Autofahrer rief uns zu: „Ihr bringt euch um!"), wurde es eiskalt. Drei Stunden benötigten wir für den Aufstieg, der dreizehn Prozent steil war. Schließlich konnten wir in das „Tal des Todes" hinunterbrausen, wo im Sommer einmal 59 Grad Celsius gemessen wurden.

In alter Zeit befand sich hier ein großer See mit Verbindung zum Colorado River weiter östlich. Unterirdische Kräfte leiteten eine gewaltige Landschaftsumgestaltung ein. Im Osten wie im Westen wuchsen mächtige Bergwälle empor, der Talboden sank ein (bis auf 86 Meter unter dem Meeresspiegel), die Wasserzufuhr stoppte. Es regnet hier jährlich nur dreißig bis vierzig Millimeter, doch dann stürzt das Wasser von den Gipfeln über fast nackte Geröllhalden wie eine Lawine herab. Unter anderem blühen hier zwanzig Arten wilder Blumen, die es sonst nirgends auf der Erde gibt. Seinen Namen soll das Tal erhalten haben, als Pioniere, die auf ihrem Zug nach Westen hier durchkamen, ihr Leben verloren. Vor und nach der Jahrhundertwende hat es hier kleine Städte gegeben. Aber die Ruinen erzählen: „Vorüber, verweht . . ."

Hinter dem Naturschutzpark überschritten wir die Staatsgrenze von Kalifornien und Nevada. Es ging durch eintöniges Hügelland, gebildet aus dem Schutt beachtlich hoher Gebirgsmassive, die sich bereits ein Wintergewand übergestreift hatten. Morgens war das Land mit Reif überzogen. Wie ein Phantasiegebilde kam uns Las Vegas vor, wo die Hälfte der Einwohner Nevadas lebte, als die Türme der Hotels aus dem Smog des „Vergnügungszentrums der Welt" auftauchten. Spielkasinos, Striptease-Shows, Bars, Motels, Bordelle und Blitzhochzeitskapellen hatten 24-Stunden-Betrieb. Vor allem aus Kalifornien, wo Glücksspiel verboten war, kam die Kundschaft, auch die der Scheidungsrichter, die ziemlich viel zu tun hatten. Die laute, süchtige, in ihren eigenen Lichterkaskaden fast ertrinkende Wüstenstadt gedieh daran, wie ihre Unterwelt, die die großen Unternehmen kontrollierte (Farbbild 41).

Als wir ein paar Tage später die Straße auf der 220 Meter hohen Staumauer des Lake Mead benutzten, in dem das Wasser des Colorado zurückgehalten wird, gelangten wir nach Arizona. Dort durchfuhren wir ausgedehnte Hochebenen mit verdorrtem, goldfarbenem Gras, und mit blau scheinenden Bergen im Hintergrund. Wir kamen durch das Reservat der Hualpai-Indianer, die wir an einigen Orten bei ihren kleinen Hütten sahen. Sie besaßen Krämer- und Andenkenläden am Straßenrand, oder sie leisteten Tankstellendienste. Einige der Männer und Frauen mit dunklen, breiten Gesichtern fuhren mit Kleinlastern umher. Einen der wichtigsten Feiertage der

Am Wege nach Death Valley: Panamint Valley. Der Blick geht 600 m tief in das Tal

USA, Thanksgiving, das Erntefest zur Erinnerung an die Leiden der „Pilgerväter", die 1620 mit dem Schiff „Mayflower" von England herüberkamen, und an ihre Freude über die erste Ernte, verbrachten wir in der Missionsstation Cameron im Reservat der Navajo-Indianer. Die schätzungsweise 125 000 Navajos Arizonas lebten in einfachen Blockhäusern, Baracken und Hogans, Rundhäusern aus Holz, Zweigen, Lehm und Fellen. Schafzucht und Handarbeiten wie Teppichweben und Schnitzerei waren ihre Haupteinnahmequellen. Einige Navajos waren richtige Christen geworden, aber viele fuhren zweigleisig, vermischten Bibelglaube und Verehrung der Geister. In der Missionskirche hörten wir sie zur Vorbereitung auf Weihnachten in ihrer Sprache „Stille Nacht, heilige Nacht" singen.

Wanderung im Grand Canyon

Am eisigen Nachmittag des 24. November standen wir in 2100 Meter Höhe am Rand der wahrscheinlich größten und tiefsten Schlucht der Erde, am Grand Canyon. Ein Ranger (Wächter) des Nationalparks, Phil McComb, und seine Frau Jan fuhren uns schon ein Stück mit dem Auto entgegen. Eine Freundin von ihnen und uns im Death Valley hatte uns brieflich angekündigt. Das sehr sympathische junge Paar nahm uns in seiner kleinen Rangerwohnung auf. (Wir schliefen auf dem Boden.) Während zwei Tagen wurden wir gute Freunde. Zufällig lernten wir dort auch den Ranger Walter Sänger und seinen Bruder Dieter kennen, deren Vater aus Heilbronn stammte!

Mit ihnen traten wir bei Sonnenaufgang in beißender Kälte (es lag Schnee) einen dreißig Kilometer langen Tagesmarsch vom Rand des Canyon zum Colorado und zurück an. Wir überwanden dabei einen Höhenunterschied von dreitausend Metern in der baren Einöde. Die Felsen blickten oft wie Bergfriede auf die Geröllhalden hinab. Von einer Felsnase sahen wir plötzlich Wasser, konnten wir das Rauschen des Colorado vernehmen. Sonst grenzenlose Stille! Stunden später gelangten wir über eine schmale Hängebrücke an das andere Ufer, wo wir flußabwärts wanderten. Dann saßen wir vier Wanderer auf den rundgeschliffenen Steinen am reißenden Wasser und waren wie erschlagen von der Großartigkeit der Landschaft. Wir dachten an die Korbmacher-Indianer, die vor zweitausend Jahren offenbar als erste Menschen hier auftauchten, an die Spanier, die 1540 auf der Suche nach den legendären Goldstädten der Indianer sich in diese Gegend verirrten und furchtsam in den Schlund des Rio Colorado (spanisch für „Roter Fluß") hinabblickten, und an den Lehrer und Geologen John Wesley Powell, der 1869 mit Holzbooten als erster Weißer das Wildwasser befuhr.

Im Laufe von Millionen Jahren hat sich der Colorado tiefer und tiefer in den Fels gegraben. Winde, Hitze, Kälte und sommerliche Regenfälle unterstützten ihn bei der Zweiteilung der Landschaft. Die Schlucht trennt die Tiere und Pflanzen zu ihren Seiten voneinander. Und während oben tiefer Winter herrscht, wird es unten am Fluß nie kalt. Von dort schaut man zu eineinhalb Kilometer hohen Felswänden auf. Oft ist das Gestein tiefrot, und der Gebirgsstrom führt roten Sand mit sich. Davon hat er seinen Namen. Auf seinem Weg von den Rocky Mountains zum Golf von Kalifornien durchfließt er neunzehn Canyons, aber dies ist der längste – 350 Kilometer.

Abenteuerliche Übernachtungsplätze

Wir genierten uns keineswegs, auch in Schulen, Kindergärten und Gemeindehäusern zu schlafen. Ich will aber nicht verschweigen, daß uns manchmal ganz offen vorgeschlagen wurde, unter zugigen Brücken, in verwahrlosten Garagen oder in rattenverseuchten Schuppen zu nächtigen. Nach unserer Ansicht konnten wir in den wohlhabenden USA, wo man aber nicht in der Lage war, ein ordentliches Jugendherbergsnetz aufzubauen, mehr erwarten. Hier möchte ich noch drei der ausgefalleneren Übernachtungsplätze beschreiben.

Am ausgetrockneten See von Olancha gab es eine heiße Mineralquelle. Dort blieb uns nur der Ausweg, in einer der dachlosen Umkleidekabinen für Badelustige, etwa fünf auf zehn Meter groß, zu schlafen. Leute mit einem Campingwagen gaben uns eine Schaumgummimatratze. Ein fürchterlicher Sturm fegte über die Sand- und Salzflächen. Allmählich wurden wir von einer Staubschicht zugedeckt. Was kann man da machen? Wir schliefen vierzehn Stunden.

Zwischen Kingman und Seligman in Arizona waren wir noch zu einem kleinen Ort unterwegs, als die Nacht hereinbrach. Als wir gerade eine Tankstelle passiert hatten, hielten uns Beamte einer „highway patrol" mit Rotlicht an und gaben uns den kameradschaftlichen Rat, keine Minute länger auf der von Hunderten von Lastwagen befahrenen Landstraße zu bleiben. Die Polizisten hatten gut reden. Doch es half nichts, wir mußten zu der Tankstelle zurück. Der dort arbeitende Mann konnte uns nur dazu raten, uns in einem seit drei Monaten dort abgestellten, aber noch recht passablen Personenwagen „häuslich" einzurichten. Wir wischten erst einmal Staub und mit einer Kerze brachten wir etwas Licht in die Karosse. Draußen donnerten die Überlandlaster vorbei, unterwegs vom Pazifik zum Mississippi.

In Flagstaff/Arizona fanden wir kein anderes Quartier als die „Sonnenschein-Rettungsmis-

Mit Parkranger Walter Sänger (Mitte) und Bruder Dieter am Colorado River im Grand Canyon

In der Wüste von Arizona blieb uns einmal nur ein unbenutztes Auto als Schlafplatz

sion" für arme Reisende, für Landstreicher, Bettler und verlorene Seelen. Das Haus strahlte vor Sauberkeit, und die Sitten waren streng: Wir mußten Gewicht und Größe, Augen- und Haarfarbe angeben, sofort duschen (Handtuch, Seife und Pyjama wurden gestellt), in der Kapelle pünktlich zur Predigt sein, ebenso rechtzeitig zu Abend essen und in die blitzsauberen Betten steigen. Außer uns waren noch ein mexikanisches Ehepaar mit drei Kindern, dessen Auto kaputtgegangen war, und ein Landstreicher auf dem Wege nach Norden, der sich hauptsächlich von unreifem Obst ernährte, anwesend. Um sechs Uhr am anderen Morgen weckte uns eine Kommandostimme. Bad, Andacht, Frühstück – dann mußten alle gehen. Der Verwalter hatte aber bemerkt, daß wir etwas anders als die übrigen Gäste waren. Er unterhielt sich mit uns und machte ein Erinnerungsfoto. Draußen herrschten zehn Grad Kälte. Weiter ging's – mit einer neuen Erfahrung!

Bei alten Freunden und letzte Tage in den USA

Flagstaff wurde danach eingeschneit, aber wir fuhren süd- und talwärts nach Phoenix, durch uns aus Westernfilmen bekannte Landschaften. Dann trafen wir endlich bei unseren Freunden Lisa und Richard Nabors und Sohn Jimmy ein (Bild Seite 225). Genau drei Wochen zuvor war „Lieselotte" aus Heilbronn die US-Staatsbürgerschaft verliehen worden. Der frühere Army-Angehörige „Dick" arbeitete als Produktionskontrolleur bei einer riesigen Aluminium erzeugenden und verarbeitenden Firma in Phoenix. Wir waren erstaunt, wie klar er sich, schon ein Jahrzehnt nach Beginn seiner „Heilbronner Romanze", noch in der deutschen Sprache ausdrücken konnte. „Wie gut, daß ich meine Kenntnisse nun mit euch wieder auffrischen kann!" sagte er. Wir blieben fast zwei Wochen und genossen die Annehmlichkeiten modernen Lebens und die ausgezeichnete deutsch-amerikanische Küche. Als Abschiedsgeschenk bekamen wir drei neue Reifen mit grobem Stollenprofil und dem Vermerk „dornenfest" mit auf die Reise. Als es am meisten weihnachtete, die Häuserfronten mit bunten Lichtern geschmückt und in den meisten Wohnungen schon die künstlichen Weihnachtsbäume aufgestellt wurden, machten wir uns nach Mexiko auf. Lisa und Richard besuchten wir 1976 wieder. Nach Deutschland schafften sie es leider nicht.

Wir stoppten in Tucson noch einmal, um weitere Freunde von Libby und Bob Sellers in Fresno zu treffen, einen Universitätsprofessor und seine Familie, dann erreichten wir den letzten Schlafplatz vor der Grenze. Auf einen Tip der Gastgeber in Tucson hin besuchten wir in dem Städtchen Amado das Ehepaar Reeds, das sich der Wachhaltung der Erinnerung an den alten Westen verschrieben hatte. Mrs. Reeds widmete ihre Gemälde in Öl und Pastell vor allem der Darstellung der Wege und Schicksale von „stage-coaches", während ihr um zwanzig Jahre älterer Mann immer noch Goldwäscher war, auch noch eine Maschine zum Zerkleinern von goldverdächtigem Gestein und ein kleines Museum hatte. Wir schliefen im Wohnwagen der Reeds hinter ihrem Haus.

Nach 3600 Radfahrkilometern und vierundneunzig Tagen in den USA sagten wir ein letztes Mal „good-bye", ein guter Anlaß, über einige besondere Aspekte des Lebens dort nachzudenken.

Wir hatten herausgefunden, daß die Deutschen in den USA hohes Ansehen genießen, trotz der ironischen Bezeichnung „Krauts" für sie und trotz der geringen Kenntnisse der Durchschnittsbürger über unser Volk und Land. Wir hatten zahlreiche Gelegenheiten gehabt, darüber zu diskutieren, auch bei Vorträgen in Schulen und bei Interviews mit Zeitungen. Umgekehrt sahen wir aber auch, wie falsch die Vorstellungen oft sind, die die Deutschen von den Nordamerikanern

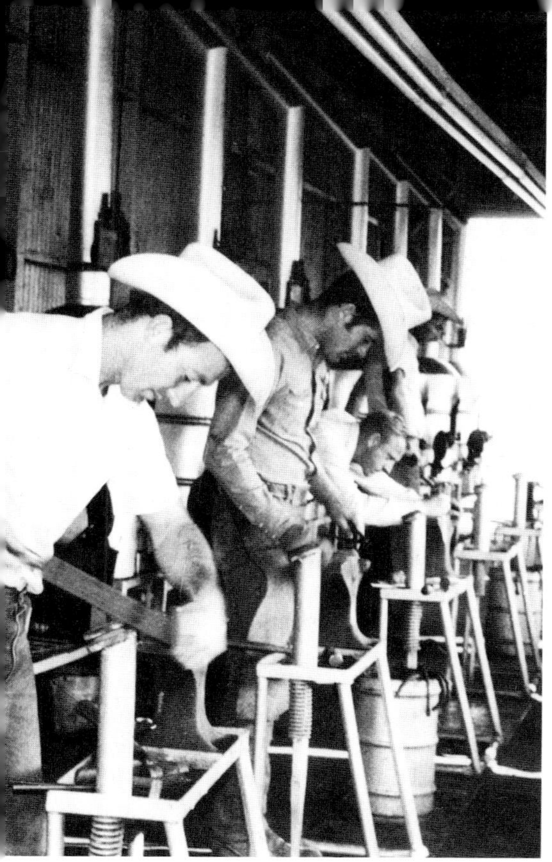

Romantik des Westens heute: Schule für Hufschmiede; Ehepaar Reeds, Goldwäscher und Malerin

haben. In den USA werden keineswegs nur Konserven aufgewärmt, sondern es wird ausgezeichnet gekocht, wenn auch sehr international. In sehr vielen Häusern werden herzlich gern Brot und Kuchen gebacken, Obst und Gemüse eingemacht und Marmeladen eingekocht. Die Sauberkeit läßt in den meisten Häusern nichts zu wünschen übrig, und die Frauen laufen auch nicht nur in Lockenwicklern herum.

Wir fanden es faszinierend, zu sehen, daß Millionen von Nordamerikanern tagaus, tagein in Wohnkabinen auf Lieferwagen, in Campern und riesigen Anhängern, „trailers" und „mobile homes" genannt, leben. Campingplätze gibt es überall in Stadt und Land, meist sogenannte „trailer parks", wo auch bis zu zwanzig Meter lange, hausähnliche Anhänger Platz finden. Der Südwesten übt wegen seines beständigen Klimas eine besondere Anziehung auf diese modernen Nomaden aus. Manche Ortschaften weisen mehr „trailers" als feste Häuser auf. Die Anhänger haben oft mehrere Zimmer, Küche, Bad, alle nötigen Einrichtungen. Nirgends in der Welt hatten wir so viele Umzugsfahrzeuge auf den Straßen gesehen. Nehmen wir nun noch den starken Hang eines Großteils der Nordamerikaner zu Freizeitbeschäftigungen in freier Landschaft hinzu und die häufige Benutzung des Autos zu allen Zwecken auch neben der Arbeitsausübung, so können wir wohl sagen, daß dies ein „Volk auf Rädern" ist.

Noch eine Tatsache ließ uns aufhorchen: das Interesse an Gebrauchtwaren. Vom Nagel bis zum Flugzeug war an beinahe jedem Ort alles „second-hand" zu haben. „Junk yards" (Schrottplätze, Trödelläden) erfreuten sich um so größerer Beliebtheit, wie in den USA der Tick für „Antikes" sich verbreitete. Vierzig Jahre alte Öfen, Möbel und Geräte galten als „antik“ und fanden reißenden Absatz. (Inzwischen fand dies in Westdeutschland viele Nachahmer.)

Was uns in den USA nicht gefiel, war, daß der Rand der „highways“ einem einzigen riesigen Schuttplatz glich. Die leere Bierdose war zur schrecklichsten Landplage geworden. Dabei drohte der Gesetzgeber Verunreinigern bittere Strafen an.

Übrigens gingen beim Grenzwechsel unsere Gedanken auch zum US-Konsulat in Tokyo zurück, das ursprünglich 12000 Mark von uns hatte sehen wollen. Während der drei Monate in den Vereinigten Staaten hatten wir nämlich nur genau 244,50 Mark ausgegeben, aber beträchtlich mehr eingenommen . . .

Zu Weihnachten bei „unserem mexikanischen Bruder“

Wir hatten noch nicht die ersten dreihundert Kilometer in Mexiko hinter uns gebracht, als uns voll bewußt war, wieder in einem fehlentwickelten Land unterwegs zu sein. In jedem Dorf wurde uns die Armut der Menschen vor Augen geführt. In den Städten aber genossen viele Einwohner großen Wohlstand. Nun dem verhältnismäßigen Luxus, der selbst uns in den USA nicht selten zugute gekommen war, nachzutrauern, blieb uns wenig Zeit, denn neue Eindrücke nahmen uns gefangen. Es sollte sich rasch zeigen, daß *eine* Sorge in unserem neuen Reiseland unberechtigt war: daß die Mehrzahl der Mexikaner Strolche und Halunken seien, wie uns dies „um unser Wohl besorgte“ Nordamerikaner häufig hatten weismachen wollen.

In den folgenden drei Monaten fuhren wir zunächst durch die Wüste des Staates Sonora zur

Wohnwagendörfer überall: Volk auf Rädern. – Große Nachfrage nach „Antikem“: Trödelladen

„Beto" Zazueta mit Frau und Kind in Hermosillo. – Superreifen gegen Kaktusstacheln

Küste des Golfs von Kalifornien, folgten dieser durch die Staaten Sinaloa (Hauptstadt Mazatlán) und Nayarit (wichtigster Platz Tepic), zogen dann über die Gebirgsketten der Sierra Madre nach Guadalajara in Jalisco, nach Morelia in Michoacán und nach Mexiko-Stadt. Weitere wichtige Stationen waren Puebla und Veracruz in den gleichnamigen Staaten, sowie Tehuantepec in Oaxaca und der Nachbarstaat Chiapas, ehe wir die Grenze Guatemalas erreichten. Es wurde uns in dieser Zeit kein Haar gekrümmt. Wir lernten Mexiko als Land freundlicher Menschen kennen, wenn auch als ein Land mit vielen Problemen. Trotz des sehr starken Lastwagen- und Omnibusverkehrs auf schmalen Straßen kamen wir auch ohne Unfälle davon. Unsere neuen Superreifen waren uns in diesem Land der Kakteen und Dornsträucher von großem Nutzen.

Einen Tag vor Heiligabend 1968 trafen wir in Hermosillo, Hauptstadt von Sonora, ein. Wir hatten uns gerade im ersten „supermercado" mit Lebensmitteln für die Feiertage eingedeckt, als wir schon die Bekanntschaft des 28jährigen José Alberto Zazueta machten, der nicht nur leidlich gutes Englisch sprach, sondern, wie er uns erzählte, auch Brieffreunde in verschiedenen Ländern hatte. Verwandte von ihm lebten in den USA; an uns Deutschen zeigte er großes Interesse. Er schlug uns vor, Weihnachten bei ihm zu verbringen. Wir hatten nichts dagegen. So nahm er uns in sein großes Haus mit und stellte uns seiner Frau Maria Augustina vor. Die 23jährige war kürzlich Mutter eines Mädchens geworden.

Die Sache war perfekt. Was wir noch nicht ahnten war, daß wir volle fünf Tage in Hermosillo verbringen würden, denn auch als Weihnachten vorüber war, wollten uns „Beto", wie José Alberto kurz genannt wurde, seine Frau, deren und seine Eltern, Geschwister und Freunde noch nicht ziehen lassen. Wir hätten uns kein aufregenderes Christfest vorstellen können. Wie auf dem Präsentierteller wurden wir überall herumgereicht. Unser humorvoller, seelenguter Freund, den wir fortan „unseren mexikanischen Bruder" nannten, kümmerte sich rührend um uns. Er stellte uns Musik aus verschiedenen Teilen Mexikos an Hand einer umfangreichen Schallplattensammlung vor, lehrte uns soviel Spanisch wie möglich, organisierte Interviews mit zwei Zeitungen (eine brachte einen halbseitigen Artikel!) und einen Bericht über unsere Reise im örtlichen Fernsehen. Kein Wunder, daß viele Leute uns kennenlernen wollten. Wir freuten uns aber auch über die aufschlußreichen Kontakte mit Journalisten.

Auch um unser leibliches Wohl sorgte sich „Beto" viel, so zum Beispiel, als wir zu einer Hochzeitsfeier mit zweihundert Personen und in verschiedene Restaurants eingeladen wurden. Zu Weihnachten gab es zu Hause „mole de guajalote", Truthahn in einer dicken Soße aus gemahlenen Mandeln, rotem Pfeffer und anderen Gewürzen, Sesamkernen und Schokolade. Neben vielen anderen Gerichten lernten wir hier auch die pfannkuchenähnlichen „tortillas" aus grobem Maismehl, „tacos", was mit Rind- oder Schweinefleisch, Huhn oder Käse gefüllte gerollte „tortillas" sind, und „tamales", aus dem gleichen Teig, mit Fleischstückchen angereichert, in Maisblättern verpackt gesotten, kennen. Dazu gab es außer anderen weicheren oder härteren Getränken auch Tequila. Nicht vergessen darf ich zu erwähnen, daß „Beto" trotz all seiner Bemühungen um uns auch noch in dem stattlichen Obst- und Gemüsegeschäft seines Vaters arbeitete. Seine Schwester Martha fuhr uns mit dem Auto kreuz und quer durch die etwa 150000 Einwohner zählende Stadt.

Weihnachten selbst verlief hier sehr ähnlich, wie dies in den USA üblich war. Hunderttausende von Mexikanern waren als „Gastarbeiter" dort, und die Nähe des Nachbarlandes tat das Ihre. Die Geschenke wurden unter den Weihnachtsbaum gelegt, erst nach Mitternacht ausgepackt. Wir gingen mit zur nächtlichen Messe in der katholischen Kirche. „Beto" war auch ein treusorgender Ehemann und Vater. Er liebte Handarbeiten: Seinen Weihnachts„baum" (Sonora ist vegetationsarm) hatte er mit Goldfolie, mit aus Seidenband gemachten Blumen, mit gemalten Bildchen und Silberpuder selbst gebastelt, ebenso Krippenfiguren aus Pappmaché für den Garten vor dem Haus.

Waren wir während der letzten Tage vor Weihnachten etwas beunruhigt gewesen, so gab uns die Begegnung mit „Beto" unseren Optimismus zurück. Wir würden uns wohl auch hier zurechtfinden, nachdem wir doch unter Arabern, Indern und all den anderen Völkern durchgehalten hatten. So waren wir voll des Dankes, als wir von „unserem mexikanischen Bruder" und den Seinen Abschied nahmen. Da seine Hilfe auch noch in der Ferne nachwirkte, wie sich zeigen sollte, bedrückt uns der Gedanke bis heute etwas, daß er nicht nach Deutschland kommen konnte. Wir hätten ihm gerne auch einige Freundlichkeiten erwiesen.

Schwierige Wege, neue Freunde

Auch in Mexiko sollten unsere Nachtquartiere indes von sehr unterschiedlicher Qualität sein. Schon am nächsten Abend schliefen wir auf harten Tischen in einer Schule. Doch auch hier gab es etwas sehr Erfreuliches: Der Medizinstudent José R. Segovia lud uns in ein Studentenheim in Mexiko-Stadt ein. Wir waren danach so beschwingt, daß wir unsere Mühe auf der Landstraße viel weniger ernst nahmen. Wir erlebten warmes Wetter zum Jahreswechsel, und in den Tagen danach waren Temperaturen um 25 Grad Celsius schon das übliche, ja es wurde gelegentlich sehr heiß.

Die Luft war so trocken, daß vom Schweiß nichts als eine Salzkruste auf der Haut zurückblieb. Des öfteren hatten wir Schwierigkeiten, Trinkwasser zu bekommen. Die Orte lagen manchmal sehr weit auseinander. Zwischen Hermosillo und Ciudad Obregon kamen wir zu einem Stein, der uns mit der groß angebrachten Zahl „2000" verkündete, wie weit es noch bis zur Bundeshauptstadt der Vereinigten Staaten von Mexiko war.

Die folgenden achthundert Kilometer bis Mazatlán hatten es in sich. Schlagloch reihte sich an Schlagloch, und die Straße war meist nur fünf Meter breit. Wir kämpften gegen den Wind, und häufig ging es auf und ab, auf und ab. Einmal waren wir den ganzen Tag unterwegs und mußten selbst noch im Mondschein weiterfahren, ehe wir Los Mochis erreichten, nach 165 Kilometern – die längste Tagesetappe der ganzen Weltreise! Aber einfach in der Kaktus- und Strauchlandschaft mit dem Schlafsack zu nächtigen, daran war uns nicht gelegen, denn es gab giftige Schlangen und anderes Getier. Erfreulicherweise wurde das Land immer grüner, dann gab es sogar Wald, aber auch die Wärme und die Luftfeuchtigkeit nahmen zu. Schließlich war es beinahe tropisch-schwül. Im Osten begleiteten uns immer die Bergketten der Sierra Madre.

Silvester und Neujahr verbrachten wir bei einer deutschstämmigen Gutsbesitzerfamilie aus Siebenbürgen. Wir hatten sie durch einen anderen Deutschen kennengelernt, der in Ciudad Obregon eine mechanische Werkstatt führte. Der Hamburger schweißte Wilmas hinteren Gepäckträger so fachmännisch, daß er danach nie mehr brach. In der gleichen Stadt kassierten wir bei der Lokalzeitung einen Artikel über uns ein, den die Kollegen aus einem der Blätter in Hermosillo kopiert hatten. In der sagenhaft staubigen Kleinstadt Guamúchil zwischen Los Mochis und Culiacán wurden wir zum örtlichen Rundfunksender gebracht. (Jeder bedeutendere Ort hatte

2000 km zur Hauptstadt: Wassermangel. – In Städten wird Wasser in Flaschen verkauft

mindestens eine eigene Station.) Dort unterbrach Gilberto Lopez Alcalá sein Schallplattenkonzert und posaunte in den Äther: „Señores y Señoras! Etwas ganz Besonderes ist zu melden: Zwei Deutsche sind in unserer Stadt angekommen!" Daraufhin meldete sich ein Weinhändler, der uns gerne bei sich aufnehmen wollte. Aber seltsam, wir bekamen bei ihm Wein nicht einmal zu sehen. Ein amerikanischer Missionar in Culiacán, Mr. Anderson, der Musikunterricht gab, drei Jahre in Deutschland gewesen war und immer noch davon schwärmte, lud uns schon weit vor seinem Wohnort ein. Er gab uns auch die Adressen einiger Freunde, darunter die von Andrés Rice in Mazatlán.

Empfehlungen helfen immer weiter

Auf diese Weise gelangten wir zu einer gutsituierten Industriellenfamilie. Andrés Rice und seine Frau Lucila sowie ihre Söhne Guillermo und Andy und die Tochter Corazón nahmen uns sehr herzlich auf. Zunächst sahen wir die Fabrik für Schiffsausrüstung, Mittelpunkt eines Familienbesitzes, zu dem auch zwei Gießereien und zwei Autovertretungen gehörten. Andrés' Vater hatte 1909 mit Hammer und Amboß begonnen. Der Rice-Clan war einer der angesehensten in Mazatlán. Señor Rice zeigte uns ein ganzes Bilderalbum und erzählte sehr lebendig von seiner geschäftlichen Reise und seinem Besuch der Olympischen Spiele in Deutschland 1936. In seiner Fabrik standen zwei Drehbänke, die in Heilbronn hergestellt worden waren.

Wir lernten Mazatlán, wichtigstes Touristenzentrum an der Nordwestküste, gut kennen. Das Familienoberhaupt trat mit der Zeitung „El Sol del Pacífico" in Verbindung, worauf ein Artikel mit einem Foto von uns erschien, das vor der Rotationsmaschine des Blattes aufgenommen worden war. „Warum wollt ihr nur schon wieder fort?" fragte uns Andrés Rice am sechsten Tage. Er genoß unseren Besuch sichtlich, meinte, daß wir immer zu wenig äßen. Aber das war es ja: Je länger wir irgendwo blieben, um so mehr hatten wir das Gefühl, daß jemand meinen könnte, wir wollten die guten Leute ausnützen. Doch offenbar wurden wir auch hier nicht mißverstanden. Als wir abfuhren, standen Lucila Rice die Tränen in den Augen, und die Söhne riefen uns nach: „Spätestens im Jahr der Olympischen Spiele in München sehen wir uns wieder!" Aber leider ließ sich diese Absicht nicht verwirklichen.

Durch fruchtbare Ebenen, durch Sümpfe und Buschwildnis setzten wir unseren Weg nach Südosten fort (Farbbild 43). Kokospalmen und Bananenstauden zeigten uns am deutlichsten, daß wir uns in den Tropen befanden. Bäume und Sträucher waren mit Blüten beladen, Blumen bedeckten das Erdreich wie ein Teppich. Unter den gefiederten Weggenossen waren Reiher und Pelikane die größten. Wasserschildkröten ließen sich bei unserem Näherkommen eilig ins nasse Element plumpsen, und bis zu einem Meter lange „iguanas" (Leguane) huschten davon. Plötzlich begann sich die Straße aufwärts zu winden. Von Meereshöhe auf 1500 Meter!

Auf dem Wege nach Acaponeta wurden wir in einem Städtchen in ein Haus eingeladen, dessen Herrschaft gerade im Begriff stand, eine Party zu eröffnen. Unter den Gästen befanden sich der Ex-Bürgermeister mit dem auffälligen Namen Simental, der Richter und ein Rechtsanwalt. Wir gewannen interessante Einblicke in das Rechts- und Kommunalwesen hierzulande. Doch als Señor Simental – mit der vierzehnten Bierflasche in der Hand – offenbar der Ansicht war, daß es sich unter dem Tisch besser diskutieren lasse, zogen wir es vor, uns zur Ruhe zu begeben. Als er noch zurechnungsfähig gewesen war, hatte er uns die Adresse eines Freundes in Acaponeta gegeben. Der Dolmetscher Ernesto Gallardo hieß uns dort auch willkommen, steckte uns aber in

Nette Mexikaner: Arbeiter auf einem „Rancho"; Andrés und Lucila Rice in Mazatlán

Presidente Dominguez (Mitte), Lehrer Moreno (rechts) und Kreispfleger in Santiago Ixcuintla

ein Hotel. Er erklärte uns den Grund: „Meiner Frau und mir ist nur ein Bett geblieben, als im September der Fluß kam." Der Rio Acaponeta war wie eine Furie durch die Stadt gebraust. Ernesto zeigte uns Bilder von den Überschwemmungen. Wieder wurden wir weiterempfohlen. Wir hatten die Taschen schon voll Adressen und schriftlichen Empfehlungen an Angehörige oder Freunde. Nun begann es erst, märchenhaft zu werden.

Beim Presidente und nach Mexcaltitán

Wir folgten weiter der „Carretera Interamericana", wie die Panamerikanische Straße hier genannt wurde. Um die Kreisstadt Santiago Ixcuintla zu erreichen, mußten wir allerdings über eine zehn Kilometer lange, staubige Seitenstraße. Als wir dort vor der „Presidencia" (so etwas wie ein Landratsamt) anlangten, glaubten wir zu träumen: Obwohl Sonntag war, empfing uns ein Komitee von drei Kreispflegern im Namen des Oberhauptes von Santiago Ixcuintla. Sie brachten uns in das beste Hotel der Stadt – sie hatte nur 22000 Einwohner, und die Herbergen waren recht einfach. Um das Hotel herrschte ziemlicher Trubel (wir waren schon fast nicht mehr gewöhnt, an solchen Plätzen zu schlafen), denn in Mexiko ging es wie in Asien an Sonntagen besonders laut zu; außerdem befand sich nebenan ein Freilichtkino.

Wie abgemacht pünktlich um neun Uhr am nächsten Morgen gab uns Señor Presidente Roman Dominguez eine Audienz. Der Mathematiklehrer Manuel Hernandez Moreno nahm uns die noch etwas schwierige Aufgabe, in Spanisch zu radebrechen, mit seinen Englischkenntnissen ab. Wir faßten uns ein Herz und überbrachten bei diesem offiziellen Empfang die Grüße aller Mexiko

Nicht endenwollend schien uns der Weg durch die Flußwildnis des Rio San Pedro, als plötzlich die

wohlgesinnten Deutschen. Das schlug ein! Uns wurde nun aufgetragen, die Grüße zu erwidern, was wir hiermit tun. Señor Presidente ließ uns außerdem sagen: „Zum erstenmal seit Jahren ist uns der Besuch von Deutschen bekanntgeworden. Es ist uns viel daran gelegen, Ihnen eine Freude zu bereiten."

Auf diese Weise wurden wir zu einer Tagesfahrt nach der noch weiter als Santiago von der großen Straße entfernten, legendenumwobenen Lagunenstadt Mexcaltitán eingeladen (siehe Kärtchen). Es wurde ein Auto gemietet, das sich auf der fünfzig Kilometer langen, von Hochwasser verwüsteten Piste mehrmals fast auf den Kopf stellte. Dann kamen wir zum Ufer des Rio San Pedro, wo wir auf ein schwankendes Kanu umsteigen mußten, wir: Wilma und ich, Professor Moreno, ein Journalist von einer Zeitung in der Staatshauptstadt Tepic und der Fahrer. Der „barquero" (Bootsmann) Jesús lenkte die „canoa" durch die Flußwildnis, Schlingpflanzen umgehend, die gerne den tuckernden Außenbordmotor zum Schweigen gebracht hätten, der die Ruhe störte. Vorbei an Bastionen von Klettergewächsen auf Bäumen, in denen Reiher nisteten, ging es um immer neue Flußbiegungen. Schließlich, als uns der Weg nicht endenwollend schien, tauchte wie eine Utopie die palmengekrönte, kreisrunde Insel mit der Sankt Peter geweihten Kirche vor uns auf: Mexcaltitán! Seltsamerweise wurde es auf mexikanischen Landkarten kaum einmal erwähnt. Dabei glaubten Historiker, daß die Ortschaft mitten im Rio San Pedro schon im zwölften Jahrhundert entstanden sein müsse, ja es wurde sogar in Verbindung gebracht mit einer lange gesuchten, mysteriösen Stadt.

Wieder wirkte ein Brief: „Comisario" Othom Ramos Ortiz, 76jährig, hieß unsere kleine Gesellschaft im Rathaus willkommen. Sein Amtszimmer sah wild aus. Schriftstücke lagen auf

palmengekrönte Insel mit der Petrus geweihten Kirche erreicht war: Mexcaltitán

dem Boden verstreut, einige Möbel waren halb zerbrochen, ein paar Angestellte schliefen. Der Bürgermeister arrangierte ein Fischessen mit Bier. Dabei erklärte er uns: „Die Insel hat nur etwa fünfhundert Meter Durchmesser, aber es leben heute über zweitausend Menschen hier. Tja, die Familien sind groß, doch es ist kein Raum mehr für neue Häuser. Außerdem gibt der Boden nach. So müssen sich viele anderswo eine neue Heimat suchen." In der Tat konnte man auch bei einem kurzen Aufenthalt in Mexcaltitán fast von Platzangst ergriffen werden. Die Verbindung zur Außenwelt stellte nur das Kanu dar. Die Männer fuhren zum Fischfang, die einzige Einnahmequelle. Alles, was die Leute sonst zum Leben benötigten, mußte auf Booten herangeschafft werden, vor allem von Tuxpan, aber auch von Santiago. Für die Frauen und Kinder gab es keine Bewegungsfreiheit. Was Wunder, daß die Hängematte ein ganz wichtiges „Möbel" war? Eine Wasserversorgung gab es nicht. Trinkwasser mußte aus einem Loch in der Buschwildnis geholt werden. In der Regenzeit, beim Steigen des Flußpegels, wurden die Gassen von Mexcaltitán überflutet und man war dann auch innerorts auf Boote angewiesen.

Aus einigen Häusern waren quäkende Radios zu hören. Auf dem Dach eines Wirtshauses sahen wir eine Fernsehantenne. „Ein verlorenes Paradies?" fragte Professor Moreno und gab selbst die Antwort: „Das Sprichwort, daß der Glückliche sich nicht darum kümmere, ob er ein Hemd besitzt, stimmt nicht. Diese Menschen sind bitterarm und es muß ihnen dringend geholfen werden."

Übrigens hatte uns Señor Presidente Roman Dominguez noch eine interessante Mitteilung gemacht. Er erzählte uns, daß sein Vorgänger im Amt Alfredo Grimm Curiel gewesen sei. Dessen Vater sei aus Deutschland nach Mexiko gekommen und sei zuerst Bergmann gewesen.

Ruhe wegen rätselhafter Beschwerden, dann durch Indioland

Es vergingen noch volle drei Wochen, ehe wir Mexiko-Stadt erreichten. Erstens war es ein weiter Weg, zweitens wurden wir noch oft aufgehalten, außerdem hatte Wilma gesundheitliche Probleme. Sie klagte über Herzbeschwerden, Schmerzen rechts in der Bauchgegend, Schwindelgefühl und Atemnot. Das war vor allem kurz vor Guadalajara. Besonders schlimm war es für sie, als wir uns durch breite, zerfurchte Ströme von Lava, ausgespien von Vulkanen der Sierra Madre, arbeiteten, und als wir eine Region von „barrancas", von Schluchten und Bergen mit gelegentlichen tropischen Tälern, durchfuhren. Guadalajara liegt 1500 Meter hoch und hat ein angenehmes Klima. In dieser zweitgrößten Stadt des Landes legten wir daher eine neuntägige Verschnaufpause ein. Wir gingen zu einem Arzt, der absolut nichts Beunruhigendes herausfand, aber Wilma hütete vorsichtshalber einige Tage das Bett und schlief viel, wie ich vor genau einem Jahr in Kalkutta. Die Ruhe tat ihr gut und nachher ging es ihr wirklich viel besser.

Wir stießen auf das volle Verständnis unserer Gastgeberfamilie in Guadalajara, der von Olivia, der Schwester von „Beto" in Hermosillo, und ihres Mannes Miguel. (So griff ein Rädchen ins andere!) „Ausruhen" bedeutete für uns aber nicht, die ganze Zeit müßig zu sein. Wir konnten viele kleine Erledigungen tätigen, unsere Sachen in Ordnung bringen. Miguel Portales Muñoz, ein Telefonbauer, hatte ein Auto, und so gab es Möglichkeiten zu Ausflügen in die Umgebung mit ihm allein oder mit Frau und vier Kindern, unter anderem zum Lago Chapala mit seinen Fischerdörfern, zu den „barrancas" des Rio Grande de Santiago (der bei Santiago Ixcuintla ins Meer mündet) und zum wasserreichsten Fall Mexikos am gleichen Fluß. Auch in der Stadt selbst sahen wir viel, wie Kirchen, Parks und Plazas. Guadalajara ist Tummelplatz unzähliger Mariachi-Kapellen. Aber die vielbesungene Metropole war staubig, eine einzige Baustelle. Das Landvolk

Die Straße nach Guadalajara führt durch Lavafelder von Vulkanen der Sierra Madre

drängte in die Städte und den Wohnungswünschen mußte Rechnung getragen werden. Ein Mariachilied sagte: „Guadalajara, du hast den frischen Duft der Erde . . ." Wie wahr!

Für die Weiterfahrt nach Mexiko-Stadt boten sich uns zwei Wege an: ein 680 Kilometer langer, sehr gebirgiger, aber landschaftlich märchenhafter und ein um hundert Kilometer kürzerer, ebenerer, aber was die Szenerien betraf farbloserer. Mit Lebensmitteln wohl ausgestattet, traten wir die längere Reise durch das Bergland an. Dabei umfuhren wir zur Hälfte den etwa hundert Kilometer langen und dreißig Kilometer breiten Chapalasee. Ein friedliches Bild präsentierte sich uns in den Dörfern, wo kurzgewachsene, dunkelhäutige Indios auf Fischfang oder zur Feldarbeit gingen. Schon im Nordwesten, bei Ciudad Obregon, hatten wir ein Gebiet von Indios durchquert. Die Yaquis lebten dort in einem Reservat, das von Militär kontrolliert wurde. Der Stamm hatte zuletzt 1928 einen Aufstand gegen die Regierungstruppen gewagt. Es war zu viel Blutvergießen gekommen. In Verhandlungen war den Yaquis dann teilweise Autonomie zugestanden worden. Die Armut der Indios war aber noch größer als die der anderen Landbewohner. Sie waren die Stiefkinder der Nation. Auf Märkten in den größeren Provinznestern wurden ihre „Wunderkräuter" feilgeboten, zum Beispiel Blüten bestimmter Art, die eine werdende Mutter kauen soll, um die Geburt eines Jungen oder Mädchens zu sichern, oder Blätter, die man auf Wunden legt, oder Zucker und Kerosin mit gewissen Wurzeln, kleingehackt, gegen Husten. In den höheren Regionen, wo es Wald gab und die Hütten meist aus Holz gebaut waren, trugen die Gesichter der Menschen sehr asiatische Züge. Besonders die Frauen mit Zöpfen und langen, bestickten Kleidern

Wasserfall bei Guadalajara, wasserreichster Mexikos. – Mädchen Hortensia in Ciudad Hidalgo

erinnerten uns an die Bewohner Nepals. Nach ein paar Tagen konnten wir auch den silbrigen Lago Pátzcuaro überblicken. An seinem Ufer und auf kleinen Inseln wohnten die Purepecha-Indios, die mit Netzen in Schmetterlingsform auf Fischfang gingen, Schnitzereien und Töpferwaren anfertigten und noch an ihrer althergebrachten Sprache festhielten. Aber die meisten waren Christen geworden.

Ein Wort zum Thema „Mission". Seit der mexikanischen Revolution von 1910 bis 1917 (unter anderem auch Konflikt mit den Nordamerikanern und massive Verstaatlichungen) war Mission jeder Art nicht mehr zugelassen. Aber es waren viele „Lehrer" hier, vor allem aus den USA, wie beispielsweise unser Freund Mr. Anderson in Culiacán. Im Prinzip waren sie doch Missionare. Übrigens war Mexiko schon lange Zeit ein bevorzugter Platz für pensionierte Nordamerikaner. Bei Mazatlán, Acapulco und Guadalajara allein lebten Zehntausende dieser Ruheständler, sehr viele von ihnen in mitgebrachten Wohnwagen. Das günstige Klima war der Hauptgrund dafür. Umgekehrt lebten in den USA Millionen von Mexikanern.

Im schönen Morelia und bei Bürgermeister Hidalgo

Wir hatten nun schon manche mexikanische Städte gesehen. Nur wenige gefielen uns wirklich. Aber in die kleine Hauptstadt des Staates Michoacán, Morelia, verliebten wir uns. Ihre Kolonialarchitektur war so gut erhalten, daß bei Neubauten strenge Maßstäbe angelegt wurden, um die Harmonie der Sandsteingebäude nicht zu stören. Die Kathedrale von Morelia gilt als eine der schönsten im Lande. Wir erfreuten uns an den zahlreichen schönen Innenhöfen von amtlichen Gebäuden und Bürgerhäusern. Erleichtert waren wir zu sehen, daß es am Stadtrand ausnahmsweise kein Elendsviertel gab. Statt dessen führte eine zwei Kilometer lange und bis zu zehn Meter hohe Wasserleitung in der Art römischer Äquadukte von den Feldern bis fast zum Zentrum. 140000 Menschen lebten hier. Morelia gehörte zu den saubersten Städten, die wir bis jetzt in einem Entwicklungsland gesehen hatten. Es kommt eben auch auf den Bürgermeister und den Gemeinderat an... Ihren Namen erhielt die 1541 als „Valledolid" gegründete Stadt nach dem hier geborenen katholischen Priester und Helden der mexikanischen Unabhängigkeit, General José Maria Morelos y Pavón.

Nach dem *Vater* der Unabhängigkeit und Vorgänger Morelos', dem Priester Miguel Hidalgo y Costilla, wurde Ciudad Hidalgo im gleichen Staat benannt. Hier lebten 24000 Menschen. Zufällig hieß der Bürgermeister seit einem Monat ebenso. Er war zugleich Arzt. Dr. Arturo Peréz Hidalgo nahm uns gerne bei sich auf, als wir ihn um Vermittlung eines Quartiers baten. (So etwas konnte man hier machen!) Sein Haus war außerordentlich. Er hatte es nach Anregungen einer deutschen Zeitschrift, die sich mit „schönerem Wohnen" befaßte, gebaut. Nach einer bis Mitternacht dauernden Diskussion lud uns Dr. Hidalgo ein, den ganzen nächsten Tag hier zu verbringen, um mehr von seiner Stadt zu sehen.

Ciudad Hidalgo war einst die wichtige Stadt Tajimaroa der Tarascán-Indios. Mit einem Verwandten des Bürgermeisters besuchten wir die Kirche aus dem sechzehnten Jahrhundert und ein Mädchengymnasium, sowie eine Fiesta zum „Tag des städtischen Angestellten" bei Tequila und Gitarrenklängen auf dem Rancho Santa Rosa. Jeder durfte an diesem Tag dem Bürgermeister freundschaftlich auf die Schulter klopfen. Mit dem knallroten Polizeiauto wurden wir am dritten Tag morgens noch zu einem Naturwunder gebracht, zu heißen Schwefelquellen in einem dichten Kiefernforst, von denen sich Einheimische Linderung mehrerer Leiden versprachen. Nicht weit davon lag ein stiller, eiskalter Waldsee, annähernd 3000 Meter hoch. Zwischendurch zeigte uns eines der Kinder Dr. Hidalgos, das Mädchen Hortensia, ihre neuerworbene Tracht aus dem Staat Puebla. Der Familie fehlte es an nichts.

Besonders aufschlußreich war der Besuch einer Baumwollspinnerei und -weberei. Wir kamen uns dabei vor wie in einem Alptraum. Das ganze Werk mit vierhundert Arbeitern wurde vom Wasser eines Baches angetrieben. Durch vier Stockwerke liefen riesige Transmissionen ohne jegliche Schutzvorrichtungen. Die englischen Maschinen waren von 1904, der Lärm war unbeschreiblich. In der Weberei baten wir einen Arbeiter, uns seinen Lohnstreifen zu zeigen. Er hatte in der letzten Woche achtzig Stunden gearbeitet und dafür 306 Pesos bekommen – 98 Mark.

An einem Tag fuhren wir dreihundertundzehn Kurven durch tiefe Kiefern-, Eichen- und Tannenwälder zu einem 2800 Meter hohen Paß. Es herrschte dort erfreulich schwacher Verkehr, aber es gab auch kaum Ortschaften. Von einem Aussichtspunkt mit dem Namen Mil Cumbres, was „Tausend Gipfel" bedeutet und für sich selbst spricht, waren die Ausblicke grandios. Bei der nächsten Talfahrt sahen wir blühende Birn- und Mandelbäume. An einem weiteren, ebenso hohen Paß war das Panorama aber durch Staub getrübt, der von einem gräßlichen Sturm aufgewirbelt wurde. Nun begann hier die Trockenzeit. Schließlich hatten wir noch den höchsten Übergang des ganzen Weges, den 3100 Meter hohen Paß Las Cruces zu bewältigen, ehe wir in den Bundesdistrikt von Ciudad de Mexico einfuhren. Über den berühmten Paseo de la Reforma, eine mehrspurige Straße, gelangten wir durch Villenviertel in das von lärmenden, qualmenden Autobussen verstopfte Zentrum. Von Las Cruces hätten wir die ganze Stadtmitte sehen sollen, aber Staub und verpufftes Benzin bildeten ein immer grauer werdendes Leichentuch.

Elf Tage in Ciudad de Mexico

Nach 55 Tagen in der Hauptstadt! Nur gut, daß wir in dem Sechs-Millionen-Monstrum bereits eine gemütliche Bleibe hatten. Der Einladung des Medizinstudenten José R. Segovia folgend, den wir im Norden getroffen hatten, zogen wir in ein Studentenwohnheim ein. Die Besitzerin war Señora Carmen Malo. Sie nahm uns unentgeltlich auf, denn es war bei ihr gerade ein Zimmer unbelegt. Die gute Frau (ihr Familienname bedeutete übersetzt „schlecht", sie hatte ihn zu Unrecht) lud uns sogar zu Mahlzeiten ein. Wie bei so vielen revanchierten wir uns später auch bei ihr für ihre Herzlichkeit. Und als wir nach elf Tagen gingen, brachten wir ihr einen großen Rosenstrauß als kleine Liebeserklärung.

Wir hatten sehr vieles in Mexiko-Stadt zu erledigen. So mußten wir zu den Botschaften von sechs zentralamerikanischen Staaten, um Visumangelegenheiten zu regeln. Glücklicherweise gab es keine großen Schwierigkeiten. Wir hofften, daß in der Region der Friede erhalten blieb. Aber an vielen Plätzen gärte es. Würden wir diesmal mehr Glück haben als in Nahost und in Südostasien? Unser nächstes großes Ziel war der Panamakanal. Wie man es von uns Weltreisenden erwarten durfte, absolvierten wir auch ein umfangreiches Besichtigungsprogramm, von Museen über Kirchen und Avenidas (die großen Prachtstraßen) bis zu Sportstätten der Olympischen Sommerspiele von 1968 (so das große Stadion), zu Parks (Farbbild 44) und den Aztekenpyramiden.

All die Pracht der öffentlichen Bauwerke, der kühnen Konstruktionen privater Unternehmen, der luxuriösen Hotels und verschwenderischen Wasserspiele konnte uns aber nicht das in und außerhalb der Stadt schwärende Elend vergessen machen. In den Slums, grau, schmutzig und voller Krankheiten, lebten schon Hunderttausende. Täglich wurden es mehr. Mexiko war kein unterentwickeltes Land im eigentlichen Sinne mehr. Aber die „revolutionäre" Regierung hatte bei weitem nicht genug für eine gerechtere Güterverteilung getan. Die Löhne waren, besonders für die Landarbeiter, viel zu niedrig. So war es nicht erstaunlich, daß die Landflucht immer stärker wurde. „Wir sind bessere Sklaven!" meinten diejenigen Mexikaner, die eine solche Situation nicht als unveränderlich hinnehmen wollten. „Die Revolution lebt noch", sagten die, welche zu Taten bereit waren. Revolutionsführer Padre Miguel Hidalgo hatte schon eineinhalb Jahrhunderte zuvor die Abschaffung der Sklaverei proklamiert – erstmals auf diesem Kontinent. Es sollte, so war die Absicht, der Beginn einer gerechteren Zeit sein. Aber bei Studentenunruhen vor der Olympiade hatte das Militär wahrscheinlich Tausende niedergemacht. Unser Freund José, der dabei war, erzählte uns: „Mit Panzern fuhren die Soldaten über die Studenten. Auch ich hatte mich auf die Straße gelegt, doch dann rannte ich um mein Leben." Beim Besuch der Nationalen Universität sahen wir Plakate der Studenten mit dem Schwur: „*Das* vergessen wir nie!" Viele Mexikaner der untersten Volksschichten gaben sich – hoffnungslos – dem Trinken hin. Dreimal mehr Menschen als in der Bundesrepublik starben an den Folgen des Alkoholismus, trotz der weit kleineren Bevölkerung.

In diesem Zusammenhang möchte ich das deutsche „Zentrum für soziale Hilfe und für Mutter- und-Kind-Betreuung" in Mexiko-Stadt hervorheben. Es war die einzige Klinik mit ambulanter Behandlung in Mexiko, die alle nötigen Abteilungen unter einem Dach hatte. Zur Behandlung war jeder zugelassen, der nicht versichert war, und das waren sehr viele. Es wurden dort Hygiene,

Kurz vor Erreichen von Mexiko-Stadt am Paß „Las Cruces", 3100 m hoch

Kochen, Handarbeiten, Schreiben und Lesen gelehrt, Lebensmittel, Bekleidung und Spielzeug verteilt, aber es wurde auch zum Sparen und zu eigenen Anstrengungen angeregt. – Eine mexikanische Initiative, Armut etwas zu lindern, sahen wir unweit der Hauptstadt am Werk. Im Hinterhof des Hauses einer sehr wohlhabenden Bürgermeisterin wurden die Kinder Bedürftiger täglich gespeist. Leider gab es solche Einrichtungen viel zu selten (Farbbild 45).

Wir legten bei unseren Fahrten durch das Verkehrsgewühle rund 400 Kilometer zurück. Radfahrer hatten dort wirklich nicht das Sagen. Wer ein Rad benutzte, war meist Laufbursche oder Zeitungsjunge. Mädchen auf Fahrrädern waren – wie bei Moslems und Hindus, im Gegensatz zum östlichen Asien – etwas völlig Unbekanntes. Eine beinahe unglaubliche Erfahrung machten wir eines Tages, als Wilma ausnahmsweise mit dem Rock auf dem Fahrrad saß, weil wir eine katholische Kirche besuchen wollten und Hosentragen dort nicht erlaubt war. Immer wieder gingen junge Burschen vor ihr auf der Straße buchstäblich zu Boden, um ihr eventuell unter den Rock sehen zu können. Solch eigentümliches Benehmen hatten wir zuletzt im stockkonservativen iranischen Mesched erlebt! Eine in Mexiko-Stadt lebende Deutsche erzählte uns über Fahrten mit Linientaxis (die von verschiedenen Passagieren gleichzeitig benutzt werden): „Als einzelne Ausländerin ist das nicht immer leicht. Die männlichen Mitfahrer kneifen und pieken dich ständig!" Probleme... Die meisten Passanten dürften uns Ausländer mit unserem schweren Gepäck für Narren gehalten haben. Selbst Rudel von Radsportlern schauten mitleidig auf uns herab. Sie waren hinter einem Rekord her, wir gönnten uns nur den Spaß.

Die „spanischste" Stadt Mexikos: Puebla. Viele Häuser sind mit Talavera-Kacheln geschmückt

Trockenes Hochland, Regenwald, heiße Ebenen

In relativer Eile – in Wirklichkeit verging ein ganzer Monat – strebten wir Guatemala entgegen. Eines klaren Morgens zeigten sich uns die Vulkane Popocatepetl und Ixtaccihuatl, später auch der höchste Berg Mexikos, der Pico de Orizaba (5700 m). Bauern auf Eseln mit Sauginstrumenten, mit denen sie aus den angeschnittenen „Herzen" der bis vier Meter hohen Pulque-Agaven den Saft entnahmen, aus dem ein beliebtes alkoholisches Getränk hergestellt wird, belebten die Landschaft. Nach mehrtägigem Aufenthalt in Puebla mit seinen mit Talavera-Kacheln geschmückten Kirchen, Palästen und Bürgerhäusern, seinen schmiedeeisernen Toren und Balkonen und holzgeschnitzten Türen, das auch als die „spanischste" Stadt Mexikos bezeichnet wird (es war eine der Städte, die uns am besten gefielen), kamen wir durch das Wüstenplateau von Perote. Die wichtige Verbindungsstraße zwischen dem Hochland und dem Meer war nach dem deutschen Forscher Alexander von Humboldt benannt. Hier stand aber auch das Gefängnis, von ewigen Winden gepeitscht, in dem Tausende von Deutschen während des Zweiten Weltkrieges jahrelang interniert waren . . .

Wir hatten buchstäblich die Nase voll vom ständigen Staub, als sich zu unserer Erleichterung die Straße plötzlich senkte. Wir traten eine der merkwürdigsten Talfahrten der ganzen Reise an. Aus 2400 Meter hohem, trockenem Hochland kamen wir durch Nebelschwaden in den triefenden Regenwald der Sierra Madre Oriental. Azaleen, Bougainvillea, Hibiskus, Orchideen, Lilien, Mango-, Orangen- und Papayahaine umgaben uns auf der Fahrt zur Hafenstadt Veracruz am Golf von Mexiko. Wir radelten von dort durch ein feuchtes, samtgrünes Küstengebirge, dann bogen wir nach Süden ab und durchquerten in zwei Tagen das Land an seiner schmalsten Stelle, nach Tehuantepec. Wieder ein abrupter Klimawechsel: Der Regen, den der Ostwind von der Karibe heranführt, blieb zurück; an dieser Seite fegten Windhosen über eine Ebene. In fünf weiteren Tagen, mit über 35 Grad Hitze und einem Sturm, der das Fahren zeitweise unmöglich machte, erreichten wir Tapachula an der Grenze, nach vierhundert Kilometern.

In der Landenge von Tehuantepec bewunderten wir besonders die Frauen, denn wie in keiner anderen Region Mexikos sahen wir sie, füllig aber höher gewachsen als sonst, in farbensprühenden, bestickten Gewändern, Lasten auf dem Kopf balancierend, einherschreiten. Die Damen des Landstrichs waren für ihre Geschäftstüchtigkeit und Schlagfertigkeit bekannt. Fragte mich ein Marktfräulein: „Kleiner, hast du schon 'ne Frau?" Es herrschte Männermangel. Doch leider wichen die originellen Trachten bald wieder der Konfektionsbekleidung. Interessant, da gefährlich, sahen nun die Männer aus, mit ihren bis zu einem Meter langen „machetes" (Buschmessern), die sie wie Schwerter ständig bei sich trugen. Doch die zum Gruß erhobene Hand zeigte friedliche Absichten an. Nicht nur zum Roden, bei der Ernte und für andere landwirtschaftliche Tätigkeiten benutzten sie dieses Messer, auch beim Schälen von Mangos und Orangen sowie beim Schneiden ihrer Fingernägel führten sie das Werkzeug meisterhaft.

Über mir ein Dach aus Stroh, dessen Schatten die Mittagshitze lindert, um mich niedliche braune Kinder, Hunde, Katzen, Hühner und eine müde Kuh, vor mir Wilma in einer bunten Hängematte schaukelnd, ich an einem schweren Tisch im Hofe eines kleinen, aber festen Hauses schreibend – so könnte sich der Leser mich bei der Abfassung meines letzten Reiseberichtes aus

Wollte für großen Artikel viel wissen: Redakteur Gregorio Navarrete in Veracruz

Mexiko in der pittoresken Stadt Tehuantepec vorstellen. Florencio Flores Mendoza hieß der Besitzer des Hauses, und er war Gemeindediener. Nach einem Gespräch mit dem Bürgermeister auf dem Rathaus über die Möglichkeit, eine Nacht im Kreise einfacher Einheimischer zu verbringen, und einen interessanten Tag dazu, hatten wir ihn kennengelernt. Nach einem Teller Reis mit Hühnerfleisch und unvermeidlichen, hier hausgemachten „tortillas", fand ich Gelegenheit zum Schreiben, obwohl jetzt eigentlich Siestazeit war, aber sonst gab es hier wenig Ruhe (Farbbild 46).

Letzter Gastgeber in Mexiko war in Tapachula, einer modernen Stadt mit vielen Kaffeeplantagen in der Umgebung, der Deutsche Martin Jacobsen. Aus dem Schleswigschen stammend, hatte er bereits vierzig Jahre seines Lebens hier verbracht. Er besaß eine Mechanikerwerkstatt. Seine Frau war Mexikanerin. Wie gut das Ergebnis dieser Mischung war, sahen wir an ihrer Tochter: Sie war immerhin die Schönheitskönigin des Staates Chiapas. Mit der Familie machten wir Ausflüge zum Meer und in die Berge – zur Abkühlung.

Wir waren viel zufriedener mit unserem Besuch in Mexiko, als wir es zuvor zu hoffen gewagt hatten. Vielen Menschen waren wir dankbar. Die Gastgeber waren für uns wichtigste Informationsquelle. Ein stark verbreitetes Vorurteil, das den mexikanischen „Eingeborenen" unter einem großen Kaktus schlafend beschreibt, fanden wir widerlegt. Entsprechende Darstellungen im Ausland galten schon als eine Verletzung der Ehre dieses Volkes. In Mexiko wurde allerorts nicht weniger hart gearbeitet als etwa in Nordamerika. Wer so schafft, hat freilich auch das Recht, seine Siesta zu halten.

Was Zeitungen über uns schrieben

Wie unser Interesse während dieser Weltreise sehr vielen Dingen galt, so richteten wir unser Augenmerk besonders auch auf das Pressewesen, auf Radio und Fernsehen. Wir trafen mit zahlreichen Journalisten zusammen, informierten uns über die Pressepolitik der Regierungen, besichtigten Setzereien und Druckereien in vielen Städten. Die Kollegen nahmen meist die Chance wahr, uns sogleich zu interviewen und zu fotografieren. Häufig – selbst in den USA, nicht nur im „überschwenglichen" Lateinamerika – ließen die Journalisten beim Schreiben der Artikel ihrer Phantasie freien Lauf. Da wurden uns allerlei Worte untergeschoben, die wir nie gesagt hatten. Aber was soll's, wir wurden durch die Berichte sehr bekannt und für die Leute interessant.

Manchmal war die Aufmachung wirklich beeindruckend. Die Zeitung „Diario del Yaqui" im mexikanischen Ciudad Obregon zum Beispiel stellte „uns" auf Seite 1 neben die Meldung über einen chinesischen Wasserstoffbombentest. Der Verleger und Redakteur Juan José Rivera des Blattes „La Prensa" in Tepic, gleichfalls Mexiko (wir wohnten bei ihm), brachte – so unglaublich es klingen mag – quer über die erste Seite die acht Spalten breite Schlagzeile „Deutsches Ehepaar bereiste 23 Länder" und stellte zu dem Bericht vier Fotos. Die mickrige Überschrift des Artikels über die Amtseinsetzung des US-Präsidenten Nixon fiel da kaum noch auf.

Manchmal wunderten wir uns auch über den Schreibstil der Redakteure. Der von „La Prensa Gráfica" in San Salvador versuchte seinen Lesern nicht nur unseren Charakter zu schildern, sondern er erklärte ihnen auch unser Äußeres bis hin zu Haarfarbe und Gesichtsform. Gelegentlich durften wir die Zuverlässigkeit der Kollegen unfreiwillig testen. Der Redakteur Filadelfo Suazo von „El Dia" in der Hauptstadt von Honduras zum Beispiel schwänzte ein vereinbartes zweites Treffen mit uns. Am selben Tage erschien ein Artikel von ihm über seinen

Einige der zahlreichen Artikel, die in vielen Ländern über unsere Reise erzählten

kürzlichen Deutschlandbesuch. Überschrift: „La Puntualidad Alemana" – Die deutsche Pünktlichkeit...

Viele Überschriften und Passagen waren so nett, daß ich dem Leser dieses Buches eine kleine Auswahl aus bisherigen und künftigen Veröffentlichungen nicht vorenthalten möchte.

Yedioth Hadashoth, Israel: „Selbst wenn man diese Ansicht nicht teilt – die auf die Ahlborns keineswegs abschreckend gewirkt hat –, ein Wagnis ist diese Reise doch, und die Weltradler wissen das auch. Sie empfinden, daß im Jet-Zeitalter einem solchen Unternehmen etwas Abenteuerlich-Anachronistisches anhaftet und daß ihnen gleich der Nußschale ‚Kontiki' durch Wind und Wetter und... durch die Menschen Gefahren drohen."
Tomakomai Mimboscha, Japan: „Dieses Paar wandert durch viele Länder, um das bewegte Leben in dieser Welt mit eigener Haut zu spüren."
San Francisco Chronicle, USA: „Haarsträubende Abenteuer zweier Deutscher auf geschäftigen Rädern."
Porterville Evening Recorder, USA: „Mit dem Fahrrad und mit dem Schiff rund um die Welt – wäre das nichts für den nächsten Urlaub?"
Phoenix Gazette, USA: „Vor 21 Reifen verließen sie ihre Heimat."
El Imparcial, Mexiko: „Unter Tränen des Schmerzes um die ferne Heimat stießen sie an Heiligabend mit ihren Freunden an."
El Sol del Pacífico, Mexiko: „Zwei Fahrräder, zwei eiserne Willen und ein edler Vorsatz trieben sie vorwärts."
La Prensa de Nayarit, Mexiko: „Gute Botschafter des Friedens und würdige Vertreter einer menschlichen Familie."
La Prensa Gráfica, El Salvador: „Flitterwochen auf guten und schlechten Wegen... Ihr Lächeln hat ihnen wahrscheinlich auch zur Befreiung aus dem ägyptischen Kerker verholfen."
La Estrella de Panamá: „Wilma sieht gar nicht so aus, als ob sie solch interessante und gefährliche Abenteuer durchstehen kann."
La Prensa de Osorno, Chile: „Typische Vertreter germanischer Hartnäckigkeit."
El Llanquihue, Chile: „Dieses Paar hat sich einem Heldenstück verpfändet, das nur wenige zu tun geneigt sein werden!"
La Crónica, Chile: „Über ihre Erlebnisse könnten sie mehrere Bücher schreiben."
Argentinisches Tageblatt: „Bequemlichkeit ist sicher keine Untugend unserer jungen Freunde. Unter viel Mühe haben sie mehr gesehen, als manch anderer im Laufe seines ganzen Lebens."
El Pueblo, Uruguay: „Wirklich ein außerordentliches Abenteuer!"

Auf der „Traumstraße“ Zentralamerikas

Obwohl erst drei Monate in Lateinamerika, hatten wir es jetzt schon satt, uns als „gringos“ beschimpfen zu lassen. In Mexiko war uns dieses Wort Hunderte Male nachgeflogen, wenn wir durch Menschenansammlungen gingen oder mit unseren Rädern vorbeifuhren. „Gringo“ ist eine verächtliche Bezeichnung für Ausländer. In Mexiko hatten wir das Gefühl gehabt, daß der Ausdruck noch einen freundlicheren Klang hatte. Dennoch gefiel er uns nicht, wie auch keinem anderen Ausländer, ganz gleich woher er stammte. Da aber der weitaus überwiegende Teil der Fremden in Mexiko und Zentralamerika aus den USA kam, waren damit in erster Linie sie gemeint. Die Nordamerikaner erfreuten sich keiner besonders großen Beliebtheit unter der breiten Bevölkerung. Die Region war schon zu lange wirtschaftlich und politisch von den USA bevormundet worden. Obwohl wir dort viele nette Menschen als gute Freunde hatten, war es uns nicht recht, ständig für Nordamerikaner gehalten zu werden, gewissermaßen für die Sünden der USA mitbüßen zu müssen. (In Indien hatten wir für die Engländer gelitten.) Wir wollten uns deutlich als Deutsche zu erkennen geben.

So bastelte ich mir in der Mechanikerwerkstatt von Martin Jacobsen in Tapachula ein metallenes Schild, bemalte es gelb auf schwarzem Grund mit dem Namen unserer Heimat: „Alemania“, und montierte es an meinem Fahrrad, das es bis zum Ende der Reise zieren sollte. Wir wollten unsere Beziehungen zu den Bewohnern der bereisten Länder vereinfachen, und wirklich, wir lagen damit nicht falsch: Während der verbleibenden eineinviertel Jahre hörten wir zwar immer wieder das Wort „gringo“ – nicht immer mit ganz unangenehmem Klang, denn bekanntlich macht der Ton die Musik –, aber häufiger waren wir für die Leute auf den ersten Blick einfach „alemanes“, Deutsche. „Alemania“ war für die meisten ein Begriff. Viele waren erleichtert, sofort zu erkennen, woher wir kamen. Wir hatten durch unsere Maßnahme nur Vorteile.

Uns war sie auch deshalb ratsam erschienen, weil wir von großen Studentendemonstrationen in Guatemala gehört hatten, wobei die offene Ablehnung gegenüber den USA zum Ausdruck gebracht wurde. Das Land wurde von schweren innenpolitischen Zerwürfnissen geplagt, und kaum ein Tag verging ohne Attentat, Entführung und Sabotage. Wir wollten auch Zentralamerika heil überstehen.

Starke Höhen- und Klimaunterschiede

So reisten wir nach Guatemala ein. Unser Visum für dreißig Tage hatte umgerechnet zehn Mark gekostet. Für die Benutzung der Brücke über den Grenzfluß mußten wir je knapp eine Mark bezahlen. Wir hatten es so angelegt, daß wir weder sonntags, noch morgens vor acht, noch abends nach sechs Uhr zur Grenze kamen, denn sonst hätten wir eine empfindlich hohe besondere Bearbeitungsgebühr entrichten müssen. Wir wollten niemand zu unzumutbarer Zeit zur Arbeit zwingen. Aber die Tatsache, daß wir keine Nummernschilder an unseren Fahrrädern hatten, bereitete den geplagten Zöllnern einiges Kopfzerbrechen. Schließlich resignierend, gaben sie uns ein Papier, mit dem wir auch so passieren durften. In dieser Hinsicht mußten wir uns in den nächsten Monaten noch an manches gewöhnen.

Es ging auf Asphalt weiter, der zwischen Bananen-, Kaffee- und Kakaopflanzungen gegossen worden war. Aber das Klima verlangte alles von uns. Das Thermometer zeigte fast 40 Grad Celsius. So entschlossen wir uns wieder einmal, eine längere aber kühlere Route zu wählen. Wir gelangten am zweiten Tage von knapp über Meereshöhe auf 2300 Meter, aber um welchen Preis! Noch nie in unserem Leben hatten wir so geschwitzt. Unsere Kleidung war zum Auswinden, wir selbst waren deprimiert und gereizt. Daran änderte auch nicht viel, daß wir in Quetzaltenango, der zweitgrößten Stadt der Republik, derartige „Kälte" antrafen, daß wir nur so schlotterten. Das war eine Roßkur!

Auf dem Wege dorthin sahen wir den Salamá-Fluß durch die Schlucht, in die die Straße gezwängt worden war, zur Ebene am Meer hinabstürzen. Auf engstem Raum erhoben sich gleich zehn Vulkane, einige immer noch aktiv. Schwefelquellen brodelten an vielen Stellen. Dann, in Kiefernwäldern, regnete es. In der Nähe von Quetzaltenango erreichten wir wieder die Panamerikanische Straße, die wir vor einigen Tagen, noch in Mexiko, verlassen hatten. Auf ihrem Verlauf wird sie „Carretera Interamericana", „Carretera Panamericana", abgekürzt „Panavia" und „Viapanam" genannt und noch mit ein paar anderen Bezeichnungen versehen. Wir würden dieser Straße nun, von wenigen Abweichungen abgesehen, bis zum Panamakanal folgen, der „Traumstraße" Zentralamerikas, die durch eines der landschaftlich schönsten Gebiete der Welt führt, manchmal über den Wolken.

Auf dem Weiterweg nach Guatemala-Stadt kamen wir auf Höhen um 3000 Meter. Besonders schön war unser „Umweg" entlang des Atitlánsees, an dem sich einige hohe Vulkane erheben. An seinem lieblichen Ufer herrschte Beschaulichkeit (Bild Seite 266). Es gab selten Autos. Wir waren fast allein mit den Indios der Gegend und mit einigen Rennradfahrern, die hier trainierten. Die Guatemalteken sind Radsportanhänger.

Die Krise – der Abbruch der Reise?

Aber so schön die Landschaften, so interessant viele Plätze auch waren, wir mußten uns doch recht abmühen, um sie zu Gesicht zu bekommen. Wie das auf unserer Weltreise nun schon des öfteren vorgekommen war, trafen gelegentlich mehrere unerfreuliche Dinge zusammen, schlechte Straßen, Staub oder Nässe, ungünstiges Wetter, Pannen am laufenden Band, vergebliche Suche nach einem ordentlichen Schlafplatz, vielleicht sogar Lebensmittelmangel, allgemeines Unwohlsein durch ungewohntes Essen, dazu hin und wieder unfreundliche Menschen – manchmal war es wirklich zum Davonlaufen.

Die Beanspruchung der Nerven ging oft bis zum Äußersten. In solchen Momenten hätte uns wohl niemand mehr um unsere Reise beneidet. Der eine oder andere, der dachte, eine Weltreise mit Fahrrädern sei nur etwas Vergnügliches, leicht von jedem durchführbar, der dazu Lust verspürte, hätte vielleicht seine Meinung geändert. Wir hätten niemandem den Rat gegeben, uns nachzuahmen. Ehrlich gesagt, hatten wir die ganze Reise und uns selbst gegenseitig manchmal richtig satt, wenn wir gerade wieder durch ein „finsteres Tal" wandelten. In lichteren Zeiten sahen wir die Sache dann mit ganz anderen Augen, denn schließlich war es uns vergönnt, *das* endlich zu sehen, war wir uns immer vorgestellt hatten, und zu erleben, wovon andere nur träumen durften.

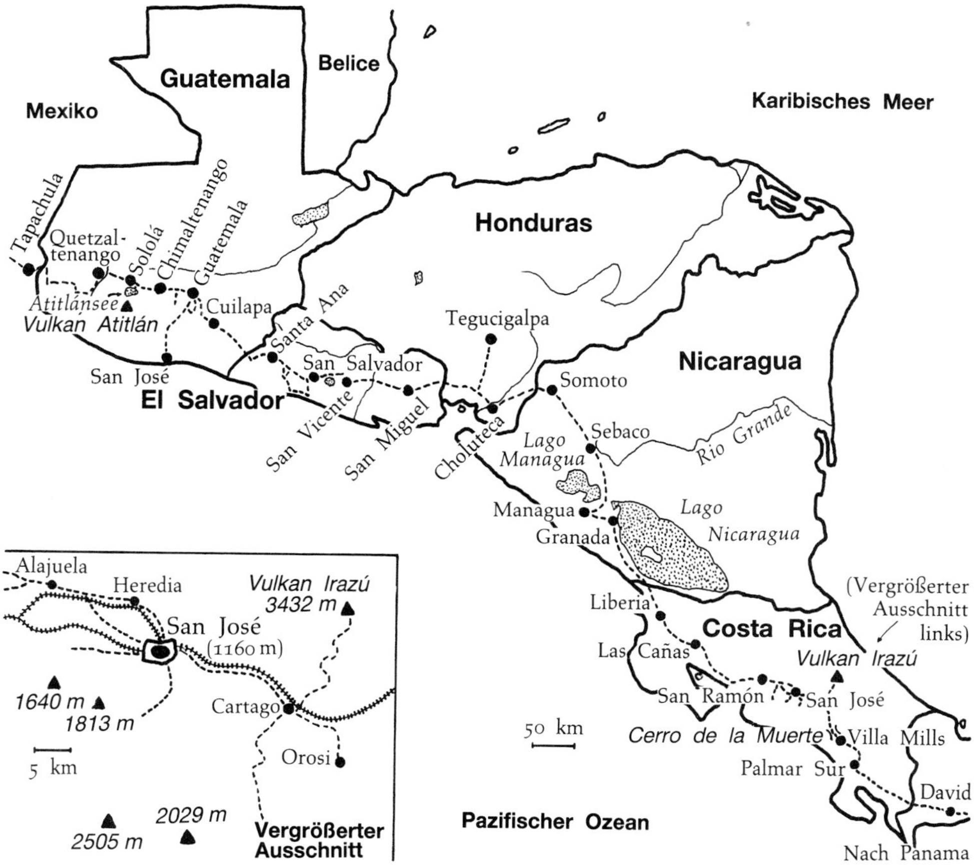

Reiseweg (Strichlinie) durch fünf Länder Zentralamerikas Richtung Panama und (vergrößert) Fahrten um die Hauptstadt San José/Costa Rica, mit höchsten Erhebungen und mit Eisenbahnlinien

Seit Wilma vor Guadalajara an unerklärlichen Schwächesymptomen gelitten hatte, sank ihr der Mut häufiger als zuvor. Dabei spielte es keine Rolle, ob wir in hohen Bergen waren oder im Tiefland. Beides hatte seine Tücken. Schließlich, nach weiteren 3000 Kilometern, in der Hauptstadt Guatemalas, hatte ihre Stimmung einen Punkt erreicht, der für sie zunächst das Ende der Reise bedeutete. Ich wollte weitermachen, sie hatte einfach genug. Unsere Wege trennten sich. Mein guter Kamerad der letzten zehn Jahre und auf dem Weg durch so viele Länder packte seinen Rucksack, ließ sein Fahrrad Fahrrad sein und besorgte sich mit Hilfe der deutschen Botschaft die Flugkarte in die Heimat. Selbst als Wilma mich vor diese vollendeten Tatsachen stellte, blieb ich dabei, daß es richtiger wäre, die Fahrt wie geplant fortzusetzen, aber längere Ruhepausen einzulegen. Sie schien unerbittlich. Endlich gab sie doch nach. Die Reise würde fortgesetzt werden, aber einige besonders schwierige Fahrten würden wir ohne die Fahrräder unternehmen. Wilma gab die Flugkarte zurück. Dieser Liebesbeweis war ein Wendepunkt. Wir erlebten noch viel Schweres, aber nie mehr waren wir uns so uneinig.

Rebellen, Sympathisanten und Indios

In der Hauptstadt sahen wir Soldaten, die hier meist schwerbewaffnet herumliefen, ein Lasso nach nichtsahnenden Radfahrern werfen, sie dadurch auf die Straße schleudernd. „Daraus können Sie auf den Charakter unseres Militärs schließen", erwiderten junge Leute, als wir ihnen davon berichteten. Sie verhehlten ihre Einstellung gegen die herrschende Clique nicht, obwohl sie selbst Kinder der High-Society-Familien waren. „Für unsere Alten sind wir Kommunisten, dabei wollen wir nur eine Besserung – wirtschaftlich, sozial und kulturell – für unser Land. Natürlich sind wir dabei gegen die Vereinigten Staaten, die es in eine wirtschaftliche Abhängigkeit gezwungen haben."

Unsere Gesprächspartner bewunderten die Rebellen in den Bergen und Wäldern, aber eine feste Vorstellung, wie Guatemala einen Bürgerkrieg überstehen und wie es danach weitergehen solle, hatten sie nicht. „Es wird noch viel Blut fließen" – dessen waren sie sich sicher. Im ganzen Land war es kein Geheimnis mehr, daß innerhalb zwei Jahren fünftausend Menschen – Freiheitskämpfer, Partisanen, Unschuldige, was immer sie gewesen sein mochten – im Auftrag der Regierung ins Jenseits befördert worden waren. Die Untergrundbewegung blieb den Militärs aber nichts schuldig. An den Schauplätzen von Kämpfen soll sich das Wasser von Bächen vom Blut der Niedergemetzelten rot gefärbt haben, wurde uns erzählt.

Tatsache war, daß Presse und Funk der Zensur unterlagen, daß die Mehrheit der Arbeiter unterbezahlt war, daß nicht genügend Schulen existierten (achtzig Prozent Analphabetentum) und daß eine echte parlamentarische Opposition nicht aufkommen konnte – alles Dinge, die viel

Einer der schönsten Seen der Welt, Lago de Atitlán in Guatemala, mit den Vulkanen (von links) Atitlán

Sprengstoff enthielten. In Quetzaltenango sahen wir eine unseren Karnevalsumzügen ähnliche Studentendemonstration gegen die Regierung und gegen die ständige Einflußnahme der USA auf die inneren Angelegenheiten Guatemalas. Das war am „Schmerzensfreitag", eine Woche vor Ostern. Sie nannten ihre Aktion „Huelga de Todos los Dolores", einen „Streik" an diesem Feiertag.

Am „Schmerzensfreitag" sahen wir dort auch eine feierliche Prozession, am Palmsonntag in Sololá am Lago Atitlán und am Gründonnerstag bei Guatemala-Stadt Umzüge der Indios (Farbbild 47). Braune, scharfgezeichnete, oft sehr schöne Gesichter haben die Nachkommen der Mayas, die uns, trotz schwerer Lasten von Bananen, Orangen oder Holz in Körben zu den Märkten tragend, immer freundlich grüßten. Mehr als die Hälfte der Einwohner sind die Kinder der einstigen Landesherren. Durch ihr unglückliches Schicksal unter den Spaniern haben die Maya-Stämme offenbar jede Hoffnung auf ein Leben, wie es ihnen von Rechts wegen zusteht, verloren. Während der drei Wochen in Guatemala sahen wir, daß sie ihre alten Sitten und Kunstfertigkeiten beibehalten haben, daß es aber keine Weiterentwicklung gibt. Meist Bauern, bieten sie auf den Märkten auch unbeschreiblich schöne Handwebereien feil. Sie verwenden nur bestes Material und altüberlieferte Farbrezepte. Diese wie andere Künste haben ihnen allerdings nie großen Reichtum verschafft.

Ein geringer Teil der Bevölkerung sind Weiße, die jetzigen Herrscher, und dreißig Prozent Mischlinge. Die Indios arbeiten oft als Diener in den Häusern der anderen, ein „gutbezahlter" Job. Einen Quetzal (Währungseinheit, die nach dem Nationalvogel benannt wurde) verdiente ein Gärtner täglich, den wir bei einer reichen Familie in der Hauptstadt arbeiten sahen. Das waren vier

(3505 m), Tolima (3277 m) und San Pedro (3024 m)

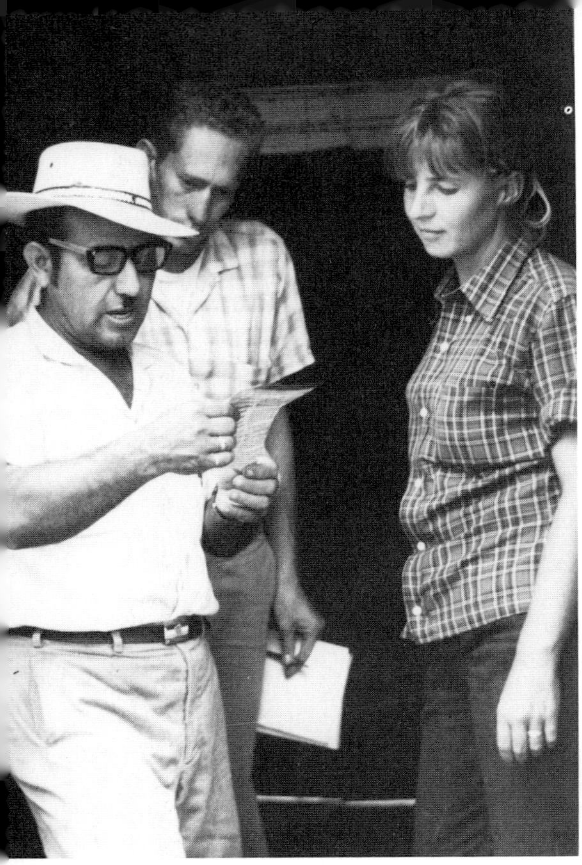

Cuilapa/Guatemala: Bürgermeister Castillo liest Bericht über uns, hilft uns. – Auf der „Traumstraße"

Mark. Der „muchacho" („Bursche", die übliche Bezeichnung des männlichen Personals; Dienstmädchen heißen dementsprechend einfach „muchacha") hatte im Garten ganz hinten einen Verschlag aus Latten, Kartons und zerschnittenen Nylonbeuteln als „Wohnung". Der Slum im Park der Villa... Doch Indios halten ihren Mund. Sie sind seit 450 Jahren daran gewöhnt.

Volles Besuchsprogramm

Wir wären Narren gewesen, hätten wir Einladungen wohlsituierter Bürger zu Autoausflügen nicht angenommen. So sahen wir noch manches zusätzlich, was wir auf Fahrrädern nicht zu sehen bekommen hätten. Carlos Bauer Arzu, einer der Studenten in Señora Malos Heim in Mexiko-Stadt, stammte von hier. Er schickte uns zu seiner Familie. (Diese „Kette" hatte in Nordmexiko begonnen!) Augusto Bauer Arzu und seine Frau Guadalupe waren halb deutscher Abstammung, konnten aber kein Deutsch. Er war Biochemiker im Krankenhaus, sie war eher musisch veranlagt, malte viel, gab aber auch ihrer „muchacha" täglich Schreib- und Leseunterricht. Patricia, die 21jährige Schwester von Carlos, arbeitete in einem Büro.

Sie war äußerst vergnügt zu hören, daß wir einige Tage bei ihnen bleiben würden. Einmal schwänzte „Pati" deshalb die Arbeit. Sie lenkte den großen Wagen ihres Vaters nach San José an der Küste. Sie hatte den Schlüssel für das Strandhaus einer reichen Tante. Wir ermüdeten aber rasch (37 Grad, fast hundert Prozent Luftfeuchtigkeit), bis eines der rasenden Tropengewitter seinen ganzen Vorrat an Blitzen in die Dämmerung schleuderte. Danach, auf der Rückfahrt, trauten wir unseren Augen kaum: Milliarden von fliegenden Insekten, vom Licht des Wagens gebannt, erschwerten unsere Sicht wie ein dichtes Schneetreiben. Wir kamen mit „Pati" auch zum beliebtesten Ausflugsziel der Hauptstädter, dem See Amatitlán. Auch hier gab es Villen, mit Schwimmbecken und Jachten. Aber wir versäumten nicht, auch zum „Strand der armen Leute" zu gehen. Wir sahen, daß sie sehr viel Spaß hatten an dem, was ihnen vergönnt war.

Andere Bekannte, die uns einluden, brachten uns zu den Ruinen der 1773 durch ein Erdbeben total zerstörten alten Hauptstadt Antigua Guatemala. Und wir beobachteten einen Ausbruch des Vulkans Pacaya (2580 m). Schwarzgrauer Qualm drang unter Grollen aus einem neuen Krater und des Nachts sahen wir die Lava aus dem riesigen „Kochtopf" zum Himmel emporschießen, die Wolken mit ihrer Glut rötend. In der Hauptstadt gab es kaum eine wichtige Einrichtung, die wir nicht besuchten, von den großen Kirchen über die luxuriösen Hotels und das zwei Wochen zuvor eröffnete neue Gebäude des internationalen Flughafens (Ausgaben zwanzig Millionen Mark für diese modernste Einrichtung ihrer Art in Lateinamerika!) bis zum Nationalpalast, in dessen großen, reichgeschmückten Sälen Staatsfeiern abgehalten werden. Aber wir waren auch in den Slums.

Wir setzten unsere Reise durch den Süden Guatemalas zur Grenze von El Salvador fort, dabei zögernd, weil es Sonntag und der Übergang zu diesem Land nicht geöffnet war. Ein nettes Erlebnis hatten wir in dem staubigen Städtchen Cuilapa. Bürgermeister Gregorio Antonio Loarca Castillo steckte uns in eine ganz einfache Herberge (Zimmer mit Betonwänden und -boden, zwei Metallbetten, Tisch und Stuhl – uns war es recht), aber zuvor las er dem herbeiströmenden Volk laut einen der Artikel vor, die in Mexiko über uns erschienen waren. Wir erhielten sogar Beifall.

Unterwegs in El Salvador

Nun waren wir schon wieder erheblich tiefer, und die Hitze umklammerte uns. Die Panamerikanische Straße schlängelte sich durch die Berge, verlief durch Ebenen oder wand sich durch Hügelland – langweilig wurde es uns nicht. Dazu trug auch bei, daß die Qualität zwischen glattem Asphalt oder Beton und halsbrecherischen Schotter- und Sandwegen wechselte. Manchmal war die „Traumstraße" in dieser Hinsicht gar nicht traumhaft.

Immerhin schön und sauber fanden wir die erste Stadt El Salvadors, Santa Ana. Den Einwohnern war aber ihr Reichtum – durch Kaffee aufgehäuft – zu Kopf gestiegen. Sie hielten Santa Ana schlichtweg für die wichtigste Stadt Zentralamerikas. Dabei hatte es nur rund hunderttausend Einwohner. Aber es war ein Wirtschaftszentrum. Dort besuchten wir eine Fabrik, die ein Solinger Messerwerk errichtet hatte. Etwa 3500 Buschmesser und vierhundert Äxte aus rostfreiem Stahl wurden hier täglich gestanzt, geformt, gehärtet, geschliffen, poliert und zum Teil exportiert. Die Fabrik galt als Rüstungsbetrieb! Dennoch durften wir Aufnahmen machen – die vier leitenden Angestellten waren aus Westfalen. Durch sie kamen wir zu unseren Gastgebern in der Hauptstadt San Salvador.

Der relativ kurze Weg verlief durch hügeliges Plantagenland. Die Kaffeesträucher standen in voller, duftender Blüte. Dr. Michael Schmidt-Thomé, Angehöriger der „Deutschen Geologischen Mission" und seine Frau Marlene warteten bereits auf uns. Wir hatten gerade noch Zeit, uns frisch zu machen, dann lieh mir Michael einen seiner Anzüge und eine Krawatte, und Marlene Wilma ein hübsches Kleid, und schon ging's ins „El Salvador Intercontinental Hotel", wo der neue deutsche Botschafter hier einen Empfang für die deutsche Kolonie (etwa dreihundert Familien) gab. So rasch können auf einer Fahrradweltreise die Bedingungen wechseln!

Auf Einladung der „Misión Geológica Alemana" nahmen wir an einer 270 Kilometer langen Erkundungsfahrt im Landrover durch landschaftlich äußerst interessante Zonen teil. Wir fuhren halb den 1950 Meter hohen Vulkan San Salvador hinauf, bis wir schon in den Wolken waren. Der Geländewagen holperte meist über höllische Wege aus einer Schlucht über vulkanische Höhenzüge in die nächste hinab. Die Vulkane Santa Ana (2382 m, noch aktiv) und Izalco (1860 m, als „Leuchtturm am Stillen Ozean" bekannt) erheben sich am Ufer des Lago Coatepeque, doch ein Aufstieg lohnte sich wegen des starken Dunstes nicht. Überraschend war die Kühle in den Nebelwäldern (ab 1500 m). Darunter waren überall Kaffeeplantagen. Die deutschen Geologen suchten für El Salvador nach Bodenschätzen und bildeten Nachwuchs aus.

Michael und Marlene taten einiges für uns. Auf der Landroverfahrt kamen wir in einem schönen Stück des Landes herum, bis zur Küste. An einem anderen Tag fuhr unsere Freundin mit anderen jungen Frauen und uns zum Baden ans Meer, immerhin vierzig Kilometer entfernt. Wir ruhten uns aber auch in ihrem schönen Haus in einem Residenzviertel aus. San Salvador gilt bei vielen als die hübscheste Hauptstadt Zentralamerikas, denn einige Stadtteile sind luftig gebaut und voller Blumen. Die Stadtmitte ist aber sehr eng und überfüllt. Dieser Zwergstaat hat ohnehin die größte Bevölkerungsdichte in der Region. Wir wollen ehrlich gestehen, daß uns die Aufdringlichkeit der Mestizen (nur etwa ein Sechstel reinblütige Indios) ebenso mißfiel wie wir von ihrer künstlerischen Armut enttäuscht waren.

1200 Kilometer Asphaltstraßen hatte El Salvador, dreimal soviel war ungeteert. Die „Paname-

Macheten- und Messerfabrik in Santa Ana/El Salvador. – Kleine Señorita in Honduras

In jeder zentralamerikanischen Hauptstadt (hier San Salvador) gibt es große Elendsviertel

ricana" war hier mit glatter Oberfläche versehen, eine Erleichterung in dem ungesunden Klima. Auch nachts fiel das Quecksilber kaum unter 30 Grad. Nervtötend war dabei das endlos scheinende Auf und Ab durch von Vulkanen gestaltetes Terrain. Um uns hatten wir das uns nun schon vertraute Leben auf den Straßen und am Wegesrand: ärmliche Hütten, ewig schwangere Frauen, Kinder mit aufgeblähten Bäuchen durch falsche Ernährung, Männer mit Buschmessern, „muchachas" mit Körben voller Früchte; müde grasende, abgemagerte Pferde, Ochsenkarren mit quietschenden Scheibenrädern (Farbbild 48), Lastwagen mit spiegelglatten Reifen, Konservendosen als Benzintankdeckel und dem warnenden Schild an der Hinterseite „Guarde su distancia!" (Abstand halten!). Wenn wir irgendwo stehen blieben, sammelten sich rasch Neugierige an, und häufig war einer dabei, der seinen Mitgaffern die wundersamsten Dinge über uns erzählte, obwohl wir kein Sterbenswort mit ihm gesprochen hatten.

Heilige waren für die Spanier bei ihren Stadtgründungen bevorzugte Namensspender gewesen, wie auch für unsere beiden nächsten wichtigen Stationen, San Vicente und San Miguel. El Salvador (auf deutsch „Der Erlöser") ist voll von Orten, deren Namen mit „San" und „Santa" beginnen. Eine andere große Namensgruppe rührt von den Indiosprachen her. Zwei Dörfer bei der Hauptstadt führen den Namen Cuscatlán, was die Bezeichnung für das ganze Land vor der spanischen Eroberung gewesen war. Eine der Ausnahmen ist die kleine Stadt Berlin, am Fuß eines Vulkans gelegen. Wir kamen auf dem Weg nach Honduras daran vorbei. Weil es etwas höher liegt, suchte schon mancher in der guten „Berliner Luft" Erholung.

Eine Woche Stippvisite in Honduras

An der „frontera" kamen wir zur unrechten Zeit zu den Zöllnern: Während der Siesta war die Grenze geschlossen. Danach zählten wir auf beiden Seiten zusammen elf Stellen, wo wir Formalitäten zu erledigen hatten. Auch El Salvador hatte moniert, daß uns „placas" (Nummernschilder) fehlten. Für den Einreisestempel hatten wir eine Gebühr bezahlen müssen. Honduras verlangte das nicht. Als Deutsche benötigten wir oft kein Visum. Aber wir hörten in diesem Land erstmals auffallend oft das Wort „desconfianza", Mißtrauen.

Daran lag es allerdings nicht, daß wir die erste Nacht im Land auf Gefängnisbetten schliefen. In der Ortschaft, wo wir nächtigen mußten, konnte uns ein Beamter lediglich *diese* Schlafstätten beschaffen. Wir stellten sie in den Hof seines Büros, denn im Hause wären wir vor Hitze umgekommen. Es wurde nun wirklich furchtbar: 42 Grad Mittagstemperatur. Wer hat da noch viel Lust, mit dem Fahrrad zu fahren? Immerhin schafften wir es noch ein gutes Stück Richtung Tegucigalpa, der Hauptstadt von Honduras. Dann kletterten wir auf einen kleinen Lastwagen, denn wir mußten ohnehin den gleichen Weg, achtzig Kilometer, wieder zurück zur „Panamericana", dann mit eigener Kraft. Es ging über 1500 Meter hohe Pässe. Ganz oben war die Szenerie schwarzwaldähnlich. Nicht umsonst ist die Kiefer der Nationalbaum von Honduras.

In San Salvador hatte eine neue „Kette" ihren Anfang genommen. Michael und Marlene hatten uns ihrem Freund Justus in Tegucigalpa weiterempfohlen. Wie seine Frau war er deutscher Abstammung, aber mexikanischer Nationalität. Er arbeitete bei einer nordamerikanischen Minenfirma und kam gerade am Tage unserer Ankunft von einem zehntägigen Aufenthalt im Hinterland zurück. Justus und Michael waren früher in Europa gemeinsam auf Fahrradreisen gewesen, darunter durch Spanien. Wir fanden es toll, daß uns immer wieder „Sachverständige" begegneten. Justus zeigte uns auch sein Fahrtenbuch. Das Haus, wo er hier mit Frau, Kind und Mutter wohnte, stand vierhundert Meter über der Stadt, also 1300 Meter über dem Meer. Hier ließ es sich schon wieder aushalten. Es war eben die heißeste Zeit des Jahres. Während unseres Aufenthaltes in Tegucigalpa regnete es zum ersten Mal. Die nun einsetzende Regenzeit nennt man in Zentralamerika „Winter", die Monate November bis April demgemäß „Sommer".

An einem Tage unterhielten wir uns lange mit dem Kanzler der kleinen deutschen Botschaft. Honduras ist etwa halb so groß wie die Bundesrepublik. Diese baute an der Nordküste gerade eine Gewerbeschule. Hauptexportartikel waren Bananen, Holz und Kaffee. Nach den USA und dem Nachbarland Guatemala war Westdeutschland drittwichtigster Handelspartner. Es war das erste Mal in zweieinhalb Jahren, daß wir zu einem Ort kamen, wo Volkswagenbusse die wichtigsten öffentlichen Verkehrsmittel waren (Farbbild 49). Es ist eine der wenigen Hauptstädte, die keine Eisenbahn haben. Im sechzehnten Jahrhundert hatten Gold- und Silberfunde in der Nähe die neue Stadt zu einem Bergbauzentrum gemacht. Noch immer gab es Kopfsteinpflaster in engen Straßen und verwinkelten Gassen. Nichtsdestotrotz wurde auch modern gebaut. Fahrräder gab es hier praktisch nicht. Dazu war die Stadt zu hügelig. Wir müssen gestehen, daß wir noch ein Jahr zuvor den Namen der honduranischen Hauptstadt nicht hätten nennen können. Hätte der Leser ihn gewußt?

Einer eigenartigen Regelung mußten wir vor unserer Abfahrt entsprechen: Honduras verlangte zwar kein Einreisevisum, aber ohne Ausreisegenehmigung durften wir das Land nicht wieder verlassen. Wir bekamen sie kostenlos.

Wir stellten fest, daß unser Gepäck in letzter Zeit umfangreicher geworden war. In Rucksäcke läßt sich bekanntlich immer noch etwas mehr stopfen. Das ging natürlich nicht an. Darum tauschten wir auf einem Markt ein überflüssiges Handtuch gegen achtzehn Bananen, einen etwas abgetragenen Pullover gegen an der Landstraße feilgehaltene Halsketten aus bunten Samenkernen, steinharten Früchten und großen Dornen. Auf ähnliche Weise wechselten noch andere Dinge ihren Besitzer. Unsere Handelspartner freuten sich sehr über diese bargeldlosen Geschäfte. Schon in der Türkei waren wir zwei neue Luftmatratzen, die wir bis dahin nur einmal benutzt gehabt hatten, und einen leicht beschädigten Fotoapparat losgeworden. Später, in Südchile, würden wir noch unser Leichtbergzelt – in dem wir nur siebzehn Nächte verbracht haben würden – verkaufen, für umgerechnet 180 Mark, kein besonders gutes Geschäft für uns, denn der Käufer war ein Bekannter.

Impressionen aus dem ländlichen Nicaragua

Für die Fahrt von Tegucigalpa im Hochland von Honduras nach Managua, Hauptstadt Nicaraguas knapp über dem Meeresspiegel, benötigten wir eine Woche. Als wir die Grenze der nächsten Republik überschritten, knöpften die Beamten uns je sechs Mark Einreisegebühren ab, was außergewöhnlich hoch war. Dabei hatten wir uns das Visum schon in Mexiko-Stadt besorgt. Überhaupt gab es wenig Einheitlichkeit im vielbeschworenen „Centro-América". Wir tauschten unsere letzten Lempiras (Geld von Honduras) noch gegen Córdobas (Nicaragua-Währung), dann konnte es weitergehen. Aber das sagt sich so leicht. Der Leser stelle sich vor: Eine Waschküche im Sommer, in der den ganzen Tag gewaschen wird, mit geschlossenen Fenstern, und darin zwei

„Wassertankstelle" in Nicaragua. Einfügung: Interview mit uns in „La Prensa" in Managua

Menschen, die intensiv Gymnastik treiben. So kamen wir uns vor. Die „Panamericana" führt zwar manchmal über hohe Berge mit wunderbaren Waldgebieten, aber zumeist doch durch tiefer gelegenes Weideland. Wären Hitze und tropische Bäume nicht gewesen, so hätten wir uns im Allgäu wähnen können.

Nicaragua, das hauptsächlich von der Landwirtschaft lebte, hatte riesige Viehbestände. Dennoch kostete Rindfleisch den Verbraucher halb soviel wie in Westdeutschland, Milch sogar gleich viel, und das bei vergleichsweise winzigen Einkommen der arbeitenden Menschen. Trinkwasser war jetzt, am Ende der Regenzeit, derart knapp (das heißt, viele Brunnen waren trocken), daß Landbewohner oft nur die Möglichkeit hatten, es sich bei Haciendas zu besorgen. Diese besaßen tiefere Brunnen mit elektrischen Pumpen. Aber es war den Bauern selten möglich, dieses Trinkwasser kostenlos zu bekommen. An „Wassertankstellen" der Haciendas und selbst an solchen des Landwirtschaftsministeriums mußten für zwanzig Liter umgerechnet etwa sechs Pfennig bezahlt werden. Auch das ging auf die Dauer sehr ins Geld. Die Städter bekamen ihr Trinkwasser billiger und wenn sie nicht gerade im Slum wohnten auch bequemer. Anders als in den übrigen lateinamerikanischen Ländern lebte die Bevölkerung mit Vorliebe nicht in den Bergen, sondern vor allem entlang der Pazifikküste.

Wenn ich dies hier nicht in jedem Fall erwähne, so möchte ich doch sagen, daß wir auch in Zentralamerika auf dem Lande meist von sehr freundlichen Leuten beherbergt wurden. Zwar fiel nun häufiger das Wort „desconfianza", aber am Ende war doch immer jemand da, der sich nicht vor uns fürchtete. Wir erinnern uns an eine Frau in Nicaragua, die nach dem Studium einiger Zeitungsartikel über uns (sie erschienen in allen zentralamerikanischen Ländern), ihre Nachbarinnen herbeirief, mit dem Argument: „Das sind intellektuelle Personen!" Wir hatten nicht viel dagegen, uns von Wohlwollenden besichtigen zu lassen. Nicht ganz glücklich waren wir mit Kindern, die sich keine Chance entgehen ließen, uns durch Fenster, Türritzen und Schlüssellöcher zu beobachten. Aus Sicherheitsgründen wollten wir möglichst wenige Leute wissen lassen, was wir in unseren Rucksäcken hatten.

Auch wenn wir rasteten, trafen wir freundliche Menschen. Ein Lastwagenfahrer, der englisch mit uns sprach, erklärte uns, er habe einen deutschen Vater (unser „Alemania"-Schild wirkte!), und er schenkte uns ein Viertel einer Riesenmelone. Völlig „grundlos" reichte uns ein nach Hause reitender Bauer in Somoto (Farbbild 50) drei herrliche Mangos.

Unsere Tagesleistungen waren weit geringer als üblich (im Schnitt 70 km), denn wir mußten lange Mittagsrast einlegen. Unsere Organe wollten nicht mehr mitmachen, wir hatten beide abwechselnd Durchfall, Magenschmerzen, Brechreiz und Sodbrennen. Gegen Abend kamen aus den Reisfeldern massenhaft Moskitos, aus Kaffeepflanzungen winzige Fliegen, die stachen, worauf aus der betreffenden Stelle ein Blutstropfen quoll. Manchmal hatten wir deshalb blutverschmierte Arme und Gesichter.

Hundert Kilometer vor der Hauptstadt wurde die „Panamericana" plötzlich sehr schmal und holprig. Alles Schimpfen half nichts, wir mußten drüber. Es schien uns, als ob die Straße über jeden noch so kleinen Hügel dieses Landes steigen wollte. Keine Bodenwelle war ausgeglichen. Dennoch war der Bau der „Panamericana" eine große technische Leistung gewesen, denn er war zu einer Zeit geschehen, als die Gegend noch völlig unerschlossen, gutes Wasser oft nicht zur Stelle und das Land fieberverseucht gewesen war. Wir fuhren dann den Managuasee entlang und erreichten die Hauptstadt.

Ein Heimatforscher, Marktfrauen, Journalisten und Pflanzer

Da uns das Glück weiterhin hold war, hatte uns ein Nachbar von Justus in Tegucigalpa an seinen Vater in Managua weiterempfohlen. So gerieten wir an Albert Vogl, einen 72jährigen Ingenieur. Dessen Vater hatte Eltern aus dem Allgäu gehabt, während die Mutter Nicaraguanerin gewesen war. Doch lang, lang war's her, seit Albert Vogl nach Deutschland gegangen war, um am Ersten Weltkrieg teilzunehmen, wobei er an allen Fronten kämpfte. Zurückgekehrt, wurde er in Zentralamerika Kaffeepflanzer, im nächsten Krieg wie die anderen Deutschen interniert. Nun bekleidete er viele Ehrenämter bei Vereinigungen, war bei verschiedenen Genossenschaften Aufsichtsratsmitglied. Für uns von besonderem Vorteil war sein Hobby, die Heimatforschung. Kenner Nicaraguas waren selten. Unser Gastgeber hatte schon viele Aufsätze über seine Erkenntnisse publiziert. Er konnte uns einiges erzählen.

Einer der interessantesten Orte von ganz Nicaragua war ohne Zweifel der Mercado Central in Managua, der täglich und ganztägig abgehalten wurde. Auf diesem Zentralmarkt konnten wir dem Volke sozusagen aufs Maul schauen. Tausende von Händlerinnen und Köchinnen – *sie* machten fast alle Geschäfte – und Zehntausende von Kunden drängten sich in den schmutzübersäten Straßen und Hallen. Dieser Tummelplatz der Einfachen und Armen war Supermarkt, Eldorado und gesellschaftlicher Treffpunkt für die einen, aber öffentliches Ärgernis, Schandfleck und Sammelbecken für Kriminelle in den Augen der anderen Bürger. Wir fanden, daß der Markt äußerst malerisch war, trotz Gestank und Schmutz (Farbbild 51). Er stellte genau das dar, was auch Mitteleuropas Städte noch wenige Jahrzehnte zuvor Markt genannt hatten.

In Managua besuchten wir die oppositionelle Zeitung „La Prensa", 50000 Exemplare Auflage täglich. Die junge Redakteurin Angela Saballos zeigte uns das Zeitungsgebäude, wo in sehr beengten Verhältnissen gearbeitet werden mußte. Sie unterhielt sich mit uns. Am nächsten Tage erschien in „La Prensa" ein Interview mit uns, sechsspaltig und mit sieben Zentimeter hoher Balkenüberschrift: „Deutsche studieren Unterentwicklung: Bestürzt über wirtschaftliche Ungleichheit". Das traf zu, denn ich hatte deutlich gefragt: „Warum haben die einen hier zu viel und die anderen nichts?" Die Großfamilie des Präsidenten, Divisionsgenerals und Befehlshabers der gefürchteten Nationalgarde, Anastasio Somoza, besaß vierzig Prozent des Eigentums in diesem Land mit knapp zwei Millionen Einwohnern. Wenn wir daneben die erschreckende Armut sahen... Um dem Konkurrenzblatt „Novedades", das dem Präsidenten gehörte, eins auszuwischen, erfand Angela noch ein paar Sätze, die nicht aus meinem Munde gekommen waren. „In jedem Land gibt es einen sehr eigenen Zeitungsstil im Einklang mit den Problemen... In den anderen Ländern werden wir ‚La Prensa' als ein dynamisches und tatkräftiges Blatt des Volkes hervorheben." Motto der Gazette war: „Im Dienste der Wahrheit und Gerechtigkeit".

Als wir weiterfuhren, lud uns in dem Ort Belén südlich von Granada am Lago Nicaragua Carlos Arguello Montiel, ein enger Freund Somozas, in sein luxuriöses Haus zum Mittagessen ein. Er hatte den Artikel in „La Prensa", die bestimmt nicht sein Leibblatt war, gelesen, und so diskutierten wir über das Thema „Ungleichheit", wobei wir uns natürlich nicht näherkamen. Sehr gut verstanden wir uns dagegen mit Ali Escobar Chaves und seiner Frau Vilma, die ebenfalls den Artikel gelesen hatten. Dieses überaus herzliche Paar hatte eine Bananenpflanzung am Fuße des 1222 Meter hohen Vulkans Mombacho. Dort verbrachten wir eine Nacht.

Noch einmal kurz zurück zur Politik, vielmehr zur Geschichte Nicaraguas. 1910 bis 1925 und 1926 bis 1933 war es von nordamerikanischen Truppen besetzt, die wegen innerer Unruhen im

Lande mit Waffengewalt eingriffen. Nordamerikanische Geschäftsleute, zum Teil sehr große Firmen, rissen sich dort wie in anderen Staaten Zentralamerikas die besten Ländereien, den Bergbau und die Verkehrsmittel unter den Nagel. Die Truppen schufen die Nationalgarde und diese unterstand seit 1933 bis dato der mächtigen Familie Somoza. Soviel über das Demokratieverständnis der USA.

Wo der Lago Nicaragua (fünfzehnmal so groß wie der Bodensee) sich auf zwanzig Kilometer dem Stillen Ozean nähert, lag der Grenzübergang, durch den wir nach Costa Rica überwechselten.

Männer in Shorts und Frauen auf Fahrrädern sittenwidrig

Daß wir uns trotz der Hitze so ungebeugt mit eigener Kraft fortbewegten (in Managua wurden 39 Grad gemessen), war wieder für manchen Anlaß, über uns zu lächeln. Ich möchte nicht rechthaberisch sein: Wir verstanden die südländische „Faulheit" nun viel besser. Wer würde in Deutschland bei solchen Temperaturen mehr tun als unbedingt notwendig? Unverständlich blieb uns aber, auch unter Berücksichtigung der Traditionen, daß, obwohl die Damen eher zuwenig Stoff auf dem Leib trugen als zuviel (manchmal nur ein „Fähnchen" und sonst nichts...), die Männer auch bei schlimmster Hitze nicht auf ihre langen Beinkleider verzichten wollten. „In kurzen Hosen kämen wir uns unanständig vor, und wir würden uns unwohl fühlen", wurde uns oft erklärt. Wir wurden dadurch an die islamischen Länder erinnert, wo man Männer in kurzen Hosen auf der Straße einfach als Homosexuelle einstufte. Ich muß zugeben, daß mir selbst selten daran gelegen hätte, Shorts zu tragen, denn so blieben mir viele Mückenstiche, Kratzwunden durch Kakteen und Dornen und durch unvorsichtige Passanten erspart. Aber diese Vernunftsgründe spielten bei den Lateinamerikanern keine Rolle bei ihrer Entscheidung.

Unsympathisch war uns die vielverbreitete Meinung, daß weibliche Wesen nicht auf Fahrräder gehörten. Nur ganz selten sahen wir Mädchen (keine Frauen) damit umherfahren. Angela Saballos von „La Prensa" war der Ansicht, daß es „bei der gegenwärtigen moralischen Einstellung der Männer" für eine Dame unmöglich sei, auf ein Rad zu steigen. Und eine Sekretärin meinte: „Ich würde mich zum Gespött der Stadt und meiner Kollegen machen, und unter Umständen meine Stelle verlieren." Dies alles wegen eines Fahrrads! Weil Wilma einen falschen Ton im Orchester spielte, wurden wir gelegentlich von Leuten als „Hippies" tituliert. Manche schienen sie für ein leichtes Mädchen zu halten. Diese Engstirnigkeit, gepaart mit Boshaftigkeit, zeigte uns, daß uns Weltreisenden auch in „guten, christlichen" Ländern das Leben schwergemacht werden konnte. Erfreulich war, daß aus den Zeitungsveröffentlichungen aber immer Bewunderung für Wilma sprach, niemals Spott.

Zum Thema „Anstand" sei noch angemerkt, daß in den Buchläden und an den Marktständen der Verkauf von Sexliteratur ein äußerst gutgehendes Geschäft war.

Durch grünes Land nach San José

Ohne langen Aufenthalt ging es nun nach San José, der Hauptstadt Costa Ricas. Steppe wechselte mit grünen Auen, bis sich die „Panamericana" in durchfeuchtete Berge emporschwang: Die Regenzeit hatte begonnen. Nun wurde es zwar kühler, aber wir hatten ein neues Problem, denn nicht immer war ein Unterstand in Sichtweite, wenn es schüttete. Und die „Traumstraße" machte wieder einmal nur ihrem Namen Ehre, was die Landschaften betraf: Diese hätten nirgends sonst

Schulmädchen in San Ramón/Costa Rica. Die meisten Einwohner sind hellhäutig

schöner sein können. Solches Grün hatten wir seit Monaten nicht mehr gesehen. Und auch hier waren die Menschen überwiegend freundlich. Bei manchen mußte erst das Eis brechen, ehe sie sich vor Hilfsbereitschaft beinahe überschlugen. Costa Rica hatte – bei rund eineinhalb Millionen wegen spanischer Abkunft meist weißen Einwohnern – die relativ größte Anzahl von Schulen in Lateinamerika. Mit des Schreibens und Lesens kundigen Gastgebern machte die Unterhaltung um so mehr Spaß. (Unsere Spanischkenntnisse hatten sich schon wesentlich gebessert.)

Eine Nacht verbrachten wir auf der neuntausend Hektar großen Hacienda „Los Ahogados" in der Nähe des Städtchens Liberia. Es war eine Viehfarm. Der Verwalter des Guts, Rigoberto Rodriguez Nuñez, war aufgeschlossen, wollte sich aber des Einverständnisses des „dueño" (Besitzers) vergewissern, ehe er uns aufnahm. Don Fernando saß an diesem Abend in San José. Aber die Hacienda und er standen in Funkverbindung. Er beglückwünschte uns und gab Anweisungen, alles für uns zu richten. Die Köchin und Schlüsselgewaltige, die schon seit sechsundzwanzig Jahren auf der Hacienda arbeitete, kümmerte sich zusammen mit Don Rigoberto sehr liebenswürdig um uns. Waren wir nicht Glückspilze? Dabei hatten wir schon oft Einladungen abgelehnt, weil wir an dem betreffenden Tage noch weiterkommen wollten, oder waren am nächsten Tage abgefahren, obwohl man uns noch dabehalten wollte!

Sofort nach dem Eintreffen in San José gingen wir zur deutschen Botschaft, denn erstmals seit drei Monaten konnten wir dort Post für uns in Empfang nehmen. (Wir gaben allen potentiellen Briefeschreibern regelmäßig gewisse Botschaftsadressen an.) Diesmal war der Stapel besonders groß. Und fast alle Nachrichten aus der Ferne waren erfreulich. Da nahmen wir gern mit einer provisorischen Unterkunft im Deutschen Klub vorlieb. Es gab hier sogar deutsches Brot und deutsche Wurst. In Costa Rica war die deutsche Gemeinde recht zahlreich.

Die Geschichte von Don Gustavo

In der sehr ordentlichen und mit eleganten Läden schon fast weltstädtisch wirkenden Hauptstadt und in ihrer weiten Umgebung verbrachten wir volle zwölf Tage. Das hatte vor allem seine Ursache darin, daß wir auf der Suche nach Heilbronnern, die vor vielen Jahren ausgewandert waren, wieder einmal fündig wurden. Gustav Häberle war zwar im Moment abwesend, geschäftlich im Lande unterwegs, aber sein Schwiegersohn und Sozio Rudolf Bendig (aus Bielefeld, fast zwanzig Jahre im Land) bat uns, zu warten. Er nahm uns bei sich auf, und nach drei Tagen hatten wir das Vergnügen, Don Gustavo kennenzulernen. Wie sein Schwiegersohn war er mit dem Gang des Lebens in dem demokratisch geführten und friedliebenden Costa Rica und mit den Geschäften in seiner Werkstatt sehr zufrieden. Der Mechanikermeister – er stellte Kaffeeaufbereitungsmaschinen für Plantagen her – hatte sechsundvierzig Jahre zuvor seine Heimatstadt verlassen, seitdem niemand aus Heilbronn getroffen. Es war eine denkwürdige Begegnung.

„Ach ja", sagte er, „schon seit zehn Jahren plane ich eine Reise nach Heilbronn, aber die Zeit reichte hinten und vorne nicht." Dennoch war er nicht schlecht über die Vorgänge in Deutschland informiert. Hin und wieder ging ihm auch die Zeitung aus Heilbronn zu. Zu unserer Überraschung hatte er einige der Berichte von uns über die Fahrt um die Welt bereits gelesen. So ganz fremd waren wir ihm also nicht gewesen. Der 67jährige nahm sich anläßlich unserer Visite bei ihm ganz fest vor, die alte Heimat bald zu besuchen, und wirklich, es sollte nicht mehr allzuviel Zeit vergehen, bis er nach Deutschland hinüberflog, wo er viele Verwandte hatte – nach fünfzig Jahren . . .

Recht bewegt war das Leben Don Gustavos schon gewesen, der vor seiner Auswanderung als Maschinist am Bau des Neckarkanals mitgewirkt hatte. Kurz hatte er danach in Kolumbien und Venezuela mit der Deutschen Eisenbahngesellschaft gearbeitet, aber seit 1924 nannte er Costa Rica seine neue Heimat. Dennoch war er deutscher Staatsbürger. Er hatte schon an vielen Plätzen in der ausländerfreundlichen Republik (übrigens war es die einzige in Lateinamerika ohne Militär) gewohnt. Auch in einer Zuckerfabrik, als Brückenbauer, privat in Goldminen, als Besitzer einer Ölmühle und einer Reisschälanlage hatte er gearbeitet. Nun hatte er die Werkstatt, wo außer ihm und Schwiegersohn Rodolfo noch zwanzig andere Mitarbeiter beschäftigt waren.

Gustav Häberles zweite Frau (die erste war schon 1930 gestorben) war Dona Marina. Sie, der Sohn Edgar und seine Frau Flor vor allem ließen uns keine Ruhe, bis wir immer weitere Tage anhängten. Die Töchter waren Nora, Vilma und Claris.

Ausflüge mit Freunden, dann über den „Hügel des Todes"

Mit Rudolf Bendig, vor allem aber mit Edgar und Flor machten wir Tagesfahrten, die uns zu einigen der schönsten Plätze dieses Gebirgslandes brachten. Von allen Ausflügen, die wir mit dem Auto unternahmen, war die an den Kraterrand des 3432 Meter hohen tätigen Vulkans Irazú die beeindruckendste. Zwar regnete es dort oben in Strömen, doch allein schon die Auffahrt durch die Almen und Wälder, und dann besonders der Blick in den rund fünfhundert Meter tiefen, etwa zwei

Die Hacienda „Los Ahogados" in Costa Rica, wo wir nach Funkkontakt aufgenommen wurden

Jede Menge Post für uns auf der Botschaft in San José. – Gustavo Häberle mit seiner Frau

Kilometer breiten Krater waren der Mühe wert. Gelber Qualm quoll aus dem Trichter. In der grauen Asche am Gipfel zeigte sich kein pflanzliches oder tierisches Leben. Einige Jahre zuvor war der Irazú ausgebrochen und hatte das halbe Land viele Monate lang mit einem feinen Ascheregen belästigt, während einige Ortschaften im Lavastrom zugrunde gingen. Dazu gehörte ein Teil der Stadt Cartago, wo wir uns umsehen konnten. Costa Rica hat, wie die anderen Ländern Lateinamerikas, eine ganze Reihe von Vulkanen. Die Erde kann jeden Augenblick aufbrechen.

Was die politischen Verhältnisse in Costa Rica betraf, so fanden wir es symbolhaft, daß wir hier einer Sitzung des Parlaments beiwohnen und öffentlich ausgehängte Wählerregister für die kommende Wahl einsehen konnten – wo gab es so etwas noch in Zentralamerika? Alle anderen Länder wurden von Diktatoren und Juntas beherrscht.

Nach einer sehr herzlichen Verabschiedung durch Don Gustavo und die Seinen machten wir uns daran, den Paß Cerro de la Muerte („Hügel des Todes"), mit 3335 Metern der bisher höchste der ganzen Reise, zu bezwingen. Der Vulkan Irazú blieb noch zwei Tage unser Weggenosse. Nicht einmal unsere Gastgeber hatten uns Genaues über Siedlungen, Straßenzustand und Entfernungen am Cerro de la Muerte sagen können. Später hatten wir dann den Überblick: Nur ein Siebentel des Weges von der Hauptstadt zur Grenze Panamas war asphaltiert. Der Rest: Sand, Staub, Steine, Felsen, wenn es regnet Schlamm. Und es regnete. Die „Traumstraße" mußte sich manche Verwünschung von uns anhören.

Etwa sechzig Kilometer mußten wir unsere Fahrräder schieben, ehe wir den höchsten Punkt erreichten. Mancher soll dort oben schon erfroren sein, daher der Name „Hügel des Todes". Beim Höhersteigen hatten wir Eichen gesehen, mehrere Meter hohes Farnkraut, Büsche von Hortensien, Brombeersträucher und Sternenmoos, um nur einige uns aus der Heimat bekannte Pflanzen zu nennen. Es gab viele kalte Quellen und einige Wasserfälle. Im Regenwald fanden wir vereinzelt Menschen, die vom Holzfällen, von der Viehzucht und von *dem* lebten, was ein kleiner Laden am Straßenrand abwirft. Am Paß schüttete es, und die Temperatur lag nur ein paar Grad über Null. Deshalb mußten wir vor dem Anbruch der Nacht ein paar hundert Meter tiefer sein. Wir denken noch heute mit Dankbarkeit daran, wie wir, durchnäßt und frierend, von der Familie des Gasthausbesitzers Antonio Retana in dem Dorf Villa Mills verständnisvoll aufgenommen wurden. Wilma hatte sich schon erkältet.

Dann ging die holprige, beschwerliche Talfahrt über Stock und Stein weiter. An der Strecke in den kaum besiedelten Südosten gab es nur wenig Verkehr. Doch zum Glück fanden wir hier und da einen Lastwagen, dessen Fahrer uns ein Stück weit mitnahm, weil wir im Schlamm aus eigener Kraft einfach nicht mehr vorwärtskamen. Ja, wenn wir zu einer der beiden Küsten gewollt hätten – da gab es Eisenbahnen, ausgehend von San José! Bald hatte die Hitze uns wieder. Wir waren erneut auf Haciendas und in ausgedehnten Bananenpflanzungen. Die allmächtige nordamerikanische United Fruit Company hatte einst den Anbau der gelben Früchte in großem Maßstab begonnen. Nun waren die Plantagen verstaatlicht.

Probleme mit der Nationalgarde in Panama

Am zweiundzwanzigsten Tage in Costa Rica erreichten wir die Grenze. Wir sagten diesem Land – sozial mehr ausgeglichen als die anderen Republiken, friedlich gesinnt, darauf bedacht, den Kindern eine gewisse Schulbildung zu geben, mit Menschen, die in ordentlichen Holzhäusern, lustig bemalt, wohnten, und mit noch so manchem, das es liebenswert machte – nicht gerne

Lebewohl. Es gab keinen Schlagbaum, aber die Anzeichen hüben wie drüben waren typisch: hier die freundliche, zivile Verabschiedung, in Panama der sehr amtliche Empfang und Soldaten mit Karabinern und Pistolen. Aber wir brauchten kein Visum. (Panama siehe Reisekarte „Nördliches Südamerika".)

Auf dem 510 Kilometer langen weiteren Weg bis zur Hauptstadt Ciudad de Panamá hielten wir uns neun Tage auf. Währenddessen hatten wir allen Kummer der Regenzeit zu ertragen. Unberechenbar wie das Wetter war, hielten wir stets nach einem Unterstand Ausschau. Aber manchmal gab es über Dutzende von Kilometern kein Dorf. Nässe, Hitze, Schweiß, Staub, das Jucken unzähliger Moskitostiche und die schwierig zu lösenden Probleme der Beschaffung von Nahrung, Trinkwasser und Schlafplätzen – all das wurde wenigstens etwas ausgeglichen durch den Vorteil, daß wir in Panama eine durchgehend betonierte „Panamericana" unter unseren Reifen hatten (Farbbild 52). Sie verlief meist durch flaches Land.

Bei der Einreise hatten wir uns schon darauf gefaßt gemacht, in dem diktatorisch geleiteten Land wieder Reibereien mit amtlichen Stellen zu haben. Auf der Landstraße wurden wir mehrfach von Angehörigen der „Guardia Nacional", der Nationalgarde, die seit sieben Monaten Panama regierte, kontrolliert. In einem Falle versetzte mir ein Nationalgardist einen Schlag, weil wir seine neugierigen Hände von unserem Gepäck zurückgezogen hatten. Höhepunkt der Schwierigkeiten mit den blutjungen Soldaten war, als wir vierzig Kilometer vor Panama-Stadt im Hause eines aus der Schweiz stammenden Gastgebers von einem Korporal verhört wurden, weil er uns, man lese und staune!, mit einem Banküberfall vor zwei Monaten in Zusammenhang gebracht hatte. Als wir ihm unsere Meinung sagten, machte er mit der Hand die Gesten des Pistolenziehens und des In-

Mechaniker Luis Alberto Perez mit Frau in Panama. – Kathedrale in Ruinen: Alt-Panama

den-Hals-Schießens. James Allen, unser Gastgeber, der früher Soldat in der Panamakanalzone gewesen war, stellte sich schützend vor uns. Wer weiß, wo wir sonst noch gelandet wären!

Unter den freundlichen Menschen (einige waren sehr gleichgültig) möchte ich den Mechaniker Luis Alberto Perez und seine Frau in der Stadt Santiago hervorheben. Sie nahmen uns sofort auf, als wir um ein Dach für die Nacht baten, denn Luis Alberto – jetzt hatte er eine große Werkstatt – war früher Radrennen gefahren und empfand viel Sympathie für uns. „Nach dem Bad gibt es ein schönes Beefsteak", kündigte er uns gleich an. Dann zeigte er uns mit dem Auto seine Stadt, die einige Bauten im Kolonialstil aufwies. Später saßen wir beim Zuckerrohrschnaps gemütlich vor dem Haus in der Abendkühle. Auch der nächste Morgen war voller Harmonie. Luis Alberto und seine Frau gehören zu jenen Menschen, die wir nie vergessen werden.

Kein Weiterweg durch den Dschungel – Umsteigen auf ein Schiff

Im Oktober des vorigen Jahres hatte uns bei Pfarrer Fuller in Tracy bei San Franzisko ein kolumbianischer Student, Señor Gonzalez, sehr eindringlich vor einem Besuch seiner Heimat gewarnt, wo Banditen die Landstraßen unsicher machten. „Die Gesetzesbrecher verstehen keinen Spaß und werden Ihnen rasch den Garaus machen", hatte er uns prophezeit. Einige Zeit hatten wir ernsthaft daran gedacht, um Kolumbien einen Bogen zu machen, denn die Geschichten über das Problem mit den „bandoleros" wurden immer „blutiger", je näher wir dem Land kamen. Allen Unkenrufen zum Trotz gingen wir aber in Panama-Stadt doch zum Büro der „Italia"-Linie, um Karten für das Passagierschiff „Rossini" nach der berüchtigten Küste zu erstehen.

Einen Landweg gab es nicht. Siebzig Kilometer hinter dem Panamakanal, den wir auf der „Brücke der Amerikas" (Norden und Süden) überquerten, endete die „Panamericana" auf dem nördlichen Teil des Kontinents. Von diesem Punkt an gab es für einige hundert Kilometer kaum Ortschaften, aber Dschungel, Berge, Flüsse und Sümpfe. Dort wüteten Gelbfieber und Malaria unter den Bewohnern. „Mit dem Fahrrad wird es aber wohl gehen, da können Sie ja absteigen und schieben", schlug uns jemand vor. Der Mann hatte Nerven! Das fehlende Stück zum Anschluß an das in Südamerika bestehende Netz der „Panamericana" war seit vielen Jahren projektiert. Fliegen wollten wir nicht. So blieb uns nur der Wasserweg.

Nachdem wir, wie es sich gehört, Panama-Stadt mit seinen Vierteln balkongesäumter Häuser, mit seinen Reihen von Geschäften, die Waren aus der ganzen Welt anboten, und mit Alt-Panama (Panamá Vieja, 1671 durch Feuer zerstört, als der englische Pirat Henry Morgan es ausplünderte) erkundet hatten, machten wir uns auf den Weg „quer durch Amerika", auf die andere Seite des Landes, nur achtzig Straßenkilometer entfernt. Im Hafen Cristóbal von Colón in der Kanalzone schifften wir uns ein. Der Weggang aus dem feuchtheißen Panama (unsere Kleider und Kameragehäuse hatten schon zu schimmeln begonnen) fiel uns nicht schwer. Als schwarze Hafenarbeiter der nordamerikanisch verwalteten Kanalzone noch mit den Ladebäumen werkelten und als die letzte der Schleusen der über sechzig Kilometer langen Weltwasserstraße sich hinter dem aufschäumenden Heckstrudel der „Rossini" schloß, hatten wir bereits unsere ersten neuen Bekanntschaften an Bord gemacht und eine Einladung nach Ecuador in der Tasche.

Es war der 12. Juni 1969, der 1000. Tag unserer Weltreise. Bis dahin hatten wir genau 38000 Kilometer mit Fahrrädern zurückgelegt, zusätzlich 33500 Kilometer mit anderen Verkehrsmitteln, vor allem Schiffen. Weitere neuntausend Kilometer würden wir noch per Fahrrad, zumeist auf der „Panamericana", in Südamerika hinter uns bringen.

Über den Äquator und zum Amazonas

Nach zweitägiger Passage durch den Panamakanal und ein Stück des Stillen Ozeans erreichten wir unser dreißigstes Reiseland. Die „Rossini" warf in Buenaventura Anker, ehe sie nach Guayaquil in Ecuador und nach Valparaiso in Chile weiterfuhr. Der Chiantiwein vom Abschiedsessen an Bord hatte noch nicht seine wohlige Wirkung verloren, als wir uns schon mit den ersten Schwierigkeiten konfrontiert sahen. Die Hafenstadt war, obwohl Kolumbiens wichtigstes Tor zur Welt an dieser Küste, ein heißes, verwahrlostes Nest, fast nur von Schwarzen bewohnt. Wir starteten so rasch wie möglich, aber bereits nach zehn Kilometern endete der Asphalt und es begann eine fürchterliche Strecke. Daher blieben wir für die Nacht, und am nächsten Morgen bestiegen wir, wenig „standesgemäß", einen Langholztransporter Richtung Cali, um nicht gleich zu Beginn unser Leben und das unserer Fahrräder aufs Spiel zu setzen. 140 Kilometer ging es so über die Cordillera Occidental, die westliche Kette der Anden, kühleren Regionen entgegen.

Cali im Tal des Rio Cauca war für uns „Drehscheibe" für die Fahrt nach Bogotá und die Weiterreise nach Ecuador. Die 700000 Einwohner zählende Stadt, drittgrößte Kolumbiens, hatte ein außerordentlich sauberes und geordnetes Zentrum und gepflegte Villenviertel, doch in den ärmeren „barrios" herrschte das typische Bild zu rasch gewachsener Städte vor. Das hier tausend Meter hoch gelegene Valle del Cauca ist ein klimatisch begünstigtes Gebiet. Zudem hat der Fluß mit seinem Schlamm den Boden gedüngt.

550 Kilometer lang war unser Weg von hier zur Hauptstadt. Zunächst durften wir das weite Tal des Rio Cauca (er fließt zum Rio Magdalena) genießen. Baumwoll-, Sojabohnen- und Zuckerrohrpflanzungen lagen zur Rechten wie zur Linken. Die Ernte der „caña" war in vollem Gange, und Traktoren schleppten Züge von sechs und acht hochbeladenen Wagen zu den Zuckerfabriken. Kurz danach begann das Einbringen der Baumwolle. Wir waren auf mehreren „fincas" (Landgütern) und konnten diese Arbeiten beobachten.

Dann begann das „Bergsteigen" durch den Gürtel der Viehweiden, der Kaffee- und Bananenplantagen und wieder der Viehweiden, bis wir uns in alpinen Höhen bewegten. Nach langem Anmarsch, über Pereira und Manizales, erreichten wir erneut einen Höhepunkt dieser Fahrradreise, den 3700 Meter hohen Paß Letras. Die Kälte dort oben ließ uns vergessen, daß wir uns beinahe unter dem Äquator aufhielten, daß wir noch zwei Tage zuvor unter der Tropensonne gestöhnt hatten. Da qualmte es aus den Schornsteinen der Bergbauernhütten und fröstelnd zogen die Dörfler ihre grauen Schultertücher zurecht. Und noch ein Superlativ: Geradezu wahnwitzig war der Abstieg hinunter zum Rio Magdalena auf nur 229 Meter über Meereshöhe. Noch nie hatten wir eine solche Talfahrt erlebt. Danach noch dreimal mußten wir zu den Höhen der Cordillera de los Andes hinauf und wieder in die engen Täler hinab. Frieren und Schwitzen, schweres Atmen in der dünnen Luft und fiebriges Keuchen in den feuchtheißen Tiefen – nach hartem Ringen langten wir auf dem Hochplateau von Bogotá an, 2600 Meter über dem Meeresspiegel.

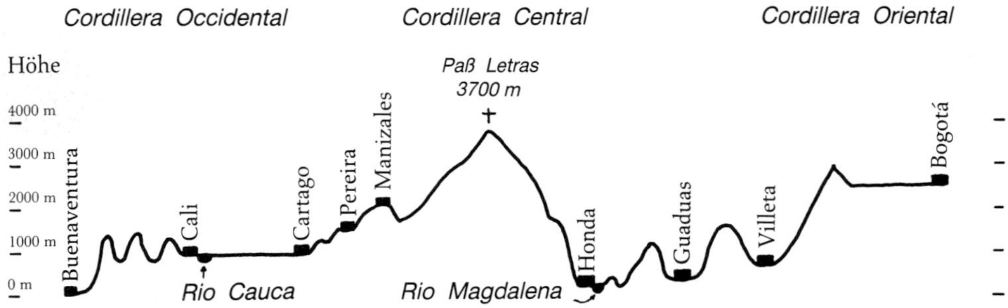

Schematische Darstellung des Weges von Buenaventura nach Bogotá in Kolumbien (rund 730 km)

Gäste bei Kolumbianern

Wir hatten es uns in der letzten Zeit angewöhnt, die Mittagspause irgendwo auf einer „finca" im Schatten von Bäumen oder am Haus zu verbringen, um Schutz vor dem Regen zu haben. Wenn es Abend wurde und die nächste Ortschaft noch fern war, baten wir die Besitzer der Farmen um Aufnahme für die Nacht, was von der Mehrheit der Angesprochenen mit höchstem Interesse gern getan wurde. Ausgerechnet hier, wo durch die „bandoleros" in der Vergangenheit schon so viel Grauenhaftes geschehen war, hörten wir das Wort „desconfianza" überhaupt nicht. Wir brachten mit unserem Erscheinen etwas Abwechslung in das Leben der abgelegenen Besitzungen. Doch auch in den Städten fanden wir herzliche Aufnahme.

Auf einer „finca" hundert Kilometer nördlich von Cali, bei Buga, waren wir am 22. Juni Gäste von Alvaro und Maria Lucia Gonzalez. Als wir ihnen erzählten, daß dies unser sechster Hochzeitstag sei, war ihre Überraschung groß. Sie hatten am gleichen Tag im gleichen Jahr geheiratet. Also: doppelt Grund zum Feiern! – Das Interesse der Kolumbianer war manchmal so groß, daß wir Menschenansammlungen wie weiland in Indien und Pakistan um uns hatten. Erstaunt war man, daß wir in der Andenstadt Pereira am Rio Otún die halb über den Fluß gebauten Häuser bemerkenswert genug fanden, um sie zu fotografieren. Der Rio Otún war die „Kanalisation"; wer aufs Plumpsklosett ging, hatte das Wasser direkt unter sich. Wenn der Leser das Bild betrachtet, muß er sich vorstellen, daß beim Fotografieren hinter mir ein halbes Hundert Einwohner aufgeregt drängelten.

Ebenfalls viel Volk war um uns, als wir eines Abends zu dem Dorf Padua gelangten. Zur Nacht hatte sich dichter Nebel gesellt, weshalb wir den Ort nur mit Mühe gefunden hatten. Wir waren über dreitausend Meter hoch. Daß so viele Leute auf der Straße waren, hatte aber mit einer „fiesta" zu tun, die an diesem Abend ihren Höhepunkt erreichte. Gleichzeitig wurde eine „feria", ein Jahrmarkt abgehalten. Padre Angelino, dem Dorfpfarrer, kamen wir gerade recht. Er nahm uns in das speziell für sie errichtete Haus aus Bambus der „Reina de la Fiesta" mit. Wir tranken mit ihm, mit der „Königin" und den „Oberen Zehn" von Padua eine Menge Aguardiente (Schnaps, aus Zuckerrohr gebrannt, mit Anis) und Bier, und wir aßen dazu zähes Schweinefleisch, Yuccawurzeln (die ähnlich wie Kartoffeln schmecken) und gebratene Bananen. Als sich die Frage der Unterkunft stellte, griff die Polizei ein. Die Freunde und Helfer ließen uns auf dem sauberen

Baumwollpflücker auf einer Finca im Tal des Rio Cauca/Kolumbien

Der Rio Otún in Pereira in den Anden. Die Häuser stehen halb über dem Fluß, vor allem die Klos

Servio (rechts) und Elisabeth Camacho mit kleinen Kindern und Helfer. Uns nannten sie „Helden"

Boden der Wachstube schlafen. Das war immerhin besser als im Gefängnis, das sich im Stockwerk darunter befand.

Anderntags, beim Start von Padua, sahen wir in schönstem Sonnenschein den 5400 Meter hohen Berg Nevado del Ruiz hinter dem Dorf liegen (Farbbild 55).

Begeisterung für den Radsport

An einem anderen Abend auf den Andenhöhen bot sich uns nichts sonst als Übernachtungsplatz an als ein Restaurant am Steilhang. Das Wirtsehepaar Servio und Elisabeth Camacho gab uns vertrauensvoll ein Matratzenlager in seinem nebenan befindlichen Laden, und ein kräftiges Vesper dazu. Für sie waren wir „héroes" (Helden), daß wir diesen schwierigen Weg eingeschlagen hatten. „Que barbaridad!" pflegten die Kolumbianer im allgemeinen zu antworten, wenn sie von unserer bisherigen Reise erfuhren, „Unglaublich!". Servio und Elisabeth waren wie viele ihrer Landsleute radsportbegeistert. Alljährlich, wenn die „Vuelta a Colombia" (die Radrundfahrt durch Kolumbien) die größten Asse der Pedale auf die Strecke lockte, sah das Paar die Teilnehmer die tausend Meter hohe Steigung zum höchsten Punkt, an dem ihr Rasthaus stand, heraufkeuchen. Es hegte tiefe Sympathie für die „campeones" (die Meister dieser Sportart). Sie freuten sich, uns beherbergen zu können, auch wenn wir wegen unseres schweren Gepäcks lange Strecken zu Fuß gehen mußten.

Viele „colombianos“ wollten es gerne „Cochise“, wie Martin Rodriguez genannt wurde, Sieger der Tour im zurückliegenden Mai, gleichtun, oder wie Pablo Hernandez, einer der anderen Großen unter den Rittern der harten Sättel sein. Siebzehn Tage dauerte jeweils die Rundfahrt, und es ging dabei munter rauf und runter. Daß jedermann den „campeones“ nacheiferte, merkten wir am Benehmen der gewöhnlichen Radfahrer, die sich wie Kletten an uns hängten, auch wenn sie ob des Fehlens einer Gangschaltung pusteten und prusteten.

Als Weltumradler hatten wir in dem Städtchen Mariquita, noch oberhalb des Magdalenenstroms, ein besonders uns berührendes Erlebnis. Wir tankten gerade Trinkwasser, als Daniel Gonzalez, der eine Werkstatt für Reifeninstandsetzung besaß, uns zu zwei, drei Flaschen Bier einlud (was uns hierzulande häufig passierte) und zum Mittagessen in das Haus von Verwandten führte, die mit einer Überraschung aufwarteten. Sie zeigten uns Bilder, Briefe und Zeitungsausschnitte von Alvaro Zabala, der 1950/51 auf seinem „Stahlroß“ während einer achtmonatigen Tour von Bogotá bis New York 14000 Kilometer zurückgelegt hatte. Sein Bruder Eduardo erzählte uns ausführlich über die Reise des Mutigen, der damals, als Asphaltstraßen noch eine Rarität waren, selbst den Marsch durch den Dschungel von Panama, den wir auf unserer Schiffsreise umgangen hatten, gewagt hatte, allerdings fast ohne Gepäck. Alvaro starb fünf Jahre nach seiner großen sportlichen Tat, Ehefrau und fünf Kinder hinterlassend, im Alter von nur dreißig Jahren an den Verbrennungen, die er bei der Explosion einer Tankstelle in seinem Heimatort erlitt.

Draufgängerische Chauffeure und Polizisten

Auf dem Wege nach Bogotá und – auf einer südlicheren Route über Ibagué, Armenia und einen 3500 Meter hohen Paß – wieder zurück nach Cali schwebten wir wohl hundertmal in Lebensgefahr. Schuld daran hatten die Omnibus- und Lastwagenfahrer. Vor allem die Busse, bunt bemalt wie Papageien und mit bis zu acht halbmeterlangen Fanfarenhupen auf der Motorhaube, brausten im Höllentempo durch die Lande, besonders um die Kurven. So mancher Wagen kam dabei ins Schleudern. Ein vollbesetzter Bus stürzte damals bei Bogotá in eine dreihundert Meter tiefe Schlucht. Elf Bauern wurden getötet, die anderen Insassen schwer verletzt. Zahlreiche Kreuze an den Landstraßen wiesen auf tödlich Verunglückte hin. Daß sie durchaus nicht furchtlos waren, bewiesen die Lastwagenfahrer, die an gefährlichen Stellen in den Bergen Marienbilder errichtet hatten, an denen sie bei einem „Maria-hilf“-Stoßgebet traditionell Kerzen entzündeten, in neuester Zeit aber vor allem ausgediente Scheinwerfer ablegten (Farbbild 53).

Da viele Busgesellschaften den Personentransport erledigten, lieferten sich die Fahrer einen Konkurrenzkampf, sprich: Rennen. Wer zuerst kommt, mahlt zuerst! Die Chauffeure erhielten für jeden Fahrgast eine Prämie. Die Passagiere im Bus nahmen die Wettfahrten mit einem „Ave-Maria“ hin. Oder sie schliefen. Sie hatten gute Nerven.

Die Lastwagen in Lateinamerika sind häufig mit Sprüchen verziert. Wir machten uns den Spaß, eine Sammlung von markigen oder prosaischen Ein- und Zweizeilern, auf Stoßstange, Führerhaus oder Pritsche gepinselt, anzulegen. Manch ein Chauffeur nannte seinen Lastwagen zärtlich „Mi Niña“ (Mein Mädchen) oder furchteinflößend „El Terror de la Carretera“ (Der Schrecken der Landstraße). Ausdruck der Gefühle beim häufigen Alleinsein unterwegs waren wohl Aufschriften wie: „In der Kabine haben viele Platz, im Herzen nur eine“, „Du sollst deines Nächsten Weib nicht begehren, wenn der Nächste in der Nähe ist“, „Brauche eine Angestellte, die am Arbeitsplatz schläft“ und „Die Jungfräulichkeit erzeugt Krebs, lassen Sie sich impfen!“. Aber die Sprüche hatten auch oft mit der Straße und ihren Gefahren zu tun. So fragte einer auf seiner Stoßstange: „Warum stolz sein, wenn die Zukunft der Tod ist?" Ein anderer, auch demütig, hatte geschrieben: „Herr, ich danke dir, daß du mich diesen Tag erleben läßt!" Ein dritter hatte auf seinen „camión" (Lastwagen) gepinselt: „Fé en Dios y... adelante!" (Glaube an Gott und... vorwärts!). Wir wären dabei fast unter die Räder gekommen.

Im allgemeinen ersetzte die gewaltige Hupe die Bremsen: „Hoppla, jetzt komm' ich!" Wurde einmal scharf gebremst, dann gingen selten Bremsleuchten an, denn die funktionierten entweder nicht oder waren völlig von Kot bedeckt. Der Chauffeur eines nachfolgenden Wagens brachte sein Gefährt mit spiegelglatten Reifen recht und schlecht zum Stehen, oder er scherte aus, denn um Fahrbahnmarkierungen und den übrigen Verkehr kümmerte er sich wenig. Autofahrer ließen bei Nacht die Verkehrsampeln außer acht, Radfahrer – den ganzen Tag.

Verkehrspolizisten hatten die Angewohnheit, Schraubenschlüssel und anderes Werkzeug mit sich herumzuschleppen, mit dem sie von falsch geparkten Autos die Nummernschilder abmontierten, die sich Parksünder dann auf der Polizeiwache wieder abholen konnten, gegen Entrichtung eines Sümmchens für den der Polizei entstandenen Ärger. Wir saßen einmal in einem falsch abgestellten Wagen. Ein Polizist machte sich wortlos am Nummernschild zu schaffen. Unser Fahrer kam herbeigelaufen und schimpfte wie ein Rohrspatz. Aber es wurde alles „gütlich" geregelt. Unser Fahrer hielt einen 50-Peso-Schein unter das Auge des Gesetzes und wollte einiges retour. Doch der Wachtmeister wollte nicht wechseln. „Ich rühre kein Geld an!" meinte er ehrenhaft lächelnd und ließ sich den Fünfziger in die Brusttasche stecken, worauf er seine Runde fortsetzte. Der Fahrer gestand uns später: „Ich hätte ihn am liebsten erschossen!" Die Polizisten waren unterbezahlt, aber angeblich weit ehrlicher als ihre Kollegen im benachbarten Venezuela.

Beobachtungen in Kolumbien und anderen Ländern

Während Cali einen „ewigen Frühling" genießt, hat Bogotá „ewigen Herbst". Bei seiner Höhenlage ist das nicht verwunderlich. Wir trugen dort warme Kleidung, gingen allerdings nicht so weit wie Einheimische, die in Wintersachen bis hin zu Pelzmänteln umherspazierten. Aber was soll jemand machen, den es friert, obwohl er fast am Äquator lebt! Bei einer Einladung in Bogotá loderte ein Kaminfeuer. Der Backstein ist bevorzugtes Baumaterial in der Hauptstadt. Viele Häuser haben ein spitzgiebeliges Ziegeldach, einige Fachwerk. In der Stadtmitte freilich stehen hohe Büro- und Hoteltürme. Als wir von den umgebenden Hügeln auf Bogotá hinabblickten, hatten wir den Eindruck, daß sein Charakter dem einer großen mitteleuropäischen Stadt nicht unähnlich war. Allerdings wurde dieses Bild durch die Viertel mit hastig und planlos errichteten Häusern (jeder baute wie er wollte und konnte) gestört, in denen die Minderbemittelten wohnten. Die Stadt wuchs mit atemberaubender Geschwindigkeit. Vor ihren Toren gab es Tausende von zum Teil primitiven Ziegeleien.

Je höher in Kolumbien ein Ort liegt, desto dunkler und korrekter ist die Kleidung der Leute auf der Straße. In Bogotás Zentrum wie in den anderen höhergelegenen Großstädten überwiegen bei den Herren der dunkle Anzug und das weiße Hemd mit Krawatte, bei Damen entsprechende Kleider. Das einfache Volk kümmert sich um die Etikette aber wenig. Im tieferen Land ist die Tracht der Leute meist sehr leicht und bunt, jedoch ebenfalls europäisiert. – Im ganzen Land existieren Kaffeehäuser, die ausschließlich dem Besuch durch Männer vorbehalten sind. In den Andenstädten ist dies besonders merkwürdig, weil sie eben vor allem von dunkel gekleideten, steif

Bambustransport: Lastwagen mit „Auslegern". Meist funktionieren Lichter und Bremsen nicht

wirkenden Herren aufgesucht werden. Und noch aus einem Grund: Wir sahen dort, daß sich die Pissoirs ganz offen im Gastraum befanden, obwohl alle Bedienungen weiblich waren.

Nun zu einigen Beobachtungen, die wir sowohl in Kolumbien als auch in anderen Ländern im südlichen und zentralen Amerika machten.

Fast jedes Haus, das wir betraten, hatte ein Dienstmädchen. Selbst der untere Mittelstand nahm die Hilfe einer „Perle" in Anspruch. In einer gutbezahlten Stellung konnte sie vielleicht achtzig bis hundert Mark monatlich verdienen, was bei einem allgemein nur wenig niedrigeren Preisniveau als in Westdeutschland und obwohl Kost und Logis bei der Herrschaft frei waren, sehr bescheiden war. Aber die Arbeitslosigkeit war groß. Die Mädchen kamen oft vom Dorf. Ihre Behandlung war meist gut. Es gab aber auch Dienstherren, die, aus übertriebener Sparsamkeit, ihren heranwachsenden Söhnen dann und wann das weibliche Personal zur freien Verwendung überließen.

Fast der Regelfall war, daß Männer mit mehreren Frauen verkehrten, daß Ehemänner eine Freundin hatten oder ab und zu ins Bordell gingen. Die Ehefrauen und Familien wußten, duldend, meist davon. Ein großer Teil der Kinder wurde außerehelich geboren. Über die Vaterschaft bestand oft große Unklarheit. Schon ganz junge Mädchen befanden sich in einem „interessanten Zustand", wie man sich ausdrückte, vor allem bei den untersten Schichten.

Besonders stolz war eine „bessere" Familie, wenn ihre Tochter den fünfzehnten Geburtstag beging. Dann wurde sie als Dame in die Gesellschaft aufgenommen. Beim entsprechenden Fest war man darauf erpicht, einen Pressefotografen herbeizuschaffen. Unter dem Zeitungsbild wurde dann ausführlich über die Schönheit und die Intelligenz der Dargestellten geschwärmt. Die Veröffentlichung erfolgte in Spalten oder gar auf einer von mehreren Seiten, die nur dafür vorgesehen waren, Tratsch zu verbreiten. Des langen und breiten wurde auch über Kindergeburtstage, Hochzeitsfeiern, Empfänge und ähnliches berichtet, aber auch darüber, wer von der „feinen Gesellschaft" wohin reiste oder wieder zurückkehrte. Auch die größten „periodicos" hatten diese Klatschspalten. Bei Hochzeiten wurde grundsätzlich nur das Bild der „novia" (der Braut) gebracht, auch hier mit Lobpreisungen. Und obwohl die Mehrheit der Bewohner nicht von weißer Hautfarbe war, erschien fast nie ein dunkles Gesicht auf diesen Seiten. Über diese Tatsache redete niemand. Das war einfach so, und die Presse hütete sich, die Sprache darauf zu bringen.

Die vorstehenden Schilderungen haben, obwohl ich sie in der Vergangenheitsform schrieb, nichts von ihrer Gültigkeit verloren.

Zu Besuch bei Landsleuten

In Cali und in Bogotá waren wir Besucher bei Familien, die mit unserer württembergischen Heimat in Verbindung standen. Unsere Begegnung mit Fritz Andree war ein Zufall, weil eine kolumbianische Bekanntschaft uns eine Freude bereiten wollte und uns ihrem Freund vorstellte. Don Federico, wie man ihn hier nannte, stammte zwar aus Siebenbürgen, aber er hatte ab 1943 auf Gutshöfen im Kreis Heilbronn gearbeitet. Er hatte dann seine Eltern aus Rumänien dorthin nachkommen lassen. Sie waren gerade zu Besuch bei ihm und seiner Familie in Cali. Nördlich davon hatte Fritz nun zwei zusammen fünfhundert Hektar große „fincas", wo er Baumwolle, Sojabohnen und Hirse anbaute. In Röhren und Kanälen leitete er das Wasser des Rio Cauca zur Berieselung auf seine Felder. Der damals 41jährige Agraringenieur freute sich: „Ich habe noch nie eine Ernte verloren!" Er war Präsident des Baumwollpflanzer-Verbandes im Cauca-Tal, Züchter von Saatgut und leidenschaftlicher Flieger. Nicht lange nach unserem Zusammentreffen besuchte unser Freund Deutschland. Eines Tages, zwischen Cali und seinen „fincas", prallte er mit seiner Sportmaschine in einer Wolke gegen einen Berg und wurde getötet.

Ebensoviel wie er halfen uns Wolfram Burk und seine Frau in Bogotá. Der Produktionsleiter in einer Fabrik für Kalender, Alben und Notizblöcke (einem Heilbronner gehörend) hatte zwanzig Jahre seines Lebens in der Stadt am Neckar verbracht, lebte aber seit sieben Jahren in der kolumbianischen Hauptstadt, wo er auch noch einige Zeit blieb. Er lud uns zu Fahrten im Auto durch das Hochland ein. Es war sehr gemütlich bei dem Paar und seinen Kindern.

„Alemanes" in Kolumbien gab es etwa achttausend. Sie arbeiteten in allen Bereichen, hatten eigene Schulen. Sie waren durchaus beliebt bei der Allgemeinheit, und sie fühlten sich auch wohl hier. Westdeutschland war Kolumbiens Handelspartner Nummer zwei hinter den USA. Noch an weiteren Plätzen, so auch auf dem Wege Richtung Ecuador, wurden wir von Deutschen eingeladen.

Die „bandoleros" lassen uns ungeschoren

Ehe wir die Weiterfahrt durch die zerklüfteten Anden Südkolumbiens und Nordecuadors antraten, nahmen wir noch unsere Fahrräder gründlich unter die Lupe, wobei wir auch prompt einige schwere Mängel feststellten. Ein Ersatzteil mußten wir uns gar in Deutschland bestellen und per Luftpost zu unserer nächsten Adresse schicken lassen. Kurz vor dem Start von Cali schenkte uns

Menschen in Cali: Efrain Arana, Fahrradhändler, radelte nach Südperu; Lotterieverkäufer

Das Getreide der Indios im Süden Kolumbiens wächst zumeist an den steilsten Hängen (starke Erosion!)

der Fahrradhändler Efrain Arana ein dringend benötigtes anderes Ersatzteil. Er hatte in der Zeitung über uns gelesen. Efrain war ein Kollege „a. D.": Zwanzig Jahre zuvor war er mit dem Fahrrad von Kolumbien nach Südperu gefahren, viertausend Kilometer.

Wir fuhren noch ein paar hundert Kilometer durch das Tal des Rio Cauca aufwärts. Die „bandoleros" ließen uns während der fast zwei Monate, die wir in Kolumbien unterwegs waren, ungeschoren. Vielleicht waren sie überhaupt nicht sehr aktiv. Die einen Leute meinten, „el tiempo de la violencia", die Zeit der Gewalttätigkeit, sei zu Ende gegangen. Aber andere erzählten, die „bandoleros" – ursprünglich politische Rebellen, die später starken Zuwachs durch Kriminelle erfuhren – lebten in den Wäldern verborgen, um auf ihre große Stunde zu warten. Unter der intelligenten Führung des liberalen Präsidenten Lleras war aber tatsächlich etwas Ruhe eingekehrt. Seitdem ist in Kolumbien wieder viel Blut geflossen, angesichts der enormen sozialen Unterschiede nicht verwunderlich.

In Südkolumbien mußten wir uns aus Vernunftsgründen von dem Fahrer eines Lastwagens für rund dreihundert Kilometer zum Mitfahren einladen lassen. Wilma hatte Schmerzen in einem Knie, bei mir machte sich nach den erheblichen Anstrengungen der letzten Zeit meine etwas angeschlagene Leber wieder bemerkbar. Der „camión" brauchte für diesen Weg volle zweiundzwanzig Stunden, fuhr im Schnitt also weniger als fünfzehn Stundenkilometer. Es war ein Tanker, der 13 000 Liter Benzin geladen hatte, und wir saßen mit unseren Rädern ganz obenauf. Es war ein gefahrvolles, unvergeßliches Abenteuer über schaurigen Abgründen und auf unsäglich schlechten Wegen.

Schlimmes Kopfsteinpflaster am Äquator

Ja, die „Panamericana" war schon manchmal eine eigenartige „Traumstraße". Kaum hatten wir die Grenzformalitäten auf der ecuadorianischen Seite hinter uns, als wir erneut vor Problemen standen. Entweder hatten wir knöcheltiefen Staub unter den Rädern oder ganz ekliges Kopfsteinpflaster, das uns eine neue Erfahrung auf unserer Reise einbrachte. Der Leser sollte dabei nicht an das wohlgeordnete Pflaster deutscher Marktplätze denken. Hier handelte es sich vielmehr um eine wirre Ansammlung von Felsbrocken, die von Lastwagen in alle Richtungen gewalkt worden waren. Um die Jahrhundertwende mochte so etwas großartigen Fortschritt bedeutet haben. Wir mußten uns Meter für Meter vorwärtskämpfen. Das ging hundertfünfzig Kilometer so weiter.

Zu den größten Überraschungen gehörte der plötzliche Abstieg aus kaltem, von Indios bewohntem Hochland in das Tal des Flusses Mira, genannt Valle Chota, wo in einigen Dörfern die Nachfahren einstmals aus Afrika als Sklaven gebrachter Neger in typischen Rundhütten und auch sonst so wohnten wie ihre Vorväter und -mütter. Sie lebten von primitiver Landwirtschaft und verkauften ihre überschüssigen Erzeugnisse am Straßenrand. Weit entfernt von der Küste hatte sich also eine rassische Gruppe fast rein erhalten können. Das fruchtbare, warme Flußtal ist an drei Seiten von einer ausgedehnten Wildnis umgeben, in der nichts außer Kakteen und Dornbüschen gedeiht. Regenwolken ziehen meist unverrichteter Dinge über die kahlen Berge hinweg. Auch bis Quito hin ist das Land ziemlich trocken und Leben eigentlich nur in oasenartigen Siedlungen möglich.

Eine der Städte an unserem Wege nach Quito war Otavalo, das von den gleichnamigen Indios bevölkert wurde. Wir konnten sehen, daß sie recht sauber und fleißig waren. Wir beobachteten sie beim Spinnen, Wollefärben und Weben, beim Bau von Häusern und Mauern. Letztere gehörten

Mit dem Bauernjungen Luis Enrique auf der Kopfsteinpflasterstraße am Äquator

zur Bauweise der Region; sie umgaben jedes Anwesen. Sie wurden aus mit Stroh vermischtem Lehm aufgerichtet, der gestampft wurde. Die Mauern waren dadurch sehr stabil. Auf ihren Feldern pflanzten die Otavalos vor allem Mais und Kartoffeln an, wie fast alle Hochlandindios Südamerikas.

Rund siebzig Kilometer nördlich der Hauptstadt, bei einer Hacienda, überschritten wir am 8. August 1969 erstmals auf unserer Reise den Äquator. An der mit einer Erdkugel aus Stein und einer Metallplatte mit der Aufschrift „Breitengrad 0° 00′ 00″. 00″ markierten Stelle trafen wir Luis Enrique Guayaco, einen zwölfjährigen Bauernjungen. Er war der erste Mensch, der uns von der Südseite der Erde entgegenkam. Aber er wohnte auf der Nordseite. Dabei standen wir 3000 Meter hoch, und nur wenige Kilometer weiter ostwärts verlief der Äquator über den 5790 Meter hohen, schneebedeckten Vulkan Cayambe. Das Land Ecuador ist nach dem Äquator benannt.

Bei Zahnarzt Fausto in Quito

Nachdem wir kräftig durchgeschüttelt worden waren und uns hatten einstauben lassen, wurden wir in Quito von Dr. Fausto Bustamante begrüßt, den wir auf der „Rossini" zwischen Panama und Kolumbien kennengelernt hatten. Der Zahnarzt war zwei Monate zuvor auf der Heimreise von Deutschland gewesen, wo er sich drei Jahre für einen Spezialisierungskurs aufgehalten hatte – mit einem deutschen Stipendium. Er sprach fließendes Deutsch. In der Zeit seit seiner Rückkehr hatte er sich bereits eine Praxis eingerichtet. Immer noch schwelgte er in Erinnerungen an seine schönen Jahre in Deutschland. In seiner Begeisterung gab er uns ein Versprechen und machte es auch wahr: Er schaute nach unseren Zähnen. Wilma mußte ein Zahn gezogen werden. Außerdem mußten Plomben erneuert werden. (Als wir wieder in Deutschland waren, revanchierten wir uns für Faustos Bemühungen.)

Mit ihm nahmen wir an einem Empfang der Humboldt-Gesellschaft im Deutschen Klub teil, wobei der Botschafter der Bundesrepublik dreißig junge Ecuadorianer, alle ehemalige Stipendiaten, begrüßte. In Quito wie in der Hafenstadt Guayaquil gab es deutsche Schulen, darunter eine technische. Caesar, Faustos Freund – ein weiterer Zahnarzt –, war früher am „Colegio Alemán" Lehrer gewesen. Nun gingen seine Kinder auf diese Schule und sprachen schon etwas Deutsch. Mit Caesar, Fausto und seinen Brüdern machten wir Ausflüge in die Umgebung. Dabei sahen wir außer dem Cayambe auch den Vulkan Cotopaxi (5897 m) in seinem Schneekleid. Eines Tages erlebten wir Stierkampf mit. Es gab sechs „toros". Vier der Toreros waren Stümper. Mit ihrer Ungeschicklichkeit verlängerten sie die Leiden der Tiere. Als der letzte Stier im Sterben lag, stürmte das Publikum den Schlachtplatz. Es benahm sich wie verrückt. Die Männer (natürlich nur sie!) spielten vor dem verblutenden Tier die Mutigen.

Fausto und seine Familie ließen es uns an nichts fehlen. Hier erwähnen möchte ich nur noch eine Besonderheit bei den Speisen. Im Bananenland Ecuador wachsen nicht nur verschiedene Arten „gewöhnlicher" sondern auch weitere Sorten von Bananen zum Kochen und Braten. Wir aßen Bananenklöße, Bananensuppe und Bananen, die ähnlich wie Kartoffeln schmeckten. Außerdem hatten wir Kartoffeltortillas (ähnlich wie Reibekuchen), gekochten Mais, grüne runde Bohnen,

Taxis amerikanischer Herkunft und Gebäude im Kolonialstil an einem der Hauptplätze Quitos

Seegetier, Kuheuter und sehr preiswertes einheimisches Roggenbrot, sowie natürlich viel Reis, der zu fast jedem Essen gehörte.

Quito wird manchmal spöttisch als das „Hauptdorf" Ecuadors bezeichnet. Seine Altstadtstraßen sind eng, winklig und bucklig. Viele Gebäude sahen wir bei unseren Rundgängen noch in kolonialer Bauweise erhalten. An jeder Ecke des Stadtzentrums stand eine mit unschätzbar wertvollen Kunstwerken ausgestattete Kirche, deren Äußeres mit dem weltlicher Paläste wetteiferte. Es gab noch Schuhmacher- und Schneidergassen wie in alten Zeiten. Gitter an jedem Fenster und Mauern um jedes Haus zeugten vom tiefwurzelnden Mißtrauen der Einwohner selbst gegenüber den Nachbarn. Politisch gärte es. Von zahlreichen Fassaden, Kirchen nicht ausgenommen, schrien gepinselte Slogans: „Rockefeller raus!" (gemeint war der auf Besuch dagewesene New Yorker Gouverneur), „Ibarra stirb!" (der Präsident des Landes) und „Freiheit für Fausto Vargas!" (ein verhafteter Studentenführer). Aber auf den Hauswänden wurde auch überall für Zahncreme, Schmerztabletten und Waschpulver geworben.

Durch Plantagen und auf einer Fähre, dann Ärger an der Grenze

Auf 3500 Meter Höhe ging unser Blick ein letztes Mal zu den Andengipfeln Ecuadors. Dann ließen wir „la tierra fria" (das kalte Land) hinter uns und radelten innerhalb von vier Tagen hinunter nach Guayaquil auf Meereshöhe. In der Ebene fuhren wir einmal hundert Kilometer ausschließlich durch Bananenplantagen, das größte Gebiet seiner Art in der Welt. Wir bekamen die Früchte zu einem Pfennig das Stück und als wir sie einmal auf einer Pflanzung kaufen wollten, gab man uns einen ganzen Sack davon kostenlos mit. Wo sie verpackt wurden, sahen wir oft Schachteln, die zum Versand nach Deutschland bestimmt waren. In anderen Gebieten waren Kaffee-, Kakao- und Reisanbau vorherrschend. Ward L. Smith aus Michigan, Verwalter einer fünfhundert Hektar großen Kaffeepflanzung, die zum Teil Nelson Rockefeller gehörte, lud uns zur Besichtigung des Guts und der Aufbereitungsanlagen und außerdem zur Übernachtung dort ein. Mit Ward und seiner Familie verbrachten wir noch zwei erlebnisreiche Tage in Guayaquil und an einem Strand südwestlich davon.

Im Morgengrauen des 26. August lief nach nur hundertzwanzig Kilometer langer, aber neunstündiger Fahrt über den Golf von Guayaquil die klapprige Fähre „Presidente" mit etwa hundertfünfzig sich in Hängematten und auf dem Boden räkelnden Passagieren in den Bananenausfuhrhafen Puerto Bolivar bei Machala ein. Wir hatten die nächtliche Reise – Kostenpunkt je 1,20 Mark – auf einer Kiste recht und schlecht überstanden. Den Wasserweg hatten wir gewählt, weil von Guayaquil keine brauchbare Straße in die Nähe der peruanischen Grenze verlief.

Während des letzten Tages in Ecuador freuten wir uns über interessante Gespräche, die wir mit deutschen Bananenaufkäufern in den Plantagengebieten führen konnten. Weniger erbaut waren wir von einer „Unterhaltung" mit Soldaten, die uns von einem Ort, wo wir uns gerade ausruhten, wegjagten. Die Grenznähe rief dieses Mißtrauen hervor. Ecuador und Peru stritten sich seit langem um ein riesiges Gebiet nördlich des Rio Marañon, das 1942 von den Peruanern mit Gewalt annektiert worden war. Und jetzt mußten wir das ausbaden.

Dann machten uns die Peruaner Schwierigkeiten. Wir brauchten zwar auch hier kein Visum, und daß wir für eine sogenannte Touristenkarte umgerechnet je acht Mark zu bezahlen hatten, wußten wir auch schon. Doch diesmal machte sich der Zoll über unsere Fahrräder her. Über zwei Stunden beschäftigten sich die Beamten in der verkommenen Grenzstation bei Tumbes mit der

So manches Mal, wie hier im Süden Ecuadors, ging der Straßenverkehr über Eisenbahnbrücken

Ausstellung einer „vorübergehenden Erlaubnis der Einfuhr von zwei Fahrrädern". Sie war auf dreißig Tage begrenzt, obwohl uns selbst ein Aufenthalt von neunzig Tagen zugestanden wurde. Darauf kam die Rechnung: umgerechnet zwanzig Mark Schreibgebühren. Ich stieß einen so furchtbaren Schrei aus, daß die Leute zusammenliefen. Aber der Zeitpunkt war unglücklich gewählt, denn die Zollstelle schloß gerade wegen der Mittagspause. Rauchend vor Zorn mußten wir nun warten, bis die Beamten zurückkamen. Sie hatten es sich inzwischen wohl überlegt, denn plötzlich wollten sie uns den Schein auch um die Hälfte geben. Dies bestärkte uns noch in der Ansicht, daß das Ganze unrechtmäßig sei und daß die Zöllner das Geld in die eigene Tasche stecken wollten. Das Formular war außerdem für die Einfuhr von Autos bestimmt.

Sie gaben unseren Rädern also nur dreißig Tage. Schneller als wir konnten die ja nicht gut sein. Wir aber blieben viereinhalb Monate in Peru . . .

1400 Kilometer durch die Wüste nach Lima

Die Angaben Einheimischer, einschließlich der Zöllner, über die Entfernung zur Hauptstadt Lima schwankten zwischen zweihundert und viertausend Kilometern. Noch nicht einmal ein junger Kolumbianer, der von dort kommend mit dem Fahrrad an der Grenze anlangte, wußte viel darüber zu sagen. „Ich war zwei Wochen oder so unterwegs", meinte er und redete sonst nur noch wirres Zeug. Die Alleinfahrt hatte ihn wohl seelisch etwas angegriffen. Schließlich ersahen wir aus einer

Landkarte des Automobilklubs von Peru, daß es rund 1400 Kilometer waren. Wir konnten ahnen, was uns bevorstand.

Während der nächsten Wochen fuhren wir meist entlang der Küste des Pazifik. Auf rund 450 Kilometern waren wir weiter landeinwärts, weil die Straße ein Meer von Sand umging. Abgesehen von Oasen, mit Hilfe von Flüssen aus den Kordilleren bewässert, hatten wir Wüste oder Halbwüste um uns. Diese Landschaftsform reicht bis hinunter nach Mittelchile. Der von Süden kommende Humboldtstrom ist der Verursacher des trockenen Klimas in diesem Abschnitt der Westküste Südamerikas. Wie sein Wasser ist auch die Luft über ihm kalt. Es gibt kaum Verdunstung, demzufolge keine ausreichenden Niederschläge. Aber es gab außer den Oasen noch andere Lichtblicke für uns. Oft waren die schroffen Vorberge der peruanischen Anden von wilder Schönheit. *Da* ging es durch tiefe Schluchten, *dort* boten hohe Sanddünen in der Abendsonne ein phantastisches Bild. Besonders großartig war ein Vogelparadies zwischen Tumbes und Mancora, wo sich Millionen von Möwen, Pelikanen, Wildenten, Seeschwalben und anderen Wasservögeln eingefunden hatten. Es war ein Zeichen dafür, daß es viel Fisch gab, wo der kalte Humboldtstrom und der warme, von Norden kommende Niñostrom zusammentrafen. Bei Mancora arbeiteten Ölförderanlagen, bei Trujillo und ab Huarmey gab es große Zuckerrohrpflanzungen.

Wir mußten körperlich wieder unser letztes geben. Ein unvorstellbarer Wind von der See her machte uns das Leben schwer. Ich fuhr stets so, daß Wilma sich in meinem Windschatten halten konnte. Über jede Baumreihe oder lange Mauer bei den Orten freuten wir uns, weil sie uns vor dem Wind schützten. Im Norden war die Hitze groß, später wurde es angenehmer.

Für Dörfer, wo wir übernachteten, mußte das Wasser oft von weit entfernten Quellen gebracht

Schulkinder im Wüstendorf Mancora. Ihre Väter sind Fischer. Milch gibt es nur in Dosen

werden, zum Beispiel in alten Ölfässern. Maulesel waren die wichtigsten Lasttiere. Am Wegesrand und in der Nähe von Siedlungen zeugten Tausende von leeren Kondensmilchdosen davon, daß im weiten Umkreis keine einzige Kuh weidete, die man zur Versorgung der Kleinkinder hätte melken können. In vielen Orten lebten die Menschen vom Fischfang. Bei einer Zuckerhacienda glichen die Wohnungen der Arbeiter – je ein Raum in langen, fensterlosen Lehmbauten – Höhlen. Klos gab es nicht. Jeder verrichtete seine Notdurft in unmittelbarer Umgebung der Behausungen. Grau wie die Landschaft selbst waren die meisten Ortschaften. Seit Indien hatten wir kein Gebiet so deprimierend gefunden.

Natürlich kamen wir bei den unterschiedlichsten Menschen zur Nacht unter, und wir erhielten dabei die Möglichkeit, ihre Lebensumstände kennenzulernen. Es ginge zu weit, hier all das zu schildern, was wir sahen. Ich möchte nur ein paar bemerkenswerte Details hervorheben. Allgemein beklagten sich unsere Gastgeber über ihr monotones Leben, selbst wenn sie in einer Stadt wie Chiclayo oder Chimbote wohnten. Die Tochter eines Hauses war einmal in Deutschland. Ein Mechaniker und seine Mutter, beide aus Mecklenburg, waren ganz ergriffen, als sie uns trafen. Seit über zwanzig Jahren waren sie hier. Die Mutter weinte stundenlang vor Heimweh nach Deutschland. Aber für eine Reise reichte das Geld nicht. Ein Lehrer malte hübsche Bilder. Ein Bankkaufmann bei Huarmey erzählte uns, daß es hier schon drei Jahre nicht mehr geregnet habe. Sein Freund, ein Radsportler, begleitete uns einige Zeit auf dem Weiterweg. Der Direktor einer Station von „Radio Perú" interviewte uns in einer Live-Sendung.

115 Kilometer von Piura im Norden war eines Abends nur im Kittchen ein Zimmer für uns frei. In der Ortschaft gab es lediglich zwei Läden, eine Tankstelle und die Polizeistation. Dort fragten wir, aber der Polizeichef machte ein besorgtes Gesicht. Heute feierten die Ordnungshüter das Fest ihrer Schutzheiligen, sagte er. Die Wache sei daher kein sicherer Platz. Da kam ihm aber *die* Idee: Die Arrestzelle war im Augenblick ja nicht belegt! Wir hatten keine Wahl. Es wurden zehn Stühle gebracht, die wir im Verlies in zwei Reihen aufstellten. Auf diesen „Betten" schliefen wir. Hinter uns fiel die Gittertür ins Schloß. Die Polizisten tranken, sangen und tanzten. Aber sie konnten uns nichts antun.

Unser Freund Rolph, die „Schweiz Perus" und zwei „Jubiläen"

Wir hatten gerade tausend Kilometer unseres Weges geschafft, als wir kurz vor der Stadt Chimbote von dem Schweizer Rolph Schneider, Geschäftsführer einer Fischmehlfabrik und Dirigent einer Fischdampferflotte, in sein Haus eingeladen wurden. Wegen starker Schmerzen in meinem rechten Knie freuten wir uns beide über einen mehrtägigen Erholungsurlaub. Wir empfanden das so, obwohl es in Chimbote zum Himmel stank – von Fisch natürlich. Es gab über dreißig Fischmehlfabriken. Jährlich wurden Millionen Tonnen der kleinen Anschovis, der vor Perus Küste in Unmengen vorkommenden Sardelle, zu Mastviehfutter verarbeitet und exportiert. Diesen Reichtum vor der Nase, mußte Peru einen großen Teil seines Lebensmittelbedarfs durch Importe decken. Die meisten Peruaner mochten Fisch nicht besonders gern. Deutsches Mastvieh gedieh damit prächtig. Nirgends auf der Welt wurde mehr Fisch gefangen als in Peru.

Rolph Schneider hatte schon dreiunddreißig Jahre seines Lebens in Peru verbracht und kannte sich daher sehr gut aus. Sehr kameradschaftlich, nahm er uns über die Cordillera Negra („Schwarze Kordillere") in das Tal des Rio Santa nach Huarás mit. Als wir die erste Andenkette von der Küste her überschritten, sahen wir aus 4200 Meter Höhe das Panorama der gegenüberlie-

In der Wüste von Nordperu. 1400 km weit war der Weg von der Grenze zur Hauptstadt Lima

Eine Gastgeberin am Wege nach Lima: Ältere arme Frau mit Angehörigen und Nachbarn

Wilma mit Rolph Schneider, 4200 m hoch: Blick zur Cordillera Blanca oberhalb Huarás

genden Cordillera Blanca („Weiße Kordillere"). Sie hat neunundzwanzig über 6000 Meter hohe Schneegipfel und unzählige Fünftausender. Der höchste Berg ist der Huascarán mit 6763 Metern. Das Gebiet wird „Schweiz Perus" genannt. Wir besuchten den Indiomarkt von Huarás. Bei der Rückfahrt standen wir wieder auf dem Paß der Cordillera Negra und blickten zu den Schneebergen und in das Tal hinab. 1941 hatte eine Gletscherlagune der Bergriesen ihre natürliche Umwallung gesprengt und Millionen Kubikmeter Wasser und Felsen hatten sich wie ein Raubtier auf Huarás gestürzt. Viertausend Menschen waren umgekommen.

Nun sah alles so friedlich aus. Aber nur achteinhalb Monate später würden bei der größten Erdbebenkatastrophe, die Südamerika bis dahin in diesem Jahrhundert erlebt hatte, alle Städte des Tales zerstört werden. Der Gletschersee des Huascarán würde mit gewaltigen Massen von Gestein und Sand herabstürzen. Zehntausende würden durch zwei Beben, vor allem aber durch die Schlammlawine, ums Leben kommen. In Chimbote würden wahrscheinlich 60000 Menschen, achtzig Prozent der Einwohner, zugrunde gehen. Rolph Schneider kam nicht zu Schaden, weil er sich nicht in Chimbote aufhielt.

Wir mußten in Chimbote wieder einmal an die Worte eines Briefschreibers in der Heimat denken: „Verzagt nicht, denn der Mensch ist gut!" Wie oft waren wir auf dem amerikanischen Kontinent schon wieder freundlich beherbergt und behandelt worden! Wir konnten das nicht genug würdigen. Die „Operation Freundschaft", von der die Zeitung „El Pais" in Cali gesprochen hatte, funktionierte. Rolph Schneider hatte keine spezielle Veranlassung und erst recht keine

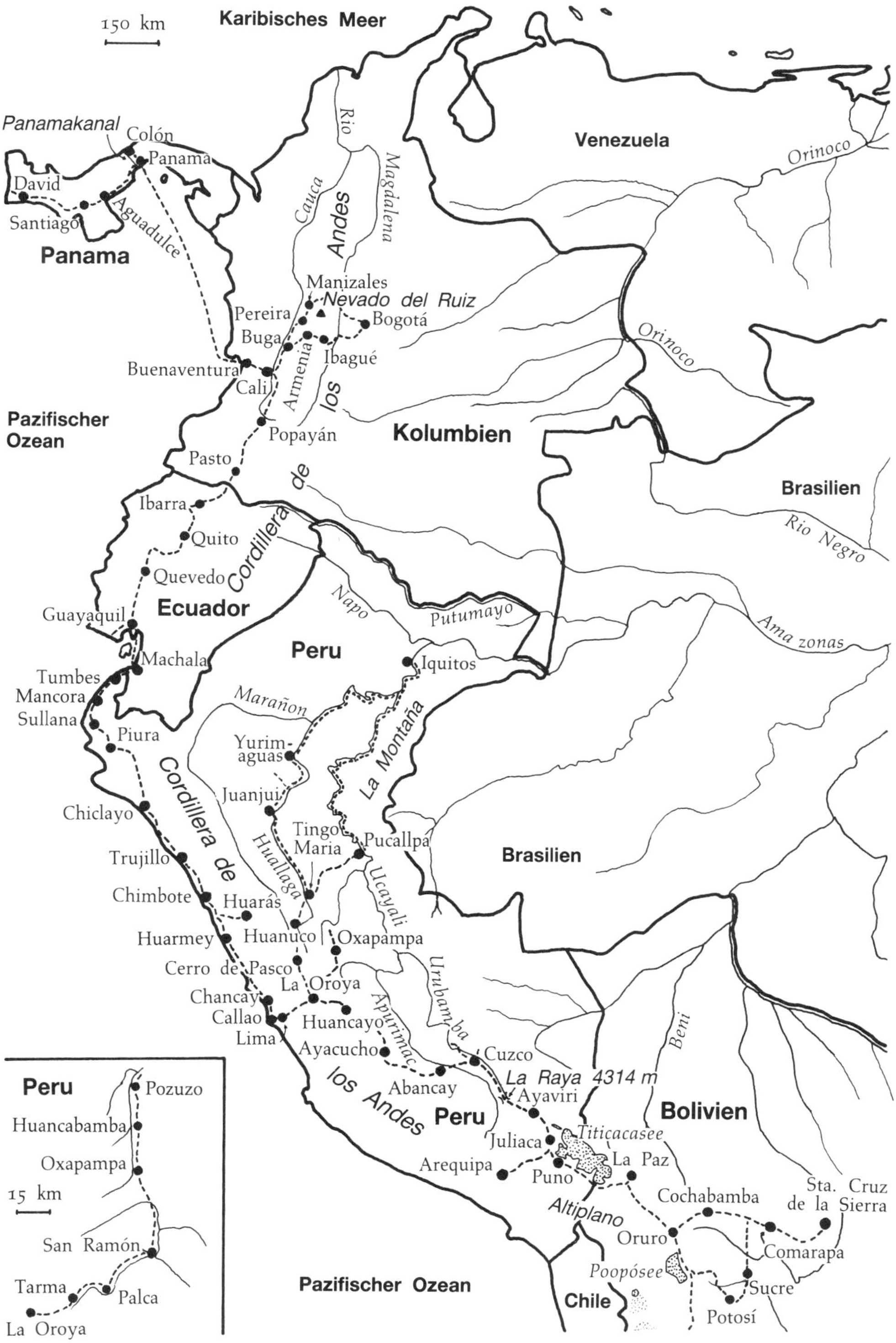

Reiseweg (Strichlinie) von Panama bis Bolivien und (vergrößert) in Peru nach Pozuzo

Verpflichtung gehabt, uns mit soviel Gastfreundschaft und menschlicher Wärme zu begegnen. Er war einfach ein feiner Kerl mit Verständnis für zwei Radweltreisende, die sich mit den Tücken der Wüste abplagten. Und Rosa, seine schöne peruanische Frau, stand ihm da in nichts nach. Selbst Freunde von ihnen taten es ihnen gleich. Einer davon, Roberto Schabauer, den wir in Chimbote kennenlernten, nahm uns bei sich in Callao bei Lima auf. Er hatte in Callao eine Werkstatt für die Ausbesserung von Fischerbooten. Seine Eltern waren aus Wien gekommen, doch er war in Peru geboren worden und sprach kaum ein Wort Deutsch. Seine Frau Josefina hatte einen deutschen Großvater.

Am Tage vor unserer Weiterfahrt – 420 Kilometer bis Lima – feierten wir mit unseren Freunden noch zwei „Jubiläen": Am 16. September 1969 waren wir drei Jahre unterwegs, und wir hatten mit Fahrrädern bereits mehr Kilometer zurückgelegt als der Äquatorumfang mißt, nämlich 40740. Theoretisch hatten wir daher die Erde bereits einmal umrundet... Bisher hatten wir rund 350 Reifenpannen beheben müssen.

Ich will nicht verschweigen, daß die Reaktionen unserer Wegbekanntschaften nicht immer nur positiv waren. Unter Europäern befanden sich die heftigsten Kritiker. Da warf uns jemand vor, verschroben zu sein, während ein anderer meinte: „Die trampen durch die Gegend und unsereins ist der Trottel, daß er Jahr und Tag arbeitet!" Einer glaubte sogar, uns bedauern zu müssen: „Schade um die verlorenen Jahre!" Wir ließen solche „Freunde" bei ihrer Anschauung, denn da war nichts zu machen. Die Vorteile des Reisens – Geografie-, Geschichts- und Völkerkundeunterricht, Psychologiestudium und Vertiefung der Liebe zur Natur, berufliche Fortbildung und sportliche Betätigung in einem – ließen uns solche Kritik überwinden.

Naturwunder, in Lima und bei Deutschen

Am Morgen des Tages, an dem wir Lima erreichten, passierten wir die für uns seit langem gefährlichste Stelle. Der Andenkette vorgelagert befand sich etwa siebzig Kilometer nördlich der Hauptstadt ein zerklüfteter Felsgrat, der von einer dicken Schicht Flugsand – vom ständigen Wind herangetragen – fast völlig zugedeckt war. Die so entstandenen Dünen erhoben sich Hunderte von Metern über der Brandung des Pazifischen Ozeans. Sechzehn Kilometer schlängelte sich die „Panamericana" etwa 250 Meter höher als das Meer über diesen labilen Grund. Ständig rutschten große Massen von Sand ab und mußten mit Maschinen beseitigt werden. Keine Woche verging, in der nicht wenigstens ein Auto über den Hang in die Tiefe stürzte. Die Spuren dieser Unfälle waren zu erkennen. Uns schien, daß die Taxi-, Bus- und Lastwagenfahrer aufs Weiterleben nicht viel Wert legten. Geschwindigkeit und Achtsamkeit waren nämlich nicht danach.

Interessant für uns war auch, daß jetzt, im Winter der südlichen Erdhälfte, in der Nähe der Dünen an vielen Stellen das Land nicht nur von Grün, sondern sogar von Blumen geschmückt war. Die Ursache dafür waren Wolken, die viele Wochen lang in geringer Höhe an den Vorbergen hingen. Dieser Nebel spendete ausreichend Feuchtigkeit, um die Pflanzen zu neuem Leben zu erwecken. Wir stellten eine große Vielfalt fest. Auch zahlreiche kleine Tiere waren hier zu Hause. Wir sahen sogar Schafherden weiden. Wegen des Nebels war die Stimmung aber düster und grau. Im Südsommer (November bis Mai) würde die Vegetation wieder verdorren.

Jeder sechste Peruaner lebte in der Millionenstadt Lima, ein großer Teil ihrer Einwohnerschaft aber in den „barriadas". Eigentlich bedeutet dieses Wort nur „Stadtviertel", doch es handelte sich dabei um Elendsquartiere, die wegen des Zustroms von Menschen aus den Anden ständig erweitert werden mußten. Die sanitären Bedingungen waren sehr schlecht. Die Kriminalität nahm dort erschreckende Ausmaße an. Bei der Einfahrt nach Lima fuhren wir eine Zeitlang durch solche Viertel. Die koloniale Innenstadt von Lima war freilich malerischer. Es wurden auch neue Stadtteile auf hübsche Weise angelegt. Und es gab, wie in jeder Haupt- oder Großstadt Lateinamerikas, ausgedehnte Villenviertel. Roberto und Josefinas Haus stand in einem vom Mittelstand bewohnten Gebiet Callaos. Übrigens war nun das Wetter auch im Raum Lima ziemlich trübe, die Luftfeuchtigkeit sehr hoch.

Wilma hatte mir vor einigen Wochen – in Erinnerung an die in Guatemala-Stadt getroffene Vereinbarung – das Versprechen abgenommen, daß wir einen Abstecher zum Amazonas ohne die Fahrräder unternehmen würden. Es zu geben, war mir relativ leichtgefallen, denn Führung und Qualität der Straßen über die Sierra (das Hochland) durch die Montaña (immergrünes, fruchtbares Mittelgebirgsland der Anden) sowie ihr gänzliches Fehlen in der Selva (von Urwald bedecktes Tiefland im Osten) waren uns aus Schilderungen hinreichend bekannt. Nach unserer Rückkehr würden wir unseren Weg wie üblich fortsetzen. So blieb der größte Teil unseres Gepäcks bei Roberto und Josefina.

Wir radelten vierzig Kilometer in Richtung Berge. Dort standen eine Mälzerei, wo wir Margot Hopp und ihren Mann zu Hause wußten. Die Dame stammte aus dem Raum Heilbronn, Karl Hopp war Geschäftsführer der Fabrik. Die Hopps lebten bereits seit 1958 in Peru, wo auch ihre Tochter geboren wurde. Er war als Angestellter einer schwäbischen Maschinenfabrik zur Überwachung des Aufbaus der Mälzerei entsandt worden. Danach hatte er einen Vertrag mit den peruanischen Brauereien geschlossen. Sie brauchten solche Fachleute im Brauereiwesen dringend.

Hunderte Meter hohe Sanddünen an der Küste nördlich Limas. Wilma ist der winzige Punkt links

Auf Anhieb verstanden wir uns auch mit Familie Hopp prächtig. Sie hatte schon in „La Prensa" von Lima über uns gelesen. Nun verbrachten wir eine Nacht bei ihr, erhielten viele wertvolle Ratschläge für unsere Fahrt von ihr und konnten die Fahrräder dort zurücklassen.

Weil ich gerade bei diesem Thema bin, möchte ich noch unsere Begegnungen mit zwei weiteren früheren Bewohnern der Umgebung unserer Heimatstadt erwähnen. Der eine war Bischof Antonio Kühner, dessen Diözese fast so groß wie Württemberg war. Bereits 1950 war er als Pfarrer nach Peru entsandt worden. Der andere war Pater Josef Lang, der seit 1958 als Geistlicher im Lande war. Beide wirkten in der Andenstadt Tarma. Mit großer Begeisterung hatte Padre José, wie er hier hieß, ein wohlfunktionierendes Internat für Buben aufgebaut. Deutsche Spender hatten ihm dabei geholfen. Aber er hatte noch viele Pläne.

Atemberaubende Wege über die Sierra

Wir hatten uns ausgerechnet, daß wir drei Wochen auf unserer Rundfahrt verbringen würden. Es wurden aber sechseinhalb Wochen daraus. Einerseits entdeckten wir immer neues Sehenswertes, andererseits war das Vorwärtskommen sehr zeitaufwendig. Wir baten die Fahrer von Last- und Personenwagen um ihre Gunst. Das war nicht schwer, denn es gab sonst keine „Anhalter". Öffentliche Verkehrsmittel waren selten; die Bevölkerung war zu arm. Durch Vermittlung unserer Freunde Hopp saßen wir schon am ersten Tage in einem „camión". Gemächlich beginnt die Straße aus der Ebene hinaufzusteigen, doch später verläuft sie in wilden Serpentinen bis zum höchsten befahrenen Paß in Peru, dem 4884 Meter hohen Ticlio, noch höher als der höchste Berg

Auf dem Marsch nach Pozuzo dienten oft Baumstämme als „Brücken" über die Bäche

Europas, der Montblanc! Die höchste Eisenbahnlinie der Welt, die Oroya-Bahn, führt ebenfalls – etwas niedriger – über diese Stelle. Dahinter liegt die Minenstadt La Oroya mit der wichtigsten Erzschmelze des Landes. Hier werden vor allem Kupfer, Silber und Blei abgebaut.

Nun wollten wir zunächst in die Montaña. Uns interessierte ein Dorf, hinter dessen echt peruanischem Namen sich eine Siedlung von Europäern verbarg, deren Vorfahren um die Mitte des vorigen Jahrhunderts aus Tirol eingewandert waren: Pozuzo. (Siehe Einfügung bei Reisekarte „Nördliches Südamerika".) Wir gelangten weiter nach Tarma. Von dort waren es noch 250 Kilometer zu dem „Tirolerdorf". Mit fünf verschiedenen Fahrzeugen und den Rest zu Fuß schafften wir es in vier Tagen.

Die einspurige Straße mit den wenigen Ausweichbuchten gehörte zum atemberaubendsten, das wir je gesehen hatten. Sie war einfach in die Hänge und Felsen eingeschnitten worden. Auf der Talseite erkannten wir manchmal die Bäche nicht mehr, so tief unten suchten sie sich ihren Weg. Ein paar Wochen zuvor hatte ein Busfahrer wegen einer Staubwolke vor ihm (die Straße war nicht asphaltiert) eine Kurve übersehen und war mit siebenundzwanzig Passagieren zweihundert Meter senkrecht abgestürzt. Niemand überlebte den Unfall. Wir sahen noch die Trümmer liegen. Wilma erzählte mir später, daß ich kreidebleich geworden sei, als einmal einer unserer Chauffeure bei einem Ausweichmanöver mit dem rechten Vorderrad über den Rand des Abgrundes hinausgeriet. Die schwere Holzfracht, viereinhalb Tonnen über der zulässigen Höchstbelastung, hielt aber den „camión" auf den übrigen drei Rädern. Im anderen Falle . . .

Tarma liegt 3100 Meter hoch, San Ramón – nicht einmal siebzig Kilometer weiter – aber nur 825, im Chanchamayo-Tal. Es ist als „Obstgarten Perus" bekannt, denn hier wachsen nicht nur die besten Kaffeesorten, sondern auch Früchte und Gemüse in solchen Mengen, daß sie zum über dreihundert Kilometer entfernten Lima geschafft werden. Eine weitere kleinere Stadt in dem Tal, aber tausend Meter höher als San Ramón, ist Oxapampa. Sie hat nach unserer Ansicht das beste Klima. (In diesem Land mit seinen steil aufragenden Gebirgen kann man innerhalb einer Wegstunde Temperaturschwankungen von zwanzig Grad erleben.) Dort hatten die Brüder Ernesto und Alberto Mueller Kaffeepflanzungen, mehrere hundert Rinder und das größte Sägewerk am Ort. Sie hatten einige kleinere Wasserkraftwerke gebaut und belieferten den Ort mit Strom. Ihr Vater war vor einem halben Jahrhundert aus Ulm eingewandert. Bei ihnen hielten wir uns nun und auf dem Rückweg vier Tage auf, denn wir mußten auf Fahrmöglichkeiten warten.

„Tirolerdorf" Pozuzo im Urwald

Dann ergatterten wir einen Lastwagen weiter ins Landesinnere. Mit uns waren zweiundzwanzig Männer, Frauen und Kinder, sowie sechs Stiere, fünfzehn Schafe und zehn Hühner auf der Ladefläche zusammengepfercht. Erdrutsche, Felsbrocken auf dem Weg, Bäche, über die keine Brücken gingen, erschwerten das Vorwärtskommen. Bei einem Gewitter mußte der Lastwagen an einem Flußufer warten. Ein Jeep war mitten im Wasser stecken geblieben. Als die Flutwelle kam, war nur noch das Führerhaus des Autos zu sehen. Dennoch wagte unser Chauffeur die Rettung des Jeeps und zog ihn an einem Seil mit seinem Fahrzeug „an Land". Obwohl auch wir manches aufs Spiel setzten, erzähle ich diese Erlebnisse nicht, um mich zu brüsten, „was wir alles erlebten". Es entspricht den Tatsachen, daß unsere Mitfahrer – und viele andere Menschen in solch unerschlossenen Gebieten – immer wieder große Gefahren auf sich nehmen müssen, um zu Märkten, Behörden oder zum Arzt zu gelangen.

Die „Straße“ endete an einem Saumpfad. Es war ein schlammiger, zwanzig Kilometer langer Weg. „Beeilt euch, ihr müßt Pozuzo erreichen, bevor die Nacht anbricht, hier gibt es Tiger und Schlangen, vorwärts!“ riefen uns einige peruanische Wegbegleiter zu. „Ihr habt die Elefanten vergessen!“ höhnten wir, und die Schwarzseher liefen uns davon. Es fraß uns kein Tiger, keine Schlange würgte uns zu Tode. Doch in der Woche zuvor hatte tatsächlich ein Jaguar (man nannte dieses Tier hier kurzerhand „tigre“) drei Kälber gerissen. Kniezitternd tänzelten wir im Regen auf glitschigen Baumstämmen über schäumende Urwaldbäche. Bei Einbruch der Nacht waren wir immer noch am Rio Huancabamba unterwegs, doch dann erreichten wir, erleichtert, über eine schwankende Hängebrücke Pozuzo im „Tal der Verheißung“.

Wie kam es zu dieser Siedlung? Ein begeisterter deutscher Forschungsreisender schloß 1853 mit der Regierung in Lima, die an einer besseren Nutzung fruchtbaren Landes interessiert war, einen Vertrag über die Ansiedlung von Europäern in der Montaña. Dann startete er einen Werbefeldzug. In Tirol meldeten sich viele auswanderungswillige arme Bauern. Junge Paare, die ein Gesetz an der Heirat hinderte (ausreichend Boden und anderer Besitz waren Bedingung dafür), schlossen sich ihnen an. Zweihundert zogen nach Antwerpen, um sich einzuschiffen; unterwegs gesellten sich noch hundert Moselländer zu ihnen. Vier Monate dauerte die entsagungsreiche Reise auf einem Segelschiff. Doch dann erst begann ein beispielloser Leidensweg der Auswanderer. Anders als im Vertrag festgelegt, war kein Weg von den Bergen in das betreffende Tal gebaut worden. Die Gelder dafür waren spurlos verschwunden.

Unter Leitung des Tiroler Pfarrers Josef Egg und des Anwerbers machten sich die Ankömmlinge selbst an den Bau eines Weges. Wegen der großen Opfer verloren viele den Mut und suchten sonstwo ihr Glück, andere kamen bei Katastrophen wie Erdrutschen und Hochwasser ums Leben. Der Marsch von der Küste ins „Tal der Verheißung“ dauerte volle zwei Jahre. Nur hundertsiebzig der dreihundert Männer, Frauen und Kinder erreichten es. Mit ihrem Wissen und Können schufen sie sich eine Siedlung im Urwald. Sie wurden von der Welt aber rasch vergessen. Erst nach rund fünfzig Jahren erinnerte man sich in Österreich und Lima (!) der Tiroler, aber fast ein weiteres halbes Jahrhundert hatten die Pozuziner nur selten Kontakte zur Außenwelt.

Vier Tage verbrachten wir in der weit verstreuten Siedlung. Der deutsche Pater Luis Stärker und sein aus Südtirol kommender Amtsbruder brachten uns im Gästezimmer der Pfarrei unter. Es gab drei österreichische Entwicklungshelfer, Funkverbindung nach Lima, fließendes Wasser, elektrisches Licht. Ein Arzt aus Wien kümmerte sich um Patienten. Obwohl es mit der Technik noch sehr haperte, sollte sogar ein örtliches Telefonnetz eingerichtet werden. Die Entwicklungshilfeorganisationen überschlugen sich vor Aufregung.

Wir wanderten in dem Flußtal von Pozuzo auf und ab, auch bis zu abgelegeneren Gehöften. Die Familien von Alfred Witting und Anton Vogt zum Beispiel erklärten uns alles, was wir wissen wollten. Sie lebten weiter flußabwärts. Die Vogts, bei denen wir auch eine Nacht verbrachten, hatten ein Wasserrad, mit dem sie eine Säge und einen Mörser antrieben. Wie seltsam war es, sich mit Menschen zu unterhalten, die so sprachen wie die Tiroler um 1850! Viele von ihnen hatten das Tal noch nie verlassen, noch nie ein Auto oder einen Zug gesehen. Sonntags gingen wir mit ihnen zum Gottesdienst im „Mittelpunkt“, wie sie den Ortsteil mit der Kirche, der Schule und anderen Einrichtungen nannten. Die Kirchenlieder wurden auf deutsch gesungen, aber gepredigt wurde spanisch (denn es gab nun auch peruanische Siedler im Tal).

Die Kirchgänger unter den rund tausend Deutschstämmigen fanden danach auf dem Dorfplatz reichlich Gelegenheit zum Tratsch. Durchweg waren sie hochgewachsene, aber durch die Mühen

Der „Mittelpunkt" des „Tirolerdorfes" Pozuzo. Die Frauen gehen gerade zur Kirche

„Tirolerinnen" beim Gottesdienst in Pozuzo. – Berüchtigte Stelle in der Montaña

im Tropenklima abgehärmt aussehende Gestalten. Ihre einseitig auf stärkehaltige Speisen eingestellte vitaminarme Ernährung glich sehr derjenigen der Indios. Blutarmut war eine häufige, ernstzunehmende Erscheinung. Symptome der Inzucht waren jedoch seltener vorhanden als anzunehmen gewesen wäre.

Acht Jahre zuvor hatte ein deutscher Konsulatssekretär die Pozuziner als „von der Zivilisation unverdorben" bezeichnet. Als wir Pozuzo besuchten, war bereits eine bedauernswerte Mentalität entstanden. Die „Entwicklungshilfe" war allzu massiv gewesen. Sie hatte den Menschen, die hundert Jahre lang Bewundernswertes geleistet hatten (die Frauen trugen noch die Kleider nach der Mode ihrer Urgroßmütter), den festen Boden ihrer Welt unter den Füßen weggezogen. Die Dörfler, die einst nur bescheiden genommen hatten, hielten nun fordernd die Hand auf. Schon gab es Murren darüber, daß sie die Hausanschlüsse fürs Telefon selbst bezahlen sollten. Alles andere hatte man ihnen doch geschenkt, warum dann *dies* nicht auch? Pozuzo verfügte über modernere Einrichtungen als alle anderen Urwalddörfer. Aber Willen zum eigenen Dazutun bei der Unterhaltung der Anlagen war kaum vorhanden. So langsam begannen die Spender den Geist zu fürchten, den sie gerufen hatten.

Nur die Regierung in Lima hatte ihr hundert Jahre altes Versprechen noch nicht erfüllt: die Straße zu bauen. Was würde *sie* Pozuzo bringen?

Der lange Weg nach Pucallpa

In die Sierra zurückgekehrt, ging unser Weg von La Oroya zu einer anderen Bergbaustadt, Cerro de Pasco, die zugleich den Rang der höchstgelegenen Stadt der Welt innehat – 4375 Meter. Dort hagelte es zuerst, dann fiel Schnee. Trotz der Höhe spielten Schuljungen Fußball. Sie waren daran gewöhnt; wir hingegen atmeten schwer in der dünnen Luft. Bei Cerro de Pasco hat der Rio Huallaga seinen Ursprung, einer der drei großen Amazonaszuflüsse aus den Anden Perus. Wir wollten nun nach Pucallpa am Rio Ucayali, ebenfalls ein Quellfluß des großen Stroms. Dorthin gelangten wir über die Universitätsstadt Huanuco, noch in der Sierra gelegen, und Tingo Maria, bereits in der Montaña. Die Straße machte zunächst alle Zicken des noch übermütigen jungen Huallaga mit und zwängte sich mit ihm selbst durch die engsten Schluchten. Danach wurde es etwas flacher, aber eine weitere Andenkette folgte, ehe es schließlich zum Tiefland hin ging. Das waren über sechshundert Kilometer.

Zwei Tage waren wir mit Pascual zusammen. Er hatte mit seinem Tankwagen Asphalt in die Gegend von Tingo Maria zu bringen. Wir teilten mit ihm die Unbilden der Witterung und der Straße, hielten ihn bei nächtlicher Fahrt wach und drückten ihm die Daumen, wenn er zu viel Bier getrunken hatte. Nur montags, mittwochs und freitags war es erlaubt, in diese Richtung über die Berge zu fahren. An den übrigen Werktagen kamen die Laster und Geländewagen von der anderen Seite. Sonntags machte jeder, was er wollte. Die Straße war einfach nicht breit genug für sicheren Begegnungsverkehr. Unter viel Lärm und Gestank setzte sich der Heerwurm in Bewegung, wenn sich die Sperre hob. Wo es ging, fuhr Pascual rasch, aber durch Schlammlöcher machte er es ganz langsam. Im Schnitt waren nicht mehr als zwanzig Kilometer in der Stunde zu bewältigen. Als wir unserem Freund in Tingo Maria die Hand zum Lebewohl drückten, bat er mich: „Erwähne wenigstens im letzten Satz deines Artikels meinen Namen."

Anderntags saßen wir im Lastwagen von Jorge Diaz. Seine Fracht: Fischkonserven, und das ausgerechnet fürs Amazonasgebiet. Er war müde und freute sich über die Unterhaltung mit uns.

Außerdem ging ich ihm zur Hand, als er Bremsflüssigkeit, Kühlwasser (aus Pfützen) und Öl nachzufüllen hatte, weil die entsprechenden Wagenteile undicht waren. Viele Male mußten wir stoppen, weil andere Fahrer ähnliche technische Probleme hatten, oder weil ein Kollege von Jorge in achstiefem Schlamm steckengeblieben war. Schließlich – bei Sonnenuntergang – schien es überhaupt nicht mehr weiterzugehen, denn die schwerbepackten Wagen schafften eine steile Lehmstrecke nicht. Einer nach dem anderen mußte von einer großen Planierraupe im Dunkeln über die schmierige Steigung hinaufgezogen oder -geschoben werden. Jorge schlief inzwischen auf der Motorhaube. Nach zehn Stunden waren wir an der Reihe. Mehrmals stellte sich unser Ford quer. Endlich erlebten wir die Einfahrt nach Pucallpa, wo alle Straßen endeten. In einem Gebiet doppelt so groß wie Westdeutschland gab es keinen Kilometer Landstraße mehr.

Auf dem Schiff „Cosmos" zum Amazonas

Mit nicht geringem Mißtrauen betrachteten wir an der Schiffslände den recht verwegen aussehenden Kahn, der uns in den nächsten Tagen auf dem Ucayali achthundert Kilometer zum Amazonas hinunterbringen sollte. Deshalb fragten wir auch, ob im Fahrpreis eine Unfallversicherung inbegriffen sei. „Capitán" Manuel Ramos beruhigte uns: Auf der „Cosmos" sei noch niemand zu Tode gekommen. Wir bezogen, auf ein Abenteuer schon gefaßt, unsere genau 1,30 mal 2,10 Meter große „camarote" erster Klasse mit Doppelstockbetten. Zweite Klasse bedeutete schon, daß man in der eigenen Hängematte zu schlafen hatte. Die Reise kostete uns umgerechnet je fünfundfünfzig Mark. Dafür gab es während vier Tagen zum Frühstück auch nur eine Tasse

Die Schiffslände am Rio Ucayali in Pucallpa. Links unser Schiff für 800 km, die „Cosmos"

Kaffee mit einem Brötchen, zu den übrigen Mahlzeiten Kochbananen mit Reis und mit einer winzigen Fleischzulage. Wenn die „Cosmos" bei einer Urwaldsiedlung festmachte, erstanden wir frische Bananen, Mangos und Papayas. Alles benötigte Wasser wurde dem Fluß entnommen. Wir waren fünfzig „pasajeros".

Zur Rechten wie zur Linken zog Urwald vorüber, mit gelegentlichen hölzernen Hütten, mit Bananenblätterdach und auf Stelzen stehend, dazwischen, um die herum sich die Stauden der Bananen im leichten Wind wiegten. Einige Neugierige zeigten sich immer an den Ufern des wohl schon fünfhundert Meter breiten Flusses, den es noch drängte, dem Marañon zu begegnen, der ihm oberhalb von Iquitos in die Quere kommt. Von da an hören beide auf den gemeinsamen Familiennamen Amazonas. Dann und wann leuchtete das Türmlein einer Missionskirche (die Nordamerikaner waren besonders rege Bekehrer) aus dem Grün hervor. Andere Dampfer waren selten zu sehen, doch Kanus mit geschickten Bootsleuten begegneten uns häufig.

Es wäre uns vielleicht langweilig geworden, wäre der Pächter der „Cosmos" nicht stinkgeizig gewesen. Bei jeder größeren Siedlung ließ er festmachen, um den Einheimischen möglichst billig Bananen, Eier, Fisch, Gewürze oder ein Huhn abzuluchsen. So hatten wir Gelegenheit, in das Dorfleben der Uferbewohner, die verschiedenen Indiostämmen angehörten, Einblick zu nehmen. Sehr beeindruckt waren wir bei einem Stopp in dem Dorfe San Pablo des Stammes der Chamas. Die noch recht wenig mit technischen Errungenschaften „beglückten" Leute wollten weiterhin in Ruhe gelassen werden. Die Bekämpfung der Malaria hatten sie in ihren Behausungen nun zwar zugelassen, doch den Eindringlingen von der „Cosmos" brachten sie wenig Sympathie entgegen. Aber zu einer Unterhaltung gaben sie sich her. (Einige konnten ganz gut Spanisch.) Ein paarmal

Manuel Ramos, Kapitän auf der „Cosmos". – Vilma, Verkäuferin in Iquitos am Amazonas

machten wir halt, weil die „Cosmos" bei Nacht auf Sandbänke auflief, trotz eines Lotsen, der mit scharfem Auge und einem Lot Untiefen herauszufinden hatte. Einmal war dies Anlaß für einen gemütlichen Abend mit Mannschaft und Passagieren im Gasthaus einer Siedlung bei viel Bier, Musik (von Schallplatten) und Tanz.

Wir waren sehr erfreut, im Ucayali einige Delphine zu sehen. Dann gab es am Ufer noch Reiher und ein paar andere Wasservögel, sowie Schwärme von kleinen Papageien. Leider war der Urwald in der Nähe der Flüsse sehr tierarm. Den Grund erkannten wir, als wir in Iquitos eintrafen: Wir sahen mehrere Lagerhäuser, die bis unter die Decke mit Zehntausenden von Schlangenhäuten, Jaguarfellen und Vogelgefiedern vollgestopft waren. Diese Ware war meist für den Export bestimmt. Im Auftrag tüchtiger Geschäftsleute – auch von Ausländern – knallten halbzivilisierte Indios alles ab, was sie vors Gewehr bekamen.

Die 150000 Einwohner zählende Stadt am hier schon fünf Kilometer breiten Amazonas war in der Zeit des Kautschukbooms zu großem Reichtum gelangt. Jeden Luxus hatte es hier gegeben; die Glückssucher waren aus aller Herren Länder herbeigeströmt. Nun hatte Iquitos keinen großen Namen mehr, und nur selten kam ein großes Schiff den Strom vom Meer herauf. Früher waren manchmal mehrere Ozeandampfer gleichzeitig am Kai gelegen. An die großen Tage erinnerten uns noch prächtige, kachelgeschmückte Gebäude der Uferpromenade. Wir hörten, daß nun außer mit den Tierhäuten auch mit Kokainschmuggel ein gutes Geschäft gemacht wurde.

Am Marañon und am Huallaga

Feste Abfahrtszeiten für Flußdampfer gab es nicht. Einmal erfuhren wir, daß das Schiffchen „Sinchi Roca" – benannt nach einem Inka-Herrscher, gebaut 1911 in Hamburg – nach Yurimaguas hinauffahren werde. Flugs kauften wir Karten und verbrachten viereinhalb Tage auf dieser gemütlichen Reise. Erst ging es den Marañon aufwärts, dann bogen wir in den Huallaga ein. Etwas störend war lediglich der penetrante Geruch von zwanzig Tonnen Trockenfisch, an Deck gestapelt, einigen Passagieren als Schlafplatz dienend. Einmal war der Marañon voll von riesigen Baumstämmen und anderem Treibholz. Die Steuerleute hatten alle Mühe, nirgends anzuecken. Am Huallaga stellte sich ein Wasserfall in den Weg. Darum ging es 250 Kilometer mit Lastwagen am Ufer entlang. Diese Route hatte keine Verbindung zu irgendwelchen anderen Straßen.

Wie auf den Schiffen und in Iquitos trafen wir auch hier interessante Leute. Ich möchte nur Padre Luis erwähnen, der mit offizieller deutscher Hilfe in der Bundesrepublik studiert hatte und unsere Sprache fast perfekt beherrschte. Der spanische Pfarrer war hier Missionar. Im abendlichen Nachhilfeunterricht der Mittelschule eines Städtchens lehrte er den jungen Leuten etwas über die große Welt. Eine der ersten Fragen, die an ihn gerichtet worden waren, hatte gelautet: „Wieviele Ehefrauen haben Sie in Spanien?" In Peru war die „wilde Ehe" beinahe eine normale Sache. Viele Männer hatten mehrere Frauen. Auch Pfarrer lebten oft mit einer Frau zusammen. Rom ist weit von Peru . . . Padre Luis, der Zahnarzt Dr. Vasquez und die Schwestern im Konvent sagten immer wieder: „Bleibt doch noch ein paar Tage!", aber einmal mußten wir ja weiter. Vor uns lag noch ein langer Weg.

Ab Juanjui reisten wir erneut auf dem Huallaga. Diesmal hatten wir ein Kanu mit Außenbordmotor zu besteigen, das uns in zweieinhalb Tagen dreihundert Kilometer flußaufwärts brachte. Sein Besitzer, Fernando Perez, war ein ausgesprochen hilfsbereiter Mann. Weil wir den größten Teil unseres Geldes in Lima gelassen hatten und nun viel länger als geplant auf Rundfahrt waren, kamen wir langsam in Zahlungsschwierigkeiten. Als er dies hörte, ließ uns Don Fernando die Hälfte des Fahrpreises nach! Die Sonne brannte uns auf den Pelz, wie wir da mit fünfzehn weiteren Passagieren in dem offenen Boot saßen. Nachts blieben wir in den Urwalddörfern. Je höher wir kamen, desto beeindruckender wurden die Felsen zu beiden Seiten. Schließlich fuhren wir durch die tiefen Schluchten des Huallaga. Gefährlich wurde es an einigen wilden Schnellen. Dröhnend schoß der Fluß durch die engen Passagen (Farbbild 57). Wir wurden ziemlich naß, doch der Bootsmann brachte uns sicher durch. Einmal aber lenkte er das Gefährt rasch ans Ufer, und wir mußten in größter Eile aussteigen, über die Felsen ein paar hundert Meter flußaufwärts gehen und dabei das Kanu an langen Stricken durch die reißende Strömung nachziehen. Der Motor hätte dieses Hindernis nicht bewältigt.

Unsere Mitfahrer waren dabei kein bißchen beunruhigt, denn sie hatten dieses Abenteuer schon mehrfach erlebt. Wir freuten uns über ihr kameradschaftliches Verhalten. Besonders nett fanden wir, daß sie, als ich zum Fotografieren etwas länger in dem schaukelnden Boot blieb, mir „gringito" besorgt zuriefen, rasch nachzukommen. (Man könnte das „ito" mit dem schwäbischen „le" vergleichen.) Seit Ecuador wurden wir wieder ständig „gringos" genannt. Aber es klang freundlicher als in Zentralamerika. Wir hatten uns schon daran gewöhnt, als „gringos alemanes" zu gelten.

Am letzten Tag der Fahrt mußten wir übrigens Geldbriefträger spielen. Schweizer Missionare am Wege baten uns, 10000 Soles (etwa 1000 Mark) ihren Kameraden nach Tingo Maria mitzunehmen. – Eine Woche später trafen wir wieder in Lima und Callao ein.

Unsere Canoa wird am Huallaga reisebereit gemacht. Sie soll uns 300 km flußaufwärts bringen

Von Andenhöhen zum Rio de la Plata

Wir konnten es kaum noch erwarten, endlich wieder von anderen Verkehrsmitteln unabhängig zu sein. Nun wollten wir mit eigener Kraft durch die Sierra in den Süden Perus fahren. Doch beinahe wäre es gar nicht dazu gekommen. Pflichtbewußt hatten wir uns nach der ersten Ankunft in Lima zu den Zollbehörden begeben, um eine Verlängerung der auf dreißig Tage befristeten „Aufenthaltsgenehmigung" für unsere Fahrräder zu erreichen. Dort war uns erklärt worden, daß dies nur am Punkt der Einreise, also an der ecuadorianischen Grenze, 1400 Kilometer entfernt, möglich sei. Daraufhin hatte sich Perus größte Tageszeitung „La Prensa" dieses Falles annehmen wollen. „Wenn Sie vom Amazonas zurückkommen, wird alles in Ordnung sein", hatte uns Redakteur Nestor Byrne beruhigt. Doch als wir nun zurückkamen, war nichts in Ordnung. Gegen die Bürokratie der seit einem Jahr im Sattel sitzenden Militärjunta war auch die Presse machtlos. Die Behörden bestanden auf ihrer Forderung. Ihnen entging jedoch, daß die Fahrräder jetzt schon drei Monate im Land waren.

Nun hatten wir die Nase voll, und wir beschlossen, alles auf uns zukommen zu lassen. Man würde uns bei der Ausreise schon nicht den Kopf abreißen. Aber eine Verlängerung der Aufenthaltserlaubnis für uns selbst mußten wir uns besorgen. Sie kostete uns sage und schreibe dreißig Mark pro Nase. In Peru bezahlten wir damit ebenso hohe Aufenthaltsgebühren wie in ganz Asien zusammengenommen . . .

Mit herzlichem Dank verabschiedeten wir uns von Roberto und Josefina Schabauer, die die ganze Zeit unsere Sachen aufbewahrt und die uns in Lima und Callao auch einiges gezeigt hatten. Kurz machten wir noch bei den Hopps in der Mälzerei Station, und wir waren erfreut, daß sie wiederum einen Lastwagen für uns fanden, der uns bis unterhalb der Paßhöhe des Ticlio mitnahm, die wir auf eigene Faust erreichen wollten. Leider machten uns die fast fünftausend Meter sehr zu schaffen. Der Sauerstoffmangel verursachte rasende Kopfschmerzen, Wilma mußte sich erbrechen, nachts – 4600 Meter hoch – konnten wir wegen des Pochens in den Schläfen und vor Nervosität kaum schlafen. In La Oroya, fast tausend Meter tiefer gelegen, war es uns schon wesentlich wohler, obwohl wir auch spürten, daß unsere Gelenke während der zweimonatigen Pause etwas eingerostet waren. Rost hatten übrigens unsere Fahrräder im feuchten, „salzigen" Klima der nebligen Küste angesetzt. Nun, nach einigem freundlichen Zureden, sprich: einer Generalüberholung taten sie ihren Job dann wieder.

Besuch auf einem Sonntagsmarkt

Über die Städtchen Jauja und Concepción erreichten wir die große Stadt Huancayo mit rund hunderttausend Einwohnern. An allen drei Orten besuchten wir die „feria". Ich meine, ich sollte den Leser einmal auf einen solchen sonntäglichen Markt, der in jeder Provinzstadt abgehalten wird, mitnehmen. Die Indios (hier auch „indígenas" = Eingeborene, Einheimische genannt), vornehmlich Bauern und Hirten, aber auch viele Landarbeiter, strömen aus ihren Dörfern und einzelnen Gehöften herbei, um die Wunder dieser Ausstellung, die gleichzeitig Vergnügungsplatz ist, kennenzulernen oder von neuem zu genießen. Manch ein Geschickter bietet seine handgearbeiteten Waren an. Die Bauern halten ihre hart erwirtschafteten Überschußprodukte feil, während sich viele Händler schon auf den Vertrieb konfektionierter Güter aus der heimischen Industrie verlegt haben.

„Gegen Erschrecken und gegen Hemmungen" soll ein Abguß aus Rosen- und Nelkenblüten, einige Bergkräuter hinzugefügt, wirksam sein, den wir trinken. Bei völlig ungesicherten Bergstraßen neben tiefen Abgründen kann man so etwas gut gebrauchen. Das Gesöff schmeckt wie eine Mischung aus Parfüm, Benzin und einem Löffel Zucker. Auf den Kauf von eben erst geschlachteten großen Fröschen verzichten wir aber. Sie sind für manche Leute eine Delikatesse, die wie Huhn schmecken soll. Wässeriges Eis in wurstförmigen Nylonschläuchen erfreut sich großer Beliebtheit. Es wird als „Erdbeereis, in zwei Farben erhältlich" ausgerufen.

An anderer Stelle werden die schwermütigen Lieder der Andenbewohner mit Instrumentalbegleitung vorgetragen. Dazu werden Textheftchen an das Publikum verteilt. Falls die Leute lesen können, kaufen sie vielleicht auch mal eines. Ein redegewandter Mann erläutert staunenden Indiofrauen mit Hilfe von Farbbildern aus einer Zeitschrift Vorgänge im Mutterleib im Verlauf der Schwangerschaft, während an der nächsten Ecke lautstark Aufklärungsschriften über die Agrarreform der Militärjunta angepriesen werden. Lange hören die Bauern zu, denen hier mehr Land, Arbeit und damit ein besseres Leben versprochen wird. Mit ernstem Gesicht meinen sie schließlich: „Darüber müssen wir zu Hause noch diskutieren."

Franziskanerpater aus Jauja. – Frischgeschlachtete Frösche, für manche eine Delikatesse

Die Obrigkeit kassiert von jedem Verkäufer – übrigens meist Frauen, bezopft, mit mehreren Röcken übereinander, mit bestickter Bluse und einem breitkrempigen weißen Hut – eine „Standgebühr", selbst wenn das Warenangebot nur am Boden auf einem Sack oder auf einer schafwollenen Decke ausgebreitet ist. Der Gemeindediener will bei einer Eierfrau die Gebühr von einem Sol eintreiben. Zu dieser frühen Morgenstunde hat sie aber noch nichts eingenommen. Der Mann mit den Quittungszettelchen nimmt ihr den Korb voll Eier weg, worauf ein großes Gezeter anhebt. Die Frau will mit einem Ei bezahlen, aber da es einen Wert von zwei Soles hat und der Mann auch nicht gut Eier in die Gemeindekasse legen kann, lenkt er ein und verspricht, später noch einmal zu kommen. Die Marktfrau kann sich lange nicht über den Vorfall beruhigen.

Neunhundert Kilometer über die Andenketten

Als wir uns zweihundert Kilometer von Huancayo befanden, erlebten wir zum ersten Male ein Erdbeben. Es war so stark, daß die Lampe in dem Zimmer, wo wir waren, hin und her schwang und die Türe aufsprang. Das Gebiet von Huancayo aber wurde hart getroffen. Fünfundvierzig Menschen kamen in einstürzenden Gebäuden ums Leben.

Für den über neunhundert Kilometer langen Weg Huancayo – Cuzco benötigten wir vierzehn Tage, vier Tage Pausen inbegriffen. Wem das lang vorkommt, der möge bedenken, daß wir meist Erd- und Schotterstraßen hatten, die siebenmal über Pässe mit über viertausend Metern und durch Dutzende von Bächen führten (Farbbild 58). Unsere Route verlief von Nordwest nach Südost über fast alle Andenketten. Zwischendurch mußten wir in heiße Täler von Flüssen, wie in das des Rio Apúrimac hinunter. Es wurde nun Sommer, aber gleichzeitig setzte die Regenzeit ein. Manchmal drehten sich die in klebrigem Lehm steckenden Räder nicht mehr, und wir mußten uns ein Stück des Wegs von Autofahrern mitnehmen lassen. Aber auch das war nicht einfach, denn der Verkehr war sehr schwach, mit vier oder fünf Fahrzeugen täglich in jede Richtung. Wenn ein Erdrutsch diese einzige das Gebirge durchquerende Straße blockierte, gab es für einige Zeit kein Weiterkommen. In den Niederungen war die Moskitoplage groß, aber zum Glück konnten wir die Nächte in höheren Lagen verbringen. Dort war es dann oft so kalt, daß morgens auf den Hügeln Schnee lag.

Wundervoll waren die Ausblicke zu den tiefverschneiten Fünf- und Sechstausendern der Kordilleren und in die Flußtäler, durch die es auf vielen Serpentinen ging. Die Stadt Abancay sahen wir an dem gegenüberliegenden Berghang liegen, aber auf der sich hinunter- und hinaufschlängelnden Straße waren es noch fünfundsechzig Kilometer bis dorthin! Vor Ayacucho kamen wir durch eine dem Grand Canyon ähnliche Schlucht, die nur nicht so tief war wie jener. Dort herum war eine ausgesprochene Bergwüste mit Kakteen und Dorngesträuch zu finden. Manchmal führte die Landstraße durch das Gebiet einer riesigen Hacienda, wo zum Beispiel Zuckerrohr wuchs.

Wie immer in Peru hatten wir in den großen Städten erworbene haltbare Lebensmittel wie Käse, Wurst und Fischkonserven dabei. Auf allen Märkten war Brot – meist in der Größe von Brötchen – erhältlich. Dort gab es auch Tomaten, Gurken, Zwiebeln, Bananen, manchmal Orangen oder sogar Äpfel, hin und wieder Erdbeeren. Suppen und Reis mit Fleisch und Gemüse wurden in Restaurants aufgetischt. In allen größeren Orten wurden Limonaden und Bier verkauft, aber wir tranken auch „chicha", ein zum Beispiel aus Mais oder Erdbeeren hergestelltes, leicht vergorenes Getränk. Wir schliefen bei peruanischen Patres, bei Missionaren aus den USA, in Gesundheitsstationen von Dörfern, auf Haciendas, in einem Schulamt, in Bauernhäusern (Farbbild 59), bei einem französischen Entwicklungshelfer und bei deutschen Nonnen.

Leider machten wir mit den Bewohnern der Sierra auch einige unerfreuliche Erfahrungen. Als wir eines Abends auf der Plaza der Stadt Talavera zwischen Ayacucho und Abancay ankamen, wurden wir plötzlich von etwa zweihundert Jugendlichen mit Gejohle umringt und mit Steinen beworfen. Warum? Das haben wir nie in Erfahrung bringen können. An anderen Orten kam es zu ähnlichen Demonstrationen, die aber friedlich verliefen. Besonders seit die Militärjunta die Macht ergriffen hatte, war eine zunehmende ablehnende Haltung gegenüber Ausländern aus Nordamerika oder Europa festzustellen. Aber das war nicht generell so (Farbbild 60). Dennoch: Auch im stark von Touristen aus Übersee besuchten Cuzco, der „archäologischen Hauptstadt" Perus, war viel Abneigung gegen die „gringos" spürbar.

Die Indios haben lange geschwiegen

Wir hatten den Weg durch die Sierra vor allem deshalb gewählt, weil hier oben die Hälfte der Einwohner dieses Landes lebt. Die typischen „serranos" (Gebirgsbewohner), die Nachfahren einstmals vom Herrschergeschlecht der Inkas unterworfener und dann geführter Völker, bestimmten das Bild der Dörfer, Städte und Märkte. Es sind die Indios, die ihre eigenen Sprachen, Ketschua und Aymará (gleichzeitig die alten Namen ihrer Völker), sprechen. Sie wohnen in Peru und in Bolivien. Wir hörten von weißen Peruanern und Mestizen, daß die „serranos" unwahrscheinlich konservativ seien. Tatsächlich lehnten sie sich gegen Neuerungen konsequent auf.

Tor und Kirchen im kulturgeschichtlich besonders eindrucksvollen Cuzco

Ihnen wurde – nicht immer zu Unrecht – Stumpfsinnigkeit und Ignoranz nachgesagt. Aber uns schien ihr Mißtrauen gegenüber allen Fremden verständlich, wenn wir an die Geschichte und daran dachten, wie oft diese Völker durch die spanischen Kolonialherren, dann durch die weiße Oberschicht in Lima und durch ihre Helfer, die Mestizen, hereingelegt worden waren. Daß sie sich nicht nur immer ducken und schweigen wollten, zeigte ein Aufstand, der sich fünf Monate zuvor in dem Städtchen Huanta zwischen Huancayo und Ayacucho ereignet hatte. Mehrere tausend Bauern und Landarbeiter waren über ein neues Erziehungsgesetz so aufgebracht gewesen, daß sie die örtliche Polizeistation und eine Mission von Protestanten aus den USA gestürmt hatten. Truppen waren angerückt, fünfzehn Menschen erschossen und über dreihundert verletzt worden.

Wieviel Gewalt war schon gegen die Indios angewendet worden, die immer die „Dummen" waren und es zu bleiben schienen! Aber in späteren Jahren würde sich in Peru, einem Land, in dem bergehoch gehäufter Reichtum neben bitterer Armut zu finden war, viel ändern. Viele „serranos" würden zu den Waffen greifen. Zur Zeit unseres Besuchs in Peru flossen ungezählte Millionen von Dollars reicher Peruaner, die sich in Miami, Acapulco oder in Europa vergnügten, fetten Bankkonten im Ausland zu. Währenddessen mußte ein sehr großer Teil der Bevölkerung in menschenunwürdigen Behausungen leben, an Unterernährung und, dadurch oft hervorgerufen, an vermeidbaren Krankheiten wie der Tuberkulose leiden. Allein im Raum von Lima gab es viele Tausende von Lungenkranken.

Viele „serranos" beherrschen übrigens die offizielle Staatssprache Perus, Spanisch, nicht. Wir andererseits machten uns, ehrlich gestanden, keine große Mühe, das Ketschua oder Aymará zu erlernen. Dazu war auch die Zeit viel zu knapp. Aber wir fanden es unverantwortlich, daß viele hohe Beamte, Techniker, Lehrer und andere von der Küste heraufgeschickt wurden, die die Sprache der Einheimischen nicht verstanden.

Zeugen der großen Inkakultur

„Por favor, mamacita, stell' doch dieses Bündelchen auch noch da hinüber auf deine Seite!" bat die auf einem Berg von Säcken thronende dicke Indiofrau mit dem weißen, zylinderförmigen Hut über schwarzen Zöpfen zum wiederholten Male. Meine Frau wußte nicht mehr, wohin mit den Füßen. Es ging sehr eng zu in den Personenwagen zweiter Klasse der Cuzco-Santa-Ana-Eisenbahn auf der Strecke nach Machu Picchu entlang des Rio Urubamba. Sie waren bis zur Decke vollgestopft mit Kisten, Säcken, Körben, Bündeln, Obst, Gemüse, Getreide und Menschen. Schließlich konnten wir uns an der richtigen Station durch einen Türspalt ins Freie quetschen. Wir waren im „Valle Sagrado", dem geheiligten Tal der Inkas.

Von seinem Grunde konnten wir die rund fünfhundert Meter höher gelegene Zitadelle Machu Picchu gar nicht sehen. Wir mußten dazu erst den acht Kilometer langen Weg hinaufsteigen. Sie liegt strategisch einmalig und muß fast uneinnehmbar gewesen sein. Den Spaniern muß sie bei ihrer hektischen Suche nach Gold unbekannt geblieben sein. Erst 1911 wurde dieses Heiligtum einer Kultur entdeckt, die im Mittelalter unter dem Ansturm europäischer Eindringlinge zusammengebrochen war. Während vieler Generationen hatten Arbeiter der Inkas mit Steinhämmern zum Teil gewaltige Quader geformt und damit Tempel, Sonnenuhren, einen Turm, Stützmauern für Terrassenfelder, Wohnhäuser und weite Treppenfluchten errichtet. Über die Bedeutung der Stadt, die möglicherweise vor fünfhundert Jahren entstand und über tausend Menschen Raum bot, sind sich die Wissenschaftler bis heute nicht im klaren.

Das hervorstechendste Merkmal Machu Picchus ist wohl, wie es in die Landschaft eingefügt wurde. Es handelt sich hier um den am schwersten zugänglichen Teil der peruanischen Anden. An drei Seiten ist das Felsmassiv von Urubamba umflossen, und die Flanken fallen Hunderte von Metern teils senkrecht ab. Überragt wird die zum Teil wieder hergestellte Ruinenstätte vom noch einmal dreihundert Meter höheren Huaynu Picchu. Ich bestieg diesen Felsen und hatte einen noch gewaltigeren Blick auf das Tal, auf die Stadt der Inkas und auf die Andengipfel. Wir blieben zwei Tage in dieser Landschaft, genossen die Stille und Einsamkeit und verbrachten eine Nacht in den Ruinen, darauf bedacht, keine Spuren zu hinterlassen (Farbbild 61).

In den Tagen darauf besuchten wir weitere Festungen, Tempelstätten, Badeorte, Wohnsiedlungen und Terrassen zur Kultivierung von Mais aus inkaischer Zeit im „Valle Sagrado" und rund um Cuzco. An sechs weiteren Tagen in der Hauptstadt des ehemaligen Inkareiches widmeten wir Besuche den zahlreichen Bauwerken aus vorspanischer und aus der Kolonialzeit. Bei all den Schönheiten fanden wir es bedauerlich, daß die Cuzceños nicht etwas mehr Wert auf Sauberkeit in ihrer Stadt legten.

In der Einsamkeit des Altiplano

Etwa vierhundert Kilometer liegen zwischen Cuzco und dem Titicacasee. Unser Weg hielt sich fast immer in viertausend Meter Höhe. In den zurückliegenden fünf Wochen hatten wir uns gut an die dünne Luft gewöhnt. Doch die Höhensonne verbrannte unsere Haut dunkelbraun, und wie bei den Einheimischen sprang sie an vielen Stellen auf. Wir trugen eine Kopfbedeckung (soweit dies

Am Titicacasee war die Straße (links) so schlecht, daß es nur noch so weiter ging

„La Raya" (4314 m) zwischen Cuzco und Titicacasee, für unsere Räder der höchste Punkt

bei dem herrschenden Wind möglich war), hatten aber nicht die richtige Creme zum Schutz gegen die gefährlichen Strahlen. Etwa auf halbem Wege erreichten wir den Paß La Raya, der mit sogar 4314 Metern höchste je von uns mit Fahrrädern erklommene Punkt. Um uns herum erhoben sich Berge, auf denen Schneeflecken lagen. Genau an dieser Stelle begegneten uns zwei deutsche Lehrerehepaare aus Buenos Aires, die uns zu sich einluden. Sie waren mit Autos in diesem Teil Südamerikas unterwegs.

Nun lag der Altiplano, das einsame Hochland in der weiten Umgebung des Titicacasees in Peru und Bolivien, vor uns. Die hier anzutreffende baumlose Steppe wird Puna genannt. Teils war das Land um uns sumpfig, und wir sahen Seen mit Flamingos, mit Wildenten und -gänsen und anderen Wasservögeln, teils klagte es in seiner trostlosen Trockenheit die Regengötter an. Zu Hunderten weideten Lamas, die sich am Hochlandgras „ichu" ebenso labten wie Schafe und sogar Rinder. Die Straße bot stets denselben Anblick: Steine und Sand. Eine Zeitlang war die Strecke so holprig und staubig, daß wir es vorzogen, auf dem Bahndamm der parallel verlaufenden Eisenbahnlinie zu fahren. Er war schon von vielen Radfahrern der Gegend benutzt worden. Gefahr durch Züge drohte uns nicht, denn bei der Bahn wurde seit ein paar Tagen gestreikt.

In dem Dorf Combapata kamen wir gerade rechtzeitig zum Sonntagsmarkt. Dort wurde ich (mit Blick auf unsere Rucksäcke) gefragt: „Was verkaufen Sie, Señor?" Diese Frage war immerhin viel netter als Vermutungen von Leuten, die in uns Landstreicher, Zigeuner, Deserteure oder Spione sahen. Aber manche hielten uns auch – respektvoller – für Teilnehmer an einem internationalen

Radrennen oder für Entsandte einer amtlichen Stelle. In dem Ort Checacupe fanden wir eine an Kunstschätzen überraschend reiche Kirche vor. Sie stand in starkem Kontrast zu den Behausungen der Indios, die aus Lehm errichtet waren und ein Grasdach hatten. In Städten deckten sie ihr Haus oft mit Wellblech.

Weihnachten im Gefängnis, „Urlaub" zum Jahreswechsel

Die Stadt Juliaca liegt unweit des Titicacasees. Sie erreichten wir am Abend des 23. Dezember. Weil sie uns von freundlichen Peruanern auf einer Hacienda empfohlen worden waren, besuchten wir dort deutsche Dominikanerinnen in einem Konvent, zu dem eine Oberschule gehörte. Zwei der Nonnen hatten familiäre Beziehungen zu unserer Heimatstadt. Wir wurden herzlich eingeladen, Weihnachten bei ihnen zu verbringen. Wir beide feierten Heiligabend in aller Stille mit einer Kerze, mit einer Flasche Wein und Keksen. Am ersten Weihnachtstag wohnten wir einer Andacht im verkommenen Provinzgefängnis von Juliaca bei. Ein italienischer Priester hielt die Predigt, die Nonnen verteilten an die armen Insassen des „carcel" Weihnachtsgaben, die sie schweigend und mit großen Augen entgegennahmen. Sie waren Indios.

Weil die Eisenbahner streikten und weil es sehr kalt wurde, fuhren wir per Anhalter auf der Ladefläche eines Lieferwagens, in Decken eingepackt, die fast dreihundert Kilometer zur Stadt Arequipa, mehr zur Küste hin gelegen. Dabei kamen wir über einen 4700 Meter hohen Paß und während eines Teils des Weges schneite es. „Weiße Stadt" wird Arequipa wegen des häufig verwendeten weißen vulkanischen Baumaterials genannt. Die zweitwichtigste Metropole Perus wird von einem fast sechstausend Meter hohen, exakt kegelförmigen Vulkan und anderen Bergen überragt. Der junge Bierbrauer Julius Hamberger aus Ludwigsburg und seine chilenische Frau Odette freuten sich sehr, als sie uns dort im Deutschen Klub trafen. Sie luden uns ein, die Woche bis zum Jahreswechsel mit ihnen zu verbringen. Da Julius neun Jahre in Chile gearbeitet hatte, konnten uns beide viel über unser übernächstes Reiseland erzählen. Wir hatten wieder einmal „Urlaub".

Später, wieder in Juliaca, machten wir uns an die letzten zweihundert Kilometer auf peruanischem Gebiet. Unsere freundlichen Gastgeberinnen hatten vor unserer Abfahrt noch einen Wunsch: Ich solle einen kurzen Bericht über unseren Aufenthalt bei ihnen und über unsere Reise schreiben, den sie an ihr Kirchenblatt in Deutschland schicken wollten. Das war natürlich Ehrensache für mich. Dann fuhren wir drei Tage entlang des Titicacasees, der mehr als fünfzehnmal so groß wie der Bodensee ist. Einmal sahen wir ihn tiefblau und ruhig, dann, wenn es regnete und stürmte, grau zu unserer Linken liegen (Farbbild 62).

Als wir am 7. Januar 1970 Peru nach 133 Tagen Lebewohl sagten, mußten wir an der Grenze fünf verschiedene Kontrollen über uns ergehen lassen. Nach einer „Einfuhrerlaubnis" für die beiden Fahrräder fragte uns jedoch kein Mensch mehr.

Der heilige Titicacasee und die „Stadt des Friedens"

Aber noch waren wir am südlichen Teil des Titicacasees, den sich Peru und Bolivien teilen. Die Grenze geht mitten durch diesen höchsten schiffbaren See der Welt. In Puno, drüben in Peru, endeten damals die Eisenbahnlinien von Cuzco und von der Küste. Über Arequipa wurden die Waggons mit Gütern aus Übersee, für Bolivien bestimmt, ins Hochland geschafft, am See auf

Dampfer verladen und nach einer 220 Kilometer langen Fahrt wieder auf die Schienen gestellt, um nach La Paz und zu anderen Städten Boliviens gebracht zu werden. Es war dies der *eine* Zugang des Binnenlandes zum Pazifik. Der andere ging über Chile. Wegen des schwierigen Geländes am See gab es keine Eisenbahnlinie. Im bolivianischen Hafen Guaqui sahen wir eines der Schiffe, die „Inca" davondampfen. Aber ein anderes war mit einem schon einhundertacht Jahre langen Leben das älteste. Seine Einzelteile waren auf Maultieren von der Küste heraufgebracht und am Seeufer zusammengesetzt worden. In Guaqui gab es nordamerikanische und englische Dampfloks aus der Zeit um die Jahrhundertwende. An vielen Stellen Boliviens sahen wir noch solche Lokomotiven, auch deutsche. „Höchste" Eisenbahnromantik...

Während unseres Aufenthalts am See kamen wir auch mit den Urus in Berührung. Sie lebten auf ihm, auf aus Binsen geflochtenen Inseln, zwischen denen und dem Land sie mit Floßbooten aus dem gleichen Material verkehrten. Diese nannten sie „caballitos" (Pferdchen). Fisch und erfrorene Kartoffeln waren die Hauptbestandteile ihrer Nahrung. Die Urus sollen schon lange vor den Zeiten der Inkas an diesem ihnen heiligen See gelebt haben. – Hier besuchten wir Zeugnisse einer Vorzeitkultur, die Ruinen von Tiahuanaco. Monolithbauten, Reste von Tempeln und ein einsam aufragendes, „Sonnentor" genanntes Symbol dieser Stätte, wo auch Keramikgefäße und Steinplastiken entdeckt wurden, erinnerten uns daran, daß hier schon tausend Jahre vor den Inkas Menschen Großes geschaffen hatten. (Leider ist es mir nicht möglich, auf alle der von uns während dieser Reise besuchten rund 250 geschichtlichen Orte näher einzugehen.)

Plötzlich standen wir am Rande eines riesigen „Loches". Zu unseren Füßen lag die größte Stadt Boliviens, La Paz, in einer Schlucht, die die Eintönigkeit des ebenen Altiplano unterbrach. Im

Lamaherde eines Indios im Hochland von Bolivien

Nachmittagssonnenschein schimmerten Tausende von Wellblechdächern in der Tiefe. Trotz einiger Hochhäuser („Wolkenkratzer" wäre bei der Höhenlage der Stadt nicht unpassend) wirkte La Paz auf uns eher etwas dörflich. Eine halbe Stunde benötigten wir vom über viertausend Meter hoch gelegenen Stadtteil El Alto zum vierhundert Meter tieferen Zentrum der „Stadt des Friedens", wie ihr vollständiger Name übersetzt lautet.

Seit altersher war die Schlucht eines Flusses mit Goldvorkommen Schauplatz blutiger Fehden zwischen Indiostämmen gewesen. Dort gründeten die Spanier im sechzehnten Jahrhundert die Stadt, und ausgerechnet sie sorgten für eine Beendigung der Streitigkeiten zwischen den Einheimischen, aus gutem Grund: Sie hatten selbst größtes Interesse an den Goldfunden. Doch seitdem hat La Paz (es ist Sitz der Regierung und des Parlaments, aber Sucre im Süden des Landes ist gesetzliche Hauptstadt) wenige friedvolle Jahre erlebt. Bolivien ist einer der „Weltmeister", was die Zahl der Staatsstreiche betrifft. Als wir nach einer Woche wieder in El Alto standen, drang aus den wenig schönen Armenvierteln lautstark die „Internationale" zu uns herauf. Die Kommunistische Partei Boliviens war wieder zugelassen worden. Auch hier regten sich die unteren Bevölkerungsschichten, vor allem die Arbeiter.

Abenteuerliche Lastwagenfahrten

Wir strebten der 250 Kilometer südlich von La Paz gelegenen Minenstadt Oruro entgegen. Das flache Gelände machte uns keine Schwierigkeiten; nur war die Straße wieder einmal nicht nach unserem Geschmack. An ihrer Verbesserung wurde gearbeitet. Damals gab es fünfhundert Kilometer Asphaltstraßen, bei einer Landesfläche so groß wie Westdeutschland, Frankreich und Italien zusammengenommen. Weitere zweieinhalbtausend Kilometer konnte man ganzjährig mehr schlecht als recht befahren. Der Rest . . . In der Regenzeit war es besonders problematisch. Wir sollten das noch erleben. Zum zweiten Male mußte ich das Versprechen an Wilma einlösen: Die Fahrräder blieben in Oruro bei vertrauenswürdigen Leuten zurück, mit ihnen unsere Rucksäcke, und nur mit dem Nötigsten begaben wir uns auf eine Rundfahrt, die uns über Cochabamba nach Santa Cruz de la Sierra und dann über Sucre und Potosí zum Ausgangsort zurück führte.

Der Leser darf nicht denken, daß wir uns nur das Leben leichter machen wollten. „Anhalten" war hier ebenfalls keine einfache Sache. Auf den meisten Strecken gab es keine Autobusse. Ihre Rolle spielten dann schwere Lastwagen. Menschen, Vieh und Güter wurden gegen eine Gebühr befördert. Ob man sein Tagesziel erreichte, hing nicht nur vom Zustand der Wege, sondern auch von der Häufigkeit – oder vielmehr Seltenheit – der Fahrzeuge und von Lust und Laune der Fahrer ab. Bei einem Bergnest warteten wir einmal acht Stunden vergeblich. Es kam einfach kein Auto. In einem anderen Falle war ein Fluß so stark angeschwollen, daß erst nach dem Absinken des Pegels, und auch dann nur unter Gefahren, der Lastwagen das zweihundert Meter breite Flußbett durchqueren konnte. Dabei war nur in den Bergen ein Unwetter niedergegangen. Wo wir warteten, war kein Tropfen gefallen.

Manchmal mußten wir für hundert Kilometer Fahrt drei- oder viermal umsteigen. Jeder kann sich denken, wie lange es dauert, einen Lastwagenreifen mit einer Handpumpe aufzupumpen! Gelegentlich waren auch die Reservereifen schon kaputt, von spitzen Steinen aufgeschlitzt. Es regnete, hagelte und schneite. Einmal schüttete es plötzlich, weshalb über die Ladefläche eine Plane gezurrt wurde. Darunter kauerten wir mit einer Menge von Passagieren und – sieben

Riskante Durchquerung eines Flusses bei Hochwasser. Bolivien hat nur wenige Brücken

Buntes Markttreiben in Cochabamba. Hier machen die Frauen die Geschäfte

Kühen. Ein andermal fuhr ich mit einem Helfer des Fahrers hundertvierzig Kilometer auf einem Langholztransporter auf den Baumstämmen sitzend mit. Es war mir nicht wohl zumute, denn ich konnte mich nur an einer Kette festhalten. (Wilma durfte im Führerhaus sitzen.) Insgesamt waren es 1800 Kilometer.

Am besten gefiel uns Sucre, die offizielle Hauptstadt, deren Bild noch weitgehend den ursprünglichen Charakter der alten Städte Boliviens zeigte. Seit immer mehr der hauptstädtischen Funktionen, vor allem die Gesetzgebung und die Regierung, auf La Paz übergegangen waren, war Sucre in seiner Entwicklung weiter und weiter zurückgefallen. Vielleicht war das ein Segen, denn es blieben ihm die stürmischen Veränderungen erspart, die La Paz erlebt hat. Wir sahen kaum störende hohe Gebäude, aber auch keine Slums. In der Universitätsstadt lebten etwa 85 000 Menschen. Ihre erfreulich großen Parks mit alten Bäumen erinnerten uns etwas an die Alte Welt, an Spanien. Sie wurde nach einem Marschall benannt, dem sich 1824 in der Schlacht von Ayacucho (Peru) die letzten spanischen Kolonialtruppen in Südamerika ergeben hatten.

Den eigenartigsten Wandel in Landschaft und Klima erlebten wir am Steilabfall der östlichsten Kordillere der Anden. Heiße Luft drängt aus dem Mato Grosso Brasiliens und aus dem Chaco Paraguays heran und kollidiert mit der Kaltluft des Altiplano. Daher regnet es dort das ganze Jahr hindurch fast täglich. Dieses Klima ließ phantastische Regenwälder entstehen, deren Bäume dick mit Flechten bewachsen sind.

Die Indios glauben weiterhin an „Pachamama"

Zwei Episoden, die sowohl die Einsamkeit vieler Landstriche (es lebten nur fünf Millionen Menschen in Bolivien) als auch die Mentalität der Einwohner etwas charakterisieren, möchte ich hier noch erwähnen. Auf einer besonders unbequemen Strecke – wir waren neun Stunden unterwegs – wollte sich eine alte Indiofrau bei einem Stopp einmal seitwärts in die Büsche schlagen. Es gelang ihr aber nicht, die hohe Bordwand des Lastwagens zu überwinden. Die Zwecklosigkeit ihrer Versuche einsehend, nahm sie kurz entschlossen ihren Filzhut vom Kopf und verrichtete dorthinein ihr Geschäft. Dann schüttete sie den Inhalt über Bord. Später sandte sie ihren Enkel zum Kauf einiger Früchte. Mit diesen in der Hand schaffte das Büblein nun nicht mehr den Rückweg über die Hinterreifen und die Bretterwand. Da reichte ihm Oma ihren Hut, damit er die Früchte hineinlege. Der Junge klemmte sich den Hutrand zwischen die Zähne und erklomm strahlend den Lastwagen.

Ein andermal saßen wir vorn in der Kabine, als unser Fahrer durch zwei Frauen am Wegesrand aufgehalten wurde. Die jüngere hielt ein neugeborenes Kind im Arm, während die ältere Indiofrau einen Becher mit Wasser in der Hand hatte. Sie baten den Fahrer, das kleine Mädchen, das entweder todkrank oder schon tot war, zu taufen. „Zu uns kommt niemals ein Pfarrer", sagten sie. „Wie macht man so etwas?" fragte der „chófer" eine Mitfahrerin. Sie erklärte es ihm kurz. Als er sich bei den Frauen nach dem gewünschten Namen erkundigte, gaben sie zu, daß ihnen noch nichts eingefallen sei. „Wie heißen Sie?" fragte der Fahrer die Mitfahrerin. Sie hieß Maria-Inés. Der Vorschlag, das Kind ebenso zu nennen, wurde von den Frauen freudig akzeptiert. Der Fahrer gab dann noch ein kleines Taufgeschenk. Die Frauen kehrten zu ihrer einsamen Hütte zurück. Der Lastwagen rumpelte weiter durch die Anden. Uns standen die Tränen in den Augen. –

Trotz der jahrhundertelangen Beeinflussung durch die katholische Kirche gaben die Indios ihren Glauben an „Pachamama" nicht auf, an das Größte und Mächtigste nach der Sonne in ihrer

Mythologie: Mutter Erde. Sie ist für sie die Göttin des Guten wie des Bösen, Menschen, Tiere und Pflanzen liebend und bestrafend. Vor der Feldbestellung sowie bei Beginn und Ende eines Hausbaus bringen sie ihr Opfer mit aromatischen Kräutern, roher Baumwolle, Kokablättern und kleinen Figuren aus Zinn oder Wachs in Menschenform, die sie mit Schnaps besprengen.

Ihr Alkoholkonsum ist enorm. Meist handelt es sich um Zuckerrohrschnaps. Beinahe alle Männer und Frauen trinken regelmäßig, fast immer in Verbindung mit Festen, entweder im Hause eines Teilnehmers, bei einem Feldschrein oder – in der Kirche. Auf jeder gutgelungenen „fiesta" gibt es, ja hat es Betrunkene zu geben, oft Bewußtlose. Aber nur wenige Indios sind ausgesprochene Trunkenbolde. So starke Trinker sie sind, so schlechte Esser sind sie auch. Eine Ärztin aus Königsberg, seit Jahrzehnten im Land, in deren Haus in La Paz wir mehrmals eingeladen waren, hatte in einem Dorf den Lebensmittelkonsum der Einwohner wissenschaftlich analysiert. Die durchschnittliche tägliche Kalorieneinnahme belief sich auf nur rund 1600. Der Anteil stärkehaltiger Nahrung war sehr groß (vor allem Kartoffeln), der von Fleisch und Fisch betrug *im Jahr* nur achtzehn Kilo, von Milchprodukten und Eiern gar nur fünfundsiebzig Gramm und von Früchten und Gemüse zwei Kilo!

Fast alle kauen die Kokain enthaltenden Blätter des Kokastrauches. Dieser wächst überall in den Anden. Mit einem Tropfen ungelöschten Kalks erschließen sie sich die Giftstoffe und eine „Traumwelt", das „gute Gefühl". Hunger und Müdigkeit werden damit verdrängt. Wir sahen in Peru und Bolivien schon Kinder das grüne Gift kauen. Über lange Zeit genommen, führt die Koka zu Gehirn- und anderen körperlichen Schäden. In Peru gab es Verkaufsstellen des Staatsmonopols für Koka.

Wohlerhaltenes Stadtbild: Teil von Sucre, offiziell die Hauptstadt Boliviens

Deutsche Dominikanerin mit Indiofrau in Comarapa/Zentralbolivien

Begegnungen mit Deutschen in Bolivien

Cochabamba hat ein viel milderes Klima als der Altiplano, liegt es doch nur etwa 2600 Meter hoch. Dort fühlen sich nicht nur die Mestizen und die (wenigen) weißen Bolivianer wohler, sondern auch viele Ausländer. Insbesondere trafen wir Deutsche. Ernst Füll, seines Zeichens Chef der Einkaufsabteilung der größten Schuhfabrik Boliviens, war einer von ihnen. Das Unternehmen hatte 650 Arbeiter und produzierte jährlich rund 1,8 Millionen Paar Schuhe. Ernst, der mit seiner Frau Mechthild schon einige Jahre im Land war, zeigte sich zufrieden mit seiner Arbeit, mit Bolivien und mit Cochabamba. Dessen Stadtmitte war noch weitgehend im Kolonialstil der Spanier erhalten (Farbbild 63). Rund 150000 Menschen lebten hier. Es gab eine Unviersität, Möglichkeiten zur Freizeitgestaltung und zu Fahrten in alle Richtungen. Ernst, ein Heilbronner, war überrascht, als wir uns ankündigten. Ein paar Stunden später erhielt er einen Brief von seiner Mutter in der Heimatstadt, mit dem Hinweis, daß wir möglicherweise auch Cochabamba und ihn besuchen würden! Sie hatte unsere Zeitungsberichte aufmerksam gelesen. Ernst und seine Frau blieben noch zehn Jahre in Cochabamba. Wir sahen uns dort und in Deutschland wieder.

An einigen Orten trafen wir auch deutsche Nonnen, die in Schulen, Krankenhäusern, Gesundheitsstationen und Kindergärten tätig waren. (Viele der Einrichtungen konnten wir besichtigen.) Manche lebten schon Jahrzehnte in Bolivien. In Erinnerung geblieben sind uns besonders Dominikanerinnen in Cochabamba und Comarapa, die vor Freude über unseren Besuch außer sich waren. Auch diese freundlichen Schwestern sahen wir sechs Jahre später wieder. Sie hatten uns dann noch nicht vergessen, denn sie hatten unser erstes Buch über diese Reise gelesen. In Santa Cruz de la Sierra, im Tiefland gelegen, die geschäftigste Stadt des Landes (und im Sommer auch die wärmste; wir hatten 39 Grad im Schatten), lernten wir einige deutsche Entwicklungshelfer kennen. Auch mit aus Deutschland emigrierten Juden konnten wir Gespräche führen.

Das ganze Land steht unter Wasser ...

Wieder in Oruro, „sattelten" wir unsere „Stahlrösser". Mit neuem Elan ging es los, immer nach Süden. Wir mußten nun das kalte, fast menschenleere Hochland am Poopósee und in der Salzwüste von Uyuni hinter uns bringen, um nach Chile zu gelangen. Aber diesmal schien uns das Glück zu verlassen. Jemand hatte uns vorgeschlagen, doch einfach mit dem Kompaß in der Hand nach Westen zu fahren, denn eine Straße gäbe es von hier in unser nächstes Reiseland ohnehin nicht. Wir richteten uns aber vorerst einmal nach dem, was man in Bolivien „Hauptstraßen" nannte.

Weil es dauernd regnete, standen wir mehrmals an Hochwasser führenden Flüssen. Zum Glück verlief eine Eisenbahnlinie meist parallel zum Wege; so konnten wir deren Brücken – aus Trägern, Schwellen und Schienen bestehend – benützen. Aber nicht immer bot sich diese Chance. Da hieß es einen der seltenen Lastwagen besteigen, der sich eine Furt durch die braune Brühe bahnte, eine Bugwelle vor dem Kühler. Ab dem Städtchen Huari ging es ohnehin nicht mehr anders weiter. Das ganze Land stand nach Dauerregen unter Wasser. Ein Lastwagen, der uns sechzig Kilometer weit

Im Hochland von Bolivien und Chile bei Sturm und Regen, auf sandigen oder steinigen Wegen

Der aktive Vulkan Ollagüe an der Grenze Bolivien – Chile ist so öde wie seine Umgebung

mitnahm, benötigte dafür dreieinhalb Stunden. Einmal gelang die Flußdurchquerung mit schierer Not. Das Wasser reichte bis zur Tür und nur nach mehrmaligem Anlauf erklomm das Fahrzeug das Ufer.

In 4300 Meter Höhe, bei ziemlicher Kälte, erreichten wir eine Bahnstation. Wir hatten die Nase voll von dieser trostlosen Gegend, wo wir ohnehin kaum Menschen trafen. So stellten wir uns mit unseren Fahrrädern in einen Güterwaggon und fuhren Richtung chilenische Grenze, unterbrachen die Fahrt aber in Uyuni, weil sich dort ein Lokomotiven„friedhof" der bolivianischen Eisenbahnen befand. Wir rollten dann weiter durch die blendendweiße Salzwüste von Uyuni. Es wurde zunehmend trockener, es klarte auf und zuletzt schien die Sonne von einem fast wolkenlosen Himmel. Der Zug fuhr über die Grenze und hielt. Wir waren in Chile. Südlich der Grenzstation erhob sich der Vulkan Ollagüe. Die Nacht wurde eiskalt, aber die Polizei ließ uns in einem Mannschaftsquartier übernachten.

Was wir am nächsten Tag erlebten, habe ich zu Beginn des ersten Kapitels dieses Buches bereits wiedergegeben.

Dann, bei Calama, einer der nördlichsten Städte Chiles, begann erstmals seit Zentralperu (seit fast drei Monaten) wieder eine durchgehende Asphaltstraße. An unserem Hauptwege würden wir nun nur noch auf kurzen Abschnitten Erd- oder Schotterstraßen sehen. Calama benachbart liegt Chuquicamata mit einer der größten Kupferminen und -hütten der Welt. Hier wurden täglich 200 000 Tonnen Material abgeräumt. Siebentausend Menschen hatten Arbeit. Wir verbrachten

Reiseweg (Strichlinie) Bolivien – Chile – Argentinien – Paraguay – Uruguay, zurück nach Buenos Aires

einen ganzen Tag und konnten bei einer offiziellen Führung und mit einem deutschen Ingenieur alle Anlagen besichtigen. Später wurde das bisher der riesigen nordamerikanischen Anaconda Co. gehörende Unternehmen verstaatlicht.

Durch die Atacamawüste nach Santiago

Die 230 Kilometer von der Kordillere zur Küste bewältigten wir in zwei Tagen, trotz Temperaturen bis 40 Grad und trotz mehrerer Pannen. Durch die Hitze wurden alte Flickstellen undicht. Zweimal platzte ein Reifen. Weil an meinem Rad die Kette absprang, wurde die Freilaufnabe beschädigt. Aber wir schafften es nach Antofagasta, durch die Atacama, eine der trockensten Wüsten der Welt, in der es an manchen Stellen seit hundert Jahren nicht mehr geregnet haben sollte.

Wieder auf der „Panamericana"! Von nun an würden wir sie nur noch kurzfristig verlassen. Sie führt von Nordperu immer an der Küste entlang bis zum mittleren Süden Chiles, aber von Santiago de Chile auch quer durch Argentinien nach Buenos Aires, unserem letzten Ziel in Südamerika. Chile hat wohl von allen Ländern der Welt die eigenartigste Geografie, denn es mißt von Norden nach Süden 4300 Kilometer, ist aber höchstens vierhundert, einmal sogar nur achtzig Kilometer breit. Durch diesen „Schlauch" würden wir in den nächsten Wochen zwei Drittel seiner Länge hinunterfahren. Der Norden ist überwiegend wüstenhaft, die Mitte wird landwirtschaftlich intensiv genutzt, der Süden hat Nadel- und Laubwälder, die bis nach Feuerland reichen.

Vieles, das wir auf dem Wege nach Santiago erlebten, hatte eine gewisse Ähnlichkeit mit

Der typische „kleine Laden an der Ecke" in Chile: Lebensmittel, Früchte, Getränke

Caldera in Nordchile. Die Kirche wurde von dem Franzosen A. G. Eiffel konstruiert

Erfahrungen in der peruanischen Wüste. Aber insgesamt gesehen schienen uns die Städte und Dörfer hübscher, sauberer und wohlhabender, die Menschen freundlicher. Nachfolgend möchte ich unsere Eindrücke zusammenfassen.

Vom Eintreffen in Antofagasta, einer Hafenstadt, die besonders für den Export von Salpeter wichtig ist, bis zur Hauptstadt vergingen fast zwei Wochen. Die erste Hälfte der Reise stand ganz im Zeichen der Atacama. Diese vor Hitze glühende Wüste (meist hatten wir um 40 Grad) zwischen der Hoch- und der Küstenkordillere war noch einmal ein sehr schweres Stück Arbeit. Teilweise waren wir aber direkt am Meer, wo uns die Seebrise etwas abkühlte. Es gab wildzerklüftete Steilküsten oder auch Wüstenstriche mit farbigem Gestein, die unsere Neugierde und Freude am Reisen immer aufs neue erregten. Oder es waren da „Wunder" in der Wüste, quer verlaufende Flußtäler, wo es grünte und blühte. Das knappe Wasser wurde von den Bewohnern gut genützt. In der Stadt Copiapó erzählten uns die Leute, daß es seit zwanzig Jahren nicht geregnet hätte. An anderer Stelle sahen wir die wenigen Menschen, die es in der Einöde aushielten, das kostbare Naß mit Blecheimern aus gegrabenen Wasserlöchern schöpfen. Dann und wann hatten wir in Küstennähe neblige Morgen. Zu unserer Erleichterung waren die Nächte meist angenehm kühl.

Auch andere Häfen, wie Chañaral und Caldera, dienten der Verschiffung der Reichtümer Chiles, so von Kupfer- und Eisenerz. Im Hinterland gab es viele Minen. Caldera hatte aber noch eine Besonderheit aufzuweisen: eine Kirche in neugotischem Stil, erbaut vom Konstrukteur des Wahrzeichens von Paris, Alexandre Gustave Eiffel. Wie es dazu gekommen war, erfuhren wir

Lehrer Oscar Muñoz Luza mit Frau und Kindern, rechts ein Nachbar: Perfekte Gastgeber

nicht. Am meisten beeindruckten uns immer wieder die Flußoasen, jedesmal ein kleines Paradies! Da wuchsen außer Reis und Mais auch Weinstöcke, Pfirsich- und Pflaumenbäume. Wir taten uns an den Früchten gütlich und genossen verschiedene Weine, darunter auch den „Pajarete", den süßesten von allen, natürlich nur als Kostprobe. Vallenar und Quilimarí gehörten zu solchen Orten zwischen Gärten. Aber auch in dem letztgenannten Städtchen – schon weit im Süden – war seit drei Jahren kein Regen gefallen.

Außer den „Original"chilenen begegneten uns Menschen jugoslawischer, belgischer, holländischer, arabischer, chinesischer und deutscher Abstammung. Die einen waren Bierbrauer, katholische Priester oder Ingenieure, die anderen Pflanzer, Fahrer oder Arbeiter. Ein deutschstämmiger Jude, Leiter einer Kupfermine, nahm uns in deren Gästehaus auf. Andere Gastgeber waren die Tochter des ehemaligen deutschen Konsuls in Caldera, deutschenfreundliche belgische Franziskanerpatres, mit denen wir zur Feier des Tages Champagner tranken, eine Frau mit zwei halbwüchsigen Kindern in einem einsam gelegenen Haus und ein Lehrer in Quilimarí: Oscar Muñoz Luza und seine Frau wurden für uns zu einem Inbegriff des perfekten Gastgebers, der das richtige zu tun weiß, auch wenn er dazu eigentlich gar keine Veranlassung hat . . . Was wäre der Mensch in der Wüste ohne andere Menschen? Mit so viel Hilfe überstanden wir die Mühen leichter. Sie ließ uns auch etwas unsere technischen Probleme vergessen: Von Oruro bis Santiago hatten wir etwa fünfzig Reifenpannen. Einen Tag versuchten wir vergeblich, meine Gangschaltung zu reparieren.

Man erwartet uns schon in der Heimat

Auf der deutschen Botschaft in Santiago atmete man erleichtert auf, als wir uns nach eingegangener Post erkundigten. Seit zwei Monaten waren wir „überfällig" gewesen, das heißt, seitdem lagen dort wohlverwahrt siebenundzwanzig Briefe, die niemand abholen kam. Ja, wir hatten uns überall länger als vorgesehen aufgehalten. Aber auch die längste und schönste Weltreise muß einmal ein Ende haben, und demgemäß planten wir, doch es ging schon auch manches daneben. Unsere Angehörigen und Freunde hatten uns spätestens zu Ostern 1970 zurückerwartet. Daraus wurde nichts. An Karfreitag würden wir gerade die letzten Kilometer nach Puerto Montt zurücklegen, zu unserem südlichsten Punkt in Chile und überhaupt auf der ganzen Weltreise, auf der gleichen geografischen Breite wie Wellington in Neuseeland und 14 000 Kilometer von Heilbronn gelegen.

In fast jedem Brief, den wir aus der Heimat erhielten, war von unserer Rückkehr die Rede. Das „Endziel" und die „heimatlichen Gefilde" sozusagen vor Augen, werde wohl die „magnetische Anziehung" des „geliebten Kontinents" immer stärker, hieß es da. „Die Tage sind gezählt", tiefschürfte jemand. Andere schrieben, den Blick auf die nahe Zukunft gerichtet, vom „engen Rahmen einer halbwegs bürgerlichen Existenz", von einem „biederen, normalen Alltagsleben" und von „häuslichen Dingen". Aber sie konnten uns damit nicht schocken.

In Santiago lernten wir übrigens zufällig einen deutschstämmigen Funkamateur kennen. Einer seiner Funkfreunde lebte in Heilbronn. Erstmals in über dreieinhalb Jahren bot sich uns die Gelegenheit zu direktem Kontakt mit der Heimatstadt.

In den grünen Süden Chiles

Insbesondere die Rucksäcke begannen nun die Folgen der mehrjährigen starken Beanspruchung zu zeigen. Durch Sonne, Regen, Trockenheit und Wind verloren sie immer mehr ihre Farbe und bekamen da und dort Risse. Natürlich waren sie nicht zerfetzt, dafür sorgten wir schon, denn, ganz klar, uns war daran gelegen, auch diese guten Stücke – wertvoll in ideeller Hinsicht – bis zum Schluß zu erhalten. Für die Reise durch Mittelchile, so kalkulierten wir, würden wir nur wenige Dinge benötigen. Wir hatten schon eine Reihe von Anlaufadressen. Dadurch wurde manches einfacher. Wir packten die Sachen in zwei stabile Schachteln, und es konnte losgehen. Was das Fahren betrifft, hatten wir drei Vorteile: „Leichtgewichtig" rollten wir über die durchgehend betonierte „Panamericana", die keine starken Steigungen aufwies.

Weniger mühevoll als sonst erlebten wir die vielgestaltigen Landschaften an unserem mehr als 1500 Kilometer langen Weg bis hinunter nach Puerto Montt. Weinfelder und Wälder wechselten mit Ödland, bewässerte Obstplantagen mit vertrocknetem Weideland, tiefblaue Seen und eingeschneite Vulkane mit Flußniederungen. Je weiter wir nach Süden reisten, desto grüner wurde das Land, desto klarer und kälter die Luft und desto wasserreicher und sauberer wurden die Flüsse und Bäche. Am 21. März beginnt auf der Südhalbkugel der Erde kalendermäßig der Herbst. Die Getreidefelder waren nun abgeerntet, Melonen, Trauben und Äpfel wurden preiswert angeboten, überall leuchteten Sonnenblumen.

Solange der Südwind wehe, sagte man uns, hätten wir keine Änderung des schönen Wetters zu befürchten. Und der Südwind blies fast die ganze Zeit. Nur einmal, in Valdivia, saßen wir wegen Regen fest. Diesen Teil Chiles bei Regenwetter zu bereisen, wäre eine Zeitverschwendung. Die Fahrt lohnt sich nur, wenn der Blick auf die Anden mit ihren Schneebergen frei ist. Den Lago

Llanquihue umfuhren wir halb, um zum Fuß des 2661 Meter hohen Volcán Osorno zu gelangen (Farbbild 64; dieses nahmen wir von der Gegenseite auf). Mit Freunden gelangten wir im Auto bis zum Schnee des Llaima, eines anderen Vulkans (3124 m). Außerdem radelten wir noch zu weiteren Seen.

Chile ist ein Weinland. Wir ließen uns nicht erst lange bitten, wenn wir zu einem Umtrunk eingeladen wurden. „Unser Wein ist der beste in der Welt", sagen die Chilenen. Nun, „Weinzähne" im Schwäbischen, oder wo sonst in Deutschland Wein angebaut wird, neigen zu ebensolchen Äußerungen über die „Tropfen" ihrer Gegend. Wir konnten uns aber von der Güte so mancher Flasche in Chile selbst überzeugen. Hier macht man es nur nicht so wissenschaftlich. Man redet nicht so viel über den Wein; er schmeckt halt, und sehr vielen schmeckt er, bis sie bewußtlos zu Boden sinken.

Interessant fanden wir einige Verkehrsmittel, etwa die pferdegezogenen Wagen von Firmen für die Auslieferung von Waren (Farbbild 65). Lastwagen und Autobusse sahen manchmal wie schnaubende Ungeheuer aus: Die Besitzer oder Fahrer hatten dort, wo eigentlich eine normale Stoßstange hingehörte, riesige Konstruktionen aus T-Trägern und dicken Rohren angebracht. „Ich bin der Stärkere!" schienen sie damit jedermann sagen zu wollen. Aber der wirkliche Grund war, daß sie damit gelegentlich von Koppeln ausbrechende und auf der Landstraße streunende Kühe aus dem Wege räumten, um nicht selbst zu Schaden zu kommen. Zu Tausenden keuchten über Chiles Straßen noch Autos aus den zwanziger Jahren, von ihren Besitzern gehegt und gepflegt, denn neue Wagen waren fast unerschwinglich teuer. Unter den zitternden, kistenähnlichen Schnauferln fanden wir sogar einige deutsche Modelle. (Auch in Argentinien und Uruguay entdeckten wir viele Oldtimer.)

Nicht weniger als siebenmal belegten uns „periodistas" der örtlichen Gazetten mit Beschlag, um uns besonders nach unseren Ansichten über Chile zu befragen. Einige der Journalisten waren selbst deutscher Abkunft. Der mittlere Süden Chiles galt als total durch Deutsche „verseucht".

Deutsche – bewundert und belächelt

Um die Mitte des vorigen Jahrhunderts herrschten in Chile konservative Staatsoberhäupter, von einer Oberschicht von Spaniern abstammender Großgrundbesitzer getragen. Präsident Montt (1851–1861) war ein besonderer Förderer der deutschen Einwanderung. Er hieß die Deutschen wegen ihres Fleißes willkommen. Das Gebiet ihrer Ansiedlung, vor allem zwischen Temuco und Puerto Montt, war damals noch eine rechte Wildnis. Das gastfreundliche Land hat seitdem immer wieder Deutsche, die sich in der Fremde ein besseres Leben versprachen, angezogen. Wir trafen Deutschstämmige der fünften Generation, die immer noch die Sprache der Einwanderer beherrschten. Sie blieben gerne unter sich.

Es würde viele Seiten beanspruchen, wollte ich mich über all die deutschen Schulen, Kindergärten, Alters- und Studentenheime, Krankenhäuser, „fundos" (meist reiche Farmen), Geschäftshäuser, Fabriken und sonstigen Einrichtungen auslassen, die wir während unseres fünfwöchigen Aufenthalts dort sahen. Eine ganze Reihe von Deutschstämmigen waren unsere Gastgeber. Einige waren hervorragende Kenner dieses Landesteils. Wir stellten bei ihnen einen gewissen Stolz auf die Leistungen der ersten Kolonisten und ihrer Nachfahren sowie auf das hohe Ansehen, das sie genossen, fest.

Wir fanden es auch amüsant und interessant, die Meinung der Chilenen über die Deutschstämmigen und Deutschen zu hören. „Sie haben den Süden entwickelt", meinten die einen voller Anerkennung. Aber die anderen sagten: „Sie haben unsere Wälder abgebrannt" (bei der Rodung). Ihres Fleißes und ihres Sinns für Ordnung und Sauberkeit wegen belächelte man sie viel und bewunderte man sie gleichzeitig. Spötter unterteilten die „alemanes" in drei Gruppen: Deutsche aus Deutschland (erst kürzlich eingewandert), Deutsche aus Valdivia (Nachkommen der alten Kolonisten) und Sch . . .deutsche (Deutsche, die man nicht mochte). Über „Don Otto" und „Don Federico" (Friedrich, Fritz) gingen zahllose Witze um. Als „chiste alemán" bezeichnete man Witze und Geschichtchen „mit Bart" oder ohne richtige Pointe. Chilenische Arbeiter erkannten den deutschen „patrón" (Arbeitgeber) als gerechten und kameradschaftlichen Chef an. Aber man konnte in Läden Deutschstämmiger und Deutscher auch höhnen hören: „Hier muß man erst blaue Augen und blondes Haar haben, ehe man richtig bedient wird!"

Ein französischer Autor schrieb in einem Südamerikabuch, daß man in den Straßen Valdivias fast nur Deutsch höre. Das war eine starke Übertreibung. Tatsache war, daß die Deutschstämmigen und Deutschen fast die gesamte Wirtschaft der Stadt (hunderttausend Einwohner) in Händen hielten. Einige radikale Chilenen forderten damals, alle Deutschen aus dem Lande zu vertreiben. Ein halbes Jahr später wurde der Sozialist Salvador Allende zum Staatspräsidenten gewählt. Er leitete massive Verstaatlichungen ein, auch in der Landwirtschaft. Ein Teil der Deutschstämmigen und Deutschen sah sich veranlaßt, Chile zu verlassen. Sie übten Kritik an *den* Deutschen in der Bundesrepublik, die Allendes Regierung guthießen. Nach seinem gewaltsamen Tod 1973 kehrten manche von ihnen nach Chile zurück. Nun waren sie verstimmt, daß die Medien in Westdeutschland überwiegend das Regime der Militärs ablehnten.

Wohngegend in Valdivia. Der Einfluß Deutschstämmiger ist unverkennbar

In der Hauptstadt Santiago waren wir zunächst Gäste eines Transportunternehmers, Luis Pesce (teils italienischer Abstammung) und seiner Frau, die uns schon auf dem Wege dorthin eingeladen hatten. Danach erfuhren wir sozusagen „um sechs Ecken herum" von Landsleuten aus der Umgebung Heilbronns. Hermann und Lisa Krämer luden uns für ein paar Tage ein, und wir fuhren auch gemeinsam zum Baden ans Meer. Der Importkaufmann lebte damals schon dreißig Jahre in Chile. Wir trafen auch noch viele andere Landsleute aus dem Heilbronner Raum. In einem Falle erhielt ich dadurch die Möglichkeit, über der Stadt Concepción einen Rundflug mit dem Segelflugzeug mitzuerleben. Übrigens berichtete auch die deutschsprachige Zeitung „Condor" in Santiago ausführlich über unsere Reise. Durch all diese Veröffentlichungen waren wir schon einem größeren Personenkreis dem Namen nach bekannt.

Ein letztes Mal über die Kordillere

„Warum habt ihr es nur so eilig?" wurden wir zwischen Santiago und Puerto Montt von vielen gefragt. Aber so war das ja gar nicht, wir konnten nur nicht für immer bleiben. Zehn Wochen in Chile waren doch eine ganz schön lange Zeit. Dennoch: Hier hätten wir schon noch eine Weile bleiben mögen. Nicht etwa wegen der Eichen, Buchen, Birken, Weiden, Apfel- und Birnbäume, Himbeer-, Stachelbeer- und Johannisbeersträucher im mittleren Süden, sondern weil wir uns hier freier fühlten als in manchem anderen Land Südamerikas. Militär fiel uns kaum auf. Die Polizei kam uns freundlicher und demokratischer vor. Die Menschen bekannten sich frei zu ihren politischen Anschauungen. Auch in den Redaktionsstuben herrschte ein freierer Geist. Die Religion spielte nicht die gleiche wichtige Rolle (trotz neunzig Prozent Katholiken). Wir selbst wurden hier auf den Straßen weniger von Neugierigen bedrängt. Unsere Sympathien für dieses Land sollten uns aber nicht unempfänglich machen für die Tatsache, daß auch in Chile viel Ungerechtigkeit herrschte, unter der besonders die kleinen Bauern und die Landarbeiter litten. –

Wieviele Male hatten wir nun schon die Kordilleren überquert, die Kettengebirge in Nord-, Zentral- und Südamerika! Hauptsächlich waren wir aber in den Kordilleren der Anden „Bergsteiger" gewesen. Nun stand uns eine weitere, die letzte Überquerung bevor, die nicht von Pappe war. Von Santiagos gerade 630 ging es auf 3842 Meter. 165 Kilometer lang war der Weg von der Hauptstadt zu diesem Paß, aber erst nach der Hälfte der Strecke begann die Steigung. Wir zogen durch das Tal des Rio Aconcagua (der wie auch eine chilenische Provinz so heißt, obwohl er nicht am Berge Aconcagua entspringt, und obwohl dieser ohnehin in Argentinien liegt) aufwärts. Am dritten Tage erreichten wir Portillo, wo einmal Skiweltmeisterschaften stattgefunden hatten, 2800 Meter hoch. In der Nähe nahmen uns drei junge Instrukteure eines Gebirgsjäger-Regiments in ihrer Kaserne auf.

Nach dem Abschied von Balthasar, José und Juan am anderen Morgen mußten wir also noch einmal tausend Meter höher. „Mußten" ist eigentlich nicht das richtige Wort, denn es gab einen Tunnel der Eisenbahn, sechshundert Meter tiefer, den wir hätten benutzen dürfen. Aber wir tauschten die Finsternis der über drei Kilometer langen Unterführung gerne gegen die lichten Höhen der Bergrücken ein. In anderen Jahren war um diese Zeit (sie entsprach Mitte Oktober der nördlichen Breiten) das Gebiet längst in hohen Schnee gehüllt gewesen. Dieses Mal war er noch ausgeblieben – zu unserem Glück. Auf unendlich scheinenden Serpentinen arbeiteten wir uns hinauf, spürten schon bald wieder die beginnende Atemnot und Körperschwäche, da erreichten wir schließlich den höchsten Punkt, den Paso de Bermejo, an der eine große Christusstatue steht.

Die Figur „Cristo Redentor“ (Erlöser) war 1904 mit einer großen Feier eingeweiht worden. Man hatte sie aus dem Metall alter Kanonen gegossen. Sie soll ein Symbol des Friedens zwischen Chile und Argentinien sein. Wir sahen uns umgeben von Fünf- und Sechstausendern – wie dem Santa Rosa und dem Santa Elena –, aber hinter dem ersten, ihn halb verdeckend, erkannten wir die Spitze des Cerro Aconcagua, des höchsten Berges ganz Amerikas mit 6960 Metern (Farbbild 66).

Der eisige Sturm dort oben blies uns beinahe ins Tal hinab. Da erschien Fernando Farfán, chilenischer Funker in der von Deutschen errichteten Station zur Überwachung des Flugverkehrs zwischen beiden Ländern, wie gerufen. Am Kamin und mit heißem Kakao brachten wir erst wieder etwas Leben in unsere Körper. Dann kam Abel Horenstein aus der meteorologischen Station Argentiniens am „Cristo“ herüber, um uns drei zum Abendessen auf der anderen Seite (die Grenze verlief zwischen den beiden Gebäuden, die Grenzstationen lagen aber jeweils um einiges tiefer) einzuladen. Es gab herrliche argentinische Steaks, über Holzkohle gebraten, dazu chilenischen Wein – eine hervorragende Zusammenstellung! Wir unterhielten uns gut und freuten uns über den gelungenen Tag. Die Nacht war aber wegen der Höhe alles andere als ein Vergnügen. Schlaflosigkeit und ständiger Durst zerrten an unseren Nerven. Aber was soll's, man kann schließlich nicht alles wollen.

Am nächsten Tag passierten wir die Formalitäten in der einsam gelegenen Grenzstation der „República Argentina“. Dort war ein riesiges „Willkommenstor“ errichtet worden, das den Eindruck erweckte, daß hier Touristen in Massen durchkämen. Aber wir sahen an diesem Morgen keine anderen Reisenden. Ein Grund dafür war, daß Samstag war. Wir hatten das übersehen. Nun mußten wir je vier Mark „Strafe“ bezahlen, denn eigentlich wurde an diesem Tage hier nicht

Am „Cristo“: chilenischer Funker und argentinischer Meteorologe. – 1000 km bis Buenos Aires

gearbeitet. Mit dem Auto hätten wir zehnmal soviel blechen müssen. Nun waren wir auch offiziell im letzten Land dieses Kontinents, das wir mit unseren Fahrrädern erreichten.

Quer durch die Pampa nach Buenos Aires

Entlang des jungen Rio Mendoza fuhren wir während der nächsten drei Tage aus dem Gebirge heraus zur gleichnamigen Stadt. Ein letztes Mal blickten wir von dort zurück zu den Andengipfeln. Wie oft hatten uns diese Bergketten unser letztes abverlangt! Und dennoch kamen sie uns wie Freunde vor. Über zehn Monate hatten wir dort verbracht.

An einer Stelle fanden wir den Kilometerstein „1000". Nun lag vor uns die Pampa. Ihr Name bedeutet in Ketschua „Ebene".

Donnerstag, 23. April 1970
Nach zwei Tagen in Mendoza, Wein- und Obstbauzentrum von der Größe Stuttgarts, fahren wir viele Kilometer durch Weinfelder. Rechts und links stehen die „bodegas" (Kellereien) meist italienischer Besitzer. Zum Mittagessen werden wir bei Italienern eingeladen. Spaghetti fehlen nicht, auch nicht der Wein. Überall winken uns Leute zu. Am Tage sind sie sehr aufgeschlossen, nachts aber mißtrauisch. In dem kleinen Ort La Dormida stoßen wir auf verschlossene Türen und Mienen. In Argentinien sind Terroristen und Banden am Werk; es gab viele Überfälle, Entführungen, Morde. Schließlich nimmt uns Carlos Adolfo Udovicich auf. Er ist jugoslawischer Abstammung. Wir sind dankbar, nach über hundert Kilometern ein Bett zu haben.

Freitag, 24. April 1970
Nach zwei Stunden beginnt heiße Buschlandschaft. Im Sand am Straßenrand sind harte Stacheln verborgen, eine Freude für unsere Reifen! Starker Lastwagenverkehr. Die reiche Provinz Mendoza schickt Wein, Benzin und Vieh in Richtung Buenos Aires. An einem wasserlosen Flußbett polizeiliche Kontrolle, wie üblich an den Grenzen der Provinzen. Wir kaufen Wein bei der Familie Francisco Rodriguez in La Paz (Farbbild 67). Sie freut sich, daß wir fotografieren und schenkt uns eine Melone. Don Francisco ist Verwalter eines Bauernhofs. Nach hundert Kilometern sind wir in dem Flecken Alto Pencoso. Es gibt zwei kleine Weggasthäuser, Dusche nur mit Regenwasser aus Fässern.

Samstag, 25. April 1970
Um uns nichts als Dornbüsche. Ein Dorf hat eine heiße, salzhaltige Quelle. Süßwasser gibt es nur bei den einsamen Bahnstationen. Es wird von weither gebracht. In einem Laden tauschen wir Kleidungsstücke gegen Lebensmittel. Wir brauchen sie nicht mehr. Heute über 30 Grad. In der Provinzhauptstadt San Luis begegnen uns zwei Geschwister aus dem Schwarzwald, die schon seit 1912 im Lande sind. „Küssen Sie die Heimaterde für uns", sagen sie mit feuchten Augen.

Sonntag, 26. April 1970
Nach Gewitter in der Nacht strahlender Sonnenschein, aber kalter Wind. Dreißig Kilometer Steigung bis auf tausend Meter, über Ausläufer der Sierra de San Luis, das letzte Gebirge (Farbbild 68). In ununterbrochener Folge donnern Lastwagen auf der „Panamericana" dahin. Die Fahrer trinken zu viel Wein, sind unberechenbar. Einer zwingt uns mit purer Absicht von der

Grandioses „Willkommenstor", fast keine Reisenden: Argentinien ist „offiziell" erreicht

Straße. Das Land wird grüner, überall stehen Bauernhäuser, die zu teils riesigen Besitzungen gehören. Mit Windrädern wird Wasser für Viehtränken auf die Weiden gepumpt. In Mercedes nimmt uns die Familie Goldschmidt, deutsche Juden aus Hameln, sehr herzlich auf. Der Hausherr ist Elektriker. Wir sitzen bis Mitternacht zusammen und sprechen über Deutschland.

Montag, 27. April 1970
125 Kilometer bis Rio Cuarto, durch Felder mit Mais, Sonnenblumen und der Futterpflanze Sorghum. Es wird geerntet. Die Landwirtschaft ist völlig mechanisiert, deutsche Traktoren sind stark vertreten. Deutsche Lastwagen werden in Argentinien in Lizenz gebaut. Wir treffen in Rio Cuarto eine deutsche Familie, die importierte Fahrzeuge aus Westdeutschland verkauft. Sie ist mit der Geschäftslage unzufrieden. „In der Provinz läßt es sich nicht leicht reich werden", meinen die Leute. Jeder spricht von Buenos Aires, als ob es das Paradies auf Erden wäre.

Dienstag, 28. April 1970
Heute wird die Straße von Bäumen gesäumt, die den Wind etwas abhalten. Sonst keine Änderung der Landschaft. Über Reifenpannen wundern wir uns: *Muß* das jetzt noch sein? Aber wo viele Autos fahren, gibt es Nägel und Glasscherben. Einmal ist sogar eine Büroklammer schuld. Wie immer rasten wir mittags bei einem Bauernhaus. Eine heitere Stimmung, man begegnet uns freundlich. Ein Karren mit drei Maultieren von Händlern aus Cordoba, weiter nördlich, die

Trockenfrüchte verkaufen, zieht vorüber. Sie wollen nach Buenos Aires – noch fünfhundert Kilometer. Ricardo und Carmen Alessandretti, ein Gutsbesitzerpaar mit zwei Buben in La Carlota, nehmen uns auf, als ob sie den ganzen Tag auf uns gewartet hätten. Sie sind Bewunderer des deutschen Volkes. Als Andenken schenken sie uns ein Kilo „yerba mate", Blätter für den Mate-Tee, der in Argentinien so beliebt ist, dazu ein Röhrchen mit vergoldetem Mundstück. Damit wird der Tee getrunken. Die Alessandrettis sind italienischer Abstammung wie ein großer Teil der Bevölkerung. Es gibt eine Viertelmillion Deutschstämmige.

Mittwoch, 29. April 1970
Je näher wir der Hauptstadt kommen, um so häufiger werden die Polizeikontrollen an der Landstraße. Man sucht nach Attentätern. Manche Beamte interessieren sich aber mehr für die vielen Stempel in unseren Pässen als für unsere Personalien. Als Radfernfahrer könnte man schon verdächtig sein, denn niemand außer uns ist auf diese Weise unterwegs. Als die Nacht anbricht, versuchen wir vergeblich, auf „estancias" (Viehgroßfarmen) unterzukommen: Eine Mauer von „desconfianza", von Argwohn. Erst in dem Dorf Arias haben wir Glück. Carlos Mueller nimmt uns auf. Die Eltern des Schweißers waren Deutsche, aber er kann kein Wort unserer Sprache. Er meint: „Das Blut ruft eben", als wir uns wundern, daß er so freundlich zu uns ist.

Donnerstag, 30. April 1970
Heute legen wir 140 km zurück, mit Rückenwind . . . Bis zum Horizont nichts als Viehweiden. Ursprünglich war die Pampa eine baumarme Grassteppe. Aber sie ist fruchtbar und nun das wirtschaftliche Kernland Argentiniens. Wir kommen immer tiefer. Trauerweiden, Pappeln und Eichen säumen die große Fernstraße. Darunter wächst Gras, so grün und weich wie in einem Park. Colón ist nur ein weiteres Nest, wo die Landbevölkerung ihre Einkäufe tätigt. Wieder wollen Polizisten unsere Papiere sehen. Als ich mich darüber mokiere, schöpfen sie Verdacht. Einer bringt seine Maschinenpistole in Anschlag. Ich werde angebrüllt und muß warten, bis der „comisario" kommt. Aber die Sache geht gut aus. Was die öffentliche Sicherheit angeht, ist die Lage in Argentinien verworren.

Freitag, 1. Mai 1970
Wegen des Feiertags heute kaum Lastwagen, dafür viele Ausflügler aus Buenos Aires. Sie besuchen meistens Restaurants irgendwo auf dem Land. Niemand geht spazieren oder wandert. Es gibt keine öffentlichen Feld- oder Waldwege. Alle Farmen sind mit Stacheldrahtzäunen umgeben: „Zutritt verboten". Jahreszeitlich gesehen ist heute 1. November, aber wir haben 25 Grad. Bei bestem Wetter schaffen wir die 130 km nach Capitán Sarmiento, benannt nach einem Nationalhelden. Hier lernen wir den Fotografen und Modezeichner Carlos Wolf aus Sachsen kennen. Wir essen gemeinsam im Hotel. Beim Wein erzählt Carlos, daß er sich das Leben in Argentinien leichter vorgestellt habe. Das Zeichnen mußte er offenbar aufgeben. Damit war kein Geld zu machen.

Samstag, 2. Mai 1970
Nach dreißig Kilometern in einem Ort eine Panne, die wir bei einem Haus beheben wollen. Die Bewohnerin ist damit einverstanden, ihr danach heimkehrender Mann aber anderer Meinung. Er jagt uns davon, will die Polizei holen. Wir warten, um uns nicht verdächtig zu machen, aber es

erscheint kein Uniformierter. Als wir dann in einem Laden einkaufen, kommt der Mann von vorhin herbei, legt mir die Hand um die Schulter und redet von der Schlechtigkeit der Welt. Ich solle Verständnis für seine Reaktion haben. Was kann ich dazu schon sagen? Nach argentinischem Recht hätte der Mann uns auf seinem Grundstück erschießen können. „Desconfianza" . . . Nach 125 km und schwierigem Manövrieren im immer dichter werdenden Verkehr erreichen wir die Vororte von Buenos Aires. Dort erwarten uns Freunde, die Lehrerehepaare, die wir kurz vor Weihnachten am Paß La Raya auf dem Altiplano von Peru trafen. Das Ziel ist erreicht!

Hoffen auf ein Schiff, Rundfahrt während der Wartezeit

Nun bewegte uns insbesondere die Frage, wie wir über den Atlantik nach Europa zurückkehren könnten. Leider hatten wir feststellen müssen, daß bisher beinahe die Hälfte der Ausgaben während unserer Reise auf Schiffspassagen entfallen war. Wir hatten viele Illusionen begraben müssen, denn unsere Hoffnung war ja gewesen, Überfahrtkosten abarbeiten zu können. Dennoch war unsere feste Überzeugung, daß alles einmal vorkommt. *Einmal* mußte es doch gelingen!

Seit unserer Ankunft in Los Angeles im September 1968 hatten wir einiges Geld zusammengespart. Wie in den USA hatten sich auch in Zentral- und Südamerika unsere Ausgaben sehr in Grenzen gehalten. Abgesehen von der Seereise auf der „Rossini" hatten wir kaum Transportkosten bestreiten müssen. Größere Anschaffungen waren nicht mehr nötig gewesen. Wir waren auch der Meinung, daß Reisen – noch dazu aufregendes Reisen – nicht unbedingt viel Geld kosten muß. So hatten wir jetzt die Summe beisammen, die für den Kauf von Schiffskarten nötig war.

Doch diesmal war schon die erste Suche nach einer Alternativlösung erfolgversprechend. Als wir bei der Agentur der Hamburg-Südamerikanischen Dampfschiffahrts-Gesellschaft in Buenos Aires aufkreuzten, um nach Möglichkeiten zu fragen, als „Seeleute" auf einem ihrer Frachter die Heimreise machen zu können, stellten die zuständigen Herren wenigstens für mich einen Job in Aussicht. Nur sei es jetzt noch zu früh, und ich solle nach etwa einem Monat wiederkommen. Wir gingen dann zu einem Reisebüro und erfuhren Einzelheiten für Wilmas Reise auf einem Passagierschiff nach Europa.

Nur gut, daß wir keine Zeitprobleme hatten. Doch was fängt man mit einem Monat an, den man unerwartet „anhängen" muß? Klar, wir hatten noch viele unerfüllte Wünsche, aber bei unserem „Schneckentempo" wären wir in dem großen Land Argentinien nicht weit gekommen. Die Iguazú-Fälle, die wir so gerne noch gesehen hätten, liegen in der Luftlinie tausend Kilometer von Buenos Aires. Die Entscheidung fiel: Ein drittes Mal für eine Rundfahrt schoben wir die Fahrräder beiseite. Wir spielten noch einmal „Anhalter". Selten warteten wir länger als ein paar Minuten, denn „Konkurrenz" am Straßenrand hatten wir nicht.

Es wurde eine Rundfahrt von knapp viertausend Kilometern entlang des Rio Paraná bis Resistencia, dann am Rio Paraguay zur Hauptstadt Asunción des gleichnamigen Staates. Wir durchquerten den Süden des Landes und erreichten wieder den Rio Paraná, darauf die Iguazú-Fälle an der Grenze Argentinien–Brasilien. Nun besuchten wir die Provinz Misiónes und nach weiteren elf Tagen die Republik Uruguay, auch ihre Hauptstadt Montevideo. Nach fünf Wochen kehrten wir über den Rio de la Plata nach Buenos Aires zurück.

Einen Tag zuvor hatten wir gespannt dem Rundfunksprecher in Montevideo gelauscht, der die neuesten Meldungen über die politische und militärische Entwicklung in Argentinien durchgab. Dort hatte nämlich plötzlich die Herrschaft gewechselt. Bei einem Staatsstreich war der vier Jahre früher ebenfalls durch einen Putsch an die Macht gekommene General Ongania von seinem Staatspräsidentensessel gestoßen worden. Nun war wieder einmal eine Militärjunta am Ruder, die einen neuen Präsidenten bestimmte. Bevor wir den Rio de la Plata überquerten, war unsere besondere Sorge, daß Argentinien seine Grenzen schließen könnte. Dann hätte ich womöglich vom uruguayischen Ufer aus „mein" Schiff nach Hamburg vorbeischwimmen sehen können. Doch wir hatten wieder einmal Glück. Die Lage in Buenos Aires beruhigte sich rasch.

Bei Paraden und deutschen Weingärtnern in Paraguay

Zehn Tage hielten wir uns in Paraguay auf. Zwei davon nahm der „Dia de la Patria" (Vaterlandstag) in Anspruch, denn so lange dauerte es, bis alle Paraden abgehalten waren. Einmal marschierte die Jugend der Republik – sämtliche Ober- und Hochschulen einschließlich des deutschen Colegio de Goethe –, sehr adrett und diszipliniert, dann hatte das Militär (das Land hatte zwanzigtausend Mann starke Verbände) Gelegenheit, sich in den besten Uniformen dem Volk zu zeigen. Bei diesem Umzug sahen wir auch den Staatspräsidenten, den deutschstämmigen General Alfredo Stroessner, der 1954 erstmals gewählt worden war. „Gewählt" ist nicht ganz das richtige Wort, denn seit er im Amt war, hatte er ziemlich selbstherrlich regiert. Für eine Opposition gab es unter ihm keinen Platz (und dabei blieb es auch). Der Diktator fuhr in einem Kabriolett stehend direkt an uns vorüber, als ich ihn mit dem Teleobjektiv „abschoß". Er winkte seinem Volk zu. Es jubelte aber nicht. Dafür war der Tag viel zu heiß.

Im Südosten Paraguays liegen deutsche Siedlungsgebiete. Es gibt verschiedene ausländische „Kolonien", aber damals waren die deutschen Einwanderer beziehungsweise deren Nachkommen mit rund vierzigtausend Personen die stärkste Gruppe. Deutschstämmige und Deutsche nahmen viele Schlüsselpositionen in Handel, Industrie und öffentlichem Leben ein. Besonders der Erwähnung wert fanden wir deutsche Weingärtner bei Villarrica. Wir hatten Gelegenheit, nun ein paar Tage bei sehr gastfreundlichen Landsleuten in der Colonia Independencia zu verbringen (und einige Jahre später noch einmal).

Sie war seit etwa 1920 auf Betreiben der paraguayischen Regierung von Bauern aus Schwaben, Baden, Tirol und aus den Sudeten besiedelt worden. Jeder erhielt zwanzig Hektar Land geschenkt, wenn er sich dort seßhaft machte. Von Anfang an war der Weinbau das Lieblingskind der Neueingewanderten. Man verwendete die französische Oberlin-Rebe, eine unveredelte Sorte. Es wurde experimentiert, und die Versuche gelangen. 1924 wurde die erste Weinernte eingebracht. Die Anbaufläche breitete sich rasch aus, die ersten Weinkeller wurden angelegt. Unsere Gastgeber in Colonia Independencia waren die Familien Hieber. Der alte Vater, ein Küfer, der lange Zeit Oval- und stehende Fässer gebaut hatte, war aus Rohracker bei Stuttgart gekommen. Mit seinen Söhnen Emil und Hans hatte er einen Landwirtschaftsbetrieb. Insbesondere waren sie Weingärtner.

Bedingt durch das Klima (zur Zeit der Lese werden oft 40 Grad und mehr gemessen) entstanden den deutschen Weingärtnern einige Probleme. In der Hitze wurde der Gärprozeß des Mostes derart beschleunigt, daß sie beim Keltern oft kaum noch Herr der Lage waren. Da keine Kühlanlagen existierten, war auch 1970 der einzige Ausweg, den „Brand" mit dem Wasserschlauch zu löschen. Die Oberlin-Rebe 495, widerstandsfähig und ergiebig, ist alkoholarm aber säurereich. Während des nur vier Tage dauernden Vorgärprozesses wurden zum Beispiel 8000 Kilo Maische im offenen Tank (= 5000 Liter Saft) nicht weniger als 3500 Liter Wasser und 1050

Die Iguazú-Fälle sind bis 72 m hoch: eines der großartigsten Naturschauspiele der Erde

Kilo Rohrzucker hinzugefügt. Auf diese Weise wurde die Weinsäure verdünnt und der Alkoholpegel stieg. Rotwein wurde zum Beispiel unter dem Markennamen „Suabia" (spanischer Name für Schwaben) verkauft, trug die Bezeichnung „Vino natural" und hatte 1956 eine Goldmedaille des Landwirtschaftsministeriums erhalten.

In ihrer humorvoll-aufrichtigen Art verrieten uns Emil und Hans Hieber, daß ihnen weder ihr eigener noch ein anderer Wein schmecke. Und die sympathischen Brüder fügten hinzu: „Wir trinken am liebsten Mate-Tee und saure Milch – beides hausgemacht."

An den Iguazú-Fällen und in schwäbischen Kolonien

Jenseits der Grenze, in Argentinien und Brasilien, stürzen die Wasser des Rio Iguazú in eine Schlucht. Es ist dies eines der großartigsten Naturschauspiele der Erde. Nach einem Besuch auf der brasilianischen Seite überquerten wir den Fluß mit einer Fähre und waren somit wieder in Argentinien. Wenige Kilometer oberhalb seiner Mündung in den Rio Paraná kommt der Iguazú jugendlich-träumerisch durch Berge und Urwälder herunter. Da gähnt plötzlich ein Teufelsschlund vor ihm. Seine Wasser zur Rechten stürzen sofort in die zweiundsiebzig Meter tiefe „Garganta del Diablo", während sich jene nahe des linken Ufers noch zu retten versuchen, sich dabei tief ins Land hineinfressen und unzählige Inselchen bestürmen, aber dann auch verloren sind. In einundzwanzig großen und etwa 250 kleineren Einzelfällen treten sie die Höllenfahrt an und werden doch wieder in einen Topf geworfen. Verwirrt macht sich der Iguazú an die Weiterreise. Lange noch glätten sich die aufgeregten Wasser nicht. Die Sonne schaut sich das atemberaubende Schauspiel an und lehnt sich dabei auf einen Regenbogen, den sie in die brodelnde Gischt, die zischenden Fontänen und die wallenden Nebel gewoben hat. –

Hundertdreißig Kilometer südlich der Fälle liegt in der argentinischen Provinz Misiónes die Ortschaft Eldorado, noch ein Stückchen weiter Montecarlo. In diesen beiden „Kolonien" kamen wir noch einmal besonders mit dem Deutschtum schwäbischer Prägung in Berührung. Nirgendwo sonst in Südamerika fanden wir so viele Menschen, die dem Heilbronner Raum entstammten, an einer Stelle konzentriert. Die Landsleute begegneten uns während unseres einwöchigen Besuchs mit außerordentlicher Gastfreundschaft. In Eldorado, etwa dreimal so groß wie die zweite Siedlung, wurden wir beim Kirchweihfest bei der deutschen Schule so oft eingeladen, daß wir das Pensum nicht schaffen konnten. Ähnlich erging es uns in Montecarlo. Dazu beigetragen, daß wir so bereitwillig aufgenommen wurden, hatte eine große Veröffentlichung in der deutschsprachigen Zeitung „Argentinisches Tageblatt" in Buenos Aires über den Verlauf und das bevorstehende Ende unserer Reise.

Die ersten Einwanderer hatte blanke Not vom Neckar vertrieben. In den zwanziger Jahren hatten sie in Südamerika ein neues Glück zu finden gehofft. „Am Anfang war hier nichts als Urwald", stand gleichsam wie ein Leitmotiv über fast jeder Erzählung, wenn wir die „Originalschwaben" und ihre Nachkommen um Einzelheiten baten. Die Kolonisten hatten Land erworben. Sonst hatten ihnen nur ihre Arbeitskraft, ihr Ideenreichtum und einiges Werkzeug zur Verfügung gestanden. Aber an Geldmangel hatten viele zu zerbrechen gedroht. „Wir wären am liebsten wieder umgekehrt", erinnerten sich einige. Aber auch dafür hatten die Mittel gefehlt. Das Klima, Krankheiten und Insekten hatten ihnen hart zugesetzt. Danach war der Wegebau vorangekommen, es waren Genossenschaften gegründet worden und man hatte gute Erlöse für seine landwirtschaftlichen Produkte erzielen können. Die Jungen hatten es dann viel leichter gehabt.

Flug über dem gewaltigen Rio Paraná in Misiónes. Er ist 4700 km lang

Eldorado: So wird in Misiónes/Argentinien gekegelt; Ruth Diem beim Matetrinken

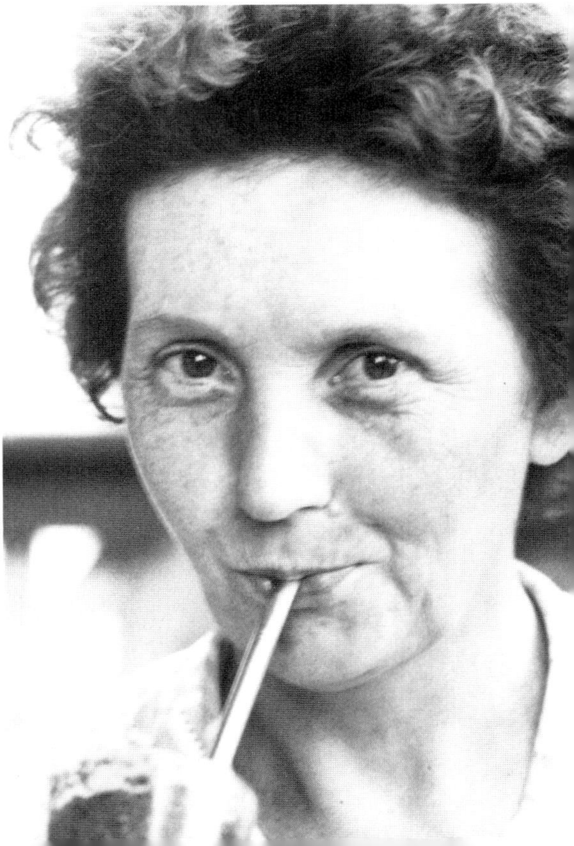

Trotz der vielen Jahre, die seit dem Anfang vergangen waren, hörten wir bei den Alten und den Jungen noch urschwäbische Laute, vor allem bei den letzteren allerdings manchmal etwas mit spanischen vermengt. Und die erste Generation wurde nicht müde, Jugenderinnerungen auszugraben und auszutauschen. Viele hatten sich in der alten Heimat ja schon gekannt, waren aus den gleichen Ortschaften gekommen. Die einen hatten ihren alten Beruf an den Nagel gehängt und waren Bauern geworden, die anderen waren bei ihren Leisten geblieben. „A Heisle hab e, 's Schaffa leßt jetz nooch!" kommentierte einer seine sechsundsechzig Lenze.

Lange Zeit war die „yerba mate", der Matestrauch, das hauptsächlich angebaute Gewächs der Gegend gewesen. Die Monokultur war aber ein Nachteil gewesen, als das Interesse an der „yerba mate" aus Misiónes nachließ. Viele Siedler hatten jetzt noch nicht ganz die Folgen dieser Entwicklung verkraftet. Aber die Umstellung auf andere Produkte, wie schwarzer Tee, Öl aus dem Samen des Tungbaumes (für Herstellung von Lacken und Farben verwendet) und Orangen war schon lange in Gang gekommen. Die „yerba mate", wie auch der Mate-Tee heißt, erfreute sich wie bei den meisten Argentiniern und bei anderen Siedlern auch bei den schwäbischen Kolonisten ungebrochen großer Beliebtheit. Das grüne Gebräu, das traditionell mit einem Metallröhrchen aus einer Kalebasse getrunken wird, gehörte zu den Mahlzeiten, zum geselligen Beisammensein. Das spanische Wort „yerba" bedeutet „Gras" oder „Kraut". Die Bezeichnung „mate" ist ein Indiowort. Auch in Südbrasilien und in Paraguay wird die „yerba mate" angebaut und gern getrunken.

Daß die Siedler sich noch sehr mit der alten Heimat verbunden fühlten, hatten wir bald heraus. Daß die Gegend aber so stark „schwabenverseucht" war, daß selbst Angehörige anderer deutscher Stämme sich mit der Zeit einen schwäbischen Akzent angewöhnt hatten, weil sie so am besten durchkamen, fanden wir ebenso überraschend wie amüsant. Und noch für eine weitere Überraschung war der Sohn eines Siedlers gut. Rudi Diem war 1958 in das Dorf seiner Väter bei Heilbronn gefahren und hatte sich dort seine Ruth angelacht. Zwei Jahre später hatte er sie nachkommen lassen.

Bei einer Motorbootfahrt auf dem Rio Paraná und bei Rundflügen mit Flugbegeisterten über der Gegend hatten wir die Möglichkeit, noch mehr über diesen Teil Argentiniens zu erfahren. Aber auch hierher kamen wir wieder (als wir für ein Jahr in Südbrasilien wohnten).

Der Heimat entgegen

Wie bereits erwähnt, waren wir in Buenos Aires Gäste bei einem Lehrerehepaar. Die Sommers griffen uns bei allen Erledigungen, die wir nach unserer Rückkehr von der Rundreise noch zu bewältigen hatten, hilfreich unter die Arme. Da die Neugier bei uns auch jetzt noch nicht geringer wurde, wohnten wir ein paar Schulstunden von Erich Sommer im deutschen Instituto Villa Ballester im gleichnamigen Stadtteil von Buenos Aires bei. Dort wurden außer deutschen und argentinischen auch Kinder anderer Nationalitäten unterrichtet.

Die Sommers – sie stammten aus Kassel – konnten sich schließlich auch mit uns über unseren Erfolg bei der Suche nach einem schwimmenden Arbeitsplatz freuen. Als wir nämlich die Agentur der Hamburg-Süd nach der gutgenützten Wartezeit wieder aufsuchten, erfuhren wir zu unserer großen Erleichterung, daß wir *beide* auf dem *gleichen* Schiff die Reise nach Europa antreten konnten. Unter Umständen hätte die Fahrt auf einem Passagierdampfer die teuerste all unserer Schiffspassagen werden können, und nun war sie völlig kostenlos! Wir würden als sogenannte

Die Millionenstadt Buenos Aires einmal ganz anders: Szene aus dem Stadtteil Villa Ballester

„Überarbeiter" an Bord des Frachters „Cap San Augustin" gehen. Da nach Argentinien eingereiste Touristen keine Arbeit annehmen durften (diese Regelung galt fast überall), wurden uns pro forma Fahrkarten ausgestellt.

Bevor wir an Bord gehen konnten, hatten wir noch ein paar Tage zur Verfügung. So setzten wir uns hin und schrieben an zahlreiche Freunde auf diesem Kontinent noch einmal Dankesworte. Später sandten wir in alle Welt noch Fotos und Exemplare unseres Reisebuches.

Drei Wochen Tellerwaschen und Schrubben

Kapitän von Appen, dem wir uns auf der „Cap San Augustin" hatten vorstellen müssen, hatte mit einem Lachen auch Wilma als „Seemann" akzeptiert: „Endlich werden dann mal unsere Knöpfe angenäht!" Das mußte meine Frau tatsächlich manchmal tun, aber in erster Linie bestanden ihre Aufgaben in Tellerwaschen und Putzen. So erging es auch mir. Daß eine Frau „Überarbeiter" wurde, war allerdings etwas Neuartiges. Wir übernahmen auf dem Frachter also die Rollen von Messestewards und Reinemachern. Uns wurde wirklich nichts geschenkt: Der Arbeitstag hatte neun bis elf Stunden, die Woche sieben Arbeitstage, und das drei Wochen lang. Aber wir waren dennoch sehr froh darüber, daß uns das Glück diesmal – wenn auch etwas maliziös – zugelächelt hatte.

Nach der Ausfahrt aus dem Rio de la Plata ging es entlang der Küste nach Norden, und nach einem Stopp im brasilianischen Hafen Santos nahmen wir endgültig Abschied von Südamerika. Wir Landratten zitterten insgeheim dem ersten Sturm entgegen, der zu unserer Erleichterung aber ausblieb. Wir hatten unsere gemeinsame Kabine, regelmäßige Verpflegung und wir waren plötzlich viele Sorgen los, die uns bisher so oft beschäftigt hatten. Dennoch wollten wir unsere Knochen nicht länger als nötig den Arbeitsunfallgefahren aussetzen, denn wir waren nicht versichert. Als wir vernahmen, daß unser Frachter vor Hamburg noch Rotterdam anlaufen würde, entschlossen wir uns, anders als vorgesehen schon dort „abzumustern". Kapitän von Appen gab uns freundlicherweise die Genehmigung.

Unser ambulanter Job brachte uns noch manche neue Erfahrung ein. So lernten wir, daß ein weißes Schiff nicht unbedingt immer auch sauber sein muß. Außer Schaben produzierten auch viele Besatzungsmitglieder Zweifel an der vielgerühmten deutschen Reinlichkeit in uns. Vor der Ankunft in Rotterdam begann überall an und unter Deck ein emsiges Abseifen, Schrubben und Anmalen. Stolz und schön sollte auch dieser Frachter im Heimathafen Hamburg anlegen. Auch wir vergossen manchen Tropfen Schweiß, bis Reinschiff war, unter Aufsicht des Bootsmanns, der sich gerne der Zeiten erinnerte, als noch andere Töne an Bord erklangen als nur die des Schifferklaviers. Früher waren die Sitten rauh gewesen, aber es war nur wenig von ihnen übriggeblieben. Immerhin wurden dem Bootsmann, dem Schiffszimmermann und anderen noch der verdiente Respekt gezollt, wenn es zum Essen in der Mannschaftsmesse ging: Die Genannten erhielten die am wenigsten gesplitterten Teller und Tassen sowie die am wenigsten (durch das Öffnen von Kronkorken an Flaschen) verbogenen Bestecke, die Matrosen und Maschinenarbeiter kamen schon schlechter weg und die Junggrade mußten sich mit dem Verbleibenden zufriedengeben. Auf diese Weise war die Rangordnung klar markiert. Wie harmlos gegenüber früheren Bräuchen!

Wir dankten unserem Schöpfer, daß wir in einer so menschlichen Zeit an der christlichen Seefahrt teilnehmen durften.

Als „Überarbeiter" (links) beim Tellerwaschen auf der „Cap San Augustin"

Die letzte Etappe

Eines Nachmittags um drei lief die „Cap San Augustin" in den Hafen von Rotterdam ein. Da es sich nicht mehr gelohnt hätte, noch zu starten, verbrachten wir auch die folgende Nacht an Bord, und wir mußten daher wohl oder übel auch noch den ganzen Tag arbeiten. Einige der Kameraden halfen uns am nächsten Morgen mit unseren Sachen, als wir erstmals seit Istanbul wieder den Boden Europas betraten.

Die letzte Etappe begann. Wir hatten gleich doppeltes Pech: Noch ehe wir Rotterdam hinter uns lassen konnten, plagten uns drei Reifenpannen, und wir erlebten den schwersten Unfall der gesamten Reise, traurig, auch wenn es andererseits zum Lachen war. Wir mußten den Tunnel für Radfahrer unter der Maas hindurch benutzen. Dafür gab es Rolltreppen. Holländische Radler mochten an den Umgang mit ihnen gewöhnt gewesen sein; wir mußten das erst lernen. Abwärts hatten wir keine Probleme, doch bei der „Bergfahrt" ging mein schwerbeladenes Fahrrad mit den „Vorderbeinen" in die Luft und fiel mit mir hintenüber, direkt auf Wilma, deren Rad ebenfalls umstürzte. Aber die Rolltreppe rollte und rollte und . . . Ein hilfreicher Holländer sprang uns bei. Zerkratzt, mit Beulen und blauen Flecken kamen wir davon.

Geradezu unglaublich schön fanden wir die Städte und Dörfer am Wege über Eindhoven und Roermond in den Niederlanden, und phantastisch die Sauberkeit. Es duftete nach Rosen und Lindenblüten. Auch bei dichtem Verkehr herrschte auf den Straßen Ruhe und Ordnung. Fast immer konnten wir asphaltierte Radwege benutzen. Kein Wunder, daß wir dabei einmal an die

Erd- und Schotterstraßen in Anatolien, an den irrsinnigen Verkehr in Pakistan und Indien, an die halsbrecherischen Wege in den Anden dachten. Meine Güte, was lag alles hinter uns!

Fast ohne Kontrolle überschritten wir die niederländisch-deutsche Grenze. Wieder im eigenen Land... Auf dem Wege über Mönchengladbach, Bonn und Koblenz nach Mannheim wunderten wir uns ein ums andere Mal, wie vertraut und doch neuartig uns die Landschaft und die Orte schienen. Vier erlebnisreiche Jahre, zumal auf einer Fahrradweltreise, sind eine lange Zeit.

Die Nächte verbrachten wir in Jugendherbergen – keine lange Suche nach Schlafplätzen mehr! –, die letzte Nacht in der von Eberbach am Neckar, fünfzig Kilometer nördlich von Heilbronn. In dem ruhigen, romantischen Städtchen ließen wir am Morgen vor der Heimkehr Szenen der Vergangenheit Revue passieren. Wir sprachen von Ismail und Hamdiye in Nazilli, von dem „Engel" Nadschibullah in der afghanischen Wüste, von Atsukos japanischer „Loreley", von Weihnachten bei „Beto" und seiner Frau in Hermosillo und von vielen, die uns in Nord- und Südamerika zu Freunden wurden. Während wir den auf dem Neckar vorbeifahrenden Schiffen zusahen, zogen an unserem inneren Auge die Berge, Wälder und Wüsten, einsame Dörfer und belebte Basare ferner Länder vorüber. Doch es fielen uns auch gefährliche Zwischenfälle und Bedrohungen, wütende Naturgewalten und Krankheiten ein. Heil und gesund wieder nach Hause zu kommen, daran war uns viel gelegen gewesen. Nun, wir fühlten uns pudelwohl. Unsere Gedanken eilten aber auch voraus. Würden Angehörige, Freunde und Bekannte schon ungeduldig nach uns Ausschau halten? Wilma war skeptisch: „Daran denkt vielleicht gar niemand!" Würden wir nur zum Kaffee erwartet werden, als ob wir von einem Spaziergang zurückkämen? Der Tageszeitung Heilbronner Stimme hatten wir mitgeteilt, wann wir Heilbronn erreichen würden: Samstag, 11. Juli 1970, 15 Uhr.

Triumphaler Empfang in Heilbronn

Kaum waren wir zum letzten Mal auf der Straße, als uns immer wieder Fahrer entgegenkommender Autos zuwinkten und uns mit der Lichthupe anblinkten. Nach eineinhalb Stunden wurden wir von Redakteuren der Zeitung an der Kreisgrenze willkommen geheißen. Bei einem alkoholfreien Begrüßungstrunk leisteten uns zweiunddreißig Jungen einer Radsport-Fördergruppe Gesellschaft. Sie waren uns unter Leitung des Sportlehrers Ortwin Czarnowski, der Wilma Rosen überreichte, entgegengefahren. Bei brütender Hitze setzte sich die Kolonne in Begleitung von Polizei in Bewegung.

Unsere Überraschung war vollständig, als wir in den Ortschaften bis Heilbronn von vielen hundert winkenden Menschen begrüßt wurden, einmal von einem Sportverein mit einem Transparent. Immer wieder mußten wir für Fotografen anhalten. Schließlich trafen wir an der Stadtgrenze ein, wo großer Trubel herrschte. Hier wurden wir außer von Verwandten, Freunden und uns völlig Unbekannten auch vom „Käthchen", der Symbolfigur Heilbronns, willkommen geheißen. Im Stadtinnern sollte am alten Theater eine Katastrophenschutzübung abgehalten werden. Sie wurde aber um fünfzehn Minuten verschoben, damit wir einradeln konnten. Eine große Menschenmenge wartete auch auf uns nach unserer 110000 Kilometer langen Fahrt. Die Heilbronner Stimme meinte am gleichen Tage dazu: „Das ist freilich kein alltägliches Ereignis."

Hier folgt in einer kurzen Zusammenfassung, was die Zeitung am Montag danach über unsere Aufnahme in der Heimatstadt schrieb:

„Um 12.45 Uhr radelten die Ahlborns in den Landkreis Heilbronn ein. Für sie sollten die letzten

Bei der Rückkehr schon am Stadteingang Heilbronns von Hunderten begeistert begrüßt

Am Ortsschild der Heimatstadt kredenzte uns das „Käthchen" den ersten Heilbronner Wein

fünfundzwanzig Kilometer ihrer abenteuerlichen Weltreise zu einem Triumphzug werden. ‚Bravo, Wilma und Wolf-Dieter, das war eine große Leistung!' Die Frauen, Männer und Kinder überhäuften die beiden Heimkehrer mit Komplimenten. Am Ortsschild von Heilbronn hatten sich mehrere hundert Menschen angesammelt. Die Ahlborns wurden mit Blumen überschüttet. Im Kreuzfeuer der Fotografen begrüßte Stimme-Verlagsleiter Gerhard Timmermann das Ehepaar mit einem Blumenstrauß. ‚Käthchen' Evelyn Friedrich überreichte Wilma und Wolf-Dieter einen großen Römer. Nach sechsundvierzigmonatigem Abenteuer kosteten sie wieder Heilbronner Trollinger. ‚Danke schön für die interessanten Artikel!' rief aus dem Hintergrund ein HSt-Leser Wolf-Dieter zu. Die Ahlborn-Schlußetappe zur Heilbronner Innenstadt mußte aber vollends bewältigt werden. Großer Jubel brandete dem tüchtigen Ehepaar am Theater entgegen, wo mehrere Tausend Zuschauer warteten. Bürgermeister Erwin Fuchs begrüßte die beiden im Namen des Oberbürgermeisters in ihrer Heimatstadt. Die Heilbronner Stimme gab für ihren Redaktionsmitarbeiter und seine tapfere Frau einen Empfang. Für die Berichterstattung dankte Verlagsleiter Timmermann im Namen der Stimme-Leser und meinte: ‚Diese Weltreise war eine große Leistung, die Bewunderung und Achtung verdient.' Landrat Otto Widmaier und Bürgermeister Fuchs beglückwünschten das Ehepaar Ahlborn ebenfalls, und HSt-Lokalchef Werner Thunert bedankte sich im Namen der Redaktion. Nach fast vier Jahren wurde den Ahlborns schließlich ein original schwäbischer Rostbraten mit Spätzle serviert ..."

Erst als wir etwas zur Ruhe kamen, wurde uns nach und nach ganz bewußt, daß die Wanderung nun wirklich zu Ende gegangen war. Aber unsere Gedanken kreisten noch immer oft um dieses große Abenteuer. Bei unseren Überlegungen stellten wir fest, daß alle Mühen sich gelohnt hatten, daß mehr Wünsche in Erfüllung gegangen waren, als wir je zu hoffen gewagt hatten, und daß wir mehr gelernt hatten, als wir in einem ganzen Leben zu Hause hätten lernen können.

Am 23. März 1973 veröffentlichte die Heilbronner Stimme einen Artikel unter der folgenden Überschrift: „Der zweite ganz große Trip: Die Ahlborns starten zu einer vierjährigen Weltreise. Diesmal bleiben die Fahrräder zu Hause."

Erläuterung der Schreibweise ausländischer geografischer Namen

In diesem Buch werden englische Namen nur dann verändert wiedergegeben, wenn es eine allgemein übliche deutsche Schreibweise gibt, wie bei San Franzisko und Kalifornien. Das gleiche gilt für spanisch-lateinamerikanische Namen (Ausnahmen Mexiko, Mexiko-Stadt, Kolumbien usw.) und für italienische (Ausnahmen Venedig, Florenz usw.). Bei Namen aus Pakistan und Indien wird die amtliche englische Schreibweise beibehalten (Ausnahmen Karatschi, Neu-Delhi und Kalkutta). Namen aus dem Griechischen, Arabischen, Hebräischen, Persischen, Nepali und Thai werden gemäß ihrer deutschen Aussprache geschrieben, ebenso die aus dem Japanischen, mit Ausnahme von „y", in Japan in „Romadschi" (Alphabet zur „lateinischen" Schreibweise) an Stelle des deutschen „j" verwendet, z. B. in den Namen Yokohama und Nagoya. Türkische Namen werden getreu türkischer Schreibweise geschrieben. Dabei wird „c" wie deutsches „dsch", „ç" wie „tsch", „j" wie stimmhaftes „sch", „ş" wie gewöhnliches „sch", „y" wie deutsches „j" und „z" wie stimmhaftes „s" ausgesprochen. Den Selbstlaut vor ihm verlängert „ğ" (ist selbst stumm), und „ı" (ohne I-Punkt) klingt wie sehr dumpfes „i". Namen in Malay bleiben ebenfalls unverändert. Dabei entspricht „j" dem deutschen „dsch" und „c" dem „tsch".